노주집

이 책은 2019·2020년도 정부(교육부)의 재원으로 한국고전번역원의 지원을 받아
수행된 '권역별거점연구소협동번역사업'의 결과물임.

This work was supported by Institute for the Translation of Korean Classics-Grant funded by the Korean Government.

한국고전번역원 한국문집번역총서/성신여자대학교 고전연구소·(사)해동경사연구소

노주집 5

老洲集

오희상 지음
吳熙常

이정은 옮김
김성은

일러두기

1. 이 책의 번역 대본은 한국고전번역원에서 간행한 한국문집총간 제280집에 실린《노주집(老洲集)》으로 하였다. 번역 대본의 원문 텍스트와 원문 이미지는 한국고전종합DB(http://db.itkc.or.kr)에서 확인할 수 있다.
2. 내용이 간단한 역주는 간주(間註)로, 긴 역주는 각주(脚註)로 처리하였다.
3. 한자는 필요한 경우 이해를 돕기 위하여 넣었으며, 운문(韻文)은 원문을 병기하였다.
4. 맞춤법과 띄어쓰기는 한글 맞춤법과 표준어 규정을 따랐다.
5. 이 책에서 사용한 부호는 다음과 같다.
   ( ) : 번역문과 음이 같은 한자를 묶는다.
   〔 〕: 번역문과 뜻은 같으나 음이 다른 한자를 묶는다.
   " " : 대화 등의 인용문을 묶는다.
   ' ' : " " 안의 재인용 또는 강조 문구를 묶는다.
   「 」: ' ' 안의 재인용을 묶는다.
   『 』: 「 」 안의 재인용을 묶는다.
   《 》: 책명 및 각주의 전거(典據)를 묶는다.
   〈 〉: 책의 편명 및 운문·산문의 제목을 묶는다.

차례

노주집 제18권

노주집 제19권

노주집 제20권

시장諡狀

유사遺事

노주집

제17권

墓誌銘 묘지명

墓碣銘 묘갈명

묘지명 墓誌銘

영흥 부사 이공 묘지명 병서

永興府使李公墓誌銘 竝序

성상 3년 계해년(1803, 순조3)에 구포(瞿圃) 이공(李公)이 집에서 고종(考終)하니, 사대부가 모두 서로 조의를 표하며 말하기를,

"아, 안타깝다. 세상에 다시 빼어나고 우뚝한 선비가 있겠는가."

라고 하였다. 공이 은거할 적에는 사람들이 등용되기를 바라더니, 졸한 뒤에는 국가에 큰일이 있을 때마다 모두 조 문자(趙文子)가 구원(九原)에서 탄식하였던 감회[1]가 절실하였다. 아, 공은 문학(文學)과 정술(政術)을 갖추고 있으면서 성명(聖明)한 군주를 만나는 때를 얻었는데, 고충(孤忠)을 자부하여 조금도 자신의 도(道)를 낮추려고 하지 않아서 끝내 세상과 단절하여 포부의 한둘도 펼치지 못하였다. 이것이 어찌 공만의 불행이겠는가.

1 조 문자(趙文子)가……감회 : 훌륭한 사람이 죽어서 다시 살아 돌아오게 할 수 없음을 안타까워하고 그리워함을 말한다. 춘추(春秋) 시대 진(晉)나라의 조 문자와 숙예(叔譽)가 진(晉)나라 경(卿)들의 공동묘지인 구원(九原)에서 다시 살아 돌아오게 할 만한 훌륭한 이들을 꼽아보았던 고사에서 유래한 것이다. 《禮記 檀弓》

공은 휘가 명연(明淵), 자가 원량(元亮)이고, 구포는 호이다. 영종(英宗 영조) 무인년(1758, 영조34)에 태어났다. 어려서부터 영특하여 겨우 초츤(髫齔 7,8세)의 나이에 말을 하는 것이 이미 사람들을 놀라게 하였다. 조금 장성한 뒤에는 세속을 벗어나 무리와 어울리지 않아서 벼슬에 나아가는 것을 달가워하지 않았다. 백씨(伯氏) 검열 공이 대과에 급제하고서 얼마 안 되어 권간(權奸)의 심기를 거슬러 삭과(削科) 되니,[2] 공은 항상 이를 속으로 애통하게 여겨서 수년간 과거 시험에 발길을 끊었다. 정묘(正廟 정조)가 공의 명성을 듣고는 선고 완성군(完城君) 공을 나아오게 하여 정중하게 칙유하니 공이 비로소 억지로 과거에 응시하였다. 경술년(1790, 정조14) 봄에 성균관 유생으로서 전강(殿講)에서 수석을 차지하니, 특별히 사제(賜第)[3]하고 또 명하여 검열 공을 복과(復科)하도록 하였다. 이에 공이 큰 은혜에 감격하여 죽음을

2 백씨(伯氏)……삭과(削科)되니 : 검열 공은 이명연(李明淵)의 형 이심연(李心淵, 1745~1781)으로, 자는 병여(秉汝), 본관은 전주(全州)이다. 이심연은 을미년(1775, 영조51) 5월에 시행하였던 문과 정시에 병과로 급제하여 예문관 검열이 되었는데, 1777년(정조1) 7월에, 흉당들이 결탁하여 그들과 가까운 자를 뽑았다는 이유로 을미년 문과 정시의 원방(原榜)을 파방하라는 명이 내렸다. 사후인 1790년에 다시 당시의 급제자들을 복과(復科)하게 함에 따라 원래의 관직을 회복하고 홍문관 수찬에 추증되었다.《正祖實錄 1年 7月 25日, 14年 7月 11日》《太湖集 卷6 翰林贈弘文館修撰李君墓誌銘》

3 사제(賜第) : 절일제(節日製), 춘추 도기(春秋到記), 일차 유생(日次儒生)의 전강(殿講), 외방 별과(外方別科), 권무과(勸武科), 관무재(觀武才), 중일 시사(中日試射), 각종 도시(都試)와 시재(試才), 상시사(賞試射), 별시사(別試射) 등에서 가장 우수한 성적을 거두었을 때 문과(文科)나 무과(武科)의 전시(殿試)에 곧바로 응시할 자격을 내려 주는 것을 말한다. 전시는 급제자의 순위를 정하는 시험이고 이 자격을 가진 자들은 응시하기만 하면 으레 급제자(及第者)로 방목(榜目)에 붙여지게 되어 있기 때문에 이를 급제할 자격을 주는 은사(恩賜)라는 의미에서 사제(賜第)라고 하였다.

맹세하며 보은하고자 해서 같은 해 증광(增廣) 전시(殿試)에 직부(直赴)하여 승문원 권지부정자가 되고 내각(內閣) 강제 문신(講製文臣)으로 선발되었다.

이듬해 여름에 기거주(起居注)를 섭행하여 재신(宰臣)들을 따라 등대(登對)하였다가, 상신(相臣) 채제공(蔡濟恭)이 아뢰는 일에 실수가 있자 공이 옆에서 이에 대해 풍자하였다. 그러자 성상이 대신을 면전에서 희롱하였다고 책망하였다. 특별히 전연사 직장에 제수하고 의정부 녹사를 겸하게 하였다. 겨울에 강제(講製) 친시(親試)의 제일인(第一人)으로서 6품에 올랐다. 수년 동안 공은 거의 거르는 날이 없이 과제(課製)에 응시하였는데, 크게 장려를 받아 상이 빈번하게 내리니 후일에 문임(文任 대제학)이 되리라는 기대를 받았다. 종부시 주부, 병조 정랑에 제수되었다가 사간원 정언으로 옮겼는데, 일로 인해 삭직되었다.

임자년(1792, 정조16)에 홍문록(弘文錄)[4]에 선발되어 부교리, 부수찬에 제수되었는데, 도당(都堂)의 권점(圈點)에서 물의가 있었다고 하여 인혐하여서 파직되었다. 이윽고 서용되어 남학 교수, 문신겸선전관, 병조 좌랑에 제수되었다. 당시에 성상이 각신(閣臣)을 마치 집안사

4 홍문록(弘文錄) : 홍문관의 교리, 수찬을 선임(選任)하는 기록을 이른다. 7품 이하의 홍문관 관원이 방목(榜目)을 조사하여 피선될 만한 자를 추려 내면, 홍문관 부제학 이하 응교 등이 이에 권점을 찍고 이 권점 하나를 1점으로 하여 득점자 순으로 후보자를 선출한다. 이렇게 홍문관의 관원들이 함께 의논하여 작성한 것이 본관록(本館錄)이 되고, 이를 이조에 이송해 다시 심사하여 작성한 것이 이조록(吏曹錄)이 된다. 또 이 이조록과 본관록을 의정부에 이송하여 의정부의 대신들에게 다시 심사하여 작성하게 하는 것이 도당록(都堂錄)이다.

람처럼 각별하게 예우해서 선발하는 것이 자못 특별하였는데, 장차 회권(會圈)하려고 할 적에 공이 여론의 촉망을 받았다. 이에 성상이 조용히 공에게 이르기를,

"너는 자애(自愛)하여 이전의 법을 다소 바꾸라."

라고 하였는데, 대답하여 아뢰기를,

"신은 성품이 거칠고 우직하여 실로 변하기가 어렵습니다. 오직 성상께서 신을 가엾게 여기셔서 요직을 피할 수 있게 하여 때로 군주의 잘못된 점을 바로잡을 수 있게 해주신다면 저의 소원은 다 이루는 것입니다."

라고 하니, 성상이 아무 말도 하지 않았다. 그 사이에 교리, 정언, 중학교수에 제수되었다. 이가환(李家煥)[5]이 흉잠(凶潛)[6]의 종손(從孫)이 되므로 청환(淸宦)의 길이 막혔는데 중비(中批)[7]로 반장(泮長

5 이가환(李家煥) : 1742~1801. 자는 정조(廷藻), 호는 금대(錦帶), 본관은 여주(驪州)이다. 1771년(영조47) 진사가 되고, 1777년(정조1) 증광 문과에 을과로 급제하였다. 저서로는 《금대시문초(錦帶詩文鈔)》가 있다. 조부는 이침(李沉)인데, 이침은 숙종조에 노론 세력이 세자를 위협하고 있다는 상소를 올렸다가 국문을 받고 죽은 이잠(李潛)의 아우이다.

6 흉잠(凶潛) : 이잠(李潛, 1660~1706)을 가리킨다. 이잠의 자는 중연(仲淵), 호는 섬계(剡溪)·서산(西山), 본관은 여주(驪州)이다. 1675년(숙종1) 진사시에 합격하였다. 평소 노론계 김춘택(金春澤)의 행위에 강한 불만을 느꼈던 그는 김춘택이 희빈(禧嬪) 장씨(張氏)의 소생의 세자 책봉을 미루는 것이 연잉군(延礽君)을 후사로 삼기 위한 것이라고 여기고, 1706년 9월 17일에 상소를 올렸다. 이 상소는 당시 국정을 장악하고 있던 노론계의 거센 반발과 숙종의 진노를 일으켜 9월 18일부터 25일까지 참혹한 국문(鞫問)을 당한 끝에 옥사(獄死)하였다.

7 중비(中批) : 이조나 병조의 전형(銓衡)을 거치지 않고 왕의 특명으로 관직을 제수하는 일을 말한다.

대사성)에 제수되니, 공이 동료 대간과 함께 이에 대하여 간쟁하였다가 내쳐져 이동 만호(梨洞萬戶)에 보임되었다.

계축년(1793, 정조17)에 정언으로 부름을 받고 돌아와서 체직되고 성균관 직강에 제수되었다. 가을에 선고 완성군 공의 상(喪)을 당하였다. 상기(喪期)를 마친 뒤에 헌납, 장령, 서학교수에 제수되고 부응교로 승진하였다. 병진년(1796)에 응교에 제수되었는데, 상소하여 금령(禁令)의 폐해에 대하여 아뢰기를,

> "전하께서는 조금이라도 귀에 거슬리면 큰일과 작은 일을 막론하고 번번이 금령이라고 명하시니 이것이 어찌 성세(盛世)에 있을 수 있는 일이겠습니까."

라고 하였다. 이어서 원행(園幸)할 때에 시종신의 반열이 내쳐져 왕부(王府 의금부)에 넘겨진 것과 병조 판서를 행전(行殿)에서 잡아들인 것은 예(禮)로써 신하를 부리는 방법이 아님을 말하고 성상에게 더욱 관대하고 인자하도록 힘쓸 것을 권면하였다. 이에 엄중한 비답을 받고 죄로 인해 파직되었다가 얼마 뒤에 서용되어 연달아 군자감 정과 장악원 정에 제수되었다. 다시 관직(館職)으로 돌아와 순월(旬月) 간 숙직하였는데, 번번이 격일로 사대(賜對)하여 지우(知遇)를 입은 것이 동료들보다 월등하였다. 한번은 달이 뜬 밤에 공을 불러 술을 마시도록 명하여 십여 차례 술잔을 주고받고는, 장차 물러나려고 하자 내시를 시켜 부축하여 전(殿)을 내려가도록 하였다. 아침이 되자 아직 일어나기도 전에 또 황봉(黃封)[8]을 하사하며 말씀하기를,

8 황봉(黃封) : 임금이 하사한 술로, 임금이 내린 술은 누런 종이로 봉하기 때문에 이렇게 이른다.

"이는 해장술이다."

라고 하였으니, 이를 들은 자들이 영광스럽게 생각하였다.

정사년(1797) 봄에 집의에 제수되었다. 척리(戚里)인 홍낙임(洪樂任)과 홍수영(洪守榮)이 죄로 인하여 오랫동안 벼슬길이 막혔는데, 이때에 이르러 이조 참의 성덕우(成德雨)와 병조 판서 정호인(鄭好仁)이 번갈아 가며 두 사람을 제관(祭官)으로 차출하고 책력(冊曆)을 반포하는 데에 포함시켰다.[9] 이에 성상이 바로 궐문에 거둥하여 성덕우와 정호인을 끌고 와 친히 국문하고 유배 보냈다. 이에 공이 상소하여 다음과 같이 아뢰었다.

"성상의 마음에 격노하는 바가 있을 때마다 성상의 체후가 매번 미령하시니, 전하께서는 가슴 사이에 이미 태양증(太陽證)이 있으셔서 이것이 주증(主症)이 되었습니다. 그러므로 마음에 불평이 있으시면 기운이 솟구쳐 올라서, 하교를 내시는 것이 걸핏하면 간중(簡重)함이 부족하고 처분을 내리시는 것이 번번이 엄혹하고 조급합니다. 일전에 국문하신 거조로 말하면, 또 너무 조급히 행하시는 실수를

9 척리(戚里)인……포함시켰다 : 홍낙임(洪樂任, 1741~1801)과 홍수영(洪守榮, ?~1798)은 정조의 외척으로, 홍낙임은 정조의 외조부인 홍봉한(洪鳳漢)의 아들이고, 홍수영은 홍낙임의 형인 홍낙인(洪樂仁)의 아들이다. 1796년(정조20) 12월 16일에 이조 참의 성덕우(成德雨)가 규정을 어기고 장용영 종사관 홍수영을 납향 대제(臘享大祭)의 제관으로 차출하였고, 같은 달 25일에 병조 판서 정호인(鄭好仁)이 책력(冊曆)을 반포하는 단자에 홍낙임을 멋대로 적어 제출한 일이 있었다. 이에 대한 비판이 일자 정조는 숙장문(肅章門)에 거둥하여 이들을 직접 국문하고 이 일이 어진 이를 높이고 외척을 억누르는 《명의록(明義錄)》의 의리에 위배된다고 하여 정호인은 북청부(北青府)로, 성덕우는 금갑도(金甲島)로 유배 보냈다. 《日省錄 正祖 20年 12月 16日, 25日, 27日》《正祖實錄 20年 12月 16日, 25日, 27日》

범하신 것입니다. 저들의 기회를 엿보는 잔재주와 도리에 어그러지는 버릇은 진실로 천하고 가증스러우니 일찌감치 베어서 끊어버려야 마땅하겠지만, 그 지체를 살펴보면 모두 현인의 후손이고 그 관작을 살펴보면 대사마(大司馬 병조 판서)와 재부(宰夫 이조의 관원)입니다. 그런데 갑작스럽게 성상의 진노가 내려서 보고 듣는 이들이 모두 놀랐으니, 끝내 의리를 밝히고 제방(隄防)을 엄히 하는 데에 도움이 되었는지는 신은 감히 알지 못하겠습니다."

또 다음과 같이 아뢰었다.

"근래의 조정은 예의(禮義)를 듣지 못하고 염치를 펴지 못하여 장자(長者)라는 것이 쓸모없는 호칭이 되었고 독서라는 것이 부끄러운 명목이 되었습니다. 검약하면 의심을 부르고 공평하면 기롱을 당하며, 너그러운 것을 약삭빠른 것보다 천하게 여기고 선량한 것을 각박한 것보다 아래로 여깁니다. 쌓인 폐습을 제거하지 못하여 고질이 되어서 고치기가 어렵습니다. 엎드려 바라건대, 거듭 관리들을 경계하여 감히 성인의 말씀을 업신여기지 말고 감히 어리석고 무지한 이를 가까이하지 않게 하신다면,[10] 하늘에 가리는 것이 없어져 무지

10 감히 성인의……하신다면 : '성인의 말씀을 업신여긴다〔侮聖言〕'는 것과 '어리석고 무지한 이를 가까이한다〔比頑童〕'는 것은 본래 《서경(書經)》 〈이훈(伊訓)〉에 보이는 말이다. 정사를 그르치는 세 가지 풍습〔三風〕과 여기에 해당하는 열 가지 허물〔十愆〕을 들어서 말하기를, "감히 궁중에서 항상 춤을 추고 집에서 취하여 노래하는 행위가 있으면 이것을 무당의 풍습이라 하고, 감히 재물이나 여색에 빠지고 놀이와 사냥을 늘 즐기는 행위가 있으면 이것을 음란한 풍습이라 하며, 감히 성인의 말씀을 업신여기고 충직한 말을 거스르며 나이 많고 덕 있는 이를 멀리하고 어리석고 무지한 이를 가까이하는 행위가 있으면 이것을 어지러운 풍습이라 한다. 이 세 가지 풍습과 열 가지 허물 중에 경사가 한 가지라도 몸에 지니면 집이 반드시 망하고, 군주가 한 가지라도 몸에 지니면

개〔螮蝀〕[11]가 절로 사라지고 사해(四海)가 맑아져서 사악하고 괴이한 것이 절로 달아날 것입니다."

끝에서는 또 '너그럽고 느긋하게 한다〔寬緩〕'는 두 글자를 가지고 간곡하게 말씀을 아뢰었다. 이에 후원(喉院 승정원) · 삼사(三司)의 관원들과 대신들이 서로 잇달아 상소해서 공을 두고 성덕우와 정호인을 두둔하였다고 지목하며 법을 왜곡하여 적용해서 죄를 성토하니 갑작스러운 화난이 번갈아 일어났다. 공은 교외로 물러나와 감죄(勘罪)를 기다렸다.

여름에 특별히 수찬에 제수되었는데, 지방에 있다고 하므로 의금부의 조사를 받도록 하여 공으로 하여금 스스로 소명하게 하고 수찰을 내려서 방편을 지시하였다.[12] 공이 두 차례 공초를 바쳤는데 모두 도로 내려 보냈고 세 번째 바친 공초에서 비로소 하교하여 혐의를 환하게 풀어주었다. 그리고 다시 특별히 응교에 제수하고 패초하도록 명하였다. 공은 사은(謝恩)을 급히 여겨 옥중에서 소명을 받들었으나 입직에 나아가지 않아서 이 때문에 도원 찰방(桃源察訪)에 보임되었다. 이윽

나라가 반드시 망하는 것이다."라고 하였다.

11 무지개〔螮蝀〕: 음양의 기운이 부당하게 교합하여 생긴다고 하여 천지의 음기(淫氣)를 상징한다. 《시경(詩經)》 용풍(鄘風) 〈체동(螮蝀)〉의 "무지개가 동쪽에 있으니, 감히 가리킬 수 없도다.〔螮蝀在東, 莫之敢指.〕"라는 말에서 유래하였다.

12 여름에……지시하였다 : 1797년(정조21) 4월 1일에 이명연(李明淵)을 홍문관 수찬에 제수하였는데, 이명연이 지방에 있다는 핑계를 대며 사직하자 정조가 하교하여 "조연(朝筵)에서 하교하여 임명한 것은 이 일을 마무리 짓기 위해서인데, 어찌 감히 지방에 있다고 하는가. 사람도 아니고 귀신도 아닌 처지에 둘 수 없으니, 그가 소명할 수 있도록 하기 위해 체차한다. 해부(該府)로 하여금 잡아다 신문하여 공사(供辭)를 받도록 하라."라고 하였다. 《正祖實錄 21年 4月 1日》

고 원사(爰辭 공초)에서 당파의 색목을 언급하였다고 하여 파직되었다가 한 달여 만에 다시 관직(館職)에 제수되었는데, 군이 사직하고 숙배하지 않아서 홍원 현감(洪原縣監)에 보임되었다.

이듬해에 덕원 부사(德原府使)로 옮겼고, 기미년(1799, 정조23)에 북청 부사(北青府使)로 옮겼으며, 겨울에 영흥 부사(永興府使)로 옮기고 통정대부(通政大夫)의 품계에 오르니 모두 특지(特旨)에 따른 것이었다. 영흥 부사에 제수되자, 공은 처음에 머뭇거리며 명에 응하지 않으려고 하였는데, 성상이 유지를 내려 상경하여 사은숙배하도록 하고 인견해서 위로하여 전송하였다. 이어서 심찰사(審察使)의 직임을 더하여 함흥(咸興)과 정평(定平)의 화재를 당한 백성들을 위유(慰諭)하게 하였다. 공은 비록 견책을 당하여 보임되었을 때에도 성상의 유지를 가지고 와서 전하는 액례(掖隸)와 금려(禁旅)가 전후로 계속 이어졌으며, 크고 작은 민은(民隱)에 대해서 모두 공에게 개혁하도록 하니, 네 고을의 백성들이 편안한 보금자리를 얻었고 근방의 고을에서도 실제의 혜택을 입었다. 지역의 습속이 사납고 거칠어 궁마(弓馬)를 숭상한다고 하여 문교(文教)를 우선하여 다스렸으며 나이가 많은 이를 존문(存問)하고 효우(孝友)가 있는 이를 예우하였다. 학생들을 모아서 스승을 세워 학업을 권면하고 때로 학당에 찾아가 직접 질문하고 토론하니, 공이 가르치고 장려한 것이 모두 효과를 거두었다.

신유년(1801, 순조1) 여름에 도백(道伯)과 친족인 혐의가 있다는 이유로 체직되어 돌아오니, 정고(正考 정조)가 승하한 지 1년이 넘은 때였다. 문을 닫아걸고 빈객을 사절하여 영화로운 벼슬길에 나아갈 마음을 접었는데, 당로(當路) 여러 사람이 겉으로 공론(公論)을 보여 오히려 서로 천거하였다. 그러나 공은 마치 못 들은 것처럼 신경 쓰지 않았다. 공이 북쪽에 있을 적에 이미 병에 걸렸었는데, 계해년(1803)에 이르러 병세가 더욱 위독해져서 8월 14일에 졸하니 향년이 46세였다. 광주(廣州) 지곡(池谷) 자좌(子坐)의 언덕에 장례하니 선영을 따른 것이다.

공은 풍채가 훤칠하고 수염이 성겼으며 기우(器宇)가 준엄하고 단정하였다. 성품은 또 활달하고 기개가 있어 대절(大節)을 좋아하여서 개연(慨然)히 고인(古人)과 같이 되기를 스스로 기약하였고, 말을 잘하여 아첨하는 세속 사람들을 보면 마치 자신을 더럽힐 듯이 여겼다. 선고 완성군 공을 섬길 적에는 사랑하고 공경함이 매우 지극하였다. 백씨(伯氏)가 일찍 세상을 떠나고 완성군 공의 나이가 더욱 많아졌는데, 공이 홀로 좌우에서 수고로움을 대신하여 물심양면으로 봉양함에 제대로 갖추지 않음이 없었다. 완성군 공이 졸하자 종가의 일을 경영하여서, 선조를 추모하고 제사함에 있어 정성과 경건함을 지극히 하였고, 조카들을 돌봐주기를 마치 자기 자식처럼 하였다. 평생토록 재화와 이익에 관해서는 언급하지 않았고 외직에 부임했을 적에는 필마(匹馬)만 덩그러니 있었으며 돌아올 적에는 지푸라기 하나도 가지고 오지 않았다. 집안이 비록 자주 끼니를 굶는 형편이었으나 편안한 마음으로 지냈다.

입조하여서는 강직하게 간언할 것을 생각하여서 성상을 섬길 적에 소회가 있으면 반드시 아뢰어 숨기거나 피하는 바가 없었다. 한번은 재이(災異)를 계기로 경계의 말씀을 아뢰기를,

"전하께서는 정령을 시행하실 적에 지나치게 익숙하여 수법이 교묘해지셔서 원하는 바가 있으시면 반드시 이루고야 마십니다. 이는 이른바 '임금 노릇하는 것을 어렵게 여긴다'[13]는 뜻이 아닙니다."

라고 하니 성상이 노하여 안색을 바꾸며 말씀하기를,

"내가 어찌 원하는 바가 있으면 반드시 이루려고 하겠는가. 그대는 매번 취모멱자(吹毛覓疵)하려고 한다."

라고 하였다. 공이 아뢰기를,

"신의 죄가 큽니다. 그러나 오늘날 조정이 이와 같이 권면할 수 있다면 어찌 다행이 아니겠습니까."

라고 하고 사관(史官)에게 이를 기록하게 할 것을 청하니, 성상이 웃고 파조(罷朝)하였다.

하루는 정동준(鄭東浚)[14] 및 여러 신하들과 함께 야대(夜對)에 입시하였는데, 성상의 체후가 미령하더니 잠시 뒤에 말씀하기를,

"근일에 금중(禁中)의 일을 외부에 전파하여 와언(訛言)이 날로 불어나니, 누가 감히 이러한 짓을 하는지 모르겠다."

라고 하니 공이 나아가 아뢰기를,

"고(故) 상신(相臣) 민진원(閔鎭遠)이 말하기를, '외부의 말을 가지고 내부에 하소연하는 자는 반드시 내부의 말을 가지고 외부에 퍼뜨

13 임금……여긴다 : 이는 《서경(書經)》 〈대우모(大禹謨)〉에 보이는 말로, 우(禹)가 순(舜)에게 아뢰기를, "임금이 임금 노릇하는 것을 어렵게 여기며 신하가 신하 노릇하는 것을 어렵게 여겨야 정사가 비로소 다스려져서 백성들이 덕(德)에 속히 교화될 것입니다.〔后克艱厥后, 臣克艱厥臣, 政乃乂, 黎民敏德.〕"라고 하였다.

14 정동준(鄭東浚) : 1753~1795. 자는 사심(士深), 본관은 동래(東萊)이다. 1775년(영조51) 정시 문과에 병과로 급제하여, 규장각 대교를 거쳐 의정부 초계 강제 문신, 직각, 한학 교수(漢學敎授) 등을 역임했고 정조의 신임을 받아 재신(宰臣)에까지 이르렀다. 그러나 그를 보호하기 위해 권요직(權要職)을 피하게 한 정조의 뜻을 이해하지 못해 원망하는 마음을 품고 임금을 모함하는 말을 했다가 탄핵이 일어나자 스스로 목숨을 끊었고, 사후에 직첩을 환수하여 불태우는 처벌이 내렸다.

린다.'라고 하였으니, 전하께서 한번 이 말을 살펴보아 가만히 확인해 보신다면 아실 수 있을 것입니다. 또 직분이 요직에 있지 않은데 저택이 갑자기 사치스러워지고 관직이 전형(銓衡)을 맡고 있지 않는데 거마(車馬)가 몰려든다면, 이는 틀림없이 팔아먹는 것이 있어서 그러한 것입니다."

라고 하였다. 그러자 정동준의 안색이 흙빛이 되었다. 정동준이 죽은 뒤에 성상이 공을 마주하여 매우 이에 대해 칭찬하였다.

공은 자주 존귀한 근신(近臣)들의 심기를 거슬렀는데, 윤행임(尹行恁)[15]이 특히 공에게 유감이 심하였다. 정사년에 상소를 올린 뒤로 갖은 방법으로 공격을 해왔는데, 윤행임은 기어이 공을 중상(中傷)하고자 하였다. 그러나 성상이 홀로 공의 충심을 헤아려서 자상하게 보호해주니, 공 또한 왕실에 마음을 써서 멀리 떨어져 있더라도 깊이 염려하였다. 홍원(洪原)에 있을 적에 관아의 뒤에 터를 닦아 여섯 개의 기둥으로 누각을 세워 '의두루(倚斗樓)'라고 편액하고는 짧은 시를 지어 옥루(玉樓 대궐)에 대한 그리움을 부쳤다. 성상이 이를 듣고는 명하여 적어서 올리게 하였다. 얼마 뒤에 덕원 부사로 옮기게 하고 두 차례 승진시켜 품계를 올려 주었으니 장차 북문쇄약(北門鎖鑰)의 중임[16]을 맡길

15 윤행임(尹行恁) : 1762~1801. 자는 성보(聖甫), 호는 석재(碩齋)・방시한재(方是閑齋), 본관은 남원(南原)이다. 1801년(순조1) 양관 대제학을 거쳐 예조 판서에 올랐다가 전라 감사에 제수되었다. 이해 정순왕후가 시파를 추방하기 위해 일으킨 신유박해로 강진현 신지도(薪智島)에 유배되었고 곧이어 투서사건에 배후자로 연루되어 유배지에서 사사되었다. 헌종 초에 신원되었고 영의정에 추증되었다. 시호는 문헌(文獻)이다. 저서로는 《석재고(碩齋稿)》가 있다.

16 북문쇄약(北門鎖鑰)의 중임 : 변방을 수비하는 중책을 이른다. 송(宋)나라 때 구

것이었는데, 갑자기 활과 검(劍)을 남기고 떠나게 되었다.[17]

문장을 짓는 것은 웅장하고 분방하여서 술에 거나하게 취하면 붓을 가져다가 수천 자의 글을 거침없이 써내려갔고 공교하게 다듬는 것을 힘쓰지 않았다. 혹자는 그 생경함을 병통으로 여기기도 하였으나 공은 더욱 스스로 만족하였으니 그 문장을 읽으면 그 사람됨을 알 수 있다. 유집(遺集) 약간 권이 있다.

공은 세계(世系)가 공족(公族)에서 나왔으니 세종의 별자(別子) 광평대군(廣平大君) 장의공(章懿公) 휘 여(璵)의 후손이다. 7대조 충정공(忠貞公) 휘 후원(厚源)은 정사공신(靖社功臣)[18]에 책훈되었고 두

준(寇準)이 대명부(大名府)를 맡아 지킬 때에 요(遼)나라 사신이 와서 구준에게 "상공(相公)은 명망이 높은데 어찌하여 중서(中書)에 있지 않고 여기 있는가?"라고 물으니, 구준이 "임금이 북문의 쇄약은 구준이 아니면 안 된다 하시기 때문이다."라고 답한 고사에서 유래한 것이다. 《孔氏談苑 卷5》

17 활과……되었다 : '활과 검(劍)을 남긴다'는 것은 임금의 승하를 뜻하는 것으로, 정조가 승하한 것을 가리킨다. 《사기(史記)》 〈봉선서(封禪書)〉에 "황제(黃帝)가 수산(首山)에 있는 구리를 채취하여 형산(荊山) 밑에서 정(鼎)을 만들었는데, 정이 완성되자 용 한 마리가 수염을 길게 늘어뜨리고 땅으로 내려와 황제를 맞이하였다. 황제가 용에 올라타자, 여러 신하들과 후궁 70여 명이 따라 올라탔다. 용이 하늘로 올라가자, 나머지 신하들이 용에 타지 못하고 모두 용의 수염을 붙잡으니, 용의 수염이 뽑히고 황제가 지니고 있던 활이 지상으로 떨어졌다. 백성들이 우러러 바라보니, 황제가 이미 하늘로 올라갔으므로 백성들이 그 활과 수염을 안고 통곡하였다. 이 때문에 후세 사람들이 그곳을 '정호(鼎湖)'라고 이름하고, 그 활을 '오호(烏號)'라고 이름하였다."라고 보이며, 검은 당나라 장수절(張守節)이 지은 《사기정의(史記正義)》에 "《열선전(列仙傳)》에 '황제가 스스로 죽을 날을 가려 신하들과 작별하고 죽어 교산(橋山)에 장사 지냈는데, 산이 무너지자 관은 텅 비었고 그 안에 검과 신발만이 남아 있었다.'라고 하였다."라고 보이는바, 두 고사를 합하여 말한 것이다.

18 정사공신(靖社功臣) : 1623년(광해군15)에 일어난 인조반정(仁祖反正)에서 공을

송 문정공(宋文正公)[19]과 함께 존양(尊攘)의 대의(大義)[20]를 장려하여 선류(善類)의 종주가 되었으며 관직은 우의정이고 완남부원군(完南府院君)에 봉해졌다. 증조 휘 현록(顯祿)은 문과에 급제하여 대사헌이 되고 완릉군(完陵君)에 봉해졌으며, 영묘(英廟 영조) 초년에 흉당이 정권을 잡게 되자 곧바로 향리에 은거하여 다시는 나오지 않았다. 조고 휘 권중(權中)은 생원시에 장원으로 합격하였고 무주 부사(茂朱府使)로 이조 참판에 추증되었다. 선고 휘 의행(義行)은 문과에 급제하여 대사헌이 되고 완성군에 봉해졌다. 선비(先妣) 증 정부인(貞夫人) 인동 장씨(仁同張氏)는 감역 민익(民翼)의 딸이다.

공은 남양 홍씨(南陽洪氏)를 아내로 맞이하니 군수 병문(秉文)의 딸로, 공보다 18년 늦게 졸하여 궁촌(宮村) 신좌(辛坐)의 언덕에 따로 장례하였다. 3남1녀를 낳았으니, 아들은 인창(寅昌), 전(前) 응교 인필(寅弼), 인공(寅恭)이고 딸은 서경보(徐絅輔)에게 출가하였다. 장방(長房 첫째 아들)의 아들은 정하(正夏), 헌하(獻夏)이다. 중방(仲房 둘째 아들)과 계방(季房 셋째 아들)은 각각 1남을 두었는데 아직 어리다.

나는 공을 늦게야 알았다. 한두 차례 술자리에서 뵈었는데, 공이 두건을 젖혀 쓰고 거침없이 이야기하여 온 좌중을 압도해서 막힌 바가

세운 김류(金瑬), 이괄(李适) 등 50명의 공신들에게 내린 훈호(勳號)이다.

19 두 송 문정공(宋文正公) : 동춘당(同春堂) 송준길(宋浚吉)과 우암(尤菴) 송시열(宋時烈)로, 두 사람 모두 시호가 문정이다.

20 존양(尊攘)의 대의(大義) : 《춘추(春秋)》에서 강조하였던 주(周)나라를 존숭하고 오랑캐를 물리치자는 '존주양이(尊周攘夷)'의 의리를 말하는데, 후대에는 주로 명(明)나라를 존숭하고 청(淸)나라를 배척하자는 '존명배청(尊明排淸)'의 의리를 뜻하게 되었다.

없이 확 트인 것을 보고는, 속으로 그 인물이 쇠퇴한 속세의 도량이 아님을 좋아하여 잊을 수가 없었다. 마침 정하가 나를 종유하게 되면서 공의 본말을 더욱 잘 알 수 있었다. 아, 선조(先朝) 말년에 권세에 영합하지 않고 누차 직언을 올려서 군주의 잘못을 바로잡고 일을 바로잡는 데에 정성을 쏟은 자로는 오직 공 한 사람뿐이다. 비록 이로 인하여 끝내 낭패를 당하긴 하였으나, 관직은 내쳐져도 은혜는 더욱 융숭하였고 몸은 곤경에 처해도 명성은 더욱 드러났으니, 훗날 군자가 있다면 틀림없이 공의 시대를 논하며 공의 마음을 알 수 있을 것이다.

정하가 공의 유사(遺事)를 늘어놓으며 묘지명을 지어줄 것을 청해왔다. 나는 나이가 노쇠하여 붓을 물리쳤으니 어찌 공을 제대로 드러낼 수 있겠는가. 삼가 유사를 가져다가 정리하여 차례로 서술하고 명(銘)을 덧붙인다.

명(銘)은 다음과 같다.

우뚝한 이공이여	嶷嶷李公
그 인물이 걸출하도다	傑然其人
문장과 기식(器識 기량과 식견)이	文章器識
조정 진신들의 중망을 받았네	望傾朝紳
영화로운 벼슬길이 앞에 있거늘	榮途在前
사람들은 달려가나 나는 가지 않았네	衆趍卬否
엄정한 태도로 바른 말을 하여	正色昌言
강직하게 납유[21]하였네	侃侃納牖

21 납유(納牖) : '납약자유(納約自牖)'의 준말로, 신하가 군주에게 간할 적에 군주가

깊고 엄숙한 옥당에서 玉堂深嚴
은혜가 날로 융숭하였네 恩顧日隆
성세(聖世)를 근심하고 명주(明主)를 위태롭게 여기니[22] 憂聖危明
단충이 밝게 빛났네 炳然丹衷
낭봉[23]을 올리자마자 囊封纔徹
참소하는 말이 뒤따랐네 謠諑隨之
변방으로 멀리 쫓겨났으나 邊塞遠斥
또한 남다른 지우를 입었네 亦荷殊知
의두루에서 읊은 한 곡조는 倚斗一闋
수조의 남은 생각이었네[24] 水調餘思

잘 알 수 있는 것부터 시작하여 점진적으로 군주의 마음을 유도함을 이른다. 《주역(周易)》 〈감괘(坎卦) 육사(六四)〉에 "맺음을 들이되 통명한 곳으로부터 하면 끝내 허물이 없으리라.〔納約自牖, 終无咎.〕"라고 한 데에서 유래한 것이다.

22 성세(聖世)를……여기니 : 송(宋)나라 문장가 소식(蘇軾)의 〈전표성주의서(田表聖奏議序)〉에 "옛날의 군자는 반드시 치세를 근심하고 명주를 위태롭게 여겼다.〔古之君子, 必憂治世而危明主.〕"라고 하였는데, 이를 원용하여 말한 것이다.

23 낭봉(囊封) : 누설될까 염려하여 주머니에 넣어서 봉함해 올린 상소를 이른다.

24 수조(水調)의 남은 생각이었네 : 먼 곳에서 궁궐에 있는 임금을 그리워함을 말한 것이다. 수조는 곡조(曲調)의 이름으로, 수(隋)나라 양제(煬帝)가 변하(汴河)를 개통할 때에 처음 지었다고 하는데, 당(唐)나라 때에 확대되어 산서(散序)·중서(中序)·입파(入破)로 구성되는 대곡(大曲)이 되었다. 중서의 제1장을 가두(歌頭)라고 하는데, 중국과 우리나라의 많은 문인들이 이 가두에 가사를 붙였는바, 이를 〈수조가두〉라 한다. 송(宋)나라 문장가 소식(蘇軾)이 황주(黃州)에 유배되어 있으면서 〈수조가두〉를 지었는데, 이 가운데에 "다만 임금이 계신 옥 같은 궁궐 높은 곳이 추위를 이기지 못할까 염려되네.〔只恐瓊樓玉宇, 高處不勝寒.〕"라는 구절이 있어, 이를 전해들은 신종(神宗)이 감동하여 "소식이 끝까지 임금을 사랑하는구나."라고 하면서, 죄를 감하여 여주(汝

선실에서 장차 부르려고 하였더니[25] 宣室將召
용의 수레를 부여잡지 못하게 되었네[26] 龍馭莫攀
온축한 것을 펼치지 못하였으니 有韞無施
지사들이 이를 탄식하였네 志士攸歎
누가 그 형통함을 훼방하고 孰屯其亨
누가 그 수명을 가로막았는가 孰閼其年
시명이 불우하였으니 時命不偶
나에게서 비롯되지 않은 것은 하늘이 한 것이네[27] 莫我者天
혼탁한 세상이 더러워 濁世汶汶
눈을 붙일 곳이 없으니 開眼無所
풍류와 기개를 風流氣槪

州)로 귀양지를 옮겨 주었다고 한다. 《古今事文類聚 前集 卷11 坡詞愛君》

25 선실(宣室)에서……하였더니 : 정조가 외직으로 나가 있던 이명연(李明淵)을 불러들여 장차 중용하려고 하였던 것을 말한 것이다. 선실은 한(漢)나라 미앙궁(未央宮) 안에 있던 선실전(宣室殿)이다. 한 문제(漢文帝) 때 가의(賈誼)가 일찍이 태중대부(太中大夫)에 발탁되었다가 뒤에 참소를 입어 장사왕 태부(長沙王太傅)로 좌천되어 나갔는데, 그로부터 수년 뒤에 문제가 가의를 몹시 그리워한 나머지 그를 조정으로 불러들여서 한밤중에 선실전으로 불러 놓고 귀신(鬼神)의 근본에 대하여 물으므로, 가의가 그 소이연(所以然)을 갖추어 아뢰자, 문제가 매우 흥미를 느껴 경청(傾聽)하였던 고사가 있다. 《史記 卷84 賈生列傳》

26 용의……되었네 : 임금이 승하함을 말한 것으로, 정조가 승하한 것을 가리킨다. 자세한 내용은 23쪽 주17 참조.

27 나에게서……것이네 : 당(唐)나라 문장가 한유(韓愈)가 지은 동계(董溪)의 묘지명(墓誌銘)에 "나에게서 비롯된 것은 내가 초래한 것이고, 나에게서 비롯되지 않은 것은 하늘이 한 것이네.〔由我者吾, 不我者天.〕"라고 하였는데, 이를 원용하여 말한 것이다. 《唐宋八大家文鈔 卷13 故朝散大夫商州刺史除名徙封州董府君墓誌銘》

이디에서 얻겠는가	得來何處
나의 말이 과장이 아니니	我言匪夸
후인들에게 밝게 고하노라	式昭來許

익찬 임공 묘지명 병서

翊贊任公墓誌銘 竝序

공은 휘가 로(魯)이고 자가 득여(得汝)이다. 풍천 임씨(豐川任氏)는 고려 어사대부(御史大夫) 주(澍)에서 시작되어 훈벌(勳閥)로서 대대로 이어져왔다. 본조에 들어와 판윤 문정공(文靖公) 휘 열(說)이 문장으로 이름이 드러났다. 관찰사 휘 의백(義伯)은 재주로써 등용되었는데, 이분이 낳은 참찬 문희공(文僖公) 휘 방(埅)은 청덕(淸德)으로 사림의 중망을 받았으니, 공에게 고조가 된다. 증조는 휘 정원(鼎元)으로, 첨정이고, 조고는 휘 손(遜)이고, 선고는 휘 종주(宗周)로, 대사간이다. 선비(先妣) 양주 조씨(楊州趙氏)는 현감 영엽(榮燁)의 딸이다. 영종(英宗 영조) 을해년(1755, 영조31)에 공을 낳았다.

공은 보통의 키에 체격이 건장하고 미목이 수려하였으며, 성품은 너그럽고 인자하여 평소에 조급한 말투와 태도가 없었다. 가정에서의 행실이 매우 돈독하여, 선고 대사간 공을 모실 적에 좌우에서 그 수고로움을 대신하면서 노복들이 할 일을 직접 하였으며, 먹는 것과 자는 것 하나하나를 오직 어버이가 하시는 바를 살펴서 하고 감히 마음대로 하지 않았다. 약관이 되기 전에 선비 조 부인(趙夫人)의 상(喪)을 치렀는데, 슬픔과 예법을 모두 지극히 하였고, 계비(繼妣 계모) 김 부인(金夫人)을 섬기게 되어서도 사랑하고 공경하는 것이 생모와 차이가 없었다. 정종(正宗 정조) 정유년(1777, 정조1)에 대사간 공이 적신(賊臣) 홍국영(洪國榮)의 심기를 거슬러 무고하게 단천(端川)에 유배되었다가 5년 만에 끝내 적소의 거처에서 졸하였다. 공은 밤을 새워가며 천여

리의 길을 달려가 분상(奔喪)하였으며, 종신토록 애통한 마음을 품어서 마침내 음악을 듣지 않고 사람들이 잔치하여 모인 곳에 가지 않았다. 공경히 제사를 받들고 선영을 가꾸어서 그 정성과 힘을 다하니, 다른 사람이 미치기 어려운 바가 많았다.

어려서부터 학문에 종사할 뜻을 두어서 세간의 명예와 이익, 재물과 여색에 대하여 일체 흠모하는 바가 없었다. 중간에 어버이의 명으로 억지로 과거에 응시하였으나 좋아하는 바는 아니었다. 정유년에 이르러 과거 공부를 아예 그만두고 동교(東郊)에 은거하며 영서거사(潁西居士)라고 자호(自號)하였다. 집이 몹시 가난하여 거친 밥으로도 끼니를 잇지 못하였으나 날마다 경전과 낙민(洛閩)[28]의 여러 책들을 가져다가 독서하고 사색하여서 이를 마치 추환(芻豢)[29]과 같이 좋아하였다. 또 족부(族父) 녹문자(鹿門子)[30]와 편지를 주고받으며 질정하여서 성

28 낙민(洛閩) : 낙양(洛陽) 출신인 정호(程顥)·정이(程頤) 형제와 민(閩) 땅 출신인 주희(朱熹)를 합칭한 말로, 정주학(程朱學)의 의미로 쓰인다.

29 추환(芻豢) : '추(芻)'는 소와 양 같은 초식동물을 이르고 '환(豢)'은 개와 돼지 같이 곡식을 먹는 동물을 이르는 것으로, 맛좋은 고기를 뜻한다. 《맹자(孟子)》 〈고자상(告子上)〉에 "그러므로 '입이 맛에 있어서 똑같이 즐김이 있으며, 귀가 소리에 있어서 똑같이 들음이 있으며, 눈이 색에 있어서 똑같이 아름답게 여김이 있다.'고 하는 것이니, 마음에 이르러서만 똑같이 옳게 여기는 바가 없겠는가. 마음에 똑같이 옳게 여긴다는 것은 어떤 것인가? 이(理)와 의(義)를 말한다. 성인(聖人)은 우리 마음에 똑같이 옳게 여기는 바를 먼저 아셨다. 그러므로 이(理)·의(義)가 우리 마음에 기쁨은 추환(芻豢)이 우리 입에 좋음과 같은 것이다."라고 하였는데, 여기에서 말한 '추환'을 원용한 것이다.

30 녹문자(鹿門子) : 임성주(任聖周, 1711~1788)로, 본관은 풍천, 자는 중사(仲思), 호는 녹문(鹿門)이다. 1733년(영조9) 사마시에 합격하였으며, 1750년 세자익위사 세마가 되고 시직에 승진하였으나 곧 사직하고, 1758년 공주의 녹문에 은거하였다.

현이 입언(立言)한 뜻을 궁구하는 데에 힘써 밝고 드넓은 근원의 경지[31]에 나아가는 것을 기약하였다. 그러나 수양에 전심하고 실천함에 힘써서 남이 알아주는 것을 구하지 않았다.

교유하는 것이 신중하여, 비록 오랫동안 교제한 사이라고 하더라도 현달하게 되면 그 집에 발길을 끊었다. 그러므로 어진 선비들이 모두 공과 친근하게 지냈다. 일찍이 매달 초하루마다 모여서 《소학(小學)》과 《대학(大學)》을 강독하였는데, 거주하는 곳에 산수의 경치를 즐길 곳이 많아서 때때로 지구(知舊)들과 기약하지 않고 모여 시냇가를 찾고 소나무 그늘에 앉아 함께 명리(名理)를 극론하며 돌아가는 것도 담박하게 잊었다. 늘 말하기를,

"마음이 맞는 사람을 만나서 하루 동안 정담을 나누는 것은 참으로 인생의 지극한 즐거움이다."

라고 하였다. 평소에 산수를 좋아해서 역내의 명승지를 두루 유람하여 흉금이 표일(飄逸)하였으니, 대체로 우두커니 앉아 자기의 뜻만 지키는 편협한 유자나 고루한 선비가 아니었다.

1776년 정조가 즉위한 뒤 동궁을 보도(輔導)하고 지방관을 지내다가 다시 녹문에 은거하여 학문연구로 여생을 보냈다. 이재(李縡)의 문인으로 초년에는 스승의 학설을 신봉하여 인물성동론(人物性同論)을 주장하였으나, 중년에 이르러 기존의 학설을 비판하고 호락(湖洛)의 양론을 기일원론적(氣一元論的) 입장에서 종합하여 자신의 학설을 수립하였다. 저서로는 《녹문집》이 있다.

31 밝고……경지 : 이는 본래 주희(朱熹)가 제자 석홍경(石洪慶)에게 당부한 말에 보이는 것으로, "지금 공부를 해보고자 한다면 우선 모름지기 단정하고 장엄한 자세로 존양을 하여 밝고 드넓은 근원의 경지를 홀로 보도록 하여야 할 것이요, 공부를 허비하여 종이 위의 말만 뚫어지게 쳐다보아서는 안 될 것이다.〔如今要下工夫, 且須端莊存養, 獨觀昭曠之原, 不須枉費工夫, 鑽紙上語.〕"하였다. 《性理大全 卷44》

정묘년(1807, 순조7)에 처음으로 선공감 가감역에 제수되었는데 나아가지 않았다. 기사년(1809)에 다시 제용감 부봉사에 조용(調用)되고 전생서로 옮겨지니, 노쇠한 어버이를 위하여 뜻을 굽혀 벼슬에 나아갔다. 상서원 직장, 한성부(漢城府)·사복시 주부, 의금부 도사, 경모궁 영(景慕宮令)을 역임하였다. 경조(京兆 한성부)에 있을 적에 마침 성상이 여러 관서의 낭관들을 불러 소회를 써서 아뢰도록 하였는데, 공이 맡은 직무가 토지(土地)와 가사(家舍)였으므로 균전(均田)을 청하고 옥제(屋制)를 정하였으니, 성상이 이를 가상히 여겨 특별히 말을 하사하였다. 신녕 현감(新寧縣監)으로 나가서는 자제들을 선발하여 학교에 입학시켜서 녹봉을 덜어 지급해주고 각각 경서 하나를 수업하여 조목별로 묻는 시험을 보아 근면함의 여부를 살피니, 3년 만에 유학의 교화가 크게 행해졌다. 김 부인의 상(喪)을 당하여 해직하고 돌아오니, 읍인(邑人)들이 비(碑)를 세워 은혜를 칭송하였다.

정축년(1817)에 익위사 익찬에 제수되고 곧이어 보은 군수(報恩郡守)에 제수되었다. 기묘년(1819)에 충원 현감(忠原縣監)으로 옮겼는데, 이곳은 수륙(水陸)의 공로(孔路)에 자리하여 평소에 번잡하여 다스리기가 어려웠다. 공은 간소함으로 번다함을 제어하여 교활한 아전들을 다스리고 호족들을 견제하였으며 송사를 들을 적에는 온화하고 차분하게 하여서 반드시 백성들이 사정을 다 말할 수 있도록 하였으니 온 고을이 평안해졌다. 임오년(1822)에 암행어사 서좌보(徐左輔)가 공을 달가워하지 않는 이들의 말을 듣고서 공을 봉고파직(封庫罷職)[32]

32 봉고파직(封庫罷職) : 어사나 감사가 부정을 행한 고을의 원을 파면하고 관가의 창고를 봉하여 잠그던 일을 말한다.

하고 없는 사실을 날조하여 무함하니, 충원의 백성들이 서로 앞장서서 경사(京師)에 억울함을 하소연하였으나 끝내 의금부의 조사를 받고 진천(鎭川)에 유배되었다. 이듬해 봄에 사면을 받고 돌아와서는 문을 닫아걸고 빈객을 사절하여 더욱 세상과 단절하였다. 무자년(1828) 가을에 병에 걸려 위독해지자 시중을 드는 이에게 명하여 부축해 일으키도록 하고는 의관을 정돈하고 《주역(周易)》 〈계사전(繫辭傳)〉을 외웠는데, 한 글자도 틀리지 않았다. 윤자(胤子)를 돌아보며 말하기를,

"의금(衣衾)은 호인(胡人 청인(淸人))의 물건을 사용하지 말라."

라고 하고 부녀(婦女)들을 물러가게 하고 자리를 바르게 하여 쌍계동(雙溪洞)의 집에서 고종(考終)하니, 8월 22일이었다. 10월에 진천(鎭川) 사산리(沙山里) 술좌(戌坐)의 언덕에 장례하였다. 공이 적소에 있으면서 직접 수장(壽藏)[33]의 터를 마련하여 먼저 배위 숙인(淑人)의 묘를 이장하였는데, 이때에 이르러 그 광중을 파서 합장하였다.

숙인 달성 서씨(達城徐氏)는 통덕랑(通德郎) 규수(奎修)의 딸로, 충숙공(忠肅公) 성(渻)의 후손이다. 1남2녀를 낳았으니, 아들은 익상(翼常)이고 딸들은 조상진(趙常鎭), 김국선(金國善)에게 출가하였다. 익상은 1남을 두었는데 아직 어리고, 딸은 김병우(金炳愚)에게 출가하였다. 조상진의 1남은 흡(潝)이다. 김국선의 1남은 아직 어리다.

공은 타고난 자질이 본래 뛰어나서 도(道)를 전수받을 만한 기국이 있었는데, 사승(師承)의 도움을 받지 않고 내면 공부를 하는 데에 전심하였다. 항상 본원(本原)을 함양하는 것과 체(體)를 밝히고 용(用)에

33 수장(壽藏) : 생전에 미리 만들어 놓은 자기의 무덤이나 남의 무덤을 이르는 말로, 수실(壽室) · 수당(壽堂) · 수역(壽域) · 수총(壽塚) · 수혈(壽穴)이라고도 한다.

맞게 하는 것을 가지고 진실하게 공부를 착수할 곳으로 여겼다. 세유(世儒)들이 표절하여 구이(口耳)의 학문을 하면서 먼저 스스로 다름을 표방하는 것을 매우 미워하여 늘 배우는 자들을 경계하여 말하기를,

"선비는 마땅히 평소의 말을 삼가고 평소의 행동을 조심하여야 하니 치우치면 위태롭게 된다."

라고 하였다. 만년에 이르러 덕스러운 자태가 겉에 밝게 드러났으니 여기에서 행동과 위의(威儀)의 법도를 확인해볼 수 있다. 때로는 마음껏 환담을 나누며 농담하는 것을 싫어하지 않았는데 지기(志氣)가 걸출하여 좌중을 압도하면서도 그 속에 절로 법도가 있었으니, 옛날에 이른바 "화합하면서도 휩쓸리지 않는다."[34]라는 것에 공이 실로 해당되었다.

저술하는 것을 좋아하지 않아서 글을 지으면 번번이 남겨두지 않으며 말하기를,

"진실로 이전의 성인들이 발명하지 못한 것을 발명해낸 것이 아니라면 선유(先儒)의 책에 이미 갖추어져 있으니 어찌 다시 췌언(贅言) 하겠는가."

라고 하였다. 그러나 문사(文詞)가 풍부하고 통창하며 법도가 있었다. 산고(散稿) 약간 권이 집에 보관되어 있다.

내가 외람되이 공을 종유한 것이 30여 년이 된다. 매번 영수(潁水)

34 화합하면서도 휩쓸리지 않는다 : 이 말은 본래 《중용장구(中庸章句)》 제10장에 보인다. 자로(子路)가 공자(孔子)에게 강(强)한 것에 대해 묻자, 공자가 군자의 강함에 대하여 말씀하기를, "군자는 화합하면서도 휩쓸리지 않으니, 그 꿋꿋함이여, 참으로 강하구나.〔君子和而不流, 强哉矯!〕"라고 하였다.

가에 있는 공의 집을 방문해보면 성곽을 등진 사립문에 밥 짓는 연기가 드물게 피어올랐다. 그러나 공은 아관박대(峨冠博帶)[35] 차림을 하고 큰 걸음으로 성큼성큼 걸어서 그 안색을 보면 마치 자득한 자와 같았으니, 공의 포부에 바라는 바가 곤궁함을 지키며 홀로 선(善)을 행하는 데에 그치지 않았던 것이다. 그러나 늘그막에 녹사(祿仕)하며 끝내 횡역(橫逆)한 일로 곤궁을 당하고 말았다. 현인(賢人)의 벼슬길이 기구한 것은 옛날부터 그러하였으니, 아아, 슬프다.

공이 중원(中原)에 있을 적에 내가 필마(匹馬)로 찾아가 단구(丹丘)의 명승지에서 공과 만났는데[36] 풍류가 넘쳐흘렀다. 이어서 강호(江湖)에서 함께 늙자는 약속을 하였는데 끝내 이루지 못하였다. 연래에 비록 유람을 물리도록 하였으나 동지들의 모임에 공이 없으면 즐겁지 않았다. 지금 공이 졸하고 그 무덤의 띠가 이미 여러 해 묵었는데 익상이 묘지(墓誌)를 지어줄 것을 청해왔다. 나는 늙어서 글을 짓는 일을 맡아서 할 수 없으나, 나중에 죽는 이가 먼저 죽은 이의 무덤에 지문(誌文)을 지어주었던 옛사람의 의리를 생각해보건대, 내가 아니면 누가 공의 명(銘)을 짓겠는가.

명(銘)은 다음과 같다.

35 아관박대(峨冠博帶) : 높은 관과 넓은 띠라는 뜻으로, 사대부의 의관이나 차림을 이른다.

36 공이……만났는데 : 중원(中原)은 충주(忠州)의 이칭이고 단구(丹丘)는 단양(丹陽)을 가리킨다. 1820년(순조20) 4월 임로(任魯)가 충원 현감(忠原縣監)으로 있을 적에 오희상(吳熙常)은 충주로 찾아가 임로, 홍직필(洪直弼)과 함께 단양의 황강서원(黃岡書院), 사인암(舍人巖), 삼선암(三仙巖), 도담(島潭) 등을 유람하였다. 《老洲集 卷27 附錄 年譜》

무릇 사람이 학문을 함에	凡人爲學
밖으로만 치달리지 않는 이가 드물거늘	鮮不騖外
훌륭하다, 부자여	偉歟夫子
먼저 그 큰 것을 확립하였네	先立其大
행실은 이륜에 돈독하였고	行篤倫彝
뜻은 성현을 바랐네	志希聖賢
정밀히 사색하고 실천하였고	精思實踐
깊고 오묘한 이치를 헤아리고 탐구하였네	測深鉤玄
형비의 참된 즐거움을	衡泌眞樂
잊지 않기로 길이 맹세하였네[37]	永矢不諼
그 기국은 관대하면서도 엄숙하였고	寬栗其器
그 말은 활달하고 통창하였네	恢達其言
온화함으로 사람의 마음을 적시니	飮人以和
진한 술과 따스한 봄바람 같았네	醇醲春溫
낭묘에 들어갈 인재가	廊廟之具
작은 고을에서 침체하였네	下邑棲遲
한 고을만 맡고 두루 다스리지 못하였으니	專而不咸

37 형비(衡泌)의……맹세하였네 : 은거하는 즐거움을 잊지 않겠다고 다짐함을 뜻한다. '형비'는 은거하는 곳을 뜻하는 말로, 《시경(詩經)》 진풍(陳風) 〈형문(衡門)〉에 "형문의 아래 한가히 지낼 만하고, 샘물이 졸졸 흐르니 굶주림을 달랠 만하네.〔衡門之下, 可以棲遲. 泌之洋洋, 可以樂飢.〕"라고 한 데에서 유래하였다. 《시경》 위풍(衛風) 〈고반(考槃)〉에 "은거하는 곳이 시냇가에 있으니, 큰 사람의 마음이 넉넉하도다. 홀로 자고 깨어 말하나, 길이 이 즐거움 잊지 않기로 맹세하도다.〔考槃在澗, 碩人之寬. 獨寐寤言, 永矢弗諼.〕"라고 하였는데, 이를 원용하여 말한 것이다.

어찌 그 포부를 다 펼 수 있었으랴	詎展厥施
만년에 법망에 걸리니	末路文網
선류가 탄식하였네	善類喑噫
성덕을 지닌 이가 세상을 떠남에	長德云喪
사도가 더욱 기구해졌네	斯道益崎
늙은 내가 명(銘)을 지음에	老我作銘
망질(亡質)의 슬픔[38]이 있네	亡質之悲
후인이 공을 알고자 한다면	後欲知公
이 글에서 확인할 수 있으리라	尙徵在玆

38 망질(亡質)의 슬픔 : '질(質)'은 '상대'의 뜻으로, 뜻이 맞는 지우(知友)를 잃은 슬픔을 말한다. 영(郢) 땅의 어떤 사람이 자신의 코끝에 작은 흙덩이를 얹어 놓고 장석(匠石)에게 도끼를 휘둘러 이를 떨어뜨리게 하면, 장석은 도끼를 휘둘러 바람을 일으켜서 코는 다치게 하지 않고 흙덩이만 살짝 떨어뜨렸는데, 뒤에 송(宋)나라 원군(元君)이 이를 전해 듣고 장석을 불러 시연해볼 것을 청하자, 장석이 "제가 예전에는 그렇게 할 수 있었습니다. 그러나 지금은 신의 상대가 죽은 지 오래되어 할 수 없습니다.〔臣則嘗能斲之, 雖然, 臣之質死久矣.〕"라고 한 고사에서 유래하였다. 《莊子 徐无鬼》

이거 이공 묘지명 병서

頤居李公墓誌銘 竝序

선군자 정헌공(定獻公 오재소(吳載紹))에게는 글방의 스승이 있었으니, 바로 이거자(頤居子) 이공(李公)이다. 공은 사람됨이 겉과 속이 모두 깨끗하고 눈빛과 외모가 그림처럼 말끔하였다. 총명함이 빼어나 태어난 지 몇 년 만에 글자를 알아서 한번 눈에 본 것은 번번이 기억하였으며, 식견이 또 정밀하고 통투하여 남들이 보지 못하는 바를 능히 보았다. 약관의 나이에 역천(櫟泉) 송 선생(宋先生)[39]을 스승으로 섬겨서 육경(六經)을 모두 통달한 뒤에 여러 서적을 두루 보아 논변하는 것이 거침없었는데 모두 스승의 뜻을 따랐고, 은미한 말과 심오한 뜻에 있어서 또 발명한 바가 많았다. 이에 문하의 여러 사람들이 추중하고 칭찬하여 미칠 수가 없다고 여겼으며, 송 선생도 또한 자주 칭찬하였다.

다만 가난하여 어버이를 봉양할 수 없자 가족을 데리고 경사(京師)에 와서 우거하였는데, 경사의 명류(名流)들이 공과 어울리는 것을

39 역천(櫟泉) 송 선생(宋先生) : 송명흠(宋明欽, 1705~1768)으로, 자는 회가(晦可), 호는 역천, 본관은 은진(恩津)이다. 동춘당(同春堂) 송준길(宋浚吉)의 현손이며, 도암(陶菴) 이재(李縡)의 문인이다. 학행으로 천거되었으나 줄곧 사양하고 나아가지 않은 채 학문에 전념하였다. 1763년(영조39)에 찬선으로 경연에 입시하면서 상소한 내용이 영조의 비위를 거슬러 당론을 했다는 이유로 폐서인(廢庶人)되어 전리(田里)로 방축되기도 하였다. 죽은 뒤에 복관되어 이조 판서에 추증되었다. 시호는 문원(文元)이다. 저서로는 《역천집》이 있다.

좋아하여 벗으로 삼았고 또 자신의 자제를 보내어 수학하게 하는 이가 많았다. 공은 사도(師道)를 엄중하게 세워서 강수(講授)하는 것에 절도가 있었고 가르치고 고해주기를 정성껏 하여 관문을 열어주고 마디를 해체해주어서 명민한 이와 우둔한 이가 모두 유익함을 얻을 수 있도록 하였다. 또 반드시 먼저 이(理)와 욕(慾), 선(善)과 이(利)의 구분을 밝혀서 나아가고 물러날 바를 알게 하였으니, 그저 입으로만 읽게 할 뿐이 아니었다. 이에 지금까지도 그 명성이 사우(士友) 간에 전해진다.

공은 휘가 귀상(龜祥), 자가 군범(君範)이니, 연안부(延安府) 사람이다. 시조는 당(唐)나라 중랑장(中郎將) 무(茂)이며, 저헌(樗軒) 문강공(文康公) 석형(石亨)의 10대손이다. 증조 휘 천기(天基)는 관찰사로 이조 참판에 추증되었고, 조고 휘 학로(鶴老)는 동지중추부사이다. 공은 휘 흥좌(興佐)의 아들로서, 출계(出系)하여 백부(伯父) 휘 한좌(漢佐)의 후사가 되었다. 선비(先妣)는 모군 모씨(某郡某氏)이다.

공은 일찍 선고를 여의고 모친을 섬김에 몹시 효성스러워서 크고 작은 일에 뜻을 어김이 없었고, 저녁에 잠자리를 보아 드리고 새벽에 세수하고 빗질한 뒤에 문안하는 것을 평생 한결같이 하였다. 엄동설한에 한기(寒氣)가 살갗을 엘 때에도 공은 몸소 도끼를 잡고 장작을 패서 땔감을 마련하였는데 귀찮아하는 기색이 전혀 없었다. 중간에 어버이의 명으로 한 차례 사마시에 응시하여 발해(發解 초시(初試))와 회시(會試)에서 모두 제일등(第一等)으로 합격하니 그 답안으로 쓴 글이 인구에 회자되었다. 공은 평소에 글 짓는 것을 좋아하지 않았으나 재주가 높고 식견이 밝았으므로 이를 드러내어 글을 지음에 절로 일정한 경지에 이르렀다. 이(理)를 논한 여러 서적에 있어서, 마치 날카로운 칼로 대나무를 쪼개는 것처럼 더욱 명쾌하게 이해하였으니, 식견이 있는 이들이 모두 일세(一世)의 영재(英才)라고 칭송하였다. 그러나 안타깝게도 단명(短命)에 가로막혀 그 학문을 끝까지 성취하지 못하였다. 유고(遺稿) 몇 권이 집에 보관되어 있다.

공은 영종(英宗 영조) 원년 을사년(1725, 영조1)에 태어나서 무인년(1758) 2월 19일에 졸하였으니 향년이 겨우 34세였다. 모산(某山) 모원(某原)에 장례하였다. 공은 모두 두 차례 아내를 맞이하였으니, 은진(恩津) 송상제(宋相濟)의 딸과 창녕(昌寧) 조명우(曹命佑)의 딸이다. 모두 자식을 두지 못하여 족자(族子) 연대(延大)를 취하여 아들로 삼았다. 연대는 1남을 낳으니 국명(國明)이고, 5녀는 임희달(任希達), 이주록(李周祿), 이영(李鍈), 봉하주(奉夏柱), 정가석(鄭嘉錫)에게 출가하였다.

연대가 공의 지문(誌文)을 지어줄 것을 몹시 간곡하게 부탁해오니 의리상 감히 사양하지 못하는 점이 있었다. 다만 나는 태어남이 늦어서 공의 시대를 미처 보지 못하였고 문헌이 또 민멸되어 확인할 길이 없으니, 일찍이 집안에서 들었던 것을 삼가 서술하여 지문을 짓는다.

명(銘)은 다음과 같다.

옥 같이 아름다운 용모와 얼음처럼 깨끗한 마음에	玉貌氷心
뛰어난 재주와 슬기로운 식견이 있었으니	英才慧識
내려주기를 넉넉하게 하고는	旣豐其畀
수명에는 어찌하여 인색하였던가	胡命之嗇
높고 빼어난 뜻이	邁古之志
가로막혀 펼쳐지지 못하였으니	而閼不揚

내가 그 무덤에 명(銘)을 지어 我銘幽竁

저 푸른 하늘에 질정하노라 質彼蒼蒼

현감 한공 묘지명 병서

縣監韓公墓誌銘 竝序

공은 휘가 원리(元履), 자가 사선(士善)이다. 청주 한씨(淸州韓氏)는 고려 태위(太尉) 란(蘭)에게서 나왔다. 본조에 들어와 좌의정 양절공(襄節公) 휘 확(確)과 우의정 충정공(忠靖公) 휘 응인(應寅)이 모두 공훈과 덕망으로 나라의 중신(重臣)이 되었다. 이조 참판 휘 성우(聖佑)에 이르러서는 명론(名論)으로 조정에서 중망(重望)이 있었으며 뒤에 이조 판서에 추증되었으니 공에게 6대조가 된다. 증조 휘 현모(顯謨)는 대사헌으로 좌찬성에 추증되었고, 조고 휘 후유(後裕)는 동지중추부사로 영의정에 추증되었다. 선고 휘 용정(用鼎)은 문장과 덕행이 있었으나 일찍 세상을 떠났다. 선비(先妣) 풍양 조씨(豐壤趙氏)는 판서 엄(曮)의 딸이다.

공은 영종(英宗 영조) 병술년(1766, 영조42)에 태어났다. 8세에 선고의 상(喪)을 당하였는데, 왕부(王父 조부) 영의정 공이 어린 것을 가엾게 여겨 데리고 와서 무릎에 앉혔다. 그러자 공이 울면서 말하기를,

"자식이 어버이의 상(喪)을 당하여 상차(喪次)에 있지 않아서야 되겠습니까."

라고 하니 이를 본 이들이 기특하게 여겼다. 선비(先妣) 조 부인(趙夫人)을 섬길 적에는 사랑과 공경이 돈독하고 지극하여 좌우에서 모시며 수고로움을 대신하고 뜻에 순종하기를 힘썼다. 임자년(1792, 정조16)에 조 부인이 여역(癘疫)에 걸려 몹시 위독해지자 공은 밤마다 이슬을 맞은 채로 서서 하늘에 기도하여 자신의 목숨을 대신 가져가기를 소원

하였다. 그러다가 상(喪)을 당하여서는 애통함으로 몸을 훼상하여 거의 목숨을 잃을 뻔하였다.

일찍이 거자업(擧子業 과거 공부)을 하였으나 연달아 급제하지 못하였다. 그러자 당로자(當路者)가 공을 위해 힘을 쓰고자 해서 사람을 시켜 은근하게 뜻을 내비쳤는데, 공이 정색하며 말하기를,

"벼슬의 승침(昇沈)은 명(命)에 달린 것이니, 선비가 어찌 부정한 방법으로 벼슬에 나아가서야 되겠는가. 부귀는 내가 원하는 바가 아니다."

라고 하고는 마침내 과거에 발길을 끊었다. 임술년(1802, 순조2)에 문음(門蔭)으로 효원전 참봉(孝元殿參奉)에 제수되었고, 제용감 봉사, 상서원 직장, 평시서 주부, 제용감 판관을 차례대로 역임하였다.

태인 현감(泰仁縣監)으로 나갔는데, 다스림에 있어 간악한 이들을 단속하는 것을 우선으로 하여 백성을 병들게 하는 것을 살펴 속히 제거하였다. 백성 중에 불효하고 불목(不睦)하여 서로 고발하는 이들이 있었는데 공이 이들을 앞으로 나아오게 하여 자상하고 간절하게 타이르니 모두 뉘우치고 눈물을 흘리며 물러갔다. 온 고을의 사람들이 이를 듣고는 감탄하지 않는 이가 없었다. 마침 기근이 든 데에다 바닷가에 역병이 돌았는데 공이 평소에 기황술(岐黃術)[40]을 잘 알아서 처방을 주어 치료하게 하니 목숨을 보전한 자가 많았다. 4년 만에 관직을 버리고 돌아왔는데 행장이 단출하여 백성들의 고혈로 자신을 윤택하게 한 바가 없었다. 견복(甄復)[41]하여 사복시 주부가 되었는데 전조(銓曹)의

40 기황술(岐黃術) : 의가(醫家)의 시조로 일컬어지는 기백(岐伯)과 황제(黃帝)를 합칭한 말로, 전하여 의술(醫術)을 가리킨다.

당상과 친족인 혐의로 인하여 체직되었다. 임신년(1812) 3월 12일에 졸하니 수원(水原) 치소 북쪽 율전리(栗田里) 해좌(亥坐)의 언덕에 장례하였다.

공은 화락하고 단정하여 가정에서의 행실을 잘 갖추었다. 일찍 선고를 여읜 것을 종신토록 애통하게 여겨서 이를 언급하게 될 때마다 오열하며 스스로 가누지 못하였다. 상여(喪餘 기제(忌祭))를 만나면 재계하며 제기(祭器)의 정결함을 살폈으며 어린아이처럼 곡하기를 마치 초상(初喪) 때처럼 하였다. 계부(季父) 만오(晩悟) 상공(相公)[42]을 몹시 공경히 섬겨서 매사에 반드시 뜻을 여쭈어 행하였고 고을의 수령으로 있을 적에는 새로운 음식을 얻으면 매번 전편(專便)으로 보내어 올려서 불기(不洎)의 그리움[43]을 부쳤다.

자봉(自奉)함이 간소하고 검약하여 의복과 음식, 기물에 있어서 담박하여 좋아하는 것이 없었으며, 평소에 문을 닫아걸고 있으면서 사람

41 견복(甄復) : 퇴임자 중에서 적합한 사람을 골라 거듭 관직에 복귀하게 하는 것을 말한다.

42 만오(晩悟) 상공(相公) : 한용귀(韓用龜, 1747~1828)로, 자는 계형(季亨), 호는 만오, 본관은 청주(淸州)이다. 1773년(영조49) 증광 문과에 병과로 급제하고 평안도 관찰사, 이조 판서, 판중추부사 등을 역임하였고, 1821년(순조21) 영의정에 올랐다. 시호는 익정(翼貞)이다.

43 불기(不洎)의 그리움 : 벼슬길에 나아가 귀하게 되었으나 부모가 살아 있지 않아 봉양할 길이 없음을 슬퍼하며 부모를 그리워하는 것을 뜻한다. 증자(曾子)가 "내가 부모가 살아계실 적에 한 벼슬은 3부(釜)의 녹봉만 받았어도 마음이 즐거웠는데, 돌아가신 뒤에 한 벼슬은 3천 종(鍾)의 녹봉을 받으면서도 부모를 봉양할 길이 없었기에 마음이 슬펐다.〔吾及親仕, 三釜而心樂, 後仕, 三千鍾不洎, 吾心悲.〕"라고 한 데서 나온 말이다. 《莊子 寓言》

들과 교제하는 것에 급급해 하지 않았다. 여러 자식들을 가르칠 적에는 반드시 올바른 도리로써 가르쳤으며, 며느리를 얻으려고 할 적에는 먼저 가법(家法)을 물어보고 말하기를,

"부녀(婦女)는 집안의 흥망이 좌우되는 사람이다. 귀한 집안의 자녀는 믿는 바가 있어 교만하지 않는 이가 드무니, 이는 내가 매우 두려워하는 바이다."

라고 하고 현귀한 자가 청혼을 해오면 모두 사절하고 돌려보냈다. 사람들을 대할 적에는 곡진한 은정(恩情)이 있어서 상(喪)을 당하고 궁액을 만난 이들을 마치 미치지 못할 듯이 주휼해주었고 미천한 노복이라고 하더라도 매질을 가하는 일이 드물었다. 그 인후하고 측달한 마음은 바로 타고난 것이었다.

배위 풍산 홍씨(豐山洪氏)는 현감 낙전(樂全)의 딸인데, 자식을 두지 못하였다. 계배(繼配) 음성 박씨(陰城朴氏)는 사인(士人) 준흠(俊欽)의 딸인데, 3남2녀를 낳았다. 아들은 봉사 직교(直教), 재교(在教), 필교(弼教)로, 첫째와 둘째는 모두 일찍 죽어서 족인(族人)의 아들 윤석(胤錫)과 기석(箕錫)을 데려다가 후사로 삼았다. 딸은 이조석(李祖錫), 이복우(李福愚)에게 출가하였다.

아아, 나는 공의 집안과 세교(世交)가 있으니, 예전에 공의 선고 영의정 공을 책상 아래에서 배알하면서 공과 여러 종형제들 사이에서 즐겁게 어울렸었다. 그런데 지금 모두 차례로 세상을 떠나고 말았으니, 필교가 찾아와 공의 명문(銘文)을 지어줄 것을 청함에 어찌 관거차세(觀居此世)의 감회[44]가 없을 수 있겠는가.

44 관거차세(觀居此世)의 감회 : '관거차세'는 한유(韓愈)가 지은 마계조(馬繼祖)의

명(銘)은 다음과 같다.

집에 있어서는 효우가 돈독하고	在家而敦孝弟
세속에 섞여서는 영리를 좇는 마음 끊었으니	混俗而絶趨營
어쩌면 그리도 지킴이 굳세고	何守之介
견식이 밝았던가	而識之明
녹사에서 침체하고	棲遲祿仕
수명은 겨우 중년에 그쳤네	壽廑中身
보응(報應)이 이렇게 어그러졌으니	報施斯舛
어찌 선인을 권면할 수 있으랴	何勸善人
내가 화려한 꾸밈 없이 글을 써서	我筆不華
무궁한 후세에 밝게 드러내노라	昭視無垠

묘지명(墓誌銘)에 보이는 말로, "내가 40년도 안 되는 사이에 조(祖)·자(子)·손(孫) 삼대를 곡하였으니, 인간 세상에 있어서 어떻다고 하겠는가. 그런데 사람이 오래도록 죽지 않고 있으면서 이 세상을 구경하며 살아 있으려고 하는 것은 어째서인가.〔未四十年, 而哭其祖子孫三世, 於人世何如也? 人欲久不死, 而觀居此世者, 何也?〕"라고 하였다. 한유는 마계조를 비롯하여 그의 부친인 마창(馬暢), 조부인 마수(馬遂) 삼대와 모두 친분이 있었는데, 마계조의 묘문을 지으면서 이들과의 각별한 인연을 서술하고 삼대를 차례로 먼저 떠나보내게 된 서글픈 심정을 절절히 드러내었다. 여기에서도 이 뜻을 취하여 말한 것이다.《韓昌黎集 卷33 殿中少監馬君墓誌銘》

묘갈명 墓碣銘

우봉처사 오공 묘갈명 병서

盂峯處士吳公墓碣銘 竝序

족숙(族叔) 절도사 공이 나에게 말씀하기를,

"나의 본생(本生) 선인(先人)의 무덤에 아직 비석을 세우지 못하였다. 옛날에 너의 선고 문정공(文靖公 오재순(吳載純))께 부탁을 하려고 하였는데 공이 갑자기 졸하였으니, 네가 이를 도모하라."

라고 하였다. 나는 외람되다는 이유를 들어 누차 사양하였으나 절도사 공이 굳이 부탁하며 말씀하기를,

"사양할 것이 없다. 선인께서는 덕을 감추고 광채를 숨기셨으므로 세상에 잘 아는 이가 없다. 오직 네가 그나마 집안에서 들은 바가 있으니, 너를 놔두고 다른 이에게 부탁하는 일은 내가 할 수 없다."

라고 하였다. 이에 내가 끝내 사양하지 못하고 마침내 행장을 살펴 다음과 같이 서술한다.

공은 휘가 박(璞), 자가 국보(國寶)이다. 오씨(吳氏)는 세계(世系)가 해주(海州)에서 나왔으니, 시조는 고려 군기감 감(軍器監監) 휘 인유(仁裕)이다. 그 뒤로 높은 관작을 대대로 이어오다가 휘 정방(定邦)에 이르니, 관직은 경상우도 병마절도사로, 광해군이 모후(母后 인목대

비(仁穆大妃))를 폐위하려고 하여 백관의 조정의 논의를 위협할 적에 대면하여 말한 것이 정도(正道)를 지켜 흔들림이 없었다. 뒤에 특별히 병조 판서에 추증되고 정무공(貞武公)의 시호가 내리니, 이분이 공의 5대조이다. 증조 휘 상(翔)은 사복시 주부로 이조 판서에 추증되었다. 조고 휘 두흥(斗興)은 병조 참판에 추증되었다. 선고 휘 중주(重周)는 무과에 급제하고 한성부 좌윤이 되었는데, 세 조정을 차례로 섬기며 충심을 성대히 드러내고 만년에는 다시 과감하게 벼슬에서 물러나 선류(善類)에게 추중을 받았다. 선비(先妣) 정부인(貞夫人) 전주 이씨(全州李氏)는 현감 휘 재(栽)의 딸이다.

공은 사람됨이 고매하고 깨끗하며 단정하고 순수하여 굳세게 지키는 바가 있어서 사람들이 의(義)에 맞지 않는 것으로 함부로 범접하지 못하였다. 효우에 돈독하여서, 부모를 섬길 적에 화순하여 깊이 사랑하는 마음이 있어서 아침저녁으로 곁에서 모시며 마음을 즐겁게 해드리기를 힘썼다. 선고 좌윤 공이 노쇠하여 벼슬을 그만두고는 술자리를 갖는 것을 좋아하였는데, 공이 마을의 종족을 초대하여 날마다 주연을 벌여서 물심양면으로 봉양함에 부족함이 없이 하였다. 선고와 선비의 상(喪)을 치를 적에는 극진하게 예(禮)를 따랐고, 사당에 제사를 올리는 일에 정성을 다하여 늙어서도 해이해지지 않았다. 백씨(伯氏)가 일찍이 기질(奇疾)을 앓았는데, 공이 마치 자신이 아픈 것처럼 몹시 근심하여 좌우에서 간호하면서 음식과 의복까지도 반드시 직접 살피고 남에게 맡기지 않았으니, 이렇게 하기를 십여 년을 하루같이 하였다. 친족과 이웃을 대할 적에는 은정(恩情)이 넘쳐흘렀으니 이는 모두 진심에서 나온 것으로, 효심을 넓힌 것이었다.

수신(守臣 수령) 중에 공의 행실을 어질게 여기는 이가 있어서 장차 조정에 천거하려고 하였는데, 공이 이를 듣고는 좋아하지 않아서 사양하여 그만두게 하였다. 공은 몸가짐이 간소하여 재화와 이익에 있어서 더욱 담박하였다. 좌윤 공이 누차 병영을 맡을 때마다 매번 공을 따라오게 하였는데, 공은 털끝만큼도 사사로이 행하는 바가 없었다. 그 집안 살림을 보면 쌀독의 곡식이 넉넉하지 못하였으나, 도리어 베풀기를 좋아하여 곤궁한 이들을 주휼해 줌에 마치 미치지 못할까 염려하는 것 같았다. 한번은 남에게 말을 빌려 주었는데 말이 폐사하자 그 사람이 값을 보상해주고자 하였다. 그러자 공이 웃으며 말하기를,

"말을 가진 자가 남에게 빌려주어 타게 하는 것은 옛 도리이다.[45] 죽은 말에도 값을 받겠는가."

라고 하고는 끝내 값을 받지 않았다. 공이 재물에 대하여 구차하지 않은 것이 대체로 이와 같았다.

공은 젊었을 적에 과거 공부를 하여 사부(詞賦)로 수차례 초시에 합격하였으나 마음은 이를 달가워하지 않았다. 선고를 여읜 뒤에는 말하기를,

"나는 이제 영화를 구할 필요가 없어졌다."

라고 하고는 마침내 다시는 과거에 응시하지 않았다. 산수를 유람하는 것을 좋아하여, 하루는 필마(匹馬)로 영동(嶺東)을 찾아가 유람하였는데, 강릉(江陵)에 이르자 이곳이 몹시 마음에 들어 가솔을 모두 데

45 말을 가진……도리이다 : 《논어(論語)》 〈위령공(衛靈公)〉에 "사관(史官)들이 글을 빼놓고 기록하지 않는 것과, 말을 가진 자가 남에게 빌려주어 타게 하는 아름다운 풍속을 나는 그나마 보았는데, 지금에는 그런 일이 없어졌구나.〔吾猶及史之闕文也、有馬者借人乘之, 今亡矣夫!〕"라고 한 공자(孔子)의 말이 보인다.

리고 가서 은거할 뜻을 품었으나 힘에 부쳐 실행하지 못하였다. 만년에 다시 양성(陽城) 천덕산(天德山) 우봉(盂峯) 아래에 집을 짓고는 서가에 책을 높이 쌓아놓고서 그 속에서 초연히 지내며 사람들을 만나는 일을 끊었다. 그리고 오직 내면을 수양하는 일에 힘써서 세속의 모든 영예와 재리에 대하여 마치 들은 바가 없는 것처럼 하였다. 이러한 까닭에 향당의 사람들이 칭송하고 사모하지 않는 이가 없어서 우봉처사(盂峯處士)라고 불렀다. 이윽고 병에 걸려 졸하니, 바로 영종(英宗 영조) 신미년(1751, 영조27) 5월 12일로, 태어난 해로부터 회갑이 되는 해였다. 같은 현(縣)에 있는 좌윤 공의 묘 왼쪽의 임좌(壬坐)의 언덕에 장례하였다.

배위 청주 한씨(淸州韓氏)는 관찰사 중희(重熙)의 딸로, 공보다 한 살이 많고 41년 먼저 졸하였는데, 자식을 두지 못하였다. 계배(繼配) 해주 정씨(海州鄭氏)는 주서 휘주(徽周)의 딸로, 공과 같은 해에 태어나고 3년 늦게 졸하였다. 모두 어질고 슬기로워 공의 덕(德)에 걸맞아 어그러짐이 없었으며, 모두 공의 묘에 부장(祔葬)하였다. 정 부인(鄭夫人)은 1남 재희(載熙)를 낳았으니, 바로 절도사 공인데, 공의 명으로 백씨(伯氏)의 후사가 되었다. 서출인 재점(載點)은 무과에 급제하였으며, 공의 제사를 실제로 받들고 있다. 절도사 공의 1남은 문상(文常)으로, 무과에 급제하였으며 현재 행(行) 방어사이다. 2녀 중 장녀는 이유수(李儒秀)에게 출가하였고 계녀는 정대현(鄭大鉉)에게 출가하였다. 서자 3인은 무과에 급제한 갑상(甲常), 영상(永常), 해상(海常)이다. 재점의 2남은 계상(啓常), 경상(綮常)이다. 문상의 1남은 치수(致壽)이다.

아, 나는 태어남이 늦어서 공이 살던 시대를 미처 보지 못하였다.

그러나 일찍이 문중의 어른들에게서 듣건대, 나의 왕고(王考 조고) 문목공(文穆公 오원(吳瑗))이 공을 몹시 존경하고 중히 여겨서 공의 효제의 행실을 매우 칭송하였고 또 일찍이 옥장(玉璋 규장(圭璋))의 정결함과 주현(朱絃 거문고 줄)의 곧음으로 공의 덕을 비유하였다고 한다. 문목공은 공에게 종조형제(從祖兄弟 재종형제)가 되니, 이를 통하여 확인할 수 있을 것이다.

명(銘)은 다음과 같다.

공이 가둔[46]한 곳	維公嘉遯
울창한 저 적성[47]이네	鬱彼赤城
진실로 효제를 실천하니	允履孝悌
백행이 이로써 곧게 되었네	百行以貞
훌륭하다, 광채를 감추어서	懿哉潛光
그 이름을 드러내지 않았네	弗顯其名
주현, 옥장과 같다고	朱絃玉璋
나의 조부가 평하셨으니	我祖有評
소자가 이를 그대로 기술하여	小子是述
덕을 명(銘)에 나열하네	矢德于銘
천년만년토록	於千萬祀
후인이 이를 본받으리라	來人式型

46 가둔(嘉遯) : 중정(中正)한 도리에 맞게 은둔하는 것으로, 《주역(周易)》 〈둔괘(遯卦) 구오(九五)〉에 "아름다운 은둔이니, 정하여 길하다.〔嘉遯, 貞吉.〕"라고 한 데에서 유래하였다.

47 적성(赤城) : 천덕산(天德山)이 있는 경기 양성(陽城)의 옛 이름이다.

증 좌참찬 오공 묘갈명 병서

贈左參贊吳公墓碣銘 竝序

증 의정부 좌참찬 오공(吳公)은 휘가 탁(琢)이고, 자가 치백(治伯)으로, 해주(海州) 사람이다. 시조 휘 인유(仁裕)는 고려를 섬겨서 군기감 감(軍器監監)의 관직을 지냈다. 그 뒤로 관작이 계속 이어지다가 14대를 전하여 경상우도 병마절도사 휘 정방(定邦)에 이르렀는데, 혼조(昏朝 광해군조)에 절개를 드러내어 당저(當宁 정조)가 특별히 병조판서를 추증하고 정무(貞武)라는 시호를 내려 포창하였으니 공에게 5대조가 된다. 고조는 종친부 전부 증 의정부 좌찬성 휘 사겸(士謙)이고, 증조는 사복시 주부 증 이조 판서 휘 상(翔)이고, 조고는 증 병조참판 휘 두흥(斗興)이다. 선고 휘 중주(重周)는 무과에 급제하고 한성부 좌윤이 되었으며, 숙종, 경종, 영조 세 조정을 차례로 섬기며 우뚝하게 명신이 되었다. 선비(先妣)는 정릉(靖陵 중종)의 별자(別子) 덕양군(德陽君) 휘 기(岐)의 5대손인 현감 휘 재(栽)의 딸이다. 숙종 14년 무진년(1688)에 공을 낳았다.

공의 의용은 얼굴이 하얗고 단정하였으며 성품이 매우 효성스러웠다. 선고 좌윤 공이 집안을 다스릴 적에 성품이 엄하고 법도가 있었는데, 공이 좌우에서 봉양함에 어김이 없었다. 이에 좌윤 공이 매우 흡족하게 여겼고 향당에서도 훌륭한 아들이라고 칭찬이 자자하여, 틀림없이 좌윤 공의 가업을 잘 이어갈 것이라고 말하였다. 그러더니 중년이 못 되어 갑자기 병에 걸려서 수십 년 동안 병석에 누워 있게 되니, 향당의 사람들이 또 모두 한입으로 탄식하고 안타까워하였다.

그러다가 마침내 계해년(1743, 영조19)[48] 4월 13일에 졸하니 향년이 56세였다.

배위 증 정부인(貞夫人) 기계 유씨(杞溪兪氏)는 휘 명량(命亮)의 딸이자 대사헌 헌(櫶)의 손녀로, 단정하고 장엄하며 정숙하고 전일하여 부덕(婦德)을 두루 갖추었는데, 공보다 19년 먼저 별세하였다. 2녀를 낳았는데, 장녀는 이성주(李聖洙)에게 출가하였고 차녀는 박치규(朴致圭)에게 출가하였다. 아들은 두지 못하여 아우 박(璞)의 아들 재희(載熙)를 데려다가 후사로 삼았는데, 무과에 급제한 도총관으로, 공이 추증된 것은 재희가 현귀해짐에 따른 것이었다. 재희의 1남은 문상(文常)으로 무과에 급제한 전임 절도사이고, 2녀는 이유수(李儒秀), 정대현(鄭大鉉)에게 출가하였고, 서자 3인은 무과에 급제한 갑상(甲常), 영상(永常), 해상(海常)이다. 이성주의 1남은 판서 경무(敬懋)이다. 박치규의 1남은 기명(基命)이다. 문상의 1남은 치수(致壽)이다.

공은 훌륭한 자질을 지녔으나 불행히도 일찍 기질(奇疾)에 걸려서 성취한 바가 있지 못한 채 민멸되어 일컬어짐이 없게 되었으니 아아, 애통하다. 도총관 공이 공의 유사(遺事)를 나열하며 나에게 묘문(墓文)을 짓도록 명하니, 두세 번에 걸쳐 사양하였으나 끝내 사양하지 못하여 삼가 명(銘)을 짓는다.

명(銘)은 다음과 같다.

48 계해년 : 대본에는 '癸未'로 되어 있는데, 《해주오씨대동보(海州吳氏大同譜)》에 근거하여 '癸亥'로 바로잡아 번역하였다.

재능을 넉넉히 타고나게 하고는 펼치게 하는 데는 인색하였네
有贏其受嗇厥施

이치를 살펴봄에 어그러졌으니 참담하게도 그 까닭을 모르겠네
稽理也舛憯莫知

무덤에 명문을 게시하여 揭銘幽阡

효자의 그리워하는 마음을 위로하네 用慰孝子之思

장릉 영 이공 묘갈명 병서

莊陵令李公墓碣銘 竝序

송암(松巖) 이공 재형(李公載亨)[49]이 관북(關北)에서 도(道)를 창도하여 황무지를 개척하고 누습을 혁파하여 한 지역의 봉액(縫掖)을 입은 선비들로 하여금 모두 스승을 높이고 벗을 취하여 북을 쳐서 울려 책을 꺼내고 학업을 공손히 전수받을 줄을 알게 하였다.[50] 이에 거의 추로(鄒魯)[51]의 풍속에 가까워지니, 가까이 있는 자는 기뻐하여 복종하고 멀리 있는 자는 사모하여서 지금까지도 관북부자(關北夫子)라고 일컬어진다. 이분을 사숙(私淑)하여 흥기한 이가 있으니, 바로 구암(龜巖) 이공(李公)으로, 그 유서(遺緖)를 천명하여 더욱 창성하여 멀

49 이공 재형(李公載亨) : 이재형(李載亨, 1665~1741)으로, 자는 가회(嘉會), 호는 송암(松巖), 본관은 전주(全州)이다. 함경도 경성(鏡城)에서 태어나, 1685년(숙종11) 북평사(北評事)로 부임한 농암(農巖) 김창협(金昌協)을 찾아가 수학하였다. 1716년에 김창집(金昌集)의 천거로 남부 참봉(南部參奉)을 지냈으며, 이후 내시교관, 장악원 주부 등을 역임하였다. 1740년(영조16)에 사헌부 지평에 제수되었으나 노병(老病)으로 인해 나아가지 못했다. 북관(北關)을 대표하는 성리학자로, 저서로는 《송암집(松巖集)》이 있다.

50 북을……하였다 : 《예기(禮記)》 〈학기(學記)〉에 "입학하여 북을 쳐서 울려 책을 꺼내는 것은 그 학업을 공손히 전수받기 위함이다.〔入學鼓篋, 孫其業也.〕"라고 하였는데, 이를 원용하여 말한 것이다.

51 추로(鄒魯) : 유학(儒學)이나 문교(文教)가 흥성한 곳을 뜻하는 말로, 맹자(孟子)가 추(鄒)나라에서 태어나고 공자(孔子)가 노(魯)나라에서 태어난 데에서 유래하였다.

리 전해지게 하였으니, 독실한 논의를 하는 자들이 그 공로를 인정하였다.

공은 휘가 원배(元培), 자가 여달(汝達)로, 세계(世系)가 공주(公州)에서 나왔다. 시조 휘 자광(自光)은 고려 때 공산군(公山君)에 봉해졌다. 7대를 전하여 휘 근(懃)에 이르니, 본조에 들어와 대언(代言 승지)이 되었다. 대언의 손자 선전관 휘 겸(謙)은 일에 연루되어 경성(鏡城)에 찬배되었는데, 자손들이 마침내 이곳에 거주하게 되었다. 또 5대를 전하여 휘 붕수(鵬壽)에 이르니, 만력(萬曆) 임진년(1592, 선조25)의 왜란(倭亂)에 포의(布衣)로서 의병을 이끌어 토적(土賊)을 소탕하고 왜구를 무찌르다가 끝내 전장에서 순절하였다. 이에 사헌부 지평에 추증하고 사당을 세워 제사를 올리게 하였으니 공에게 7대조가 된다. 고조는 휘 동영(東榮)으로, 순릉 참봉(純陵參奉)이고, 증조는 휘 린(遴)이다. 조고 휘 양세(揚世)는 장릉 참봉(章陵參奉)으로, 백씨(伯氏)인 상사(上舍) 공 서세(瑞世)와 함께 송암을 스승으로 섬겼다. 선고 휘 구취(矩就)는 은덕(隱德)이 있었다. 선비(先妣) 진주 강씨(晉州姜氏)는 덕재(德載)의 딸이다.

공은 영종(英宗 영조) 을축년(1745, 영조21)에 태어났다. 처음에 재주와 덕행으로 수차례 천거에 올랐었는데, 정묘(正廟 정조) 무오년(1798, 정조22)에 재야의 경학(經學)을 하는 선비를 널리 찾을 적에 북관(北關)에서 공을 천거하여 명에 응하였다. 성상이 친히 구경(九經)[52]의 의의(疑義)를 뽑아서 60여 칙(則)을 조목별로 물어보았는데,

52 구경(九經) : 유가(儒家)의 대표적인 아홉 가지 경서(經書)를 말한다. 그 종류에 대하여는 여러 가지 설이 있는데, 대체로 삼경(三經)인 《주역(周易)》, 《시경(詩經)》,

공이 하나하나 대답을 올림에 막힘이 없었다. 이에 성상이 유지를 내려 포상하고 도신(道臣 관찰사)에게 하유하여 역마를 지급하여 예를 갖추어 조정으로 올려 보내도록 하였다. 그러나 공이 병을 핑계로 사양하며 나아오지 않자, 특별히 분교관(分教官)을 두어 공이 거주하는 곳에서 관직을 제수 받게 하여 여러 선비들을 가르치게 하고 이어서 궐내의 경서와 주자서(朱子書)를 하사하여 총애하고 우대하였다.

당저(當宁 순조) 신유년(1801, 순조1)에 의금부 도사에 제수되고 이윽고 상의원 별제, 장릉 영으로 옮겨 제수되었는데, 모두 나아가지 않았다. 한해 남짓이 지난 뒤에 정침(正寢)에서 졸하였다. 병이 한창 위독하였을 때에도 오히려 의관을 정돈하고 학생들을 이끌어 강론하는 것을 중단하지 않았고, 임종할 적에는 부녀(婦女)들을 물러가게 하고 편안하게 세상을 떠났으니, 바로 임술년(1802) 3월 28일이었다. 원근의 사림 중에 상(喪)에 달려와 목 놓아 울지 않는 이가 없었고 여러 고을의 향교와 서원에서 다투어 부의를 보내왔으며 문인 중에 가마(加麻)한 자가 수백 인이었다. 두 달 뒤 갑신일에 본군(本郡) 어랑(漁郎) 대곡(大谷) 계좌(癸坐)의 언덕에 장례하였다.

배위 충주 박씨(忠州朴氏)는 염(熖)의 딸로, 자식을 두지 못하였다. 계배(繼配) 함양 박씨(咸陽朴氏)는 호(琥)의 딸이다. 1남 유(愉)를 낳았고, 1녀는 현광묵(玄光默)에게 출가하였다. 유(愉)는 일찍 죽어 자

《서경(書經)》과 삼례(三禮)인 《주례(周禮)》, 《의례(儀禮)》, 《예기(禮記)》와 삼전(三傳)인 《춘추좌씨전(春秋左氏傳)》, 《춘추공양전(春秋公羊傳)》, 《춘추곡량전(春秋穀梁傳)》을 비롯하여 사서(四書)와 《효경(孝經)》, 《소학(小學)》까지 포괄하여 가리킨다.

식을 두지 못하여 종부형(從父兄 종형) 항(恒)의 아들 형태(亨泰)를 데려다가 후사로 삼았으니, 전(前) 참봉이다.

문집 몇 권이 세상에 간행되었다. 공이 경례(經禮)를 논한 것은 평이하고 명백하여 자득한 지취가 풍부하였고 문장 또한 이치가 심후(深厚)하여 유가(儒家)의 법도를 잃지 않았다.

공은 장신의 키에 체격이 건장하고 수염이 아름다우며 풍채가 걸출하여 멀리서 바라보면 근엄하고 가까이서 보면 온화하였다.[53] 이에 한 번 보면 도(道)를 지닌 군자임을 알 수 있었다. 어려서부터 총명함이 동류보다 뛰어나서 말을 배우자마자 이미 하는 말이 사람들을 놀라게 하였다. 조금 장성한 뒤에는 스스로 배움에 힘쓸 줄을 알아서 문예가 부쩍 향상되어 경전을 두루 관통하고 여러 책들을 널리 섭렵하였다. 이윽고 집안에서 학문 하는 지결(旨訣)을 듣고는 비로소 참으로 마음을 쓸 곳이 있음을 알아서 마침내 외물을 사모하는 마음을 끊고 몸을 맡겨 이에 종사하였다. 만년에 홍호(鴻湖) 가에 터를 마련하여 집을 짓고 곤궁함을 감내하며 절조를 지켜서 종신토록 조정에 발을 들이지 않았다.

학문을 함에 있어서는 알려지기를 구하거나 성과를 얻기를 꾀하지 않고 묵묵히 생각하고 실천하여 거경(居敬), 궁리(窮理), 역행(力行)을 가지고 진수(進修)[54]하는 절도로 삼았으며, 또한 일찍이 등급을 건

53 멀리서……온화하였다 : 《논어(論語)》 〈자장(子張)〉에 보이는 자하(子夏)의 말에 "군자는 세 가지 다른 모습이 있으니, 멀리서 바라보면 근엄하고, 가까이서 보면 온화하고, 말을 들어 보면 엄정하다.〔君子有三變, 望之儼然, 卽之也溫, 聽其言也厲.〕"라고 하였는데, 이를 원용하여 말한 것이다.

54 진수(進修) : 덕을 진전시키고 학업을 닦는다는 뜻인 '진덕수업(進德修業)'의 줄임

너뛰어 고상함을 추구하지 않았으니 마음에 보존하고 겉에 드러나는 것이 요컨대 효도하고 공경하며 진실하고 겸양하는 것에서 벗어나지 않았다. 이 때문에 집안에서 행하는 것이 윤리가 돈독하여 어버이를 섬기고 형을 따르는 것에서부터 부부가 함께 거하고 친족과 화목하게 지내는 것에 이르기까지 모두 다른 사람에게 모범이 될 만하였다. 일찍이 말하기를,

"한 마디 선한 말을 하는 것이 한 가지 선한 생각을 가지는 것만 못하고, 한 가지 선한 생각을 가지는 것이 한 가지 선한 일을 행하는 것만 못하다."

라고 하여, 세유(世儒)들의 구이지학(口耳之學)을 보기를 마치 자신이 병을 앓는 것처럼 여길 뿐만이 아니었다. 그러므로 읽지 않은 책이 없었음에도 도리어 새로이 입론하는 것을 좋아하지 않아서 오직 몸에 실천하는 것만을 생각하였다.

평소에 겸허하고 공손하게 자신을 낮추어서 현덕(賢德)과 재지(才智)를 가지고 남보다 앞서려고 하지 않았는데, 수양함이 두터이 쌓인 뒤로는 광채가 발하는 것이 절로 가릴 수 없는 점이 있었다. 이에 관북의 배우는 자들이 흡연(翕然)히 공에게 모여드니, 공은 그 현우(賢愚)에 따라 가르쳐주기를 게을리 하지 않아서 모두 하학(下學)[55]하는 곳에

말로, 《주역(周易)》 〈건괘(乾卦) 문언전(文言傳)〉에 보인다.

55 하학(下學) : 인간이 행해야 할 도리를 배우는 공부를 이른다. 《논어(論語)》 〈헌문(憲問)〉에 보이는 공자(孔子)의 말에 "나는 하늘을 원망하지 않으며 사람을 탓하지 않고, 아래로 인사(人事)를 배우면서 위로 천리(天理)를 통달하노니, 나를 알아주는 것은 하늘일 것이다.〔不怨天, 不尤人, 下學而上達, 知我者其天乎.〕"라고 한 데서 온 말이다.

먼저 그 힘을 다하게 하였다. 그러므로 문하의 선비 중에 재목을 이룬 자들이 많았다. 공이 스스로 수양한 것과 남을 수양하게 한 것은 송암에게서 깊이 얻은 바가 있었는데, 송암의 학문은 농암(農巖) 김 문간공(金文簡公 김창협(金昌協))에게서 나왔으니, 법문(法門)이 바른 것이 또한 유래한 바가 있는 것이다.

아아, 근세에 사문(斯文)이 비색한 것이 극에 달하여 조정에는 인재를 이루어주는 교화가 드물고 재야에는 사우(師友)의 가르침이 없어서 성리(聲利)의 폐해가 홍수와 이단보다도 심하다. 이에 세도(世道)와 인물이 혼란하고 어리석어져 날로 깊은 밤으로 들어가고 있다. 이러한 때에 공이 궁벽한 곳에서 떨쳐 일어나 성현의 말씀을 외우며 따르고 또 능히 이를 다른 사람에게까지 미루어나가 독서의 일맥이 요황(要荒)[56]의 불모지에서 면면히 이어지게 하였다. 진실로 호걸지사(豪傑之士)[57]가 아니라면 어찌 이와 같이 할 수 있겠는가. 한 번도 그 포부를 펼치지 못하고 초야에서 침체한 것이 안타까울 뿐이다.

56 요황(要荒) : 국도에서 멀리 떨어진 변두리 지역을 이르는 말로, 요복(要服)과 황복(荒服)의 합칭이다. 고대 중국에서는 왕기(王畿) 밖의 지역을 거리에 따라 오복(五服)의 다섯 구역으로 나누었는데, 요복은 왕기로부터 1500리에서 2000리 사이에 있는 지역이고, 황복은 2000리에서 2500리 사이에 있는 지역이다.

57 호걸지사(豪傑之士) : 남보다 훨씬 뛰어난 재능과 덕을 발휘하여 세상에 우뚝 서게 된 사람을 가리키는 말로, 《맹자(孟子)》 〈등문공 상(滕文公上)〉에서는 남방의 초(楚)나라 출신으로서 능히 중원(中原)으로 와서 유학(儒學)을 배운 진량(陳良)을 두고 '호걸지사'라고 평하였고, 〈진심 상(盡心上)〉에서는 "문왕과 같은 성군이 나오기를 기다린 뒤에야 흥기하는 자들은 일반 백성들이다. 호걸지사로 말하면 문왕이 없더라도 오히려 혼자서 흥기한다.〔待文王而後興者, 凡民也. 若夫豪傑之士, 雖無文王猶興.〕"라고 하였다.

공의 문인 현군 익수(玄君翊洙)와 족자(族子) 순(恂)이 2천 리의 멀고 험한 길을 찾아와 나에게 명(銘)을 지어줄 것을 부탁하였다. 끝내 이를 사양할 수가 없어서 마침내 유사(遺事)를 정리하여 그 자잘한 행실은 생략하고 특별히 사우(師友)의 연원에 있어서 반복하여 재삼 뜻을 다하여 관북의 선비들로 하여금 학문을 권면할 줄을 알게 하는 바이다.

명(銘)은 다음과 같다.

후소[58]의 바탕에	後素之質
상경[59]의 문채이네	尙絅之文
변방의 땅에서 우뚝하게 탄생하니	挺生遐裔
촉룡[60]이 한문(寒門 북극)을 비춰줌과 같네	燭龍寒門

58 후소(後素) : 문식을 더하기에 앞서 아름다운 바탕을 갖추고 있는 것을 뜻한다. 자하(子夏)가 "보조개 패인 입가에 웃음이 예쁘고, 흑백이 분명한 눈동자에 눈짓이 곱구나. 흰 바탕에 채색을 하도다.〔巧笑倩兮, 美目盼兮. 素以爲絢兮.〕"라는 시의 의미를 묻자 공자(孔子)가 "그림 그리는 일은 흰 바탕을 마련한 뒤에 한다는 것이다.〔繪事後素〕"라고 답한 것을 원용하여 말한 것이다. 공자의 말은 곧 예(禮)와 같은 문식은 반드시 충신(忠信)한 바탕이 있어야만 제대로 행해질 수 있음을 말한 것이다. 《論語 八佾》

59 상경(尙絅) : 덕을 감추지만 그 덕의 문채가 은은히 밖으로 드러나는 것을 뜻한다. 《중용장구(中庸章句)》 제33장에 "《시경(詩經)》에 이르기를 '비단옷을 입고 홑옷을 덧입는다.' 하였으니, 문채가 지나치게 드러남을 싫어해서이다. 그러므로 군자의 도는 은은하되 날로 드러난다.〔詩曰"衣錦尙絅", 惡其文之著也. 故君子之道, 闇然而日章.〕"라고 하였는데, 이를 원용하여 말한 것이다.

60 촉룡(燭龍) : 촛불을 입에 물고 천하를 비춰 준다고 하는 고대 전설 속의 신의 이름이다. 초(楚)나라 굴원(屈原)의 《초사(楚辭)》 〈천문(天問)〉에 "태양이 이르지 않는 곳이 없을 텐데, 촉룡이 어찌하여 비춰 주는가.〔日安不到, 燭龍何照?〕"라는 구절이

구고(九皐)의 학 울음소리가 하늘에 들림에[61]	皐鶴聞天
임금의 포상이 환하게 빛났네	袞褒有輝
수많은 관북의 선비들이	莘莘北士
나그네가 돌아갈 곳을 얻은 것처럼 모여들었네	如旅得歸
석인이 과축하니[62]	碩人薖軸
홍호의 물결이 잔잔하네	鴻湖漣漪
그 연원을 거슬러 올라가면	溯厥淵源
삼주(三洲 김창협)가 바로 나의 스승이네	三洲我師
덕을 명(銘)에 나열함에	矢德于銘
거의 부끄러운 말이 없으니	庶無媿辭
모든 군자들이	凡百君子
어찌 이분을 사모하지 않으리오	曷不欽斯

있는데, 후한(後漢) 왕일(王逸)의 해설에 "하늘의 서북쪽에 해가 없는 암흑의 나라가 있는데, 그곳은 용이 촛불을 입에 물고 비춰 준다.〔天之西北有幽冥無日之國, 有龍銜燭而照之也.〕"라고 하였다.

61 구고(九皐)의……들림에 : 《시경(詩經)》 소아(小雅) 〈학명(鶴鳴)〉에 "학이 구고에서 울거든, 소리가 하늘에 들리도다.〔鶴鳴于九皐, 聲聞于天.〕"라는 구절을 원용하여 말한 것으로, 초야에 은거하는 군자의 훌륭한 명성이 널리 퍼져서 임금에게까지 알려지는 것을 비유하여 말한 것이다. '구고'는 수택(水澤)의 깊은 곳으로, '고(皐)'는 주희(朱熹)의 해설에 의하면 '못 가운데에 물이 넘쳐 나와서 생긴 구덩이〔澤中水溢出所爲坎〕'를 뜻한다.

62 석인(碩人)이 과축(薖軸)하니 : 덕이 높은 군자가 산림에 은둔하여 한가롭게 지냄을 말한 것으로, 《시경(詩經)》 위풍(衛風) 〈고반(考槃)〉에 "은거하는 집을 산굽이에 지었으니, 석인의 마음이 넉넉하도다.……은거하는 집을 높고 평평한 곳에 지었으니, 석인이 한가로이 머물고 있도다.〔考槃在阿, 碩人之薖.……考槃在陸, 碩人之軸.〕"라고 한 것을 원용하여 말한 것이다.

지중추부사 오공 묘갈명 병서
知中樞府事吳公墓碣銘 竝序

공은 휘가 재희(載熙), 자가 경집(敬緝)이다. 오씨(吳氏)는 세계(世系)가 해주(海州)에서 나왔으니, 고려 군기감 감(軍器監監) 휘 인유(仁裕)가 시조가 된다. 몇 대를 전하여 정무공(貞武公) 휘 정방(定邦)에 이르렀는데, 혼조(昏朝 광해군조)에서 모후(母后 인목대비(仁穆大妃))를 폐할 적에 올바른 논의를 지켜 흔들림이 없었으니, 공에게 6대조가 된다. 증조 휘 두흥(斗興)은 증 병조 참판이다. 조고 휘 중주(重周)는 무과에 급제하고 한성부 좌윤이 되었는데, 신임사화(辛壬士禍)[63]에 당적(黨籍)에 얽혀 화를 당하여 당대의 명신이 되었으니, 도암(陶菴) 이 문정공(李文正公)이 지은 환영(桓楹)의 글에 일이 기록되어 있다.[64]

63 신임사화(辛壬士禍) : 경종 즉위 초인 신축년(1721, 경종1)과 임인년(1722)에 세제 책봉과 대리청정을 둘러싸고 일어난 옥사이다. 1720년에 숙종이 승하하고 경종이 33세의 나이로 즉위하였는데, 후사가 없고 병이 많았다. 이에 노론(老論)의 주도하에 연잉군(延礽君), 즉 훗날의 영조가 세제로 책봉되자, 노론은 한 걸음 더 나아가 세제의 대리청정을 강행하고자 하였다. 이에 소론(少論)인 사직 김일경(金一鏡) 등이 노론의 주장을 경종에 대한 불충이라고 몰아 소(疏)를 올리자, 경종이 노론 사대신(四大臣)을 파직시켜 유배 보냈으며, 이외에도 많은 노론의 인물들을 삭직시키고 소론을 등용하였다. 1722년 3월에 목호룡(睦虎龍)이 노론 측이 세자 시절의 경종을 시해하려 했다고 고변하자, 소론은 이를 기회로 옥사를 일으켜 유배된 노론의 사대신을 사사(賜死)하게 하고, 대다수의 노론을 제거하였다.

64 도암(陶菴)……있다 : 도암 이 문정공(李文正公)은 이재(李縡, 1680~1746)로, 자는 희경(熙卿), 호는 도암, 본관은 우봉(牛峰), 시호는 문정이다. 환영(桓楹)은 제후를 장사 지낼 적에 나무를 비(碑)처럼 만들어서 속을 파내고 그 공간에 녹로(轆轤)를

선고 휘 탁(琢)은 증 의정부 좌참찬이다. 선비(先妣) 기계 유씨(杞溪兪氏)는 증 의금부 도사 명량(命亮)의 딸이다. 참찬 공의 아우 증 승정원 좌승지 휘 박(璞)은 독실한 행실로 이름났는데, 해주 정씨(海州鄭氏) 주서 휘주(徽周)의 딸을 아내로 맞이하여 영종(英宗 영조) 3년 정미년(1727) 3월 18일에 공을 낳았다. 승지 공은 오직 1남만 두었으나 형 참찬 공에게 후사가 없다고 하여 공에게 명하여 후사가 되도록 하였다.

공은 어려서부터 진중하여 마치 성인처럼 의젓하였다. 당시에 조고 좌윤 공이 아직 무양(無恙)하여 자주 빈객들과 함께 잔치를 벌여 술을 마셨는데, 공이 그 사이에서 주선함에 절도가 있음을 보고는 원대한 기국이라고 하며 기대하지 않는 이가 없었다. 장성한 뒤에는 예업(藝業 학업)에 종사하여 과장(科場)에 출입하면서 이미 선배들의 칭찬을 받았다. 김공 성응(金公聖應)이 이때 원융(元戎 훈련대장)으로 있었는데 공의 재기(材器)가 듬직함을 알아보고는 무과(武科)에 응시할 것을 권하고 대번에 군함(軍銜)을 맡겼다. 이에 공이 억지로 나가 응시하여 마침내 임오년(1762, 영조38) 알성(謁聖) 무과에 병과(丙科)로 급제하여 선전관에 제수되었다. 계미년(1763)에 통신사(通信使) 막부(幕府)에 천거되어 일본(日本)에 갔으니, 무신으로서 정선(精選)된 것이었다. 만 리 길의 바다를 건너가며 바람과 파도가 험악하여 자주 예측하지

장치하여 줄을 관에 매단 뒤에 그 줄을 조종하여 하관하는 장치로, 후대에는 전하여 무덤에 세우는 비석, 특히 신도비(神道碑)를 지칭하는 말로 쓰였다. 이재는 오중주(吳重周)의 신도비명을 지었는데 이 글은 《도암집(陶菴集)》 권30에 〈좌윤오공신도비(左尹吳公神道碑)〉라는 제목으로 실려 있다.

못한 문제들이 생겨나니 사람들이 놀라고 당황하여 얼굴빛이 변하였는데 공은 홀로 재각(齋閣)에 있는 것처럼 태연하였으니, 사람들이 모두 공의 정력(定力)에 탄복하였다.

이듬해에 조정으로 돌아오고 얼마 뒤에 선전관으로서 내시사(內試射)에 응시하여 좋은 성적을 받아 특명으로 6품에 조용(調用)되고 무겸선전관(武兼宣傳官)에 제수되었다. 훈련원 주부, 도총부 도사로 옮기고 경력으로 승진하여 포도청 종사관을 겸하였다. 다시 선전관으로 있다가 공조 좌랑으로 옮겼는데, 일로 인해 관직이 삭탈되었다. 얼마 뒤에 주사(籌司 비변사)의 낭관에 차임되고 이윽고 훈련원 부정으로 옮겼다가 용강 현령(龍岡縣令)으로 나갔다.

경인년(1770)에 절충장군(折衝將軍)의 품계에 올라 평안 중군(平安中軍)에 제수되고 내직인 금군 장(禁軍將)으로 옮겼다. 임진년(1772)에 초산 부사(楚山府使)로 있다가 장흥 부사(長興府使)로 옮기고 몇 개월 뒤에 또 갑산 부사(甲山府使)로 옮겼다. 임기가 끝나 체직된 뒤에 어영 천총(御營千摠)으로 있다가 철원 부사(鐵原府使)로 나가게 되었는데, 부임하기 전에 또 영종진 방어사(永宗鎭防禦使)에 제수되고, 해를 넘겨 홍충 수사(洪忠水使)로 승진하였다. 기해년(1779, 정조3)에 선전관으로 있다가 홍충 병사(洪忠兵使)에 제수되고 이윽고 체직되었다가 함경남도 병사(咸鏡南道兵使)에 제수되어 임기를 마친 뒤에 유임하였다. 성상이 일찍이 공이 등용할 만한 인재임을 알아보고는 연석(筵席)에 임하여 침체하는 것을 애석해 하였는데, 얼마 뒤에 내직으로 옮겨 수어 중군(守禦中軍)이 되고 가선대부(嘉善大夫)의 품계에 올랐다. 부절을 반납하기 전에 영변 부사(寧邊府使)에 제수되고 부임하기 전에 체직되어 동지중추부사가 되었으며 여러 영(營)의 중군과 오위

부총관을 두루 역임하였다.

계묘년(1783, 정조7)에 강계 부사(江界府使)가 되었다. 이곳은 평소에 피폐하기로 유명하여 성상이 적임자를 찾는 것을 어려워해서 십여 차례 다시 의망한 뒤에야 비로소 공을 제수하였다. 폐사(陛辭)[65]함에 이르러 성상이 대신들을 돌아보며 적임자를 찾은 것을 기뻐하였으니, 겨우 반 년 만에 치적이 널리 알려졌다. 병을 이유로 사직하여 체차되었고 이윽고 황해 병사(黃海兵使)에 제수되었는데, 이듬해에 작은 잘못으로 파직되었다. 공이 전후로 고을과 병영을 맡았을 적에 모두 유능하다는 칭송이 있었으며, 북쪽의 병영에 가장 오랫동안 있었는데 성호(城壕)를 손보고 병기를 정비하여 음우(陰雨)[66]에 대비하는 것에 극진히 힘썼으며, 공이 있는 자에게는 반드시 상을 내리고 죄가 있는 자에게는 반드시 벌을 내려서 은혜와 위엄을 함께 보이니 군민(軍民)들이 공이 떠나간 뒤에도 오래도록 그리워하였다. 공은 평소에 풍담(風痰)의 기미가 있었는데 이때에 이르러 증상이 심해지니, 이후로는 뽑혀 의망될 때마다 모두 면직되기를 청하여 일을 그만두고 한가롭게 지냈다. 공은 낮은 관직에 있을 때부터 이미 융원(戎垣 대장)에 오르리라는 중망을 받아서 차례대로 승진하여 아수(亞帥)에 이르렀는데 갑자

65 폐사(陛辭) : 외직(外職)에 임명된 관원이 부임하기에 앞서 임금 앞에 나아가 하직 인사를 드리는 일을 말한다.

66 음우(陰雨) : 장맛비의 뜻으로, 뜻하지 않은 환란이나 외적의 침입을 비유하는 말이다. 《시경(詩經)》 〈빈풍(豳風) 치효(鴟鴞)〉에 "하늘에서 장맛비가 아직 내리지 않을 때에 저 뽕나무 뿌리를 거두어 모아다가 출입구를 단단히 얽어매어 놓는다면, 지금 이 아래에 있는 사람들이 혹시라도 감히 나를 업신여길 수 있겠는가.〔迨天之未陰雨, 徹彼桑土, 綢繆牖戶, 今此下民, 或敢侮予?〕"라고 한 데에서 유래하였다.

기 기질(奇疾)에 걸리고 말았다. 그러다가 병이 다 나은 뒤에는 공이 갑자기 노쇠하여서 끝내 그 쓰임을 다하지 못하게 되었으니 사람들이 모두 이를 안타까워하였다. 그러나 공은 도리어 태연해 하였다.

갑인년(1794, 정조18)에 가의대부(嘉義大夫)의 품계가 더해지고 경신년(1800, 순조 즉위년)에 자헌대부(資憲大夫)에 오르고 병인년(1806)에 또 정헌대부(正憲大夫)의 품계가 더해지니 모두 조정에서 노인을 우대하는 데에 따른 것이었는데, 자헌대부에 오른 것은 곤수(閫帥)의 부친으로서 추은(推恩)된 것이었다.[67] 두 차례 지중추부사가 되고 그 사이에 도총관을 겸하였다. 계유년(1813) 3월 2일에 장동(壯洞)의 집에서 고종(考終)하니, 향년이 87세였다. 같은 해 5월 모일(某日)에 양성(陽城)에 있는 선영 아래 간좌(艮坐)의 언덕에 장례하였다.

부인 완산 이씨(完山李氏)는 현릉 영(顯陵令) 익(瀷)의 딸로, 정숙하고 자애로워 부덕(婦德)을 두루 갖추었으며, 공과 같은 해에 태어나고 공보다 13년 먼저 졸하여 공의 묘에 부장(祔葬)하였다. 1남2녀를 두었는데, 아들 문상(文常)은 무과에 급제하여 병사(兵使)가 되었고 딸은 이유수(李儒秀), 정대현(鄭大鉉)에게 출가하였다. 서자는 무과에 급제한 갑상(甲常), 영상(永常), 해상(海常)이다. 병사의 1남은 치수(致壽)로, 무과에 급제하였고 전(前) 군수이다. 갑상의 2녀는 이노건(李魯健), 이헌구(李獻九)에게 출가하였다. 영상은 2녀를 두었고 해

67 자헌대부에……것이었다 : 곤수(閫帥)는 변방의 수비를 책임지는 장군으로, 병마절도사와 수군절도사를 통칭하는 말이다. 1800년(순조 즉위년) 10월에 오재희(吳載熙)의 아들 오문상(吳文常)이 전라우도 수군절도사(全羅右道水軍節度使)에 제수되었는데, 규례에 따라 그 부친인 오재희에게 품계를 더해주었다.《承政院日記 純祖 卽位年 10月 15日, 25日》

상은 1남1녀를 두었는데 모두 아직 어리다. 군수는 4남2녀를 두었는데 장남은 원선(元善)이고 나머지는 아직 어리다.

공은 키가 크고 준수하며 풍의(風儀)가 단정하고 순수하였다. 집에서 한가롭게 있을 적에는 옷깃을 정돈한 채로 꼿꼿이 앉아서 종일토록 나태한 모습이 없었다. 다른 사람들과 어울릴 적에는 공순하여 거스르는 바가 없었으나, 의리상 불가한 점에 있어서는 의연(毅然)하여서 그 지조를 빼앗을 수 없었다. 비록 학문에 종사하지는 않았으나 그 궁행(躬行)의 훌륭함은 법문필사(法門拂士)[68]도 앞서지 못하였다.

어버이를 섬길 적에는 깊은 사랑이 있어서 아침저녁으로 화락한 기색을 보이며 어버이의 뜻에 맞게 하기를 힘썼으며, 양친의 상(喪)을 치를 적에는 예제(禮制)를 한결같이 따랐다. 현귀해진 뒤에는 미처 어버이의 생전에 봉록을 받아 봉양하지 못한 것을 지극한 통한으로 여겨서 맛있는 음식을 하나라도 접하면 집안 식구들을 대하면서 번번이 눈물을 흘렸다. 제사를 올리는 일에 더욱 정성을 다하여 노년의 나이에도 반드시 몸소 참석하였다. 임종하는 날에는 시자(侍者)를 돌아보며 말하기를,

"상여(喪餘 기제(忌祭))가 가까워온다. 병이 만약 조금 차도가 있다면 비록 무릎 꿇고 절하지는 못하더라도 부축을 받아 향안(香案)의 앞

68 법문필사(法門拂士) : '법가필사(法家拂士)'와 같은 뜻으로, 본래《맹자(孟子)》〈고자 하(告子下)〉에 "들어가면 법가와 필사가 없고, 나오면 적국과 외환이 없으면, 그 나라는 항상 망한다.〔入則無法家拂士, 出則無敵國外患者, 國恒亡.〕"라고 한 데에 보이는데, 이에 대한《맹자집주(孟子集註)》의 해설에 "'법가'는 법도를 지키는 세신이고, '필사'는 보필하는 어진 선비이다.〔法家, 法度之世臣也. 拂士, 輔弼之賢士也.〕"라고 하였다.

으로 나아가서 엎드리고 싶었는데, 이제 할 수 없게 되었구나."

라고 하고 다른 것은 언급하지 않았다. 일찍이 선영의 아래에 작은 집을 짓고 그 재실에 편액을 걸어 '휴재(休齋)'라고 하고 또 '사루(思樓)'라고 하여 노년이 되기 전에 벼슬에서 물러나 쉬면서 어버이를 그리워하는 효심을 부치고자 하였는데, 끝내 이를 이루지 못하였다.

일체의 세미(世味)에 있어 몹시 담박하여서, 수차례 번부(藩府 번곤(蕃閫))를 맡았으나 임기를 마치고 돌아올 때의 행장이 물로 씻은 듯이 단출하였으며 쌀독이 자주 비었으나 편안한 마음으로 지냈다. 서로 어울려 다니면서 청탁을 일삼는 것을 좋아하지 않았고 사람들이 풍성하게 선물을 보내어 권신에게 아첨하는 것을 보면 매우 부끄럽게 여겼다. 집안을 다스림에는 법도가 있어서 안팎이 질서정연하여 자질(子姪)과 노복이 감히 앞에서 함부로 말하는 일이 없었다. 온 집안을 깨끗이 청소하고 서적들을 좌우에 놓고서 밤이 되도록 싫증 남 없이 책을 보았다. 일찍이 말하기를,

"《소학(小學)》 한 책에는 수신(修身)의 대법(大法)이 갖추어져 있으니, 사람으로서 이 책을 보지 않는 것은 위태로운 것이다."

라고 하고 다른 사람과 말할 때마다 곡진하게 권면하였다. 이 덕분에 공의 자손들이 근신(謹愼)과 효제(孝悌)로 이름났다.

젊어서부터 시율(詩律)을 좋아하여 정련(精鍊)되어 전칙(典則)이 있어서 모두 전해질 만하였다. 만년에 북산(北山)의 아래에 거주하며 마을의 노인들과 함께 시사(詩社)를 결성하여 봄가을의 한가로운 날이면 지팡이를 짚고 서로 불러 모였다. 이때 공은 이미 대질(大耋 80세)의 나이였으나 정신이 여전히 왕성하고 걸음걸이가 가볍고 건장하여서, 젊은 얼굴에 백발의 모습을 하고 산수(山水) 속에서 거문고를 연주하

고 술을 마시는 가운데 함께 어울려 너울너울 춤을 추었다. 이에 이를 보는 자들이 공을 가리켜 평지(平地)의 신선이라고 하고 번곤(蕃閫)의 옛 장수인 줄 알지 못하였다. 이는 공의 순수한 마음과 아름다운 덕이 만년에 큰 복을 받은 것이니, 주아(周雅)에 "고명(高明)하여 마침을 잘한다.〔高朗令終〕"라고 한 것[69]에 공이 실로 해당되었다.

공이 졸한 뒤에 아들 병사(兵使)가 외람되게도 묘문(墓文)을 지어줄 것을 부탁해왔다. 나는 문중의 어린 사람으로서 공의 지우를 가장 깊이 입었으니 어찌 이를 사양할 수 있겠는가.

명(銘)은 다음과 같다.

훌륭하다 우리 문중이여	懿哉吾宗
충효로 대를 이어왔네	忠孝傳世
정무공과 아윤(亞尹 좌윤) 공이	貞武亞尹
풍절을 밝게 드러내었네	風節標揭
공이 그 뒤를 이어서	公寔繩武
전대의 법도를 돈독히 하였네	曰篤前規
질박한 행실이 온화하고 공순하여	質行恂恂
제로(齊魯)[70]의 선비에 방불하였네	彷彿齊魯

69 주아(周雅)에……것 : '주아'는 주(周)나라의 아악(雅樂)이라는 뜻으로, 《시경(詩經)》의 소아(小雅)와 대아(大雅)를 말한다. '고명(高明)하여 마침을 잘한다.〔高朗令終〕'라는 말은 《시경》 대아 〈기취(旣醉)〉에 보이는 것으로, "소명함이 매우 밝으니, 고명하여 마침을 잘하리로다. 마침을 잘함은 시작에 있으니, 공시가 좋은 말로 고하도다.〔昭明有融, 高朗令終. 令終有俶, 公尸嘉告.〕"라고 하였다.

70 제로(齊魯) : 제(齊)나라와 노(魯)나라 지역을 이른다. 이곳은 맹자(孟子)와 공

여러 고을과 병영에서 시험을 거치니	歷試州閫
성명한 군주에게 간택을 입었네	簡在明主
우뚝한 융원의 자리에	屹屹戎垣
나아가는 길이 평탄하였는데	晉塗其夷
그 쓰임이 다하기 전에	厥庸未究
병환이 찾아왔네	疢疾乘之
만년을 안락하고 평온히 보내니	晩節康頤
행실을 살펴봄에 주선함이 길하였네[71]	視履旋吉
은혜를 미루고 노인을 우대하여	恩推優老
홍추(鴻樞 중추부)의 높은 품계를 내렸네	鴻樞崇秩
그윽한 저 북산에서	窈彼北麓
사단(詞壇 시회(詩會))을 열었네	有闢詞壇
해가 저물도록 질장구 치며 노래하여	昃日缶歌
우리 유자(儒者)와 어울렸네	同我儒冠
태연히 천명에 맡기고 순종하니	怡然委順
무엇을 탐내며 무엇을 해치겠는가[72]	何求何忮

자(孔子)의 출생지로, 문교(文敎)가 성행하는 지역을 일컫는 말로 쓰인다.

71 행실을……길하였네 : 《주역(周易)》 〈이괘(履卦) 상구(上九)〉에 "행실을 살펴보아 길흉을 상고하되, 주선한 것이 완벽하면 크게 길하리라.〔視履考祥, 其旋元吉.〕"라고 하였는데, 이를 원용하여 말한 것이다.

72 무엇을 탐내며……해치겠는가 : 《시경(詩經)》 패풍(邶風) 〈웅치(雄雉)〉에 "그대 모든 군자들이여, 덕행을 모르는가. 해치지 않고 탐내지 않는다면 어찌 선하지 않겠는가.〔百爾君子, 不知德行? 不忮不求, 何用不臧?〕"라고 하였는데, 이를 원용하여 말한 것이다.

천덕산(天德山)[73]의 언덕은	天德之原
공의 옷과 신발이 묻힌 곳이네	衣履攸秘
그 비석에 글을 새겨	鐫辭玄珉
영원토록 보이노라	千億以示

73 천덕산(天德山) : 경기 양성(陽城)에 있는 산으로, 오재희(吳載熙)의 생부 오박(吳璞), 조부 오중주(吳重周) 등이 묻힌 선영이 있는 곳이다.

증 사헌부 지평 이공 묘갈명 병서

贈司憲府持平李公墓碣銘 竝序

고(故) 태학생(太學生) 우봉(牛峯) 이공(李公)은 휘가 광유(光裕), 자가 경수(景垂)이니, 광은(光殷)은 초명(初名)이고 사중(士中)은 초자(初字)이다. 그 선조는 고려 시중(侍中) 공정(公靖)에게서 나왔다. 본조에 들어와 관작이 계속 이어지다가 참의 증 영의정 휘 유겸(有謙)에 이르러 처음으로 유학(儒學)으로 이름을 드러내니, 공에게 6대조가 된다. 이분의 중자(仲子) 증 지평 휘 령(翎)은 병자호란(丙子胡亂)을 만나 배위 오씨(吳氏)와 함께 효열(孝烈)로 죽어서 함께 정려(旌閭)되는 포상을 입었다. 이분에게 두 아우가 있었는데, 타우(打愚) 문목공(文穆公) 휘 상(翔)은 유일(遺逸)로 천거되어 관직이 대사헌에 이르렀고, 충헌공(忠憲公) 휘 숙(翻)은 관직이 우의정에 이르렀다. 우의정 공이 충숙공(忠肅公) 휘 만성(晩成)을 낳았는데, 출계(出系)하여 지평 공의 후사가 되니, 관직은 이조 판서로 좌찬성에 추증되었으며, 경종 신축년(1721, 경종1)에 건저(建儲)의 계책[74]을 주장하여 사화(士禍)를 입었다. 이분이 정랑 증 집의 휘 구(絿)를 낳았는데,

74 건저(建儲)의 계책 : 1721년(경종1)에 경종에게 후사가 없다는 이유로 김창집(金昌集), 이이명(李頤命), 이건명(李健命), 조태채(趙泰采) 등 노론(老論) 대신들이 중심이 되어 경종의 아우인 연잉군(延礽君)을 세제(世弟)로 책봉하도록 건의한 일을 말한다. 뒤에 김일경(金一鏡) 등의 소론(少論) 인사들이 이 일을 경종에 대한 불충으로 몰아서 건저를 주장한 노론 인사들을 대거 찬배하거나 사사하게 하였다. 이를 신임사화(辛壬士禍)라고 한다.

또한 효성을 다하다가 죽어서 정려되었다. 후사를 두지 못하여 족자(族子) 휘 명빈(命彬)으로 대를 잇게 하였는데, 이분도 후사를 두지 못하여 또 충헌공의 현손 참봉 휘 뢰(耒)를 후사로 세웠으니, 도암(陶菴) 문정(文正) 선생 휘 재(縡)와 대사간 증 이조참판 휘 제원(濟遠)이 그 본생(本生) 2대이다. 해평 윤씨(海平尹氏) 교리 득경(得敬)의 딸을 아내로 맞이하였는데, 또 후사를 두지 못하고 일찍 별세하여 마침내 공을 데려다가 후사로 삼으니, 공은 바로 문목공의 현손 휘 숭(崧)의 아들이다.

공은 어려서부터 너그럽고 후중하여 두각을 나타내니 장로들이 모두 원대한 기국이라고 칭찬하였다. 양자로 들어가 충숙공의 제사를 주관하게 된 뒤에, 양모(養母) 윤 부인(尹夫人)이 슬픔에 잠긴 채 외로이 있었는데, 좌우에서 받들어 모시면서 사랑과 공경을 모두 지극히 하여 마치 아녀자처럼 다정하고 민첩하게 행동하였으며, 새벽에 문안하고 밤늦게 물러나와 제사와 빈객이 있는 것이 아니면 감히 잠시도 곁을 떠나지 않았다. 어버이의 뜻에 하고자 하는 바가 있으면 반드시 그보다 앞서 뜻대로 따라서 오직 어기는 바가 있을까 염려하였고, 재물은 사사로이 저축하는 바가 없었고 일은 마음대로 결정하는 바가 없었다. 몸이 편안하도록 챙겨드리고 맛있는 음식을 장만해 올림에 있어서 힘을 다해 그 봉양을 지극히 하여 해이해짐이 없이 공경과 정성을 다하였으니, 이렇게 하기를 30년을 하루처럼 하였다. 윤 부인은 성품이 엄격하여 인정하는 일이 적었는데, 공에 대해서는 몹시 흡족해 하여 매번 말하기를,

"나의 효성스러운 아들이다."

라고 하였으니, 사람들이 친자가 아닌 것을 알지 못하였다.

선조를 받드는 일에 더욱 돈독하여, 날마다 반드시 새벽에 일어나 사당을 배알하였고 사시정제(四時正祭 시제(時祭))를 거행하여 그 정성스러운 마음을 스스로 다하였다. 집안을 다스릴 적에는 윤리를 바르게 하고 은의(恩義)를 넉넉히 하여 몸소 솔선하여서 정연하게 법도가 있었다. 이를 종족과 친우들에게 미루어 가서, 비록 구차하게 부화(附和)하지는 않았으나 흉금을 터놓고 편안하고 정직하게 대하여서 현우(賢愚)와 친소(親疏)를 막론하고 모두에게 환심을 얻었다. 이는 그 지성을 미루어 나간 것이니, 순행(馴行)을 볼만 했던 것이 이와 같았다.

일찍이 거자업(擧子業 과거공부)을 닦아서 정종(正宗 정조) 계묘년(1783, 정조7)에 사마시에 합격하였다. 법가(法家)의 자제로서 명망이 동류보다 빼어났는데, 개연(慨然)하게 경세제민(經世濟民)할 뜻을 가지고 있어서 항상 '선비가 이 세상을 살아감에 낭묘(廊廟)의 책무가 또한 자기 본분에 해야 할 일이다.'라고 생각하였다. 그러다가 을사년(1785) 봄에 이르러 국옥(鞫獄)의 공초 중에 이름이 올라 거의 위태로운 함정에 빠지게 되었다. 공에게는 손위 누이가 하나 있었으니 바로 참봉 공의 소생인데, 그 남편의 집안이 죄에 연루되어 전락하였다. 공은 모친의 마음을 헤아려 누이를 차마 멀리하지 못하였는데, 이때에 이르러 공을 해치려는 자가 사실을 날조해서 죄안을 꾸민 것이었다. 선조(先朝)가 성명(聖明)하여 무함임을 명백하게 알았던 덕분에 일이 끝내 잘 마무리되었다. 그러나 공은 마침내 화전(花田)의 옛 집으로 아예 돌아가서 문을 닫아걸고 눈과 귀를 막고는 노모를 봉양하고 독서하는 것을 제일의 법으로 삼았다. 과부가 된 누이를 더욱 돈독하게 대우하여 가까운 곳으로 데리고 와서 살게 하여 몹시 극진하게 섬기고 고아가 된 생질을 돌봐 길러서 자립할 수 있도록 도와주었다. 사람들이 이를 두고 훌륭하게 여겼다.

공은 사람됨이 자애롭고 너그러우며 풍채가 훤칠하였다. 일찍이 학문으로 자임하지는 않았으나 일찍부터 도(道)를 전수할 만한 자질이 있어서 근신하고 조심하여 실심(實心)과 실사(實事)를 벗어나지 않았다. 겉모양만 꾸며서 권모술수를 부리는 자를 보면 마치 자신을 더럽힐 듯이 여길 뿐만이 아니었다. 세유(世儒)들이 백가(百家)에 빠져들어 새롭고 기이한 것을 좋아함을 병통으로 여겨서 일찍이 말하기를,

"《소학(小學)》은 사람을 만들어주는 책이니 일생동안 그 가르침을 따르더라도 끝이 없다. 《대학(大學)》은 배우는 자가 시작을 이루고 끝을 이루는 극공(極功)이니, 종신토록 싫증나지 않을 만하다."

라고 하고, 두 책의 정문(正文)을 손수 필사해서 자식들에게 명하여 아침저녁으로 외게 하며 가르치기를 게을리 하지 않았다. 이를 통하여 공이 뜻한 바가 바르고 지킨 바가 요약되었음을 볼 수 있다.

경신년(1800, 정조24) 2월 18일에 졸하였으니, 태어난 해인 신사년(1761, 영조37)으로부터 향년이 40세가 된다. 집 뒤의 해좌(亥坐)의 언덕에 장례하였다. 이때 태석인(太碩人 모친)이 아직 생존해 있었으니, 공을 아는 자들 중에 안타까워하지 않는 이가 없었고 또 그 효성을 끝맺지 못한 것을 비통해 하였다. 처음에 조정에서 충숙공이 나라를 위하여 죽은 충정을 생각하여 수차례 그 후손을 녹용(錄用)하도록 명하였는데, 공이 세상과 멀어진 뒤로는 세상에 이끌어 주는 자가 없어서 끝내 포의(布衣)로 생을 마감하였다. 몇 년 뒤에 고을에서 마침내 공의 효행을 조정에 아뢰니, 임오년(1822, 순조22)에 특별히 사헌부 지평에 추증되었다.

배위 안동 김씨(安東金氏)는 군수 이인(履仁)의 딸이다. 3남을 두었

으니, 장남은 전(前) 군수 식(埴)이고, 그 다음은 복(墣)이고, 그 다음은 진사 석(墒)이다.

아아, 공은 충효의 집안에서 태어나 문정공이 시례(詩禮)를 전수한 것[75]을 익혀서 학문은 선대의 훌륭함을 이을 만하였고 행실은 세속에 모범이 될 만하였으며 견식과 재주는 또 세상에 쓰여 업적을 이룰 만하였다. 그런데 마침내 초야에서 침체하여 이를 드러내지 못하였으니, 이는 천명일 것이다. 그러나 공은 그 직분을 다하고 그 행실을 곧게 하여 남이 알아주는 것을 바라지 않았다. 이는 그 집안에 욕을 끼치지 않은 것이니, 어찌 한때의 현양함으로 쉽게 이룰 수 있는 것이겠는가. 더구나 지금 풍속이 무너지고 민이(民彝)가 쇠하였으니 공과 같은 자를 어디에서 찾을 수 있겠는가.

나는 공의 집안과 예전부터 오채(伍蔡)의 교분[76]이 있었으나 미처 평소에 알고 지내지 못하였는데, 일찍이 민원리(閔元履 민치복(閔致福))

75 시례(詩禮)를 전수한 것 : 집안에서 대대로 자손에게 가르침을 전수하는 것을 이른다. 진항(陳亢)이 공자(孔子)의 아들 백어(伯魚)에게 아버지로부터 특별한 가르침을 들은 것이 있는지 물었는데, 백어가 "특별한 것은 없고 홀로 서 계실 때에 내가 종종걸음으로 뜰을 지나자 시(詩)를 배웠느냐고 물으시기에 배우지 못했다고 대답했더니 시를 배우지 않으면 말을 할 수가 없다고 하셔서 물러 나와 시를 배웠고, 다른 날 또 혼자 서 계실 때에 내가 종종걸음으로 뜰을 지나자 예(禮)를 배웠느냐고 물으시기에 배우지 못했다고 했더니 예를 배우지 않으면 설 수가 없다고 하셔서 물러 나와 예를 배웠다."라고 대답한 데에서 나온 말이다. 《論語 季氏》

76 오채(伍蔡)의 교분 : 집안끼리 대대로 이어온 교분을 뜻한다. 춘추(春秋) 시대 초(楚)나라의 오삼(伍參)과 채(蔡)나라의 자조(子朝)가 벗으로 사귀었는데, 이들의 아들인 오거(伍擧)와 성자(聲子)도 서로 사이가 좋았던 데에서 유래하였다. 《春秋左氏傳 襄公26年》

로부터 공의 풍도를 듣고는 흠모해온 지가 오래되었다. 지금 장남 군수 군이 원리가 지은 뇌문(誄文)을 가지고 찾아와서 묘문(墓文)을 지어줄 것을 청하며 말하기를,

"감히 이를 빙자하여 청합니다."

라고 하였으니, 원리는 나의 외우(畏友)이다. 그 뇌문을 살펴보건대 슬퍼하고 그리워하며 공을 칭양한 것이 지극한데, 원리가 또 이미 구천의 사람이 되었으니, 인사(人事)의 감회에 있어 거듭 탄식함을 이길 수 없다. 이에 감히 고사하지 못하고 마침내 서문을 적고 명(銘)을 짓는다.

명(銘)은 다음과 같다.

아, 훌륭한 선비여	猗此髦士
명문가의 아름다운 자취를 이었네	趾美名門
나의 윤이(倫彝 윤상(倫常))를 즐거워하니	樂我倫彝
백행이 근원하는 바이네	百行攸源
전패하여도 후회가 없었으니	顚沛无悔
군자가 그 인함을 알았네	君子知仁
성명한 때에 포부를 거두니	卷懷明時
행적이 은거함과는 달랐네	跡異隱淪
규장으로 임금을 곧바로 뵐 수 있었는데[77]	珪璋特達

77 규장(珪璋)으로……있었는데 : '규장'은 옥으로 만든 귀중한 예기(禮器)로, 고대에 조빙(朝聘)할 때 사용하던 것이다. 《예기(禮記)》 〈빙의(聘義)〉에 "규장으로 임금을 곧바로 뵐 수 있는 것은 덕이 있기 때문이다.〔珪璋特達, 德也.〕"라고 하였는데, 공영달

진흙탕 속에 버려졌네	棄擲泥滓
재능을 내림은 풍부하게 하고[78] 시행함에는 인색하였으니	豐卑嗇施
누가 오묘한 이치를 질정할 수 있겠는가	孰詰玄理
화전에 하나의 언덕이 있으니	一丘花田
살아서는 순응하고 죽어서는 편안하네[79]	存順歿寧
영세토록 이를 알게 하노니	令聞長世
여기에 새겨진 명(銘)을 볼지어다	眂此刻銘

(孔穎達)의 소(疏)에 "조빙을 행할 적에 규장을 지닌 이는 다른 폐백을 갖추지 않고도 임금을 곧바로 뵐 수 있었다. 이는 사람이 덕을 지니면 통하지 않는 일이 없어서 다른 사물을 필요로 하지 않고도 일을 성취함을 말한 것이다."라고 하였다. 이후로 '규장특달(珪璋特達)'은 사람의 자질이 몹시 빼어나고 재덕이 출중함을 비유하는 말로 쓰였다.

78 재능을……하고 : 대본에 '豐卑'로 되어 있는데, 문맥과 일반적인 용례에 근거할 때 '卑'는 '畀'의 오자인 듯하다.

79 살아서는……편안하네 : 이는 본래 송(宋)나라 학자 장재(張載)의 〈서명(西銘)〉에 보이는 말로, "살아서는 내 하늘에 순응하고, 죽어서는 내 편안하리라.〔存吾順事, 沒吾寧也.〕"라고 하였다.

동지중추부사 오공 묘갈명 병서
同知中樞府事吳公墓碣銘 竝序

공은 휘가 침(琛), 자가 계통(季通)이니, 해주(海州) 사람이다. 오씨(吳氏)는 고려 검교군기감 감(檢校軍器監監) 휘 인유(仁裕)로부터 나왔다. 본조에 들어와 정무공(貞武公) 휘 정방(定邦)에 이르러서 혼조(昏朝 광해군조)에서 절개를 드러내어 세상의 명문가가 되었다. 증조 휘 빈(翻)은 지중추부사로 시호가 숙헌(肅憲)이다. 조고 휘 두선(斗宣)은 증 좌승지이고, 선고 휘 익주(翊周)는 증 호조 참판이니, 2대의 증작은 공의 덕분에 추은(推恩)된 것이었다. 선비(先妣) 정부인(貞夫人) 청송 심씨(靑松沈氏)는 사인(士人) 수태(壽泰)의 딸이다.

공은 숙종[80] 신묘년(1711, 숙종37) 2월 19일에 태어났는데, 천성이 지극히 효성스러웠다. 겨우 초츤(髫齔 7,8세)의 나이에 선고 참판 공이 세상을 떠났는데, 이를 종신토록 애통하게 여겨서 말이 여기에 미칠 때마다 얼굴에서 눈물이 떨어졌다. 상여(喪餘 기제(忌祭))를 만나면 슬퍼하고 사모하며 정성을 다하기를 초상 때와 같이 하였고, 어려서 부모를 여읜 사람을 보면 반드시 측은해 하며 오열하였다. 어려서부터 재기(才氣)가 있어서 일찍이 종씨(從氏)에게 수학하였는데, 이윽고 탄식하며 말하기를,

80 숙종 : 대본에는 '英宗'으로 되어 있는데, 영조 신묘년은 1771년(영조47)인바, 연대가 맞지 않는다. 《해주오씨대동보(海州吳氏大同譜)》에 근거하여 바로잡아 번역하였다.

"나는 죄인이다. 어머니가 노쇠하고 집안이 가난한데 어느 겨를에 여력이 있어서 문사(文辭)를 닦겠는가."

라고 하고는 마침내 배우는 것을 포기하였다. 그러고는 오직 자식의 직분에 힘써서 산에서 나무하고 물에서 물고기를 잡으며 신을 삼고 자리를 짜면서 맛있는 음식으로 봉양하는 일을 소홀히 하지 않았다.

선비 심 부인(沈夫人)을 섬길 적에 공경하고 조심하여 깊은 사랑이 있어서 안마하고 긁어드리고 부축하면서 자신의 몸을 아끼지 않았고 때때로 어린아이와 같은 장난을 하여 즐겁게 해드렸다. 어느 날 저녁에 밖에 나갔다가 갑자기 불안한 마음이 들어 말하기를,

"나의 마음이 동요하니, 내 어머니께 병환이 있는 것은 아닌가?"

라고 하고는 달려와 문후하였는데, 과연 말씀하기를,

"조금 전에 병세가 갑자기 위중하더니 지금은 편안해졌다."

라고 하니, 집안사람들이 모두 놀라고 기이하게 여겼다.

상(喪)을 당하게 되어서는 공 또한 늙어서 백발이 되었으나 예제(禮制)를 지키고 슬픔을 다하여서 거의 목숨을 보전하지 못할 뻔하였다. 장례를 마친 뒤에는 마침내 묘(墓)의 곁에서 여막을 짓고 지내니, 이곳은 깊고 외딴 산속이어서 인적이 드물고 호랑이와 표범이 포효하며 도깨비가 날뛰었는데, 홀로 사미승 하나와 함께 묵으며 아침저녁으로 무덤에 올라서 호곡(號哭)하기를 중단하지 않았다. 어떤 이가 목숨을 잃을까 염려하여 경계하자, 처연(悽然)하게 말하기를,

"나는 어려서 고아가 되어 선인(先人)의 상(喪)에 미처 복(服)을 입지 못하였다. 비록 정(情)에 따라서 태복(稅服)[81]할 수는 없으나 지

81 태복(稅服) : 추복(追服)과 같은 말로, 상(喪)을 당했을 때 부득이한 형편으로

금 만약 부모의 체백(體魄) 가까이에서 삼년을 마칠 수 있다면 마음에 어찌 흡족하지 않겠는가."

라고 하였다. 상복을 벗은 뒤에도 초하루와 보름에는 반드시 묘(墓)를 배알하여서 혹독한 추위와 무더위에도 혹시라도 그만둔 적이 없었으며, 묘와 집 사이의 거리가 다소 멀었으나 구질(九耋 90세)의 나이에도 여전히 게을리 하지 않았다. 아, 공과 같은 자는 종신토록 부모를 사모한다는 것[82]에 가까운 자일 것이다.

마을의 유생들이 수차례 공의 행실을 열거하여 현(縣)에 아뢰었는데, 공은 이를 좋아하지 않으며 말하기를,

"어찌 사람의 자식이 되어서 효자로 자처할 수 있겠는가."

라고 하였다. 모년(某年)에 처음으로 노인을 우대하는 은전을 입어 통정대부(通政大夫)의 품계를 받았고, 모년(某年)에 나라의 경사로 인하여 질로(耋老 70,80세의 노인)에게 은전을 더함에 따라 가선대부(嘉善大夫)에 오르고 동지중추부사에 제수되었다. 기미년(1799, 정조23) 정월 24일에 졸하였으니, 향년이 89세였다. 양성(陽城) 고성산(古城山) 남쪽 은홍동(殷洪洞) 곤좌(坤坐)의 언덕에 장례하였다.

부인 이씨(李氏)는 세계(世系)가 종적(宗籍 왕실)에서 나왔으니 부친은 시현(時顯)이다. 공보다 4년 늦게 태어나고 공보다 32년 먼저 졸하여 공의 묘에 부장(祔葬)하였다. 3남2녀를 두었으니, 아들은 재악

집상(執喪)하지 못한 사람이 추후에 상복을 입고 복상(服喪)하는 것을 말한다.

82 종신토록……것 : '종신토록 부모를 사모한다'는 것은 《맹자(孟子)》 〈만장 상(萬章上)〉에 보이는 말로, "대효는 종신토록 부모를 사모하나니, 50세까지 부모를 사모한 자를 나는 대순에게서 보았다.〔大孝, 終身慕父母, 五十而慕者, 予於大舜見之矣.〕"라고 하였다.

(載岳), 재연(載淵), 재위(載渭)이고, 딸은 진정걸(陳廷杰), 유형서(柳亨緖)에게 출가하였다. 손자로는, 윤상(綸常), 경상(絅常), 진상(縉常)은 첫째 아들의 소생이고, 둘째 아들은 아들을 낳지 못하여 진상을 데려다가 후사로 삼았으며, 정상(靖常), 현상(鉉常)은 셋째 아들의 소생이다. 그 밖의 증손과 현손 및 외손은 모두 기록하지 않는다.

공은 타고난 성품이 순박하고 성실하였고 기도(器度)가 너그럽고 후중하였다. 평소에 공순하여 일찍이 규각(圭角)을 드러낸 적이 없었으나 마음속에는 실로 굳건하게 지키는 바가 있었다. 담소를 잘하고 술 마시는 것을 좋아하여 사람들을 대할 적에 모두에게 환심을 얻었다. 여러 종형제(從兄弟)들과 우애가 몹시 돈독하여 기쁜 일과 슬픈 일을 함께하니 흠잡는 말을 하는 사람이 없었다.

나는 집안의 어린 사람으로서 공을 만년에 뵙고는 '공의 순후한 마음과 지극한 행실은 고인에 견주어도 손색이 없어서 쇠한 세상에 모범이 될 만한데, 조정에서 정려와 추증을 더하지 않아서 일컬어짐이 없이 민멸되도록 만들고 있으니 어찌 안타깝지 않은가.'라고 생각하였다. 지금 경상이 무덤에 명(銘)을 지어줄 것을 부탁하기에 삼가 행장을 살펴 서문을 짓고 명(銘)을 붙인다.

명(銘)은 다음과 같다.

효는 백 가지 선행의 으뜸이니	孝冠百善
천이(天彝 천륜)에서 근원하였네	本乎天彝
백발로 어린 아이처럼 사모하는 것을	白首孺慕
공에게서 보았네	於公見之
대질의 나이에 온전하게 돌아갔으니	大耋全歸

보답을 베풂이 어그러지지 않았네	報施無差
도끼 모양의 높은 무덤은	有崇若斧
반백[83]의 옛 자취이네	攀柏遺趾
감춰져 있던 광채를 드러내어	式闡幽光
무궁한 후세에 고하노라	用告無止

83 반백(攀柏) : 잣나무를 부여잡는다는 뜻으로, 진(晉)나라 왕부(王裒)의 부친 왕의(王儀)가 사마소(司馬昭)에 의해 죽음을 당하자 왕부가 여막을 짓고 시묘(侍墓)하면서 아침저녁으로 묘소가의 잣나무를 부여잡고 슬피 울부짖었는데 잣나무가 왕부가 흘린 눈물 때문에 말라죽은 고사가 있다.《晉書 卷88 孝友傳 王裒》 오침(吳琛)이 모친의 무덤 옆에서 시묘한 일을 가리켜 말한 것이다.

호조 참판 이공 묘갈명 병서
戶曹參判李公墓碣銘 竝序

고(故) 시랑(侍郎) 화천(華泉) 이공(李公)은 휘가 채(采), 자가 계량(季亮)으로, 도암(陶菴) 문정(文正 이재(李縡)) 선생의 손자이다. 영종(英宗 영조) 을축년(1745, 영조21)에 태어났는데, 어려서부터 이마가 훤하고 눈동자가 반짝거리며 골상(骨相)이 특출나니, 문정공이 몹시 기특하게 여겨 원대한 인물이 될 것을 기대하였다. 8세에 황고(皇考 선고) 대사간 공이 세상을 떠나고 19세에 모친상을 당하였는데, 공이 극심한 고통으로 피눈물을 흘리며 발분하여 학문에 힘써서 문사(文辭)가 빠르게 향상되었다. 그러다가 과장(科場)에 출입함에 이르러 화려한 명성이 날로 알려졌다.

갑오년(1774)에 사마시에 합격하였고 이듬해에 휘령전 참봉(徽寧殿參奉)에 보임되고 규례대로 내섬시 봉사로 옮겼다. 병신년(1776)에 휘호도감(徽號都監) 돈장(敦匠)을 맡은 공로로 사포서 별제에 오르고 한성부와 사복시의 주부, 호조 좌랑을 역임하였는데, 사소한 잘못으로 인하여 파직되었다. 오랜 뒤에 서용되어 사헌부 감찰에 제수되고 평시서 영, 형조 좌랑으로 옮겼다가 다시 호조로 돌아와 정랑에 올랐다. 영유 현령(永柔縣令)에 제수되었는데, 얼마 안 되어 탁지(度支 호조)에 있었을 때의 일로 인하여 파직되었다. 다시 돈녕부 주부로 있다가 음죽 현감(陰竹縣監)으로 나갔는데, 어사가 당시 재신(宰臣)의 뜻에 영합하여, 법에 의거하지 않고 함부로 형을 집행하였다고 무함하였다. 정사를 행한 것이 겨우 수개월밖에 안 되었으나 백성들이 오히려 공이 떠나가는 것을 애석해하여 방백(方伯)에게 용서해주기를 청하였다. 의금부에 나아가 심문을 받을 적에 상신(相臣)이 용서해주고자 하였는데 마침 어사를 두둔하는 자가 있어서 결국 공을 처벌하게 되었다.

처음에 공의 처가에 무고한 일로 인하여 파직을 당한 일이 있었는데, 을사년(1785, 정조9)에 이르러 형의 아들인 광유(光裕)가 국문을 받던 죄수와 가부(葭莩)[84]의 친척이 되어서 함께 연루되어 처벌을 받을 뻔하다가 결국에는 무죄가 환히 밝혀진 일이 있었다. 공은 이후로 거업(擧業 과거공부)을 그만두고 내면을 수양하는 일에 전심하여서 마침내 식구들을 모두 데리고 한천(寒泉)으로 돌아가 선려(先廬)의 곁에 터를 마련하여 집을 지으니, 이곳은 바로 문정공이 도(道)를 강마하던 곳으로 예전의 문도들이 같은 현(縣)에 많이 거주하였다. 공은 이들과 어울리며 경전의 뜻을 토론하여 개연(慨然)하게 가학(家學)을 계승하는 것을 자신의 임무로 여겨서 마음을 분발시키고 성품을 강인하게 하며 곤궁하게 지냈다. 정원과 못을 가꾸고 꽃과 과일나무를 심고는 가운데 모정(茅亭)을 두어 일섭(日涉)[85]이라는 편액을 걸어서 형비(衡泌)[86]의 즐거

84 가부(葭莩) : 갈대 줄기 속에 있는 얇은 막으로, 촌수가 먼 친인척을 뜻한다.

85 일섭(日涉) : 도잠(陶潛)의 〈귀거래사(歸去來辭)〉에 "동산은 매일 거닐어도 운치가 있고, 문은 나 있으나 늘 닫아 두고 있네.〔園日涉以成趣, 門雖設而常關.〕"라고 한 구절에서 취한 것이다.

86 형비(衡泌) : 형문(衡門)과 비천(泌泉)으로, 현인이 은거하는 곳을 말한다. 《시경(詩經)》 진풍(陳風) 〈형문〉에 "형문의 아래, 편안히 쉬고 놀 수 있네. 비천이 졸졸 흐르니, 굶주림을 즐길 수 있네.〔衡門之下, 可以棲遲. 泌之洋洋, 可以樂飢.〕"라고 한 데에서 유래한 말이다. 형문은 나무 막대기를 가로대어 만든 보잘것없는 문이고 비천은 샘물이다.

움 속에서 장차 일생을 마칠 듯이 하였다.

경술년(1790, 정조14)에 성상이 특별히 공의 이름을 거론하며 말씀하기를,

"시례(詩禮)의 가문[87]에 집에서 하는 일 없이 늙어간다는 탄식을 하는 이들이 있다."

라고 하고는 당일로 홍릉 영(弘陵令)에 제수하였다. 지례 현감(知禮縣監)으로 나가게 되자, 학문 하는 선비를 양성하는 것을 급선무로 여겨서 학교와 강규(講規)를 세우고 매번 공복 차림으로 참석하여 이를 권면하였다. 읍치(邑治)가 큰 개천 가까이에 있어서 해마다 물이 범람하는 것을 근심하였는데 노는 일손을 모아 긴 제방을 쌓으니, 거주하는 자들이 비로소 안도하게 되었다. 후인들이 이를 '이공제(李公堤)'라고 이름 붙였다. 수년 동안 거듭 기근이 들었는데, 수의(繡衣 어사)가 진휼을 잘하였다고 하여 고과(考課)에서 최고의 성적을 매기니, 성상이 하교하여 포상하고 가상히 여기며 바로 명하여 본도(本道)의 3품 직책으로 발탁하도록 하였다. 이에 마침내 선산 부사(善山府使)가 되니, 공은 더욱 스스로 힘썼다. 정사를 제대로 이룬 뒤에는 한가한 날에

87 시례(詩禮)의 가문 : 대대로 가학(家學)을 전수해 온 가문을 이른다. 진항(陳亢)이 공자(孔子)의 아들 백어(伯魚)에게 아버지로부터 특별한 가르침을 들은 것이 있는지 물었는데, 백어가 "특별한 것은 없고 홀로 서 계실 때에 내가 종종걸음으로 뜰을 지나자 시(詩)를 배웠느냐고 물으시기에 배우지 못했다고 대답했더니 시를 배우지 않으면 말을 할 수가 없다고 하셔서 물러 나와 시를 배웠고, 다른 날 또 혼자 서 계실 때에 내가 종종걸음으로 뜰을 지나자 예(禮)를 배웠느냐고 물으시기에 배우지 못했다고 했더니 예를 배우지 않으면 설 수가 없다고 하셔서 물러 나와 예를 배웠다."라고 대답한 데에서 나온 말이다. 《論語 李氏》

양로연(養老宴)과 향음주례(鄕飮酒禮)를 설행하였는데, 그 예용(禮容)이 질서정연하여 주변의 고을에서도 흥기되는 일이 많았다. 상주 목사(尙州牧使)로 승진하고 곧이어 이전의 직임을 유임하였다가 충주 목사(忠州牧使)로 옮겼다. 이곳은 평소에 일이 번다하여 다스리기가 어려웠는데, 공은 중단된 제도를 다시 거행하고 호족들을 제어하여 혼란한 일이 없도록 하니, 혜화(惠化)가 크게 행해졌다. 공이 돌아간 뒤에 고을 사람들이 비석을 세워 그 공적을 칭송하였다. 얼마 뒤에 특지(特旨)로 나주 목사(羅州牧使)로 간택되어 제수되었는데, 부임하지 않았다.

경신년(1800, 정조24)에 금상(今上 순조)이 저위(儲位)에 오르고 궁료(宮僚)를 선발하였는데, 처음으로 세자익위사 위솔에 제수되고 사어로 승진하였다. 성상이 세자를 이끌고 진전(眞殿)을 배알할 적에 공이 수행하는 반열에 있었는데, 성상이 어가를 멈추고 하문하여 말씀하기를,

"저기 수염이 아름답고 머리가 하얀 이는 누구인가?"

라고 하였다. 공이 나아가 성명을 아뢰니, 성상이 이를 듣고 예모를 갖추었다. 수차례 주연(胄筵 서연(書筵))에 참석할 적에 아뢰는 것이 분명하고 유창하였고, 반드시 경계하는 말씀을 덧붙였으며, 선(善)과 이(利)의 구분과 심(心)과 성(性)의 심오한 뜻에 있어서는 말씀을 아뢰는 것이 매우 간곡하였다. 성상이 때로 병풍을 설치하고 친림하여 들었는데, 연신(筵臣)에게 말씀하기를,

"이모(李某)의 독서한 힘은 참으로 속일 수가 없구나."

라고 하였다.

얼마 뒤에 황주 목사(黃州牧使)에 제수되었다. 정묘(正廟 정조)는

공이 말단의 관직에서 침체하는 것을 애석하게 여겨서 일찍이 주첩(柱帖)[88]에 이름을 적어놓고 더욱 중용하고자 하였는데, 갑자기 승하하여 끝내 결행되지 못하였다. 황주에 있었던 2년 동안에 또 문교(文敎)를 크게 일으켜 인도하여 세속이 의리(義理)로 향할 줄을 알게 하였는데, 끝내 병을 이유로 그만두고 돌아왔다. 얼마 뒤에 장릉 영(長陵令)에 제수되고 혜국(惠局 선혜청)의 낭청에 천거되었으며 광흥창 수를 거쳤는데, 어떤 경우에는 나아가고 어떤 경우에는 그만두었다. 이때 조고 문정공의 유편(遺編)이 오랫동안 상자 속에 보관되어 있어서 그 심오한 말씀이 인멸될 형편이었는데, 공이 이를 위하여 관직을 그만두고 교정을 행하여 판각해내어 오래도록 전해지게 하였다.

을축년(1805, 순조5)에 정순대비(貞純大妃)의 회갑을 기념하여 은전을 널리 시행함에 따라 통정대부(通政大夫)의 품계에 오르고 돈녕부 도정, 첨지중추부사에 제수되었으며 오위장을 겸하였다. 얼마 뒤에 여주 목사(驪州牧使)에 제수되고 한 해 뒤에 풍천 부사(豐川府使)로 옮겼는데, 곧바로 사직하고 돌아왔다. 선발되어 승정원 좌부승지가 되었고 뒤에 수차례 차서에 따라 제수되어 우승지에 이르렀다. 이윽고 공조 참의로 있다가 경주 부윤(慶州府尹)으로 나갔다. 공은 나이가

88 주첩(柱帖) : 고을 수령들의 현부(賢否)를 기록하여 왕이 열람하도록 만든 첩자(帖子)를 이른다. 본래 건물의 기둥에 써 붙이는 대련(對聯)을 뜻하는데, 당(唐)나라 선종(宣宗)이 사냥을 나갔다가 농부에게서 그곳의 현령(縣令) 이행언(李行言)이 정치를 잘하고 있다는 말을 듣고 환궁한 뒤 침전(寢殿) 기둥에다 그의 이름을 적어두고는 뒤에 높은 벼슬에 제수하였다는 고사가 있으며, 또 숙종이 이를 본받아서 하나의 첩자를 만들어 이름을 대주첩(代柱帖)이라고 붙이고 별도로 포폄(褒貶)을 받은 수령을 기록하여 수시로 열람한 일이 있다. 《肅宗實錄 附錄 行狀》

이미 노쇠하였으나 오히려 관리의 사무에 힘써서 게을리 하지 않았다. 백성 중에 송사하기를 좋아하여 송사에서 지고도 다시 호소하는 자가 있으면, 번번이 이를 물리치며 말하기를,

"너는 모(某) 마을의 아무개가 아니냐."

라고 하였으니, 좌우에서 그 신명함을 칭송하였다. 두 해를 넘기고 체직되었다. 갑술년(1814)에 아들이 시종신이 됨에 따라 은전이 내려 가선대부(嘉善大夫)의 품계에 올랐고 호조 참판, 한성부 좌·우윤, 동지중추부사를 역임하였으며 그 사이에 동지의금부사, 부총관을 겸하였다.

경진년(1820) 10월 13일에 서울의 집에서 졸하니, 향년이 76세였다. 부음을 아뢰자 부의와 제사를 의례대로 하사하였고 관할 하의 사원(祠院)에서 모두 제문을 지어 제사를 올렸으며 상여가 지나는 곳마다 사림 중에 영곡(迎哭)하는 자가 많았다. 예월(禮月)을 따라서 충주(忠州) 족자동(簇子洞) 오좌(午坐)의 언덕에 장례하였다.

공은 우봉(牛峯) 사람이니, 세계(世系)가 고려 시중(侍中) 휘 공정(公靖)에게서 나왔다. 대대로 집안에 관작이 이어지다가 본조에 들어와 더욱 현달하였다. 참의 휘 유겸(有謙)에 이르러서는 인조가 개옥(改玉 반정)한 뒤에 학행으로 천거되었다. 이분이 우의정 휘 숙(翻)을 낳았는데, 숙묘(肅廟 숙종) 때의 명재상으로, 시호가 충헌(忠憲)이니, 공에게 고조가 된다. 증조 휘 만창(晩昌)은 증 이조 판서이다. 조고 도암 선생은 휘가 재(縡)로, 좌참찬, 대제학을 지냈고 도덕(道德)과 명절(名節)로 후학의 종사(宗師)가 되었다. 선고 대사간 공은 휘가 제원(濟遠)이고, 선비(先妣) 풍산 홍씨(豐山洪氏)는 동지돈녕부사 중복(重福)의 딸이다. 선고와 선비가 이조 참판과 정부인(貞夫人)에 추증된 것은

공이 현귀해짐에 따른 것이다.

배위 조 부인(趙夫人)은 양주(楊州)의 대성(大姓)이니, 부친은 이조 참판 영순(榮順)이다. 유순하고 정숙하여 곤범(壼範 규범(閨範))을 두루 갖추었으며, 공보다 22년 먼저 별세하였다. 2남3녀를 낳았으니, 아들 광문(光文)은 문과에 급제한 전(前) 참판이고, 광정(光正)은 문과에 급제한 현(現) 부윤으로, 출계하여 중씨(仲氏)의 후사가 되었으며, 딸은 진사 황기찬(黃基瓚), 박제현(朴齊賢), 김병규(金炳珪)에게 출가하였다. 측출로는, 아들은 광시(光始)와 아직 어린 한 명이 있고, 딸은 김예순(金藝淳)에게 출가하였다. 광문은 5남3녀를 두었으니, 아들은 도(燾), 출계하여 백씨(伯氏)의 사손(嗣孫)이 된 후(塂), 준(埈), 우(埁), 희(墝)이고, 딸은 한 명은 한정교(韓正敎)에게 출가하였고 나머지는 아직 출가하지 않았다. 광정은 4남3녀를 두었으니, 아들은 돈(墩), 진사 경(墽), 정(埥), 민(墽)이고, 딸은 윤치정(尹致定), 송정희(宋正熙), 김진수(金晉秀)에게 출가하였으며, 측출로 3남1녀를 두었는데 모두 아직 어리다. 황기찬의 아들은 종우(鍾羽), 종림(鍾林), 종려(鍾呂), 종규(鍾圭)이고, 딸은 윤태숭(尹泰嵩)에게 출가하였다. 박제현의 아들은 경지(敬之)이다. 김병규는 일찍 죽어 자식을 낳지 못하였다.

공은 사람됨이 영특하고 솔직하였으며 덕스러운 기국을 일찍 이루었다. 몸가짐을 단속함에 있어서는 법도가 절로 있었고, 일을 처리함에 있어서는 조처하는 것이 모두 합당하였는데, 광채를 감추고 뜻을 겸손히 하여 평소에 고상함을 표방하는 것을 좋아하지 않았다. 천성이 효우가 돈독하여, 일찍 선고를 여의고 고아가 된 것을 종신토록 애통하게 여겨서 명절과 생일에 술과 음식을 올리지 못하게 하였다. 중씨(仲氏)

를 아버지처럼 섬겼는데, 일찍이 영남(嶺南)의 고을로 부임할 적에 성대한 의장과 호위로 경상(境上)에서 맞이하니 공이 울면서 집안사람들에게 말하기를,

"이번 걸음이 도리어 반여(潘輿)[89]를 받드는 것과 같으니 내가 슬퍼하는 까닭이다."

라고 하였다.

규문(閨門)의 안에는 화락한 기운이 넘쳐흘렀으며, 자질(子姪)을 가르치고 집안 식구들을 다스림에 윤리와 정의가 매우 돈독하였다. 평소에 검약함을 추구하여 비단옷을 입는 나이[90]가 된 후에도 화려하고 사치스러운 옷을 걸치지 않았고 일체의 완호(玩好)에 있어서 마음을 두지 않는 듯하였다. 집에서 한가로이 거처할 적에는 초연(超然)하게 몸을 꼿꼿이 세우고 무릎 꿇고 앉아서 궤안(几案)과 상자의 위치를 가지런히 정돈하였다. 병이 심하게 난 것이 아니면 관대(冠帶)를 반드시 단정하게 검속하였으며 병세가 위중하게 되었을 때에도 오히려 손수 의관을 바르게 함을 볼 수 있었다.

사람들과 교제할 적에는 한결같이 정성을 쏟아내어 풍류가 온화하

89 반여(潘輿) : 진(晉)나라 사람 반악(潘岳)이 노모를 모실 때 사용한 가마를 뜻하는 말로, 지방관이 되어 부모를 봉양하는 것을 비유하는 말로 쓰인다. 반악이 모친의 병으로 벼슬을 그만두고 지은 〈한거부(閑居賦)〉에 "모친을 판여에 태우고서 경헌(輕軒)을 타고 멀리로는 기전(畿甸)을 유람하고 가까이로는 집 뜰을 돌아다녔다.〔太夫人乃御板輿, 升輕軒, 遠覽王畿, 近周家園.〕"라고 하였는데, 여기에서 유래한 것이다.

90 비단옷을 입는 나이 : 50세를 이른다. 《맹자(孟子)》 〈양혜왕 상(梁惠王上)〉에 "5무의 전택에 뽕나무를 심으면 50세 된 자가 비단옷을 입을 수 있다.〔五畝之宅, 樹之以桑, 五十者可以衣帛矣.〕"라고 한 데에서 유래한 것이다.

였다. 특히 후진(後進)을 이끌어주는 것을 좋아하여 원근과 친소를 막론하고 가르쳐 주기를 게을리 하지 않았으나 또한 일찍이 사도(師道)로 자처한 적이 없었다. 그러나 집안 대대로 이어온 연원(淵源)이 있어서 사문(斯文)을 호위하는 것에 마음을 두었다. 일찍이 과거에 응시하였다가 역천(櫟泉) 송공 명흠(宋公明欽)[91]이 성상의 뜻을 거슬러 삭일(削逸)[92]된 것을 듣고는 즉시 인퇴(引退)하며 말하기를,

> "군주가 이처럼 현인을 업신여기니, 선비가 어찌 탄관(彈冠)[93]하며 벼슬에 나아가기를 구할 수 있겠는가."

라고 하였다.

《율곡전서(栗谷全書)》는 바로 도옹(陶翁 이재(李縡))이 손수 정리한 것인데, 이를 중간(重刊)한 것은 공이 실로 처음으로 제창하고 총괄한 것이다. 당시에 우암(尤菴 송시열(宋時烈))의 문집을 '송자대전(宋子大全)'이라고 이름 붙인 전례를 끌어다가 제목을 '이자(李子)'로 바꾸려는 자가 있었는데, 공이 신중히 생각하여 이를 허락하지 않았다. 이의가 심하게 들끓었으나 끝내 흔들리지 않고 예전의 제목을 그대로 따르니

91 역천(櫟泉) 송공 명흠(宋公明欽) : 송명흠(宋明欽, 1705~1768)으로, 자는 회가(晦可), 호는 역천, 본관은 은진(恩津)으로, 도암(陶菴) 이재(李縡)의 문인이다. 1764년 경연관이 되어 정치문제를 논하다가 왕의 비위를 거슬러서 파직 당하였다. 죽은 뒤에 복관(復官)되어 이조 판서에 추증되었다. 시호는 문원(文元)이고, 문집에 《역천집》이 있다.

92 삭일(削逸) : 과거에 오르지 않은 산림(山林)의 명망 있는 학자를 유일(遺逸)로 불러서 기용하였다가 유일의 대우를 삭제하는 것을 말한다.

93 탄관(彈冠) : 관의 먼지를 턴다는 뜻으로, 보관하고 있던 관의 먼지를 털면서 벼슬에 나아갈 준비를 함을 이른다.

사론(士論)이 이를 훌륭하게 여겼다.

어려서부터 포부를 펼쳐 시행하는 데에 뜻을 두니 선진들이 모두 공고(公孤)[94]가 되리라고 기대하였는데, 세상일이 날로 위태로워지는 것을 보고는 포부를 거두어들이고 구학(丘壑)에 있으면서 독서하며 뜻을 구하였다. 이에 척연(惕然)히 탄식하며 말하기를,

"수십 년 동안 성리(聲利 명리(名利))의 장중(場中)을 출입하느라 우리 집안에 정대(正大)한 문로(門路)가 있는 것을 거의 알지 못하였다."

라고 하였다. 전인의 가르침을 삼가 지키고 그 심오한 뜻을 깊이 연구하였는데, 명민함이 남보다 뛰어나서 힘을 쓰지 않아도 절로 터득함이 있었다. 또 여력이 있으면 예(禮)를 공부하였는데, 옛것에 집착하지 않으면서도 방범(防範)에 엄격하여 경례(經禮)와 곡례(曲禮)를 그대로 따르거나 개혁하는 데에 있어 정밀하고 확실하게 상고하였다.

유 상국(兪相國) 언호(彦鎬)가 평소에 공을 중하게 여겨 조정에 천거하려고 하였는데, 공이 힘껏 사양하므로 그만두었었다. 다시 벼슬길에 나오게 된 뒤에는 학업을 마치지 못한 것을 몹시 안타깝게 여겨서 항상 말하기를,

"'가난 때문에 한다〔爲貧〕'[95]라는 두 글자의 말이 천하의 수많은 영재

94 공고(公孤) : 삼공(三公)과 삼고(三孤)의 병칭으로, 중신(重臣)을 뜻하는 말로 쓰인다. 삼공은 주(周)나라의 태사(太師)·태부(太傅)·태보(太保)를 가리키고, 삼고는 소사(小師)·소부(小傅)·소보(小保)를 가리키는데, 우리나라에서는 각각 삼정승과 좌·우찬성에 해당한다.

95 가난 때문에 한다 : 가난하여 녹봉을 받기 위해 벼슬 하는 것을 말하는 것으로, 이른바 '녹사(祿仕)'를 말하는 것이다. 《맹자(孟子)》 〈만장 하(萬章下)〉에 "벼슬은 가

들을 망쳐 놓았다."

라고 하였다. 그러나 공은 내외의 관직을 역임할 적에 떠나고 머무르는 것에 연연하지 않아서, 어긋나는 바가 있으면 관직을 버리는 것을 마치 헌신짝을 버리는 것처럼 보아 시골의 집에서 각건(角巾) 차림으로 지내며 본래의 질박한 행실이 진실로 변함없었다. 다스림을 펼 적에는 세속을 참작하여 법을 세워서 위엄과 신의로 신뢰를 쌓았으니 아전들이 농간을 부리지 못하고 백성들이 절로 생업을 즐거워하였다. 특히 판결하는 데에 뛰어나서 비록 문서가 구름처럼 쌓여 있어도 눈으로 훑어보기를 마치면 귀로 듣는 동시에 입으로 판결을 내려 몹시 여유가 있었다. 이 때문에 세상에서는 간혹 공을 두고 정사의 재능을 지녔다고 평가하는데, 이는 그저 공의 재능의 일부임을 알지 못하는 것이다. 문장을 지음에 있어서는 경술(經術)에 근본을 두어서 말이 통달하면서도 이치가 순하였고 화려하게 수식하여 공교하게 만드는 것을 좋아하지 않았다. 유고(遺稿) 몇 권이 집에 보관되어 있다.

공이 졸한 지 6년 뒤에 공의 아들 참판 군이 외람되게도 나에게 묘명(墓銘)을 지어 줄 것을 부탁해왔다. 스스로 생각하기에 글재주가 졸렬하나 지우(知遇)를 입은 것이 특별하니 어찌 감히 사양할 수 있겠는가. 이어서 기억해보건대, 공의 집을 찾아가 배알했을 적에 풍채가 빼어나고 말소리가 호감이 가서, 성대한 인의(仁義)의 말이 사람에게 선한 마음을 일으키게 하였다. 지금 노성한 이들이 모두 떠나고 남은 생애가 이리저리 헤매는데 법문(法門)의 풍범(風範)이 아득하여 부여잡기가

난 때문에 하는 것이 아니지만, 가난 때문에 하는 경우도 있다.〔仕非爲貧也, 而有時乎爲貧.〕"라는 말이 보인다.

어려우니, 회고함에 서글픈 마음이 들어 구원(九原)의 감회[96]를 금할 수가 없다.

명(銘)은 다음과 같다.

저 차갑게 흐르는 한천이여	洌彼寒泉
석인이 한가로이 은거하던 곳이네	碩人攸軸
옥빛 같은 얼굴과 종소리 같은 음성으로	玉色金聲
후학을 양성하였네	陶鑄後學
공경히 정도(正道)를 계승하니	祇承正矱
공이 그 선조를 닮았네	公克尙類
그 덕이 온유하고 공순하였고[97]	溫恭維德
그 뜻이 높고 깨끗하였네	峻潔其志
일찍부터 세속의 속박에서 벗어나	蚤稅塵鞅
실지에 다리를 세웠네	竪脚實地
육경을 상자에 넣어 놓고	巾箱六經
십 년간 산림에서 은거하였네	林樊十載
지방관으로 기용됨에	起試民社

96 구원(九原)의 감회 : 훌륭한 사람이 죽어서 다시 살아 돌아오게 할 수 없음을 안타까워하고 그리워함을 말한다. 춘추(春秋) 시대 진(晉)나라의 조 문자(趙文子)와 숙예(叔譽)가 진(晉)나라 경(卿)들의 공동묘지인 구원에서 다시 살아 돌아오게 할 만한 훌륭한 이들을 꼽아보았던 고사에서 유래한 것이다. 《禮記 檀弓》

97 그……공순하였고 : 《시경(詩經)》 〈대아(大雅) 억(抑)〉에 "온유하고 온유하여 공손한 사람은 덕의 기반이네.〔溫溫恭人, 維德之基.〕"라고 하였는데, 이를 원용하여 말한 것이다.

아홉 고을에서 선정을 베풀었네 九邑遺愛
경세제민의 자질로 經世之具
대략 어진 수령의 자취를 보였네 粗迹循良
만년에 재신(宰臣)의 반열에 올라서 晩升宰列
복록을 이에 받들었네 茀祿時將
또 그 집안을 들여다보면 而視其家
어수가 책상 위에 가득하였네[98] 魚鬚滿牀
처음부터 끝까지 살펴보니 循始究終
명성과 실제에 모두 성취함이 있었네 名實咸造
행실은 상정(常情)에 위배되지 않았고 行不詭俗
정성은 도(道)를 호위하는 데에 간절하였네 誠切衛道
고명(高明)하여 마침을 잘하니[99] 高朗令終
군자가 걸은 길이네 君子攸程
묘의 비석에 글을 새겨서 琢辭墓石
아름다운 명성을 드날리노라 載颺休聲

98 어수(魚鬚)가……가득하였네 : 어수는 홀(笏)의 별칭으로, 고대에 상어의 수염으로 대부(大夫)들이 사용하던 홀(笏)을 장식하였기 때문에 이렇게 칭한다. 홀(笏)은 벼슬아치들이 사용하던 물건으로, 집안에 벼슬하는 자손들이 많음을 말한 것이다.

99 고명(高明)하여 마침을 잘하니 : 이는 본래 《시경(詩經)》 대아(大雅) 〈기취(旣醉)〉에 보이는 말로, "소명함이 매우 밝으니, 고명하여 마침을 잘하리로다. 마침을 잘함은 시작에 있으니, 공시가 좋은 말로 고하도다.〔昭明有融, 高朗令終. 令終有俶, 公尸嘉告.〕"라고 하였다.

이조 참판 민공 묘갈명 병서

吏曹參判閔公墓碣銘 竝序

금상(今上 순조) 11년 신미년(1811)에 개성부 유후(開城府留後) 민공(閔公)이 재임 중에 졸하였다. 부(府)의 백성들이 이를 애도하여 파시(罷市)하고 거리에서 곡하였으며, 부음이 경사(京師)에 이르자 밤낮으로 수고하는 조정의 현인들에서부터 위항(委巷)의 서리에 이르기까지 모두 똑같은 말로 탄식하여 말하기를,

"선인(善人)이 떠나갔다."

라고 하였다. 공은 비록 하수(下壽)[100]에 가로막혀 크게 등용되지는 못하였으나 선(善)함으로 사람들에게 신망을 얻은 것이 이와 같았다.

공은 영종(英宗 영조) 신미년(1751, 영조27) 12월 28일에 태어났다. 어려서부터 총명하여 대인(大人)의 풍도가 있었고 문장의 재주가 일찍부터 뛰어나서 약관의 나이에 상상(上庠 성균관)에 오르니 전배(前輩)들이 모두 선대의 발자취를 이을 것이라고 하며 인정하였다. 정종(正宗 정조)이 즉위한 초기에 황고(皇考 선고) 대사성 공이 시운에 막혀 여주

100 하수(下壽) : 사람의 수명을 상・중・하의 세 등급으로 구분할 적에 가장 낮은 등급을 이르던 말로, 60세라는 설과 80세라는 설이 있다. 《장자(莊子)》 〈도척(盜跖)〉에는 "사람의 상수는 100세이고, 중수는 80세이고, 하수는 60세이다.〔人上壽百歲, 中壽八十, 下壽六十.〕"라고 하였고, 《춘추좌씨전(春秋左氏傳)》 희공(僖公) 32년에 나오는 공영달(孔穎達)의 소(疏)에는 "상수는 120세이고, 중수는 100세이고, 하수는 80세이다.〔上壽百二十歲, 中壽百, 下壽八十.〕"라고 하였다. 민기현(閔耆顯)은 향년이 61세였다.

(驪州)에 있는 선영 아래에서 은거하고 있었는데, 공이 두문불출하고 어버이를 섬기면서 더욱 학문에 힘을 쏟았다. 이때 종조형(從祖兄 육촌형) 관생와(觀生窩) 이현(彝顯)[101]을 종유하며 의리(義理)의 설(說)을 들을 수 있었다.

오랜 뒤에 성상이 공의 집안을 진념하여 공에게 관직을 제수하도록 명하니, 무오년(1798, 정조22)에 처음으로 선공감 가감역에 보임되었는데, 동료 관원과의 피혐(避嫌)을 이유로 인혐하여 체직되었다. 얼마 뒤에 의금부 도사에 제수되었다. 이듬해에 성상이 인현왕후(仁顯王后)의 휘일(諱日)을 맞아 문정공(文貞公)[102]의 사당에 치제할 적에 공을 불러 재전(齋殿)에서 사대(賜對)하고는 마침내 제용감 주부로 승진시켰다. 3일 뒤에 고창 현감(高敞縣監)으로 나갔다. 경신년(1800) 봄에 반시(泮試)에서 제2등으로 합격하여 특별히 사제(賜第)의 명이 내렸고, 창방(唱榜)한 뒤에는 또 특별히 홍문관 부수찬에 제수되었으니, 이때 나이가 50세였다. 수찬, 부교리, 서학 교수, 문신겸선전관, 훈국(訓局 훈련도감)과 어영청의 종사관을 역임하였다. 성상이 공을 인재로 중하게 여겨서 은혜를 베푸는 것이 다른 동류들보다 각별하여 우항(遇

101 관생와(觀生窩) 이현(彝顯) : 민이현(閔彝顯, 1750~1793)으로, 자는 공저(公著), 호는 관생와, 본관은 여흥(驪興)이다. 부친은 민백첨(閔百瞻), 조부는 민우수(閔遇洙), 증조부는 민진후(閔鎭厚)이다. 지암(止菴) 김양행(金亮行)에게 수학하였다. 1777년(정조1) 학행으로 천거되어 태릉 참봉(泰陵參奉)에 제수되었고 이후에 명릉 참봉(明陵參奉), 장원서 봉사, 전생서 직장, 사헌부 장령 등에 제수되었는데, 대체로 사직하고 학문에 전념하였다. 저서로는 《관생와유고(觀生窩遺稿)》가 있다.

102 문정공(文貞公) : 민유중(閔維重, 1630~1687)으로, 자는 지숙(持叔), 호는 둔촌(屯村), 본관은 여흥(驪興)이며, 시호는 문정(文貞)이다. 숙종의 비 인현왕후(仁顯王后)의 아버지로, 민기현(閔耆顯)에게 고조가 된다.

巷)[103]이 이제 막 시작되려고 하였는데, 갑자기 활과 검(劍)을 남기고 떠나게 되었다.[104]

금상이 즉위한 뒤에 명을 받들고 관북(關北)의 암행어사로 나갔다가 돌아왔으며, 정언, 집의, 응교, 장악원 정, 실록편수관에 제수되었다. 임술년(1802, 순조2)에 천거되어 동래 부사(東萊府使)에 제수되었는데, 부임하지 않았다. 이윽고 응교로 있다가 동부승지로 발탁되고 차례대로 승진하여 좌승지에 이르렀으며 병조·형조·공조 참의를 역임하였다. 계해년(1803)에 충청도 관찰사로 나갔다가 을축년(1805)에 병을 이유로 사직하고 돌아왔으며, 대사간, 이조·예조 참의에 번갈아 제수되었다. 정순왕후(貞純王后)의 인산(因山)에 배종(陪從)한 승선(承宣 승지)으로서 가선대부(嘉善大夫)의 품계에 오르고 도승지에 제수되었으며, 호조·예조·병조·형조·공조 다섯 조(曹)의 참판이 되고 부제학, 한성부 좌윤, 돈녕부·경연(經筵)·금오(金吾 의금부)의 동지사, 오위 부총관을 역임하였다. 정묘년(1807)에 다시 지신(知申 도승지)에 제수되었고 약원(藥院)에서의 공로로 가의대부(嘉義大夫)에 오르고 이조 참판이 되었으며, 주사(籌司 비변사)·괴원(槐院 승문원)·사역원·전생서·장흥고·장원서의 제조를 으레 겸하였다.

구도(舊都 개성)의 유수가 됨에 이르러서는 공이 이미 바쁜 업무로 피로가 쌓인 상태였는데, 부임한 지 얼마 안 되어 병세가 갑자기 위독

103 우항(遇巷) : 임금과 신하가 서로 정성을 다하여 의기투합함을 뜻하는 말로, 《주역(周易)》 〈규괘(睽卦) 구이(九二)〉에 "군주를 골목에서 은밀히 만나면 허물이 없을 것이다.〔遇主于巷, 无咎.〕"라고 한 데에서 유래한 것이다.

104 활과……되었다 : '활과 검(劍)을 남긴다'는 것은 임금의 승하를 뜻하는 것으로, 정조가 승하한 것을 가리킨다. 자세한 내용은 23쪽 주17 참조.

해졌다. 이에 다시 쾌차하지 못할 것임을 스스로 알고는 매우 상세하게 유언을 남겼으며 초연하여 죽음을 슬퍼하는 뜻이 없었으니, 별세한 날은 바로 8월 1일이었다. 용인(龍仁) 치소 동쪽 수원동(壽遠洞) 선영 곁의 임좌(壬坐)의 언덕에 반장(返葬)하였는데, 뒤에 같은 언덕의 갑좌(甲坐)로 이장하였다.

공은 기국이 빼어나고 몸가짐이 후중하였다. 진실하고 겸손하여 다른 사람의 선한 점을 말하기를 좋아하였으며, 자기 권세를 믿고 남에게 오만하게 구는 자들을 보면 마치 자신을 더럽힐 것처럼 여겨 멀리하였다. 집안에서의 행실은 순일하였다. 10세에 모친상을 당하였는데, 상(喪)을 치르며 능히 애통함을 다하기를 성인과 같이 하였다. 계축년(1793)에 부친상을 당하였을 적에는 몸을 훼상하여 거의 목숨을 잃을 뻔하였으며 인정과 예법을 모두 극진히 하였다. 계비(繼妣 계모) 한부인(韓夫人)을 섬김에 있어서는 공경과 정성을 다하기를 마치 미치지 못할 듯이 하였고, 공이 이미 노쇠하여 백발이 되었어도 반드시 새벽에 일어나 침소에 문안하고 몸소 침석을 정리하였으며 집안의 대소사에 있어 뜻을 여쭌 뒤에야 행하였다. 집이 몹시 가난한 손위 누이가 하나 있었는데, 살림의 유무를 함께하여 거의 한 몸처럼 여기면서 십여 년을 함께 사니, 흠잡는 말을 하는 사람이 없었다. 자봉(自奉)함이 검약하여, 경재(卿宰)의 현귀한 지위에 올랐어도 희첩(姬妾)을 두지 않았고 거처와 복식이 마치 한사(寒士)처럼 소박하였으며 주현(州縣)에서 보내온 선물이 조금이라도 풍성하면 매번 이를 물리쳤다. 그러나 베푸는 것을 좋아하여, 도움을 구하는 자가 날마다 문에 이어져도 이를 들어주기를 게을리 하지 않았다.

충군애국(忠君愛國)함은 천성에서 나왔다. 정고(正考 정조)에 대하여 죽어서도 잊지 못하는 마음을 항상 간직하여 내직에 있을 적에는 군덕(君德)을 바로잡아 보좌하였고 외직에 있을 적에는 백성들을 돌보아 길러주었으니 이것이 바로 자나깨나 보답하기를 맹세한 바였다. 경연(經筵)에 입시하게 되었을 적에는, 근본을 바르게 하고 다스림을 펴며 정직한 자를 받아들이고 간사한 자를 멀리할 것을 매번 성상에게 권면하였다. 또 방락(訪落)[105]의 초기에 유현(儒賢)을 초치하여 훈도하고 계옥(啓沃)하는 방법의 바탕으로 삼는 것이 더욱 마땅하다고 아뢰어서, 상소와 악대(幄對 입대(入對))를 통해 간절하게 말씀을 올리니 성상이 귀 기울여 들은 적이 많았다. 성상이 오랫동안 조섭 중에 있자 자전(慈殿)이 구기(拘忌)의 설을 받아들여서 조정에 물어보지도 않고 갑자기 성상의 거처를 경희궁(慶熙宮)으로 옮기게 하는 일이 있었다. 이때 공은 관직을 그만두고 집에 있었는데 마침내 직간하는 상소를 올리니, 그 말이 몹시 사리에 들어맞았다. 식자(識者)들이 이를 훌륭하게 여겼다.

북로(北路 관북)의 암행어사가 되었을 적에는 날씨가 추워 대설이 내려서 관령(關嶺)의 길이 막혔는데, 산에 있는 성채와 바닷가의 보루를 모두 둘러보느라 손과 발이 부르트고 동상에 걸리기까지 하였다.

105 방락(訪落) : 임금이 새로 즉위하여 신하들에게 정치를 자문하는 것을 이른다. 《시경(詩經)》 주송(周頌) 〈방락〉에 "내 처음 정사를 시작할 때에 물어서 이 소고를 따르려고 한다.〔訪予落止, 率時昭考.〕"라는 구절에서 유래한 것인데, 《시경집전(詩經集傳)》에서 "방(訪)은 묻는 것이다. 낙(落)은 시작함이다.〔訪, 問. 落, 始.〕"라고 해설하였다. 이 시는 성왕(成王)이 즉위한 뒤에 사당을 배알하고서 선왕인 무왕(武王)의 사업을 제대로 계승하지 못할까 염려하여 사당에서 여러 신하들에게 자문을 구하는 뜻을 나타낸 것이다.

그러나 이를 개의치 않았고 온 도내에 쌓여온 병폐를 조목별로 아뢰어서 채택되어 시행된 바가 많았다. 호얼(湖臬 충청도 관찰사)로 있을 적에는 국옥(鞫獄)이 연달아 일어나고 해마다 기근이 거듭되었는데, 근심하고 수고하여 몸을 바쳐 봉직해서 피폐한 이들을 소생시키고 간악한 이들을 척결하니 은혜가 두루 베풀어지고 위엄이 떨쳐졌다. 또 집안에 대대로 전해오는 연원이 있었던 까닭에 유술(儒術)을 아끼고 숭상하여 조정에서 보이는 언행을 번번이 법문(法門 유학)에 근거하고자 하였다. 전부(銓部 이조)의 참판이 되었을 적에는 사류(士類)를 붙들어 세우고 인재를 선발하는 데에 마음을 쏟아서, 적임자가 있음을 들으면 얼굴에 희색을 드러내며 반드시 기록해 두어서 등용함에 대비하였으니, 《서경(書經)》에 이른바 "정성스럽고 한결같은 한 신하〔斷斷猗一介臣〕"[106]라는 것에 공이 거의 가까웠다.

평소에 벼슬하는 것을 한결같이 명운에 내맡겨서 일찍이 무엇에 의지하여 총애를 사거나 과격하게 행동하여 명예를 구한 적이 없었다. 비록 오랜 친구들과 돈독하게 지냈으나 또한 자주 만나보는 것을 좋아하지 않아서 관청에서 물러나오면 조용히 앉아서 책을 보았다. 정원에

106 정성스럽고……신하 : 이는 《서경(書經)》 〈진서(秦誓)〉에 보이는 말로, "곰곰이 내 생각해 보니, 만일 한 신하가 정성스럽고 한결같으면서 다른 재주는 없으나 그 마음이 곱고 고와 용납함이 있는 듯하여, 남이 가지고 있는 재주를 자신이 소유한 것처럼 여기며, 남이 낸 훌륭하고 성스러운 계책을 마음속으로 좋아하되, 자기 입에서 나온 것보다도 더 좋아한다면, 이는 남을 포용하는 덕이 있는 사람이라, 나의 자손과 백성들을 보호할 것이니, 또한 이로움이 있을 것이다.〔昧昧我思之, 如有一介臣, 斷斷猗無他技, 其心休休焉, 其如有容, 人之有技, 若己有之, 人之彦聖, 其心好之, 不啻如自其口出, 是能容之, 以保我子孫黎民, 亦職有利哉!〕"라고 한 것을 원용하여 말한 것이다.

두 그루의 소나무가 있었는데 이를 가지고 자호(自號)를 삼아 '이송거사(二松居士)'라고 하였다. 말년에 이르러서는 관직을 그만두고 시골로 돌아갈 생각을 하여 이를 말할 때마다 내비쳤는데, 나라의 고립되고 위태로운 상황을 염려하여 때때로 담장을 돌면서 길게 탄식하고 자신도 모르게 줄줄 눈물을 흘렸으며, 임종할 때에도 오히려 나라의 은혜를 다 갚지 못한 것을 지극한 한으로 여겼다. 아, 공은 일찍부터 공보(公輔)가 되리라는 기대를 받아서 벼슬에 오른 지 겨우 일기(一紀 12년) 만에 현요한 관직과 높은 품계에 반드시 가장 앞서 추천되었고 노성한 전형이 조정 관료들의 눈길을 모았다. 그러나 끝내 묘당의 재상의 자리에 앉아 포부의 한두 가지를 펼치지 못하게 되었으니 어찌 명운이 아니겠는가.

공은 휘가 기현(耆顯), 자가 자경(子慶)이니, 여흥(驪興) 사람이다. 세계(世系)는 고려 상의 봉어(尙衣奉御) 칭도(稱道)에게서 나왔다. 그 뒤로 관작이 대대로 이어지다가 문정공(文貞公) 휘 유중(維重)에 이르러서 명릉(明陵 숙종)의 국구(國舅)가 되어 여양부원군(驪陽府院君)에 봉해졌으니 바로 공의 고조이다. 증조 휘 진후(鎭厚)는 의정부 좌참찬으로 시호가 충문(忠文)이며, 경종의 묘정에 배향되었다. 조고 휘 익수(翼洙)는 유일(遺逸)로 천거되어 사헌부 장령이 되었고 이조 판서에 추증되었으며 시호는 문충(文忠)이다. 고조・증조・조부 삼대가 명덕(名德)으로 선류(善類)의 종주(宗主)가 되었다. 선고 대사성 공은 휘가 백분(百奮)이고, 선비(先妣) 청송 심씨(青松沈氏)는 부친이 판관 휘 중현(重賢)이다.

공은 세 차례 아내를 맞이하였다. 함안 조씨(咸安趙氏)는 동지중추부사 중첨(重瞻)의 딸이고, 성주 이씨(星州李氏)는 참봉 제원(悌源)의 딸인데, 모두 자식을 두지 못하였다. 연일 정씨(延日鄭氏)는 사인(士人) 재순(在順)의 딸로, 문청공(文清公) 철(澈)의 후손이다. 1남 치록(致祿)을 낳았는데, 바로 나의 사위이다.

공은 병세가 위중해지자 작별하는 편지를 부쳐 홀로 외로이 남을 아들을 부탁해오니, 내가 편지를 보내며 통곡하면서 나중에 죽는 이의 책임을 다하리라고 생각하였다. 지금 해가 이미 여러 번 바뀌었으니, 한 충헌(韓忠獻)이 윤사로(尹師魯)에게 했던 고사[107]를 생각할 때마다 구천에 있는 공을 저버리게 될까 두려워진다. 치록이 손수 행장을 지어 명(銘)을 지어줄 것을 청하니, 아아, 어찌 차마 사양하겠는가.

명(銘)은 다음과 같다.

공의 집안 대대로 덕망을 쌓아오니	公世載德
그 광채가 아니 드러나랴	不顯其光
종정과 시례[108]의 집안	鍾鼎詩禮
아름다운 명성이 더욱 장구하였네	令聞彌長

107 한 충헌(韓忠獻)이……고사 : 한 충헌은 송(宋)나라의 명재상 한기(韓琦)로, 충헌은 시호이다. 윤사로(尹師魯)는 송(宋)나라 학자 윤수(尹洙)로, 사로는 자(字)이다. 윤수가 폄적(貶謫)되어 균주(均州)의 주세(酒稅)를 감독하는 관직에 있다가 얼마 뒤에 병사하였는데, 그 사후에 윤수와 평소에 정의가 두터웠던 한기가 윤수를 신원해 줄 것을 조정에 청하여 관직이 회복되게 하고 윤수의 아들인 윤구(尹構)에게도 관직이 내려지도록 한 일이 있다.《宋史 卷295 尹洙列傳》

108 종정(鍾鼎)과 시례(詩禮) : '종정'은 식구가 많아서 종을 쳐서 모이게 하고 솥을 늘어놓고 밥을 먹는다는 뜻인 '종명정식(鍾鳴鼎食)'의 준말로, 부귀한 집안을 뜻한다. '시례'는 공자(孔子)가 뜰을 지나던 아들 리(鯉)에게 시(詩)와 예(禮)를 배우도록 훈계하였던 고사에서 유래하여 가학(家學)을 뜻한다.《論語 季氏》

이에 그 훌륭함을 계승하니	式紹厥休
진실로 나라의 인재였네	展也國器
그 의용이 걸출하고	杰然其表
그 뜻이 확고하였네	確乎其志
귀밑머리 세었던 용천[109]처럼	龍川鬢髮
만년에 조정에서 이름을 드날렸네	晩揚王廷
영고(寧考 선왕)에게 지우를 입어서	受知寧考
전석[110]하여 경서를 강론하였네	前席橫經
사왕(嗣王)이 즉위하자	嗣聖當宁
지위와 대우가 점점 융성하였네	位遇寖隆
북쪽 변방에서 부월을 쥐었고[111]	北塞持斧

109 귀밑머리 세었던 용천(龍川) : 용천은 송(宋)나라 학자 진량(陳亮)으로, 자는 동보(同甫), 호는 용천이다. 광종(光宗) 소희(紹熙) 4년(1193)에 늦은 나이로 급제하여 첨서건주부판관공사(簽書建州府判官公事)에 임명되었지만 부임하지 못하고 죽었다. 급제 후에 지은 사은시(謝恩詩)에 "원수를 갚는 것이 본래 평소의 뜻이니, 귀밑머리 센 유신이라고 말하지 마오.〔復讎自是平生志, 勿謂儒臣鬢髮蒼.〕"라는 구절이 있다. 《宋名臣言行錄 外集 卷16 陳亮》

110 전석(前席) : 임금이 신하의 이야기를 더 잘 들으려고 앞으로 나와 바짝 다가앉는 것을 말한다. 진 효공(秦孝公)이 상앙(商鞅)과 대화를 하다가 자기도 모르게 앞으로 나와 앉았다는 고사와, 한 문제(漢文帝)가 선실(宣室)에서 가의(賈誼)와 귀신에 대한 이야기를 나누다가 바짝 다가앉아 경청했다는 고사가 전한다. 《史記 卷68 商君列傳》《漢書 卷48 賈誼傳》

111 북쪽……쥐었고 : 민기현(閔耆顯)이 함경도 암행어사가 된 것을 가리킨다. '부월을 쥐었다〔持斧〕'는 말은, 한 무제(漢武帝) 때 수의 어사(繡衣御史) 폭승지(暴勝之)가 황제가 내린 부월을 쥐고서 군국(郡國)의 도적 떼를 일망타진했던 고사에서 유래하여, 왕명을 받들고 지방으로 나가서 법을 집행하는 것을 뜻한다. 《漢書 卷66 王訢傳》

남쪽 지방에서 풍속을 살폈네[112]	南紀觀風
아침저녁으로 공경히 봉직하여	虔共朝夕
어려운 일은 급히 구제하고 쉬운 일은 양보하였네[113]	急病讓夷
추관[114]과 전형을 맡음에	樞筦銓衡
중론이 모두 합당하게 여겼네	輿誦咸宜
나의 정성을 다하니	殫我忱誠
과격히 행하지도 않고 무조건 따르지도 않았네	不激不隨
온 세상이 기대함이	一世之望
어찌 공고[115]가 되는 것이 아니었으랴	遐不公孤
형구와 여위[116]가	亨衢輿衛

112 남쪽……살폈네 : 민기현(閔耆顯)이 충청도 관찰사가 된 것을 가리킨다. '풍속을 살핀다〔觀風〕'는 것은 관풍사(觀風使), 즉 관찰사(觀察使)의 임무로, 중앙 정부에서 관원을 파견하여 지방의 풍속을 살피게 하는 것을 뜻한다.

113 어려운……양보하였네 : 이는 본래 《국어(國語)》 권4 〈노어 상(魯語上)〉에 보이는 말로, "현자는 어려운 일은 급히 구제하고 쉬운 일은 다른 사람에게 양보한다.〔賢者, 急病而讓夷.〕"라고 하였다.

114 추관(樞筦) : 추관(樞管)과 같은 말로, 중앙 정부의 중요한 정무를 처리하는 관직을 말한다.

115 공고(公孤) : 삼공(三公)과 삼고(三孤)의 병칭으로, 중신(重臣)을 뜻하는 말로 쓰인다. 삼공은 주(周)나라의 태사(太師)·태부(太傅)·태보(太保)를 가리키고, 삼고는 소사(小師)·소부(小傅)·소보(小保)를 가리키는데, 우리나라에서는 각각 삼정승과 좌·우찬성에 해당한다.

116 형구(亨衢)와 여위(輿衛) : 벼슬길이 활짝 트임을 말한 것이다. '형구'와 '여위'는 모두 《주역(周易)》 〈대축괘(大畜卦)〉 효사(爻辭)에 보이는 말로, '형구'는 〈상구(上九)〉에 "하늘의 거리이니, 형통하다.〔何天之衢, 亨.〕"라고 보이고, '여위'는 〈구삼(九三)〉에 "좋은 말이 달려가는 것이니, 어렵게 여기고 정(貞)함이 이롭다. 날마다 수레

구도(舊都 개성)에서 가로막혔네	閼于舊都
조정에 성덕(盛德)을 지닌 군자가 없어지니	朝無長德
선류들이 한탄하였네	善類喑噫
조 문자(趙文子)의 그리움[117]은	文子之思
공이 아니면 누가 해당되랴	非公伊誰
오직 선(善)이 사람에게 있으니	惟善在人
명(銘)을 지어 이를 밝게 드러내노라	銘用昭之

타는 것과 호위하는 것을 익히면 가는 바를 둠이 이로울 것이다.〔良馬逐, 利艱貞, 日閑輿衛, 利有攸往.〕"라고 보인다.

117 조 문자(趙文子)의 그리움 : 훌륭한 사람이 죽어서 다시 살아 돌아오게 할 수 없음을 안타까워하고 그리워함을 말한다. 춘추(春秋) 시대 진(晉)나라의 조 문자(趙文子)와 숙예(叔譽)가 진(晉)나라 경(卿)들의 공동묘지인 구원(九原)에서 다시 살아 돌아오게 할 만한 훌륭한 이들을 꼽아보았던 고사에서 유래한 것이다.《禮記 檀弓》

동지돈녕부사 홍공 묘갈명 병서

同知敦寧府事洪公墓碣銘 竝序

고(故) 동지돈녕부사 홍공(洪公)은 휘가 이간(履簡), 자가 원례(元禮)이니, 당성(唐城 남양(南陽)) 사람이다. 시조 휘 은열(殷悅)은 고려 익대공신(翊戴功臣) 대광태사(大匡太師)이다. 본조에 들어와 휘 사석(師錫)은 도순무사로, 시호가 장양(莊襄)인데, 문무의 재주를 겸비하여 헌릉(獻陵 태종)의 고명(顧命)을 받았다. 이후로 관작이 계속 이어지고 명성과 덕망을 갖춘 이들이 때때로 배출되었다. 휘 인서(仁恕)에 이르러 호조 판서가 되었는데, 임진왜란(壬辰倭亂)에 어가를 호위하다가 용만(龍灣)에서 별세하니, 이분이 공에게 7대조가 된다. 증조 휘 중채(重埰)는 증 사복시 정이고, 조고 휘 상언(尙彦)은 삼등 현령(三登縣令)으로 의정부 좌찬성에 추증되었다. 선고 휘 선양(善養)은 황주 목사(黃州牧使)로 이조 참판에 추증되었고, 선비(先妣) 증 정부인(貞夫人) 이씨(李氏)는 세계(世系)가 영릉(英陵 세종)으로부터 나왔으니 통덕랑(通德郎) 탁(鐸)의 딸이다.

공은 태어나면서부터 빼어난 자질이 있어서 총명함이 동류보다 뛰어나 번거롭게 가르치거나 독책하지 않아도 문예(文藝)가 일찍 성취되었다. 장성한 뒤에는 사장(詞章)을 짓는 것에 힘을 쏟아서 훌륭한 문장이 빼어난 빛을 발하였으니, 상서(庠序)에 출입하며 번번이 동배들을 압도하였다. 정유년(1777, 정조1)에 진사시에 합격하였고, 기유년(1789)에 처음으로 벼슬하여 휘릉 참봉(徽陵參奉)이 되었으며, 제용감 부봉사, 상서원 부직장·직장, 통례원 인의, 조지서 별제, 의금부

도사, 내자시 주부, 공조 좌랑, 형조 정랑, 남부·사직서·종묘서·경모궁 영, 사옹원·사도시·사재감 첨정을 역임하였다. 외직으로는 임실 현감(任實縣監), 안성 군수(安城郡守), 대구(大丘)·전주(全州)의 판관, 밀양 부사(密陽府使)가 되었다.

계유년(1813, 순조13)에 동조(東朝)의 춘추가 주갑(周甲)이 되었는데 공은 동조와 중표(中表)의 친척이 되었으므로[118] 특별히 은전을 베풀어 통정대부(通政大夫)에 올랐다. 신사년(1821)에 효의왕후(孝懿王后)가 승하하자 종척집사(宗戚執事)로 들어가 빈렴(殯殮)을 살폈고 그 공로로 가선대부(嘉善大夫)에 올랐다. 이어서 효희전(孝禧殿 효의왕후의 혼전) 향관(享官)에 차임되었고 부묘(祔廟)를 마친 뒤에 또 가의대부(嘉義大夫)에 올랐다. 내직으로는 돈녕부 도정, 첨지중추부사, 오위장, 조사위장(曹司衛將), 중추부·돈녕부의 동지사, 오위도총부 부총관을 역임하였고 외직으로는 영월 부사(寧越府使), 경주 부윤(慶州府尹)을 지냈다.

공은 일을 처리하는 재주가 뛰어나서 경사(京司)에 있을 때부터 이미 유능하다는 명성이 있었다. 그러다가 군현(郡縣)을 맡게 되자 청렴함으로 자신을 단속하며 아전을 통제하고 백성을 너그럽게 대하였으며, 정신과 기력이 남보다 뛰어나서, 부임한 곳 중에 사무가 많은 고을과 피폐한 지역이 많았으나 여유롭게 대처하여 온갖 일들이 제대로

118 동조(東朝)의……되었으므로 : 동조(東朝)는 대비를 가리키는 말로, 정조의 비 효의왕후(孝懿王后, 1753~1821)를 지칭한다. 효의왕후의 부친은 김시묵(金時默)이고, 모친은 홍이간(洪履簡)의 조부인 홍상언(洪商彦)의 딸이다. 중표(中表)는 내외종(內外從) 사촌을 이른다. 곧 홍이간은 효의왕후의 외사촌이 되고, 효의왕후는 홍이간의 고종사촌이 된다.

거행되고 묵은 병폐가 말끔히 씻기도록 하였다. 이에 이르는 안사(按使 관찰사)마다 그 훌륭함을 포창하지 않는 이가 없었다. 특히 밀양과 경주를 맡았을 적에는 더욱 탁월한 치적을 보였다.

밀양에 있을 적에 조정에서 일본(日本)에 신사(信使)를 파견하였는데, 신사는 늘 있는 것이 아니었으므로 열읍(列邑)에 정해진 규례가 없었다. 이에 번다한 책응(策應)[119]을 백성들이 모두 감당해야 해서 온 도내가 소란하였다. 그리고 밀양은 동래부(東萊府)와 인접해 있어서 물자를 제공하는 일이 더욱 속출하였다. 그러나 공은 홀로 백성들에게 요구하지 않고 녹봉을 다 털어서 이를 충당하여 백성들이 남쪽에 사신을 파견하는 일이 있는 줄을 알지 못하였으니, 비석을 세워 그 은혜를 칭송하였다.

경주에 있을 적에는 마침 팔도에 큰 흉년이 들었는데, 교남(嶠南 영남)이 특히 심하여 굶어죽은 시신이 줄줄이 늘어서고 사람들이 또 서로 잡아먹는 일이 있었다. 공은 달성(達城 대구)을 맡았을 적에 황정(荒政)을 잘한다고 칭송 받았는데, 이때에 이르러 더욱 부지런히 마음을 다하였다. 기근을 진휼할 적에는 차라리 지나칠지언정 부족해서는 안 된다고 하여 굶주린 가구를 선정한 것이 수만에 이르렀고 이웃 고을의 유민들도 고을 백성과 똑같이 보아 구제해주었다. 밀린 조세를 견감해주고 쌀을 사들여 저장하는 것을 금지시켰으며 관청에 바치는 일정한 조세는 모두 진휼하는 데로 돌려서 선후와 완급을 조처함에 두서가 있었다. 이에 백성들이 마침내 크게 소생하여 유리하고 도적질하는 근심이 사라져서 온 고을이 안도하게 되었다. 경주에서는 해마다 왜관

119 책응(策應) : 특정한 일에 필요한 물자를 제공하는 일을 말한다.

(倭館)에 쌀을 지급하였고 또 격가미(格價米) 수백 석을 관용(官用)으로 공급하는 것이 있어서 이를 인순해온 지가 이미 오래되었다. 공이 탄식하며 말하기를,

"백성들의 고혈을 짜내어 왜노(倭奴)를 살찌우는 것이 진실로 이미 국가의 수치이니, 어찌 차마 그 일을 통해 화식(貨殖)할 수 있겠는가."

라고 하고 모두 아전과 관노(官奴)에게 주고 털끝만큼도 사욕에 얽매이지 않았다. 공이 재물에 있어서 구차하지 않은 것이 대체로 이와 같았다.

정해년(1827, 순조27) 2월 4일에 집에서 고종(考終)하니 향년이 75세였다. 부음을 아뢰자 부의와 제사를 내렸다. 세 달째 되는 달 임신일에 양성(陽城) 천덕산(天德山)의 을좌(乙坐)의 언덕에 장례하였다가, 이듬해 8월 경진일에 부인의 묘와 함께 이장하여 시흥현(始興縣) 동쪽 매산(梅山)에 합장하니, 또한 을좌(乙坐)이다.

부인 음성 박씨(陰城朴氏)는 처사 양흠(亮欽)의 딸로, 정숙하고 현철하여 여사(女士)의 행실이 있었다. 공과 같은 해에 태어나고 공보다 35년 먼저 졸하였다. 1남2녀를 두었는데, 아들 직필(直弼)은 학문에 조예가 깊어서 사우(士友)들 사이에서 명망이 성대하였고 세마에 제수되었으나 벼슬하지 않았다. 딸은 현감 김태근(金泰根), 사인(士人) 윤약렬(尹約烈)에게 출가하였다. 약필(若弼)과 이용우(李用愚)의 처는 측출 소생의 자녀이다. 직필은 아들을 두지 못하여 족자(族子) 일순(一純)을 데려다가 후사로 삼았고 1녀는 민술용(閔述鏞)에게 출가하였다. 김태근의 1남은 병규(炳奎)이고, 2녀 중 한 명은 윤면구(尹冕求)에게 출가하였고 한 명은 아직 어리다. 이용우의 1녀는 아직 어리다.

공은 겉모습은 야위었으나 정신이 맑았고 자상하고 진실하며 단정하고 민첩하였다. 얼굴빛과 웃음은 친근함을 느끼게 하였는데, 마음은 실로 올곧고 꼿꼿하여 사람들이 그 지조를 빼앗지 못하였다. 효성과 우애는 태어날 때부터 타고났다. 어렸을 때부터 조고 찬성 공을 곁에서 봉양하였는데, 찬성공이 공의 영발(英發)함을 아껴서 항상 무릎 위에 앉히고 만나는 사물에 따라 가르치니 공은 이를 마음에 새겨서 감히 잘못하는 일이 없었다. 선고 참판 공을 섬길 적에는 뜻을 먼저 헤아려 순종하였고 공적인 사유가 아니면 한 발짝도 곁을 떠난 적이 없었다. 일을 주선하고 심부름을 할 적에 매우 민첩하고 신중하였고 아침저녁으로 수저를 뜨시는 것을 몸소 살펴서 드신 양에 따라 걱정하거나 기뻐하였다. 지방관으로 나가게 되자, 참판 공이 평소에 관아에 머무는 것을 좋아하지 않아서 함께 따라가 봉양을 받는 것을 허락하지 않으니, 마침내 곁에서 임종을 지키는 일을 하지 못하게 되었다. 공은 이 때문에 애통한 마음을 품어서 몸을 훼상하여 거의 목숨을 보전하지 못할 뻔하였고, 상여(喪餘 기제(忌祭))를 올릴 때에는 고령의 나이에도 반드시 목욕재계하고 일을 주관하여서 그 애통함이 곁에 있는 사람들을 감동시켰다.

중씨(仲氏), 계씨(季氏)와 화목하게 지내서 하루라도 떨어져 있으려고 하지 않았는데, 이들이 연이어 일찍 세상을 떠나자 실의하여 인간세상에 대한 의욕을 잃었고 이를 언급할 때마다 얼굴에 눈물을 흘렸다. 남겨진 조카들을 자신의 자식과 다름없이 보아서 글방의 스승을 세워주고 전택을 떼어 주어서 가르치고 길러주기를 미치지 못할 듯이 하였다. 또 이러한 마음을 종족의 친인척들에게도 미루어 가서 저마다에게 은정을 극진히 베풀었다. 자손을 가르칠 적에는 몹시 법도가 있어서 말과 행동을 호되게 다스려 사소한 점도 빠뜨리는 바가 없어서 반드시 의로운 길로 들어서게 하고자 하였다.

공은 젊어서부터 박사업(博士業 과거공부)을 익혔는데, 특히 변려(駢儷)에 뛰어나 일찍부터 사우(士友)들의 추중을 받았다. 또 경세제민(經世濟民)의 학문에 마음을 두어서 제도와 연혁, 백성들의 이병(利病)에 대해 연구하여 통달하지 않는 바가 없어서 장차 세상에서 큰일을 할 수 있을 듯하였는데, 끝내 과거 급제에 가로막혀서 재능을 발휘한 바가 주현(州縣)의 정사에 지나지 않았으니 애석하다.

아아, 나는 공의 집안과 선대에 맺은 교분이 있으나 서로 알지는 못하였는데, 공의 아들인 세마 군과 교유하게 되면서 비로소 공에 대해 잘 알게 되었다. 기억건대, 예전에 공이 월주(越州)를 다스릴 적에 나는 세마 군과 약조하여 단구(丹丘)의 산수를 유람하고 이어서 월주의 명승지를 두루 돌아다녔는데[120] 공이 흔쾌히 작은 배를 타고 우리를 맞이하였다. 청령포(淸泠浦)와 금장강(錦障江) 사이를 거슬러 올라가서 술잔을 들며 흉금을 터놓아 담소를 나누었으니, 그 말씀이 몹시 정다웠다. 나는 이를 통해 공이 선(善)을 즐거워하고 의(義)를 좋아함을 더욱 잘 알고는 공을 잊지 못하였다. 지금 세마 군이 묘문(墓文)을

120 예전에……돌아다녔는데 : 월주(越州)는 영월(寧越)의 이칭이고, 단구(丹丘)는 단양(丹陽)의 이칭이다. 1820년(순조20) 4월에 오희상(吳熙常)은 홍직필(洪直弼), 임로(任魯) 등과 충주(忠州)에서 만나서 단양의 황강서원(黃岡書院), 사인암(舍人巖), 삼선암(三仙巖), 도담(島潭) 등을 유람하고, 다시 홍직필과 함께 홍직필의 부친 홍이간(洪履簡)이 부사(府使)로 있던 영월로 가서 금강정(錦江亭), 자규루(子規樓), 관풍헌(觀風軒), 자연암(紫烟巖), 학서암(鶴棲巖), 청령포(淸泠浦) 등을 유람하고 장릉(莊陵), 창절서원(彰節書院)을 배알하였다. 《老洲集 卷27 附錄 年譜》

지어 줄 것을 부탁해옴에 끝내 사양할 수 없어서 행장을 살펴 서문을 짓고 명(銘)을 붙인다.

명(銘)은 다음과 같다.

아, 공의 질박한 행실이여	猗公質行
화락하여 효우가 돈독하였네	豈弟孝友
경세제민의 재주가 넉넉하니	優優經濟
스스로 기대하는 바가 컸네	自待也厚
연달아 녹사에서 침체하여	連蹇祿仕
온축한 바를 시험하지 못하였네	有蘊莫試
공수(龔遂)와 황패(黃霸)[121]의 자취를 보이니	粗迹龔黃
오히려 이기를 구별할 수 있었네[122]	猶別利器
작위가 뒤따르고 연치가 높아져서	爵隨齒尊
품계가 아경의 반열에 올랐네	秩班亞卿

121 공수(龔遂)와 황패(黃霸) : 모두 한(漢)나라 선제(宣帝) 때의 순리(循吏)들로, 공수는 발해 태수(渤海太守)를 지냈고 황패는 영천 태수(潁川太守)를 지냈다. 두 사람의 병칭인 '공황(龔黃)'은 훌륭한 수령의 대명사로 쓰인다.

122 오히려……있었네 : 외직(外職)에 나아가 어려운 상황을 만나서 걸출한 재능을 발휘하였음을 말한 것이다. '이기(利器)'는 날카로운 연장이라는 뜻으로, 걸출한 재능을 비유하는 말이다. 후한(後漢) 안제(安帝) 때에 도적 영계(寧季)가 무리를 규합하여 조가현(朝歌縣)을 공략하고 재물을 약탈하였는데, 우후(虞詡)가 조가현의 장(長)에 임명된 뒤에 "쉬운 것을 구하지 않고 어려운 일을 피하지 않는 것이 신하의 직분이니, 반근착절을 만나지 않으면 어떻게 이기를 구별할 수 있겠는가.〔志不求易, 事不避難, 臣之職也. 不遇盤根錯節, 何以別利器乎?〕"라고 하고는 갖가지 계책을 써서 도적들을 모두 토벌한 고사가 있다. 《後漢書 卷58 虞詡列傳》

고명(高明)하여 마침을 잘하니[123]	高朗令終
뒤에 훌륭한 후사를 남겼네	于后遺嬴
그 후사는 누구인가	其嬴維何
아아, 바로 유진[124]이네	吁嗟儒珍
내가 돌 위에 명(銘)을 새겨서	我銘載石
무궁한 후세에 밝게 보이노라	式昭無垠

123 고명(高明)하여 마침을 잘하니 : 이는 본래 《시경(詩經)》 대아(大雅) 〈기취(旣醉)〉에 보이는 말로, "소명함이 매우 밝으니, 고명하여 마침을 잘하리로다. 마침을 잘함은 시작에 있으니, 공시가 좋은 말로 고하도다.〔昭明有融, 高朗令終. 令終有俶, 公尸嘉告.〕"라고 하였다.

124 유진(儒珍) : 뛰어난 재덕(才德)을 갖춘 유자(儒者)를 뜻하는 말이다. 노(魯)나라 애공(哀公)이 공자(孔子)에게 자리를 권하자, 공자가 모시고 앉아서 말하기를, "유자는 자리 위의 보배를 준비해 놓고서 초빙해 주기를 기다리는 사람입니다.〔儒有席上之珍以待聘〕"라고 말한 고사에서 유래한 것이다. 《禮記 儒行》

함경도 관찰사 이공 묘갈명 병서
咸鏡道觀察使李公墓碣銘 竝序

공은 휘가 덕영(德英), 자가 계형(季馨)이니, 세계(世系)가 세종의 별자(別子) 계양군(桂陽君) 충소공(忠昭公) 증(璔)에게서 나왔다. 증조 휘 택민(澤民)은 현령으로 집의에 추증되었고, 조고 휘 기선(起先)은 현감으로 이조 참의에 추증되었다. 선고 휘 몽석(夢錫)은 돈녕부 도정으로 이조 참판에 추증되었다. 선비(先妣) 순흥 안씨(順興安氏)는 부사 응창(應昌)의 딸이다.

공은 효종 10년 기해년(1659)에 태어났다. 어려서부터 단정하고 총명하였고 처음으로 글을 배우자마자 곧바로 깊이 사색하고 부지런히 노력하였다. 조금 장성한 뒤에는 유술(儒術)을 좋아하여 몸과 마음을 수렴하여 검속하고 벼슬길에 나아가는 것에 급급해 하지 않았다. 일찍이 광주(廣州) 율리(栗里)에 터를 마련하여 집을 짓고 그 방에 '서은(鋤隱)'이라고 편액하였다. 어버이를 봉양하는 것을 시급하게 여겨 억지로 과거에 응시해서 숙종 갑자년(1684, 숙종10)에 사마시에 입격하였다. 기사년(1689)에 인현왕후(仁顯王后)가 폐위되자 마침내 과거 공부를 그만두고 교외에서 은둔하였다. 을해년(1695)에 처음으로 삼일제(三日製)[125]에서 장원을 차지하여 이듬해 전시(展試)에 직부(直赴)

125 삼일제(三日製) : 명절을 기념하여 치르는 절일제(節日制) 가운데 하나로서, 성균관과 지방의 유생들을 대상으로 삼짇날인 매년 3월 3일에 시행된 과거 시험이다. 이 시험에 합격할 경우 임금의 특명을 받아 문과의 전시(殿試)나 회시(會試)에 곧바로

하였고, 선발되어 괴원(槐院 승문원)에 분관(分館)되었다. 무인년(1698)에 예조・병조 좌랑에 오르고 시강원 사서, 사간원 정언으로 옮겼다. 갑술경화(甲戌更化)[126] 이후에 정권을 잡은 여러 인사들이 목내선(睦來善), 김덕원(金德遠), 이현일(李玄逸), 유명현(柳命賢), 심계량(沈季良) 등의 여러 흉적들[127]을 사면해 주기를 힘써서 은혜를 팔아 사익을 취하였다. 이에 공이 말하기를,

> "아, 저들이 윤의(倫義)를 무너뜨린 죄는 세월이 조금 흘렀다고 하여 대번에 사면을 논의할 수 없다."

라고 하고 재삼 간쟁하기를 더욱 힘껏 하였다.

경진년(1700)에 사헌부 지평에 제수되었다. 상소하여 전선(銓選)이 공정하지 못한 것을 논열하였는데,[128] 명의(名義)를 붙들어 세운 맹만

응시할 자격을 주기도 하였다.

126 갑술경화(甲戌更化) : 갑술환국(甲戌換局)이라고도 한다. 갑술년(1694, 숙종 20)에 서인(西人) 김춘택(金春澤)・한중혁(韓重爀) 등이 인현왕후(仁顯王后) 복위운동을 일으켰는데, 남인(南人) 민암(閔黯)・이의징(李義徵) 등이 이를 빌미로 서인을 완전히 제거하려다가 숙종의 반감을 사게 되어 오히려 자신들이 화를 당한 사건이다. 이 당시 숙종은 희빈(禧嬪) 장씨(張氏)에 대한 감정이 점차 악화되어 폐비 사건을 후회하고 있었는데, 남인들이 무모한 옥사를 벌이려 하자 분노하여 민암과 이의징 등을 유배보내고, 송시열(宋時烈)・민정중(閔鼎重)・김익훈(金益勳) 등 기사사화(己巳士禍)로 축출된 서인들의 관작을 복구시키고, 서인을 등용하여 정국 전환을 꾀하였다.

127 목내선(睦來善)……흉적들 : 목내선 이하의 인물들은 1689년(숙종15) 기사환국(己巳換局)으로 정권을 장악하여 서인(西人)의 주요 인사들을 대거 죽이거나 유배 보내게 한 남인(南人)들로, 1694년 갑술환국(甲戌換局)이 일어나 서인이 다시 집권함에 따라 조정에서 축출당하여 유배되었는데, 1699년 2월에 남구만(南九萬), 유상운(柳尙運) 등 소론(少論) 측 대신들의 주도로 소결(疏決)을 행해서 이들의 형벌을 대대적으로 감등시켜 주었다. 《肅宗實錄 25年 2月 4日》

택(孟萬澤) 등 제인에 대해서는 벼슬길을 막은 것이 너무 심하고, 사론(邪論)을 비호한 박태순(朴泰淳), 이돈(李墪)에 대해서는 견복(甄復)하여 의망하는 데에 급급하였다는 것이다. 또 신임(申銋)의 강직함은 가상히 여길 만한데 오래도록 낙점을 아끼는 것은 거리낌 없이 간언하는 문로를 여는 방법이 아님을 말하였다. 그러자 전조(銓曹)의 당상인 조상우(趙相愚)가 반박하는 소를 올려 도리어 공을 비난하였고 대신(臺臣) 이세근(李世瑾), 최석항(崔錫恒)이 연달아 공을 헐뜯고 공격하였다. 이에 공은 스스로 인혐하여 체직되었다가 이윽고 병조 정랑에 제수되었다.

신사년(1701, 숙종27)에 경기 도사(京畿都事)로 있다가 문학, 필선, 장령, 사복시 정을 역임하고 다시 정언이 되었다. 이때 장희재(張希載)가 자신의 노복인 업동(業同)을 시켜 희빈(禧嬪)의 선조의 묘에 흉물을 묻게 해서 조정 신료들을 무함하여 장차 선류(善類)들에게 화(禍)를 전가하려고 하였다. 그런데 수상(首相) 남구만(南九萬)은 좌우를 돌아보며 두려워하고 꺼려하여, 훗날에 심장(深長)한 염려가 있게 될 것이라는 이유로 옥사를 마침내 제대로 마무리 짓지 않았다.[129] 또 그

128 상소하여……논열하였는데 : 이때 이덕영(李德英)이 사헌부 지평으로서 상소한 내용은《숙종실록(肅宗實錄》26년 6월 8일 기사와《승정원일기(承政院日記)》숙종 26년 6월 8일 기사에 자세히 보인다.

129 이때……않았다 : 1696년(숙종22)에 희빈(禧嬪) 장씨(張氏)의 선조의 무덤에 누군가 저주를 행한 일이 발생하자 생원 강오장(姜五章)이 이러한 사실을 상소해서 아뢰어 조사가 착수되었는데, 희빈 장씨의 오라비인 장희재(張希載) 집안의 종 업동(業同)이 무덤에서 신여철(申汝哲) 집안의 종 응선(應先)의 호패를 발견하게 되어 응선이 용의자로 지목되었다. 이에 숙종이 응선을 친국하기까지 하였으나 사건의 실상을 밝히지 못하였고 또 응선은 고문을 이기지 못하고 죽고 말았다. 이후 이만웅(李萬雄) 등의

당여(黨與)인 유상운(柳尙運)은 역수(逆竪)를 비호하여, 성상을 대면하는 자리에서 '감격스럽다'라고 감사 인사를 올리는 말을 하기까지 하니,[130] 사람들이 이를 비웃고 해괴하게 여겼다. 그러더니 장희재가 죽음을 면하게 되자 노장(露章)으로 자수해서 기회를 틈타 입지를 다지려는 계책을 꾸몄다.[131] 공은 계(啓)를 올려 그 정상(情狀)을 통렬히

고변을 계기로 저주 사건이 조작된 것일지도 모른다는 의심이 일게 되어 업동이 도리어 국문을 받게 되었는데, 영의정 남구만(南九萬) 등은 장희재와 희빈 장씨를 처벌하게 되면 희빈 장씨의 소생인 세자에게 후환이 미쳐 심장(深長)한 염려가 있게 될 것이라는 이유를 들며 국문을 중지시킬 것을 청하여 마침내 국문이 중지되고 장희재의 국문으로까지 확대되지 않았으며, 업동을 고성(固城)에 정배하는 것으로 일이 마무리 되었다. 《肅宗實錄 22年 4月 29日, 5月 1日·4日·28日, 6月 2日·9日, 7月 29日》

130 또……하니 : 1696년(숙종22)에 희빈(禧嬪) 장씨(張氏)의 오라비인 장희재(張希載)가 종 업동(業同)을 시켜 저주 사건을 조작한 일을 조사할 적에 유학(幼學) 이만웅(李萬雄)의 고변으로 박일봉(朴一奉) 등 새로운 증인들을 불러 국문하게 되었는데, 박일봉은 희빈 장씨 집안의 묘노(墓奴)인 차지일(車枝一)의 사위로, 저주사건이 발생할 즈음에 업동(業同)이 묘에 찾아와 의심스러운 행적을 보였음을 공초에서 말하였다. 그러자 국청(鞫廳)에 참여한 신하들이 다시 업동을 국문해야한다고 주장하였는데, 국청 대신인 유상운(柳尙運), 남구만(南九萬) 등이 증거도 없이 의심만으로 국청을 여는 것은 국옥의 사체를 손상시키는 일이라고 아뢰며 강력히 반대하였다. 숙종이 이들의 말을 따라주자, 유상운은 두 손을 모으고 앞으로 나아가 아뢰기를, "지금 성상의 하교를 받자오니, 감격스러운 마음이 어찌 끝이 있겠습니까. 이처럼 자세하고 신중하시니, 이는 실로 국가의 복입니다."라고 하였다. 《肅宗實錄 22年 5月 28日, 6月 1日·2日》

131 장희재가……꾸몄다 : 노장(露章)은 사람들에게 널리 알리기 위해 봉함(封緘)하지 않고 올리는 소장을 말한다. 1701년(숙종27) 8월 7일에 함평(咸平)의 유생인 이인화(李仁華)가 상소하여, 장희재(張希載)가 중궁을 모해한 죄상이 분명하게 드러났는데도 한두 사람의 불충하고 불의한 무리가 훗날의 염려가 있을 것이라는 말로 장희재가 처형되는 것을 막았다고 아뢰며 당시에 장희재를 옹호하였던 대신들을 처벌할 것을 청하였는데, 23일에 판중추부사 유상운(柳尙運)이 상소하여, 자신 또한 남구만(南九萬)이

지탄하고, 비위를 맞추며 부회하려는 자를 처벌할 것을 아울러 청하였다. 이윽고 또 오시복(吳始復), 송상주(宋尙周), 강세귀(姜世龜)는 범한 죄가 몹시 중하므로 응당 속히 찬배해야 한다고 논하였다.

헌납으로 옮겼다가 집의로 승진하였다. 빈연(賓筵)에 입시하여 궁차(宮差)가 절수(折受)를 빙자하여 현읍(縣邑)에서 제멋대로 설치는 것에 대하여 극렬히 간언하고[132] 이어서 아뢰기를,

"지금 겨울 우레가 연달아 발생하니, 바로 인군이 두려워하고 반성해야 할 때인데 백성들의 병폐를 돌아보지 않고 있습니다. 이는 참으로 하늘이 재앙을 내려 경계하는 뜻을 공경히 받드는 방도가 아닙니다."

라고 하였다. 이에 성상이 진노하여 큰 소리로 말씀하기를,

"겨울 우레가 어찌 절수 때문에 발생하는 것이겠는가. 만약 왕자의 전택(田宅)이 모두 줄거나 빼앗긴다면 자손이 어떻게 살아갈 수 있겠는가. 그대의 말은 매우 괴벽하다."

라고 하였다. 이에 공이 일어나 사죄하며 아뢰기를,

"비록 두 왕자의 처지를 고려한다고 하더라도 마땅히 옛 제도를 따라

장희재의 사형을 감면하게 할 때에 그의 생각에 동조하였으므로 이인화가 죄로 여겨 논핵한 내용에 자신이 으뜸으로 해당된다고 아뢰었다. 그러자 집의 유명웅(兪命雄) 등이 유상운을 논핵하여, 남구만이 장희재를 용서하도록 주장하여 대간과 유생들의 탄핵을 받을 때에는 몸을 움츠리고 한 마디도 하지 않다가, 8년 뒤 인현왕후(仁顯王后)가 승하하여 중궁의 자리가 희빈(禧嬪) 장씨(張氏)에게 돌아갈 가망이 보이자 갑자기 날짜가 오래된 상소문을 억지로 끌어와 당시 남구만의 생각에 동조하였다고 자수하여 훗날의 요행을 바랐다고 아뢰며 그를 파직시킬 것을 청하였다.《肅宗實錄 27年 8月 7日·23日, 10月 22日》

132 빈연(賓筵)에……간언하고 : 이때 이덕영(李德英)이 집의로서 입시하여 간언한 일은《숙종실록(肅宗實錄)》28년 9월 25일 기사에 자세한 내용이 보인다.

서 백성이 피해를 받지 않도록 해야 할 것입니다."

라고 하였다. 그리고 물러나와 상소를 올리니,[133] 그 내용은 다음과 같다.

"궁장(宮庄)의 절수는 현재 백성의 폐단 중에 가장 으뜸가는 것이니, 이 폐단이 제거되지 않으면 나라 또한 반드시 망합니다. 일전에 연석(筵席)에서 품고 있던 생각을 다소 개진하였는데 아뢴 말씀이 뜻을 제대로 전달하지 못하는 바람에 너그럽게 포용하는 도량을 가지신 성상께서도 도리어 용안에 불편한 기색을 띠게 만들었습니다.

아아, 인주는 존엄한 지위에 있으면서 우레와 같은 위엄을 지니니, 인주가 하고자 하는 바를 사람은 감히 어길 수가 없고 오직 상천(上天)만이 견책함을 보여서 경계하고 두려워하게 할 수 있습니다. 그런데 반드시 어떤 일에 대한 보응인지 정확히 안 뒤에야 경계하는 말씀을 아뢸 수 있다면, 인신은 말씀을 아뢸 수 있는 때가 없을 것입니다. 옛사람이 말하기를, '백성이 아래에서 원망하면 하늘이 위에서 진노한다.'라고 하였습니다. 돌아보건대 이 뼈에 사무치는 폐단은 팔방에 두루 만연하여 시름하고 원망하는 기운이 위로 천지간의 화기(和氣)를 해치고 있습니다. 그런데 전하께서는 다만 '어찌 재이(災異)를 초래할 수 있겠는가.'라고 하시니, '한마디 말로 나라를 잃는다'는 것에 가깝지 않겠습니까.[134] 신은 절수가 꼭 재이를 초래한

133 상소를 올리니 : 이때 이덕영(李德英)이 상소를 올린 일은 《숙종실록(肅宗實錄)》 28년 9월 29일 기사에 보인다.

134 한마디……않겠습니까 : 이는 본래 《논어(論語)》 〈자로(子路)〉에 보이는 말로, 노(魯)나라 정공(定公)이 한마디 말로 나라를 잃는 경우가 있느냐고 묻자, 공자가 대답하기를, "말은 이와 같이 기필할 수 없지만, 사람들이 하는 말 중에 '나는 임금 된 것이

것은 아니라고 하더라도 이러한 마음은 상서(祥瑞)를 부를 수 없다고 생각합니다.

신이 삼가 듣건대, 조종조(祖宗朝) 성세(盛世)의 부유함은 후세에 견줄 바가 아닌데도 왕자들과 공주, 옹주에 대해서 사여(賜與)에 제한이 있고 직전(職田)에 정해진 등급이 있었습니다. 그런데 중세 이후로 사여가 점점 확대되더니 절수가 나옴에 이르러 폐단이 극에 달하게 되었습니다. 신이 아뢴 바는 또한 일체를 모두 없애자는 것이 아닙니다. 조종조의 검약하였던 제도를 준행하여 오늘날의 남발하는 관습을 경계하려는 것입니다. 만약 백성이 생업을 즐거워하여 왕업이 공고해진다면 빈궁함을 어찌 걱정하겠습니까. 백성이 곤핍하여 위망(危亡)이 닥쳐온다면 그 부귀를 어찌 보장할 수 있겠습니까. 이는 일의 이치 상 알기 쉬운 것이니, 엎드려 바라건대 전하께서는 이를 살피십시오."

성상의 마음이 여전히 풀리지 않아서 상소를 처리하지 않고 그대로 두다가 며칠 만에야 비로소 비답을 내렸다.

계미년(1703, 숙종29)에 보덕에 제수되고 장령으로 옮겼다. 후궁 박씨(朴氏)의 상(喪)에 판재(板材)를 하사하도록 명하였는데, 박씨의 집안사람이 이를 빌미로 귀후서에서 소란을 일으키니, 성상이 특별히

즐거울 것이 없고, 오직 내가 말을 하면 아무도 어기지 않는 것이 즐겁다.'라는 말이 있습니다. 만약 임금의 말이 선하여 아무도 어기는 이가 없다면 또한 좋지 않겠습니까. 그러나 만약 임금의 말이 선하지 않은데도 어기는 이가 없다면 '한마디 말로 나라를 잃는다'는 것에 가깝지 않겠습니까.〔言不可以若是其幾也, 人之言曰"予無樂乎爲君, 唯其言而莫予違也". 如其善而莫之違也, 不亦善乎? 如不善而莫之違也, 不幾乎一言而喪邦乎?〕"라고 하였다.

해당 관서의 낭관을 태거(汰去)하였다.[135] 교리 이공 만성(李公晩成)이 소란을 일으킨 사람을 조사하여 치죄할 것을 청하고 또 후궁에 관계된 일로 조신(朝臣)에게 죄를 준 것은 중도에 지나치다고 아뢰었다가 성상의 심기를 거슬러 견책을 받고 파직되었다. 도암(陶菴) 이공 재(李公縡)는 당시에 사원(史院)에 있으면서 우연히 이 일을 언급하였는데, 성상이 이를 전해듣고는 예사롭지 않은 하교가 있었다. 이에 공이 상소하여 다음과 같이 간언하였다.[136]

"유신의 말은 진실로 마음에 품은 생각을 숨김없이 다 말하는 의리에서 나온 것인데, 진노를 대번에 표출하여 조금도 용납하지 않으셨습니다. 이재가 관청 안에서 사사로이 한 말이 또 어찌하여 주광(黈纊)[137]의 아래에까지 이르게 된 것입니까. 이는 틀림없이 몰래 엿들은 자가 있었던 것입니다. 무릇 대궐 밖의 말이 안으로 들어오지 못하게 하고 대궐 안의 말이 밖으로 나가지 못하게 하는 것이 궁금(宮禁)을 엄격하게 단속함에 있어서 제일가는 의리가 되는데, 지금

135 후궁……태거(汰去)하였다 : 후궁 박씨(朴氏)는 숙종의 후궁인 명빈(褀嬪)으로, 연령군(延齡君)의 어머니이다. 1703년(숙종29) 7월 15일에 명빈이 졸하자 숙종은 예장(禮葬)으로 거행하고 판재(板材)를 엄선하여 보내도록 명하였는데, 얼마 뒤에 귀후서에서 마련한 판재의 질이 나쁘다는 이유로 해당 관원을 치죄하였다. 이만성(李晩成)이 이에 대하여 숙종에게 간언한 말에 따르면, 명빈의 일가인 박 동지(朴同知)라는 사람이 중간에서 농간을 부려 판재로 쓸 나무를 은동곳으로 찔러보는 등 주제넘은 행동을 하여 분란을 일으켰다고 한다.《肅宗實錄 29年 7月 15日, 8月 7日》

136 이에……간언하였다 : 이때 이덕영(李德英)이 상소하여 간언한 내용은《숙종실록(肅宗實錄)》29년 8월 17일 기사에 자세히 보인다.

137 주광(黈纊) : 임금의 면류관 양쪽에 매달아서 두 귀 옆에 늘어뜨린 누런 솜 방울로, 임금이 무익한 말을 함부로 듣지 않음을 상징한다.

마침내 천례(賤隷)의 이목을 빌려서 한때의 사소한 사안을 까다롭게 살피는 데에 이용하시니, 참소와 간악이 쉽게 틈타서 그 유폐가 끝이 없게 될 것입니다."

이 말은 비록 성상이 살피지는 않았으나 식자들은 옳게 여겼다.

갑신년(1704, 숙종30)에 선고 참판 공의 상(喪)을 당하였다. 상기를 마친 뒤에 다시 춘방(春坊 세자시강원)에 들어가고 장악원 정을 지냈다. 호서(湖西) 사람 임부(林溥)가 흉측한 상소를 올려 신사년(1701)의 옥사를 논하였는데[138] 그 말이 몹시 패려하여 추국을 받다가 경폐(徑斃)[139]하였다. 공은 문사낭청(問事郎廳)으로서 당시에 죄를 조사하고 다스리던 바가 엄중하지 못했던 것을 목도하였다. 그러다가 집의에 제수되자 마침내 위관(委官) 최석정(崔錫鼎), 서종태(徐宗泰)가 법을 굽히고 규례를 어긴 여덟 가지 일에 대해 논핵하였다. 성상이 이를 가납하여 위관 이하의 사람을 모두 파직시켰다. 이에 마침내 시의(時議)를 크게 거스르게 되니 지평 심상윤(沈尙尹)이 공을 삭출(削黜)할 것을 청하였으나 성상은 체직시키도록 명하는 데에 그쳤다. 공은 오래도록 조용(調用)되지 못하였고 중간에 수어사 윤공 세기(尹公世紀)의 종사관으로 천거되었다.

138 호서(湖西)……논하였는데 : 1706년(숙종32) 5월에 충청도 유생 임부(林溥) 등이 상소하여, 신사년(1701)에 희빈(禧嬪) 장씨(張氏)가 인현왕후(仁顯王后)를 저주한 사건을 조사하기 위해 열었던 국청에서 죄인 윤순명(尹順命)이라는 자가 '동궁을 모해하였다〔謀害東宮〕'는 말을 꺼냈는데 국청을 주관하는 자가 이 말을 일부러 공초(供招)에 기록하지 않고 은폐하였다고 아뢰었다.《肅宗實錄 32年 5月 29日》

139 경폐(徑斃) : 형(刑)이 확정되기 이전, 또는 형을 집행하기 전에 죄수가 갑작스레 죽는 것을 이른다.

무자년(1708)에 비로소 회양 부사(淮陽府使)에 제수되었는데, 당로자가 암암리에 내쳐지게 하였다. 경인년(1710)에 사간으로 부름을 받고 돌아와서 대사헌 정공 호(鄭公澔)와 함께 합계(合啓)하여, 최석정이 임부의 옥사를 어지럽혀서 그 말을 수차례 바꾸어 일망타진하려는 화심(禍心)을 부리고자 한 것을 거듭 논핵하며 원찬(遠竄)할 것을 청하였다. 이에 한 쪽의 사람들이 떠들썩하게 일어나더니 이조 판서 조태구(趙泰耉)가 글을 올려 느닷없이 공을 지탄하고 이어서 정사(政事)에서 주의(注擬)하는 것을 막아버렸다. 얼마 뒤에 시사(時事)가 갑자기 변하여 정공이 관북(關北)에 유배되자 조태구가 마침내 공을 고산 찰방(高山察訪)에 의망하였는데, 성상이 말씀하기를,

"어찌 일찍이 보덕을 거친 사람을 이 관직에 의망할 수 있는가."

라고 하였으므로 낙점되지 않았다.

임진년(1712)에 사성에 제수되었는데 이조 판서 윤덕준(尹德駿)이 또 상소하여 논박하였다. 이윽고 통정대부(通政大夫) 승정원 동부승지에 오르고 차례대로 우부승지, 좌부승지로 승진하였다. 사람들의 노여움이 아직도 그치지 않으니 공이 연달아 상소하여 면직되기를 청하였다. 중간에 형조 참의에 제수되었다. 갑오년(1714)에 우승지로 있다가 무주 부사(茂朱府使)로 나갔다. 3년 있다가 장자의 상(喪)을 당하여 벼슬을 버리고 돌아왔다. 병조 참의를 거쳐 좌승지로 옮겼다.

무술년(1718)에 황해 감사에 제수되었다. 마침 큰 흉년이 들었는데 근해의 어염(魚鹽)에 대한 조세를 완화하여 이를 모두 백성을 도와주고 쓸데없는 지출을 줄이고 고정된 녹봉을 감축하여 미곡을 비축해서 진휼하는 물자에 보태니 온 도내에 굶주려 죽는 이가 없었다. 고과를 매길 적에는 제대로 다스리지 못한 대리(大吏) 십여 인을 내치니 모두

집정자나 왕실의 외척 집안 사람이었다. 이듬해에 또 홍수가 나서 가옥이 침수되고 역병이 연달아 유행하였는데, 다방면으로 조세를 견감하여 구휼하니 조리가 치밀하였다. 때로 밤새도록 촛불을 밝히고 문서를 처리하며 말하기를,

"차마 백성의 일을 잠시라도 지체하게 내버려 둘 수 있겠는가."

라고 하였다. 공이 개혁하고 설행한 것은 모두 피폐한 백성을 소생시키고 해악을 도려내는 것으로, 원대한 계책을 세우는 데에 힘을 썼으니 뒤에 부임하여 온 자가 바꿀 수 없었다. 옹진현(甕津縣)은 오랑캐의 선박이 왕래하는 요충지가 되어서 해방(海防)이 소홀해진다고 하여 소강진(所江鎭)과 합하여 부사(府使)를 두고 이어서 수군절도사를 겸하게 할 것을 건의하니 마침내 정해진 제도가 되었다. 임기가 끝난 뒤에 백성들의 청원에 따라 한 해 더 유임하였다.

경자년(1720)에 체차되어 첨지중추부사에 부직(付職)되었다. 조정으로 돌아오기 전에 가선대부(嘉善大夫) 함경 감사(咸鏡監司)로 발탁되었다. 공을 좋아하지 않는 자가 대간(臺諫)을 사주하여 갑자기 승진한 것을 트집 잡게 하니 공이 상소하여 사직하였는데 윤허하지 않았다. 영상(領相) 김공 창집(金公昌集)이 연석(筵席)에서 도신(道臣)은 체모가 중하므로 억지로 부임하게 할 수 없음을 아뢰니 체차하여 기성(騎省)의 차관이 되게 하였다. 다시 상신(相臣)의 말로 인하여 치행이 탁월하다고 하여 옥새를 찍은 교서를 내리고 품계를 올려주는 고사(故事)[140]에 따라 새로 내린 자급을 거두지 않도록 명하였다. 조정으로

140 옥새를……고사(故事) : 한(漢)나라 선제(宣帝)가 태수(太守) 중에서 백성을 잘 다스리는 사람이 있으면, 옥새를 찍은 표창을 내려 장려하고, 관직과 품계를 올려

들어가 한성부 우윤, 호조 참판, 동지의금부사가 되었다. 사은 부사(謝恩副使)에 차임되었으나 나아가지 않았다. 공이 황해 감사로 있을 적에 피로가 쌓여 병이 되었는데, 이해 겨울에 교외에서 숙묘(肅廟 숙종)의 장례 행렬을 전송한 일로 인해 더욱 위독해졌다. 신축년(1721, 경종1)에 대사간에 제수되었으나 사은숙배하지 못하고 졸하니, 정월 15일이었다. 제사와 부의를 내리기를 예(禮)에 따라 하였다. 율리(栗里) 을좌(乙坐)의 언덕에 장례하였다.

공은 몸가짐과 태도가 후중하고 성품과 도량이 겸허하여 평소에 교유하거나 왕래하는 것을 좋아하지 않았다. 그러나 음양과 숙특(淑慝)을 분별함에 있어서는 신속하게 분변하고 확고하게 지켰다. 가정에서의 행실은 올바르게 갖추었다. 공은 부모가 만년에 낳은 자식인데, 어려서부터 깊이 사랑하는 마음이 겉으로 드러나 정성을 다하고 뜻을 순종하여 섬겼다. 백씨가 곤궁함을 지켜 벼슬길에 나아가지 않았으므로 선조에 대하여 제수를 마련하고 묘도(墓道)를 손보는 일을 공이 몸소 담당하여 종자(宗子)와 지자(支子)의 구별을 두지 않았다. 과부가 된 형수를 봉양하고 고아가 된 조카를 돌봐줌에 은의(恩意)가 넘쳤다.

입조하여서는 풍도(風度)가 엄준하고 올곧아서 군주의 덕을 바로잡고 국시(國是)를 정하는 데에 온 마음을 다하였다. 대각(臺閣)에 있었던 십여 년 동안에 과격하게 들추어내어 지적하는 것을 정직하다고

주고 상금을 주었으며, 그들의 작위가 관내후(關內侯)에 이르렀을 때 공경(公卿)의 자리에 결원이 생기면 표창을 받은 태수 가운데서 선발하여 차례로 임용하였던 고사를 가리킨다. 《資治通鑑 卷24 漢紀》

여기지 않고 이익과 권세에 의해 흔들리지 않아서 한 시대에 명망이 중해지니 시기하는 자가 점점 많아졌다. 이 때문에 청환(淸宦)과 현직(顯職)에 있어서 번번이 좌절을 당하니 벼슬한 자취가 순탄하지 않아서 늘 길이 트였다가도 막히곤 하였다. 만년에 지방관의 직임을 마친 뒤에 아경(亞卿)의 직위에 올랐는데 경묘(景廟 경종)가 처음 즉위한 때를 만나 간흉들이 눈을 부릅뜨고 있어 세도(世道)가 더욱 험난해졌다. 이에 함께 조정에 있던 현사(賢士)들이 천거하여 함께 국정을 담당할 것을 생각하였는데 공이 갑자기 별세하여 마침내 포부를 크게 펼치지 못하게 되었다. 아, 안타깝다.

관부에 거할 적에는 빙벽(氷蘗)[141]으로 스스로 면려하여서 전장(田莊)을 늘리지 않았고 성색(聲色)을 가까이하지 않았다. 오직 베푸는 것을 좋아하니 곤궁한 친족과 빈한한 교우들이 마치 자기 집에 돌아오는 것처럼 찾아왔다. 성심을 다하여 아랫사람을 대하고 사지(私智)를 부리지 않았으나 정위(情僞)를 제대로 살피는 것이 마치 신명(神明)처럼 분명하였다. 이에 평가하는 자들이 말하기를,

> "해서(海西)에서의 치적은 이 문성(李文成 이이(李珥)) 이후로 흔히 보지 못했던 것이다."

라고 하였다. 공의 상(喪)을 듣고는 부로(父老)와 남녀(男女)들이 들에서 목메어 곡하였고 뒤에도 공이 있었을 때의 일을 말할 때면 왕왕

141 빙벽(氷蘗) : 얼음물과 소태나무의 뜻으로, 맑은 얼음물을 마시고 쓰디쓴 소태나무를 씹으면서 청렴함을 굳게 지키는 것을 말한다. 당(唐)나라 백거이(白居易)의 시에 "삼 년 동안 자사로 있으면서, 맑은 얼음물을 마시고 쓰디쓴 소태를 씹었노라.〔三年爲刺史, 飮氷復食蘗.〕"라고 한 데에서 온 말이다. 《白樂天詩集 卷1 三年爲刺史》

눈물을 흘리곤 하였다.

공은 모두 두 차례 아내를 맞이하였으니, 청주 한씨(淸州韓氏)는 통덕랑(通德郞) 항(亢)의 딸이고, 경주 정씨(慶州鄭氏)는 직장 세성(世城)의 딸이다. 모두 부덕(婦德)이 있어서 군자의 배필이 되기에 알맞았으며, 공의 묘에 함께 부장(祔葬)하였다. 아들 계화(繼華)와 신형(申瀅)에게 출가한 딸은 원배(元配)의 소생이다. 아들 찬화(纘華)와 부사 김유행(金由行)에게 출가한 딸은 계배(繼配)의 소생이다. 찰방 공화(恭華)와 주부 서화(緖華)는 측실의 소생이다. 계화의 2남은 보천(輔天), 교리 양천(亮天)이고, 딸은 판관 유한길(兪漢吉)에게 출가하였다. 찬화의 1남은 우천(羽天)이고, 딸은 찬선 김이안(金履安)에게 출가하였다. 김유행의 3남은 이홍(履興), 진사 이인(履寅), 판서 이익(履翼)이고, 2녀는 각각 송숙흠(宋肅欽), 이유병(李惟秉)에게 출가하였다. 공화의 1남은 찰방 범천(範天)이다. 서화의 3남은 성천(性天), 병천(秉天), 양천(養天)이고, 2녀는 각각 주부 조한규(趙翰逵), 유환기(柳煥紀)에게 출가하였다. 이밖에 증손과 현손 총 약간 인이 있다.

공의 현손인 현감 정리(正履)가 찾아와 묘에 세울 비석에 새기는 글을 지어줄 것을 부탁하였다. 나는 지금 문사(文思)가 황폐하니 어찌 공을 제대로 드러낼 수 있겠는가. 오직 공은 정직한 도(道)로 군주를 섬겨 시종 흠 잡을 것이 없었으니 비록 지위가 덕에 걸맞지 못하였으나 상소하여 아뢴 논의가 모두 후인에게 드러내어 게시할 만하였다. 삼가 행장을 살펴 이를 서술하고 이어서 명(銘)을 짓는다.

명(銘)은 다음과 같다.

숙묘(肅廟 숙종)가 재위하실 적에	肅廟在宥

걸출한 선비들이 함께 나아오니 駿髦彙征

공이 그 사이에 떨쳐 일어나 公奮其間

고아한 지조와 깨끗한 명성이 있었네 雅操淸名

대성(臺省 대각(臺閣))에서 단정히 홀을 잡고 整笏臺省

군주가 잘못하면 반드시 간쟁하였네 君違必爭

누가 천토를 느슨히 하여 誰緩天討

소인들이 곧은 도리를 멸하도록 만들었는가 群陰蔑貞

근심이 깊고 사려가 원대하여 憂深慮遠

바른 낯빛으로 강직하게 간언하였네 正色侃侃

방악에서 재주를 시험하니[142] 試之方岳

나라에 훌륭한 보좌가 있게 되었네 國有良翰

해서(海西)의 사람들이 경의를 표하며 西人加額

공을 일러 부모라고 하였네 謂公父母

끝내 현귀한 발탁에 응하니 終膺顯擢

조정에서 의지하고 중히 여겼네 倚重朝右

수레 타는 것과 호위하는 것을 익혀[143] 輿衛旣閑

142 방악(方岳)에서 재주를 시험하니 : 방악은 한 지역을 맡아서 다스리는 중신(重臣)을 이르는 말로, 곧 관찰사를 가리킨다. 이덕영(李德英)이 황해도 관찰사가 된 것을 두고 말한 것이다.

143 수레……익혀 : 《주역(周易)》 〈대축(大畜) 구삼(九三)〉에 "좋은 말이 달려가는 것이니, 어렵게 여기고 정(貞)함이 이롭다. 날마다 수레 타는 것과 호위하는 것을 익히면 가는 바를 둠이 이로우리라.〔良馬逐, 利艱貞. 日閑輿衛, 利有攸往.〕"라고 하였는데, 이를 원용하여 말한 것이다. '날마다 수레 타는 것과 호위하는 것을 익힌다'는 것은 형통한 때를 만나서도 곧은 도(道)를 따라서 늘 앞날을 대비하고 삼감을 비유하여 말한 것이다.

앞길이 형통하였네	展步亨衢
어찌하여 조금 더 수명을 빌려주어	胡不少假
나라의 우환을 구제하게 하지 않았는가	以濟艱虞
청백함을 후손에게 물려주어	淸白遺孫
사람들 사이에서 아름다운 명성이 드높네	令聞在人
나의 명문 아첨이 아니니	我銘匪諛
무궁토록 밝게 빛나리라	式昭無垠

군수 권공 묘갈명 병서
郡守權公墓碣銘 竝序

내가 예전에 고(故) 목사 권공(權公)[144]의 집안에 장가들어 혼례를 올리고서 물러나와 권공의 여러 아들들과 함께 어울려 지냈는데, 이들 모두 화려함을 지양하고 실제에 힘써 선대의 법도를 삼가 지켜서 세상에서 법가필사(法家拂士)[145]라고 일컬어졌다. 그중에 둘째인 경지(敬之) 보(甫)는 나보다 열 살이 많았는데, 정직하고 성실하며 지조가 있었다. 이에 늘 추중하여 외우(畏友)로 여겨서 대를 이어온 친애의 정이 백발이 되도록 쇠하지 않았다. 지금 그 묘소의 나무가 이미 한 아름이 된 때에 사자(嗣子)인 시랑(侍郎 참판) 군(君)이 행장을 갖추어 명(銘)을 지어줄 것을 청해왔다. 돌아보건대, 공의 오랜 교우 중에 오직 나만 남아있으니 비록 노쇠하였으나 어찌 뒤에 죽는 이의 책임에 힘쓰지 않을 수 있겠는가.

공은 휘가 중집(中緝)으로, 경지는 자(字)이다. 세계(世系)가 안동

144 고(故) 목사 권공(權公) : 권제응(權濟應, 1724~1792)으로, 자는 인백(仁伯)·원박(元博), 본관은 안동(安東)이다. 권상하(權尙夏)의 증손으로, 오희상(吳熙常)의 장인이다.

145 법가필사(法家拂士) : 《맹자(孟子)》〈고자 하(告子下)〉에 보이는 말로, "들어가면 법가와 필사가 없고, 나오면 적국과 외환이 없으면, 그 나라는 항상 망한다.〔入則無法家拂士, 出則無敵國外患者, 國恒亡.〕"라고 한 데에 보이는데, 이에 대한 《맹자집주(孟子集註)》의 해설에 "'법가'는 법도를 지키는 세신이고, '필사'는 보필하는 어진 선비이다.〔法家, 法度之世臣也. 拂士, 輔弼之賢士也.〕"라고 하였다.

(安東)에서 나왔으니, 고려 대사(太師) 행(幸)의 후손이다. 본조에서는 양평공(襄平公) 휘 감(瑊)이 좌참찬을 지내고 익대공신(翊戴功臣)과 좌리공신(佐理功臣)에 책록되었으며 화천군(花川君)에 봉해졌다. 몇 대를 전하여 문순공(文純公) 휘 상하(尙夏)에 이르니, 좌의정으로, 호는 한수재(寒水齋)이며, 우암(尤菴) 송 문정(宋文正 송시열(宋時烈))의 적전(嫡傳)으로서 세상에 이름난 유종(儒宗)이 되었다. 이분이 바로 공의 고조이다. 증조 휘 욱(煜)은 부사로서 이조 참판에 추증되었고, 조고 휘 양성(養性)은 군수로서, 대질(大耋)[146]의 나이로 통정대부(通政大夫)의 품계에 올랐다. 목사 공은 휘가 제응(濟應)으로, 이조 참의에 추증되었다. 선비(先妣) 의령 남씨(宜寧南氏)는 참봉 득관(得寬)의 딸이다.

공은 영종(英宗 영조) 계유년(1753, 영조29)에 태어났는데, 어려서부터 영특하여 일찍 성취한 바가 있었다. 목사 공은 성품이 간략하고 엄정하였는데, 공이 곁에서 모시며 기쁘게 해드리면서 늘 뜻을 어기는 바가 없었고 관사에 따라가 모실 적에는 아전들 중에 공의 얼굴을 아는 이가 드물었다. 또 종숙부(從叔父) 산수헌(山水軒)[147] 공을 좇아 섬겨서 몸가짐을 단속하고 행실을 닦았으며, 과장(科場)에 나아가 응시하였으나 끝내 득실을 가지고 지키는 바를 변치 않았으니, 사우(士友)들이 모두 원대한 기국이라고 하여 기대하였다. 수차례 과거에 낙방한

146 대질(大耋) : 70세를 뜻하기도 하고 80세를 뜻하기도 하는데, 권양성(權養性)은 묘지(墓誌)에 의하면 70세에 통정대부(通政大夫)에 올랐다. 《南塘集 卷33 僉樞權公墓誌》

147 산수헌(山水軒) : 권진응(權震應, 1711~1775)으로, 자는 형숙(亨叔), 호는 산수헌, 본관은 안동(安東)이다. 권상하(權尙夏)의 증손이며 한원진(韓元震)의 문인이다.

뒤로는 벼슬하지 않으려고 하였던 본래의 뜻을 다시 돌이켜서 옛 서적을 익히고 공부하여 부지런히 연찬해서 아침부터 밤까지 매진하니 장차 이를 즐거워하여 이대로 삶을 마칠 듯이 하였다.

계해년(1803, 순조3)에 음보로 돈녕부 참봉이 되고 차례로 승진하여 장원서 봉사, 상의원 직장이 되었다. 무진년(1808)에 6품으로 승진하여 한성부 주부(漢城府主簿)가 되었다. 이윽고 송화 현감(松禾縣監)이 되어 나갔는데, 이곳은 지역이 궁벽하고 풍속이 비루하여 피폐하기로 알려진 곳이었다. 공은 이르기를,

"가르치지 않고 형벌을 시행하는 것은 백성을 그물질하는 것이다." 라고 하여 먼저 효제(孝悌)의 도(道)를 들어 글을 지어서 깨우치게 하였으며, 아전을 단속하고 백성들을 너그럽게 대하여 위엄과 은혜를 함께 베푸니 한 해 남짓 만에 정사가 깨끗해지고 송사가 그쳤으며 묵은 병폐가 모조리 제거되었다. 사소한 일로 뜻이 맞지 않아서 마침내 관직을 버리고 돌아오니 백성들이 와철(臥轍)의 그리움[148]을 품었다. 집안의 양식 사정이 더욱 궁핍해져서 거친 밥으로도 끼니를 잇지 못하였으나 담박하여 개의치 않았다. 경전과 낙민(洛閩)의 여러 서적을 가져다가 외우고 완색하면서 날마다 일정한 분량을 정하여 공부하였다.

계유년(1813)에 활인서 별제에 제수되었다. 이해 겨울에 시랑 군이 대과에 급제하니, 창방(唱榜)한 이튿날이 바로 공의 환갑이었으므로

148 와철(臥轍)의 그리움 : '와철'은 '반원와철(攀轅臥轍)'의 준말로, 어진 수령이 떠날 때 백성들이 만류하거나 간절히 그리워하는 것을 뜻한다. 후한(後漢) 회양왕(淮陽王) 때에 조정에서 사신을 보내 회양 태수(淮陽太守) 후패(侯霸)를 불러들이자 백성들이 서로 사신의 수레를 붙잡고 곡을 하며 사신의 수레를 막거나 길에 드러누워 1년 더 유임시켜 주기를 청하였던 고사에서 유래한 것이다. 《後漢書 卷26 侯霸列傳》

음식을 정갈하고 풍성하게 장만하여 손님들을 초대해서 경사를 기념하고자 하였다. 그러나 공이 이를 허락하지 않으며 말하기를,

"나는 선인께 하루의 봉양[149]도 하지 못한 것을 종신의 한으로 여긴다. 더구나 과거에 급제한 경사가 있다고 해서 또 곧바로 이를 과시하는 것은 마음이 편치 못하다."

라고 하였다. 종묘 영으로 옮겼다.

갑술년(1814) 봄에 진산 군수(珍山郡守)에 제수되었다. 윤2월 29일에 관아의 침소에서 고종(考終)하니, 청풍(淸風) 황강(黃江) 역촌(驛村) 진좌(辰坐)의 언덕에 반장(返葬)하였다. 뒤에 시랑 군으로 인해 추은(推恩)하여 이조 참판에 추증되었다.

공은 의용이 준수하고 흉금이 단정하였다. 평소에 거처할 적에 차분하게 정돈하여 앉아서 나태한 모습을 보인 적이 없었으며, 남을 대할 적에는 계한을 두지 않았고 안색과 웃는 모습이 친근하게 여길 만하였다. 규모가 치밀하여 일상의 자잘한 일에 있어서도 혹 소홀히 하는 점이 없었고, 일을 만나면 오직 옳은 바를 찾아서 자신의 뜻을 홀로 행하였고 영합하거나 구차하게 구는 태도가 털끝만큼도 없었다.

가정에서의 행실은 매우 돈독하였다. 백씨(伯氏)[150]와 마치 한몸처럼 서로 의지하여 책상을 나란히 하고 화목하게 지내며 평소의 공경함

149 하루의 봉양 : 송(宋)나라 왕안석(王安石)의 시에 "옛사람은 부모를 하루 봉양하는 것을 삼공의 벼슬과도 바꾸지 않았네.〔古人一日養, 不以三公換.〕"라고 한 것을 원용하여 한 말이다. 《臨川文集 卷9 送喬執中秀才歸高郵》

150 백씨(伯氏) : 권중집(權中執, 1749~1805)으로, 자는 일지(一之), 본관은 안동(安東)이다. 오희상(吳熙常)의 장인인 권제응(權濟應)의 장남이며, 함창 현감(咸昌縣監), 정선 군수(旌善郡守) 등을 지냈다.

을 잃지 않았다. 만년에야 비로소 분가하였는데 기물과 노비를 통용하여 주인을 정해두지 않았다. 백씨가 졸한 뒤에는 집안의 일을 주관할 적에 반드시 구수(丘嫂 맏형수)에게 여쭈어서 행하였다. 막내아우[151]가 뜻을 제대로 펼치지 못한 채 일찍 세상을 떠난 것을 슬퍼하여 족인(族人)의 아들을 데려다가 그 후사로 세워주고 돌보아 길러서 자립할 수 있도록 하기를 자신의 자식과 다름이 없이 하였다.

자봉(自奉)하는 것이 검약하여 거칠고 성긴 베옷을 걸치고 화려한 비단옷은 가까이하지 않았다. 만년에 거처할 집을 지을 적에 규두(圭竇)와 옹유(甕牖)[152]로 '그런대로 갖추어짐'[153]을 추구할 뿐이었다. 성품이 사람들과 어울려 좇으며 의론하는 것을 좋아하지 않아서 평소에 문을 닫아걸고 있으면서 입에 감괴(甘壞)[154]하는 말을 올리지 않았다.

151 막내아우 : 권중업(權中業, 1764~1784)으로, 자는 흥지(興之), 본관은 안동(安東)이다. 부친은 오희상(吳熙常)의 장인인 권제응(權濟應)이며, 고조는 한수재(寒水齋) 권상하(權尙夏)이다. 1784년(정조8) 10월에 부친 권제응의 임소인 진주(晋州)에서 21세의 나이로 요절하였다. 오희상이 지은 제문이 《노주집(老洲集)》 권14에 〈제권흥지문(祭權興之文)〉이라는 제목으로 실려 있다.

152 규두(圭竇)와 옹유(甕牖) : 규(圭) 모양의 길쭉한 쪽문과 깨진 옹기로 만든 창이라는 뜻으로, 청빈한 선비의 남루하고 소박한 거처를 가리키는 말로 쓰인다.

153 그런대로 갖추어짐 : 본래 공자(孔子)가 위(衛)나라 공자(公子) 형(荊)을 평가한 말에 보이는 것으로, "그는 집안 살림을 잘하는 사람이다. 처음 재물을 소유하게 되자 '그런대로 대략 모였다.'라고 하였고, 조금 더 장만하게 되자 '그런대로 갖추어졌다.'라고 하였고, 부유하게 되자 '그런대로 훌륭하다.'라고 하였다.〔善居室. 始有曰: "苟合矣." 少有曰: "苟完矣." 富有曰: "苟美矣."〕"라고 하였다. 《論語 子路》

154 감괴(甘壞) : 상대의 환심을 사기 위해 비위를 맞춰가며 알랑거리다가 관계를 망치는 것을 이른다. 《예기(禮記)》 〈표기(表記)〉에 "군자의 사귐은 물과 같고 소인의 사귐은 단술과 같으니, 군자는 담박함으로 사귐이 이루어지고 소인은 단맛 때문에 사귐

그러나 의(義)와 이(利), 선과 악의 구분에 있어서는 마치 쇠를 자르는 것처럼 단호하였다. 항상 산수헌 공에 있어서 사생(師生)과 똑같은 의리로 대하여 변호하는 데에 몹시 힘써서 혹 추중하되 실제가 아닌 것이 있으면 반드시 이에 대해 통렬하게 변론하고야 말아서 시의(時議)를 거스르고 의심과 비방을 사게 되더라도 상관하지 않았다.

매번 자질(子姪)들을 경계하여 말하기를,

"'직(直)' 자의 지결(旨訣)[155]은 주자(朱子) 문하에서 전심(傳心)하는 것일 뿐만이 아니라 또한 우리 집안에서 대대로 전하는 아름다운 법이다. 무릇 너희 후손들이 힘써서 이를 지키고 따른다면 안신입명(安身立命)하는 것을 어찌 다른 데에서 구할 것이 있겠느냐."

라고 하였다. 일찍이 말하기를,

"학문은 나의 일생동안 해야 할 본분의 일이니 어찌 노쇠할 때와 건장할 때, 한가할 때와 바쁠 때에 차이가 있겠는가."

이 깨진다.〔君子之接如水, 小人之接如醴. 君子淡以成, 小人甘以壞.〕"라고 한 데에서 온 말이다.

155 직(直) 자의 지결(旨訣) : 송시열(宋時烈)이 임종을 앞두고 권상하(權尙夏)에게 '직(直)' 자를 들어 권면하였던 것을 두고 말한 것이다. 송시열이 1689년(숙종15) 5월 14일에 후명(後命)을 받게 될 것을 알고 권상하에게 영결을 고하는 편지를 보내어 주자(朱子)의 가르침을 이어갈 것을 권면하며 말하기를, "주자가 역책하실 때에 문인에게 '직(直)' 한 글자를 전수해주며 말씀하기를, '천지가 만물을 낳는 법칙과 성인이 만사에 응하는 법칙은 『직(直)』일 뿐이다.'라고 하였네. 공자는 '사람이 살아가는 이치는 직(直)한 것이니, 직(直)하지 않으면서도 살아있는 것은 죽음을 요행히 벗어난 것이다.〔人之生也直, 罔之生也, 幸而免.〕'라고 하였고, 맹자가 전성(前聖)이 말씀하지 못한 것을 말씀한 것이 바로 호연 장(浩然章)인데, 여기에서도 또한 '직(直)' 한 글자를 가지고 호연지기(浩然之氣)를 기르는 요점으로 삼았네."라고 하였다. 《宋子大全 卷89 奉訣致道, 附錄 卷11 年譜10》

라고 하여 비록 벼슬에 종사할 때라도 독서하는 것을 그만두지 않고 연구하여 묵묵히 계합해서 몸소 실천하는 데에 귀결되기를 힘썼다. 세상이 오로지 문사(文辭)만을 숭상하는 것을 병통으로 여기며 말하기를,

"화려하고 경박한 문사는 마음을 잃게 하는 도구가 되는 데에 불과하다."

라고 하였다. 시문(詩文) 약간 권이 상자에 보관되어 있는데, 모두 경전의 가르침에 의거한 것으로, 간략하고 질박하여 참맛이 있다.

공은 깊은 학문과 맑은 식견, 엄준하고 방정한 기국을 가지고 있으면서 일찍이 이를 펼쳐 시행하는 데에 뜻을 두었다. 그러나 과거시험에 가로막혀서 만년에야 녹사(祿仕)하여 작은 고을의 수령에 머물렀는데, 강직한 탓에 세상과 부합하기 어려워 또한 순량(循良)의 치적도 충분히 남기지 못한 채 침체하다가 세상을 떠났으니, 누가 공의 훌륭함을 알겠는가.

배위 연안 김씨(延安金氏)는 첨정 재균(載均)의 딸로, 정숙하고 차분하며 위엄 있고 순일하여 규문의 법도를 잘 갖추었다. 공보다 12년 먼저 졸하여 처음에는 선영 내에 장례하였다가 공의 묘 왼쪽으로 옮겨 부장(祔葬)하였다. 1남 돈인(敦仁)은 원임(原任) 이조 참판이다. 2녀는 각각 이의선(李義宣), 김문선(金文善)에게 출가하였는데, 모두 자식을 두지 못하였으며, 막내딸은 남편이 죽자 순절하였다. 무과에 급제하여 오위장이 된 효인(斅仁), 철인(徹仁) 및 김호연(金浩淵)은 측실 소생의 아들과 사위이다. 참판의 1남은 용수(用脩)이다.

아아, 공이 벼슬하러 경사(京師)에 올라왔을 적에 처음에는 나의 집에 머물렀었다. 그러다가 삼청(三淸)의 상류에 집을 얻게 되어서는

마을이 멀리 떨어진 것도 알지 못한 채 부단하게 왕래하며 의리(義理)에 대해 토론하고 행장(行藏)에 대해 상의하였는데, 공이 옛 도(道)를 믿는 것이 독실하여 세속에 의해 물들거나 닳아지지 않는 것에 내심 탄복하였다. 나는 평소에 성시(城市)를 좋아하지 않았고 공은 만년에 또한 고향으로 아예 내려가기가 어려웠으므로 서울 근교의 한 곳에 이웃하여 터를 잡아 함께 은거하여 방덕공(龐德公)과 서서(徐庶)의 녹문(鹿門)의 고사[156]를 따르고자 하였다. 그러나 공이 잠시도 기다려 주지 않고 떠나니, 나는 길을 잃은 듯 막막해져서 예전에 약속한 말을 생각할 때마다 서글픈 감회가 일어나곤 하였다. 그러던 터에 지금 공의 묘문을 짓게 되었으니, 그 슬픈 마음을 더욱 잘 알 수 있을 것이다.

명(銘)은 다음과 같다.

아아, 우리 공이여	猗嗟我公
고아한 지조와 깨끗한 자태를 지녔네	雅操淸姿
연원이 가학에 있어서	淵源家學
일찍부터 자연히 스승을 얻었네	早自得師

156 방덕공(龐德公)과……고사 : 방덕공과 서서(徐庶)는 후한(後漢) 때의 은사(隱士)들로, 이들이 서로 빈주(賓主)를 구분하지 않고 격의 없이 지냈던 고사를 가리킨다. 녹문(鹿門)은 방덕공이 형주 자사(荊州刺史) 유표(劉表)의 초빙을 거절하고 처자를 데리고 들어가 은거하였던 산 이름으로, 양양(襄陽)에 있다. 방덕공의 집에 사마휘(司馬徽)가 찾아왔는데, 방덕공이 출타하고 집에 없자 사마휘는 곧장 집안으로 들어가서 방덕공의 처자에게 서서가 방문할 것임을 말하고 기장밥을 짓도록 재촉하였다. 이에 분주히 상을 차려내자 이윽고 방덕공이 돌아와서 다함께 만나니, 누가 손님이고 누가 주인인지 모를 정도로 격의가 없었다고 한다. 《後漢書 卷83 逸民列傳 龐公》《古今事文類聚 前集 卷24 賓主相忘》

고상한 뜻이 높고도 컸으며　尙志嘐嘐
의를 실천하고 예를 독실히 익혔네　服義敦禮
겉으로 드러난 모습은 치밀하면서 견고하였고[157]　外著縝栗
중심에 가득찬 것은 화락하였네　中實愷悌
행실은 세속에 모범이 될 만하였고　行可範俗
재주는 세상을 다스리기에 충분하였네　才優經世
어그러져 말단의 관직에서 침체하니　嗟跎末官
말년을 한가로이 보냈네　優遊暮歲
가고 오는 것을 인연에 따르니　去來隨緣
나의 도가 여기에 있네　我道在是
만년에는 공부에 더욱 힘써　晩工益勵
명리가 찬연히 밝아졌네　粲然名理
보배를 품고 재주를 감추어　懷寶藏器
이를 펼쳐 시험하지 못하였더니　未展厥試
빛나는 관작을　有煒朱紱
자손에게 남겨주었네　歸贏後嗣
친한 벗이 명문을 지음에　故人作銘
아직도 그 풍모가 그립네　尙想風誼

157 치밀하면서 견고하였고 : '치밀하면서 견고하다〔縝栗〕'는 것은 덕을 옥에 견주어 형용한 말로, 《예기(禮記)》 〈빙의(聘義)〉에 "옛날에 군자는 덕을 옥에 비유하였으니, 온윤하면서 빛남은 인(仁)과 같고, 치밀하면서 견고함은 지(知)와 같다.〔夫昔者, 君子比德於玉焉. 溫潤而澤, 仁也; 縝密以栗, 知也.〕"라고 하였다.

노주집

제18권

묘표墓表

비碑

묘표墓表

조비 묘표

祖妣墓表

가대인을 대신하여 짓다.

나의 선비(先妣) 증 정경부인(貞敬夫人) 최씨(崔氏)는 세계(世系)가 전주(全州)에서 나왔으니, 시조는 고려 상장군(上將軍) 휘 순작(純爵)이다. 증조 휘 행(行)은 부사이고, 조고 휘 계웅(繼雄)은 군수이다. 선고 휘 식(寔)은 호조 정랑으로, 대사헌에 추증되었으며, 선비 청송 심씨(靑松沈氏)는 통덕랑(通德郎) 휘 지연(之沇)의 딸이다. 숙종 계미년(1703, 숙종29) 2월 27일에 태어났다.

17세에 나의 선고 문목공(文穆公) 부군의 계배(繼配)가 되었다. 선고는 성(姓)이 오씨(吳氏)이고 휘가 원(瑗)이니, 공조 정랑 증 이조 참판 휘 진주(晉周)의 아들로서 출계(出系)하여 숙부 해창위(海昌尉) 문효공(文孝公) 휘 태주(泰周)의 후사가 되었다. 조고는 판서 증 영의정 충정공(忠貞公) 휘 두인(斗寅)이고, 증조는 관찰사 증 좌찬성 휘 숙(翻)이다. 선군(先君)은 괴과(魁科)로 급제하여 관직이 공조 참판에 이르고 문형(文衡)을 맡으니, 선비도 이에 따라 정부인(貞夫人)에 봉해졌다.

경신년(1740, 영조16)에 선군이 별세하였을 때에 남겨진 자녀들이 어렸는데 선비가 자애로움 대신에 엄함으로 가르쳐 자립할 수 있게 하였다. 불초의 형제들이 연이어 조정에서 벼슬함에 따라 40년 동안 영화와 복록을 두루 누리시다가 성천(成川)에 있는 장자의 관사의 침소에서 졸하니 바로 정종(正宗 정조) 기해년((1779, 정조3) 7월 11일이었다. 이해 9월 모일(某日)에 광주부(廣州府) 서쪽 월곡(月谷)에 있는 선영의 왼쪽 등성이 묘향(卯向)의 언덕에 장례하니 선군의 묘와는 거리가 백여 보 정도 된다.

선군의 원배(元配) 권 부인(權夫人)은 1녀를 두었는데, 군수 남공필(南公弼)에게 출가하였다. 선비는 3남2녀를 낳았다. 장남 재순(載純)은 이조 판서를 겸하였으니, 선군에게 좌찬성을 추증하고 선비에게 정경부인을 추증한 것은 재순이 현귀해짐에 따른 것이다. 둘째 아들은 재유(載維)로, 군수인데, 출계하였다. 셋째 아들은 재소(載紹)로, 시임(時任) 강화 유수(江華留守)이다. 장녀는 현감 심이진(沈以鎭)에게 출가하였고 차녀는 진사 윤이후(尹頤厚)에게 출가하였다. 재순은 3남을 두었으니, 윤상(允常)은 학행(學行)이 있었으나 일찍 세상을 떠났고, 희상(熙常)은 전(前) 부솔(副率)이고 연상(淵常)은 전 검상(檢詳)인데, 모두 출계하였다. 1녀는 한경리(韓景履)에게 출가하였다. 재유의 계자(繼子 양자) 서상(敍常)은 교관이다. 재소는 희상을 취하여 후사로 삼았고 1녀는 진사 이재수(李在秀)에게 출가하였으며, 서자는 근상(謹常)이다. 남공필은 1남 일구(一耉)를 두었는데 진사이고, 2녀는 각각 현감 이희운(李羲雲), 진사 김기정(金基鼎)에게 출가하였다. 심이진의 계자는 지영(至永)이고, 3녀는 각각 교리 이희관(李羲觀), 이집(李執), 봉사 이희온(李羲溫)에게 출가하였다. 윤상은 후사가 없어서 희상의 아들 치규(致奎)를 후사로 삼았다. 나머지 증손과 현손이 모두 약간 명 있다.

선비는 장엄하고 후중하며 식견이 높고 사려가 원대하였다. 행실이 돈후하고 성실하여, 고결한 체하며 스스로 흡족해하지 않았다. 어려서부터 지성(至性)이 있어서 출가하기 전에도 부모를 잘 섬겼다. 시집왔을 적에 시아버지인 문효공이 이미 졸하고 서고모(庶姑母)들이 노쇠하여 집안사람들이 모두 한 집에 거주하니 사람은 많고 일이 번다하였다. 선비는 이러한 상황에 처하여 온화하면서도 절제함이 있어서 모두에게 환심을 얻으니 집안이 엄숙해졌다. 구고(舅姑 시부모)의 생전에 섬기지 못한 것을 애통하게 여겨서 제사하는 일에 엄격함을 다하여 제사를 올릴 때마다 제수를 정결하게 마련하고 제기를 경건하게 정돈하여 재료를 씻고 나물을 삶는 일에 이르기까지 몸소 하지 않는 것이 없었다.

선군은 평소에 집안의 살림에 대하여 묻지 않았으므로 집안일에 있어 크고 작은 것 없이 선비가 모두 관장하였는데 조리가 정연하여 안색이나 말에 드러내지 않고도 일을 모두 제대로 처리하였다. 술과 음식, 의복에 대해서는 일체 소박하게 하고 오직 곤궁하고 어려운 이를 주휼해주는 것을 우선으로 여기니 선군이 매우 마땅하게 여겼다. 경신년에 이르러 집안이 영락하자 선비는 더욱 예(禮)로써 집안을 다스리니 안팎이 모두 엄숙하여 늘 조정과 같았다. 또 몸소 근검하고 신중함으로 솔선하여 비록 기질(耆耋 70, 80세)의 나이와 몸져누운 때에도 전전긍긍하며 조금도 해이해진 적이 없었다. 이로 인해 집안의 도(道)가 융성해져 가득참에 처하여도 넘치지 않아서 온갖 상서가 모두 모여들었다.

아아, 선비는 어렸을 적에는 딸로서, 장성하여서는 아내로서 그리고 노쇠하여는 어머니로서 행실이 순일하고 덕이 갖추어져서 우뚝하게 세상에 모범이 되고 후손에게 음덕을 남겨 종족이 모두 여사(女師)라고 일컬었으니 불초소자(不肖小子)가 어찌 능히 칭술할 수 있겠는가. 지금 묘에 세우는 비석에 삼가 그 대략을 적어서 후인들이 알 수 있게 한다.

도암 이 선생 묘표
陶菴李先生墓表

도암(陶菴) 이 선생(李先生)이 후학을 버리고 세상을 떠난 지 88년이 되도록 묘도(墓道)에 아직도 비석을 세우지 못하였는데, 증손 광문(光文), 광정(光正)이 문인 박 문헌공(朴文獻公) 성원(聖源)이 지은 행장을 나에게 주면서 선생에 대한 시종의 대략을 차례대로 정리하여 비문(碑文)에 기록하도록 하였다. 삼가 생각해보건대 이는 당시의 선배와 장덕(長德)도 신중하게 여겨 겨를을 내지 못하였던 일인데, 더구나 나처럼 무지몽매한 사람이 어찌 감히 대군자(大君子)의 성덕(盛德)과 대업(大業)을 엿보아 헤아려서 함부로 칭술할 수 있겠는가. 외람되고 참람할까 두려워 누차 사양하였으나 끝내 사양할 수 없었다. 이에 삼가 행장을 살펴보니, 그 내용은 다음과 같다.

선생은 휘가 재(縡), 자가 희경(熙卿)이다. 그 선조는 우봉인(牛峰人)이니, 고려 때의 시중(侍中) 공정(公靖)의 후손이다. 대대로 명망 있고 현달한 이들이 이어졌다. 증조 휘 유겸(有謙)은 포의(布衣)의 신분에서 기용되어 곧장 현재(縣宰 고을의 수령)에 제수되었고 호조 참의의 관직으로 졸하였다. 조고 휘 숙(翻)은 우의정 충헌공(忠憲公)으로, 충성스럽고 정직하여 당시의 명신이 되었다. 선고 휘 만창(晩昌)은 진사로 이조 판서에 추증되었으며, 어질었으나 일찍 세상을 떠났다. 선비(先妣) 민씨(閔氏)는 여양부원군(驪陽府院君) 유중(維重)의 딸이자 동춘(同春) 송 선생(宋先生) 준길(浚吉)의 외손이니, 친가와 외가의 훌륭함을 그대로 이어받아 규범(閨範)을 순전하게 갖추었다. 숙종 경신년(1680, 숙종6) 9월 28일에 선생을 낳았다. 잉태하였을 적에 민 부인(閔夫人)의 꿈에 달이 손 안으로 들어왔는데, 그 광채가 방 안을 가득 채웠다고 한다.

5세에 선고를 여의니, 중부(仲父) 충숙공(忠肅公)[1]이 학업을 가르치기를 매우 힘써 하였다. 안으로는 민 부인이 계도함이 또 엄격하였으니, 한번은 어려운 고비에 처했을 적에 베를 짜는 것이 쌓여 한 필을 이룬 것을 가지고 학업을 중단해서는 안 됨을 경계하였다. 선생이 이를 잊지 않고 가슴에 새겨서 학업을 일찍 이루었다. 약관이 되기 전에 연달아 크고 작은 시험에 장원으로 합격하였고, 임오년(1702)에 알성문과(謁聖文科)에 급제하여 괴원(槐院 승문원)에 보임되었다. 사국(史局)에 천거되어 들어가 차례대로 승진하여 봉교에 이르렀으며 세자시강원 설서를 겸하고 전생서 주부, 병조 정랑으로 옮겼다.

정해년(1707)에 중시(重試)에 급제하였다. 이후로 청요(淸要)의 관직을 두루 역임하였으니, 춘방(春坊 세자시강원)은 사서, 문학, 필선, 보덕을 역임하고, 대성(臺省 사헌부와 사간원)은 정언, 헌납, 사간, 집의를 역임하고, 논사(論思 홍문관)는 수찬, 교리, 응교를 역임하였다. 그

1 충숙공(忠肅公) : 이만성(李晩成, 1659~1722)으로, 자는 사추(士秋), 호는 귀락당(歸樂堂)·행호거사(杏湖居士), 본관은 우봉(牛峰)이다. 우암(尤菴) 송시열(宋時烈)의 문인이며, 도암(陶菴) 이재(李縡)의 숙부이다. 1721년(경종1)에 병조 판서가 되어 노론 대신들과 연잉군(延礽君)의 세제(世弟) 책봉을 주청해 실현시켰는데, 이윽고 소론(少論)이 일으킨 신임사화(辛壬士禍)에 연루되어 전라도 부안에 유배되었다가 다시 서울로 불려 와 국문을 받다가 64세를 일기로 옥사하였다. 영조가 즉위한 뒤에 복관되었다. 영암의 죽정서원(竹亭書院)에 제향되었고, 저서로는《귀락당집(歸樂堂集)》이 있다.

사이에 장악원 정에 제수되고 교서관 교리, 사학·한학교수를 으레 겸하였다. 이조의 낭관이 되어 전형(銓衡)하는 붓을 잡았고 호당(湖堂)에서 사가독서(賜暇讀書)하였으며 일찍이 관서(關西)의 암행어사가 되고, 관북(關北)의 병마평사가 되었다.

임진년(1712)에 통정대부(通政大夫)로 품계가 올라 수원 부사(水原府使)가 되었는데 곧바로 관직을 그만두고 돌아왔으며, 형조·호조·예조 참의, 성균관 대사성, 승정원 동부승지, 부제학, 승문원 부제조에 제수되었다. 기해년(1719)에 가선대부(嘉善大夫)에 올라 형조 참판, 한성부 우윤이 되고 비변사 당상을 겸하였다. 영남(嶺南)의 균전사(均田使)가 되었는데, 사정을 아뢰어 간곡히 사직하였다가 결국 삭출(削黜)되었다.

경자년(1720)에 숙묘(肅廟 숙종)가 승하하고 경종이 즉위하고서 서용되어 예조 참판, 강화부 유수, 함경도 관찰사에 제수되었으나 모두 나아가지 않았다. 산릉도감 제조에 차임되어 산릉을 정비하는 일을 감독하였고, 그 공로로 가의대부(嘉義大夫)에 가자되고 연이어 도승지, 대사헌, 이조 참판, 실록도청 당상에 제수되었다. 임인년(1722, 경종2)에 옥서(玉署 홍문관)의 장관으로서 정청(庭請)[2]에 참여하지 않은 것을 이유로 삭출되었다. 영종(英宗 영조) 초원(初元)에 가장 먼저

2 정청(庭請) : 1721년(경종1) 10월에 경종이 세제에게 대리청정할 것을 명하는 비망기를 내리자 세제를 비롯한 노론(老論)과 소론(少論) 모두가 명을 거둘 것을 청하여 정청하였던 것을 이른다. 이후 정청한 지 3일 만에 노론 사대신(四大臣)을 중심으로 정청을 중지하자는 논의가 제기되어 소론 대신들의 반대에도 불구하고 결국 정청을 중지하고 대리청정의 명을 받들겠다는 연명 차자(聯名箚子)를 올리게 되었다. 《景宗實錄 1年 10月 10日, 17日》

제수되는 명을 받아 예전에 맡았던 직임을 두루 역임하였으며, 천거되어 홍문관·예문관 대제학, 지성균관사, 동지경연사, 호조·공조 참판, 예문관 제학, 원자보양관(元子輔養官), 세자빈객(世子賓客)에 제수되었다. 기미년(1739, 영조15)에 자헌대부(資憲大夫)에 올라 한성부 판윤, 공조 판서, 의정부 좌·우참찬이 되었다.

이상이 선생의 관벌(官閥)이다.

선생은 이른 나이부터 영명(英名)이 높았으나 평소에 벼슬길로 나아가는 것을 좋아하지 않았다. 병마평사로 관북에 있을 적에 민 부인이 가족을 모두 데리고 화전(花田)의 옛집으로 나와 살았는데 선생이 돌아와 뵙고 말씀하기를,

"어찌하여 소자가 돌아오기를 기다리지 않으신 것입니까?"

라고 하니, 민 부인이 웃으며 말씀하기를,

"네가 틀림없이 다른 뜻이 없음을 안다."

라고 하였다. 이듬해 경인년(1710, 숙종36)에 황조(皇朝) 진무열(陳茂烈)의 고사[3]를 들어 상소를 올려서 모친을 돌아가실 때까지 봉양할 수 있게 해주기를 청하였다. 이에 관직에 제수될 때마다 번번이 사직하였고 간혹 강박에 못 이겨 나아가게 되더라도 오랫동안 머문 적이 없었다. 그러나 마땅히 해야 할 말이 있으면 강직하게 간언을 올렸다. 균전사에 제수하는 명을 사양하였을 적에는 거듭하여 엄중한 견

3 황조(皇朝) 진무열(陳茂烈)의 고사 : 명(明)나라 효종(孝宗) 때에 어사(御史)로 있던 진무열이 벼슬을 내놓고 어버이를 끝까지 봉양할 것을 청하여 "어버이께서 병으로 홀로 신음하고 있는데 약물을 누가 지어드릴 수 있겠습니까. 임금의 은혜는 오히려 다시 갚을 수 있지만 어버이의 여생은 얼마 남지 않았습니다."라고 상소하니 효종이 그 사정을 불쌍히 여겨 허락한 고사를 말한다. 《明史 卷283 儒林列傳》

책을 받았다. 그러다가 궁검(弓劍)이 갑자기 멀어지게 되자[4] 스스로 충정(衷情)을 제대로 드러내지 못했다고 여겨서 벼슬에서 물러날 것을 결심하는 생각을 더욱 굳히고 오직 한 번 나아가 산릉의 일만 담당하였다.

당시에 경묘(景廟 경종)가 후사를 두지 못한 채 병환이 있었으므로 대신 김 충헌공(金忠獻公) 창집(昌集) 등 네 사람[5]이 여러 경재(卿宰)와 함께 성상에게 건의하고 자성(慈聖 대비)의 뜻을 받들어 영묘(英廟 영조)를 세제(世弟)로 삼았는데, 충숙공이 실로 이에 힘을 합하여 도왔다. 신축년(1721, 경종1) 겨울에 세제에게 대리청정(代理聽政)할 것을 명하였는데 흉당이 협박하고 저지하여 화기(禍機)가 날로 위급해졌다. 대신이 백관을 이끌고 정청(庭請)하여 명을 거두어줄 것을 청하였는데 선생은 홀로 참여하지 않으며 말씀하기를,

"우리 왕께 만약 병환이 없어서 종사(螽斯)[6]의 기대가 있다면 진실로

4 궁검(弓劍)이……되자 : 숙종이 승하한 것을 두고 비유하여 말한 것이다. 황제(黃帝)가 형산(荊山) 아래에서 솥을 주조하여 완성하자 하늘에서 용이 내려와 황제를 태우고 승천하였는데, 이때 신하들이 용의 수염을 부여잡고 매달리니, 수염이 뽑혀 떨어지면서 황제의 활과 칼도 함께 떨어졌다는 고사에서 나온 것이다. 《史記 卷28 封禪書》

5 대신……사람 : 이른바 노론(老論) 사대신(四大臣)인 영의정 김창집(金昌集)·영중추부사 이이명(李頤命)·판중추부사 조태채(趙泰采)·좌의정 이건명(李健命)을 이른다.

6 종사(螽斯) : 《시경(詩經)》 주남(周南)의 편명으로, 여치과에 속하는 곤충인데, 한꺼번에 99개의 알을 낳는 데에서 자식을 많이 두는 것을 비유하게 되었다. 이 시에 "수많은 여치들 화목하게 모여들 듯, 그대의 자손 또한 번성하리라.〔螽斯羽, 詵詵兮. 宜爾子孫, 振振兮.〕"라고 하여, 문왕(文王)의 후비(后妃)가 질투하지 않고 모든 궁녀들과 화목하여 자손이 번성한 것을 비유하였다.

미리 후계를 정할 필요가 없다. 그러나 병환이 있음을 분명하게 알고 세제에게 국정에 참여해 재결하라는 명을 내리셨으니, 그저 이를 받들어 행해야 마땅할 뿐이다. 어찌 굳이 쟁집할 필요가 있겠는가." 라고 하였다. 동료들이 대부분 화를 받게 될 것이라 위협하였으나 동요되지 않았다. 얼마 뒤에 무옥(誣獄)[7]이 일어나 충숙공이 조옥(詔獄)[8]에서 병들어 죽자 선생은 시신을 거두어 예(禮)에 따라 장례를 치렀다. 그리고 마침내 인제(麟蹄)의 골짜기 속으로 들어가 경전(經傳)에 더욱 힘을 쏟아서 날마다 일정한 분량을 정해두고 공부하였다.

을사년(1725, 영조1)에 군흉들이 모두 쫓겨나고 양(陽)이 다시 회복될 조짐이 있자[9] 상소하여 충숙공이 억울한 무함을 받았음을 드러내

7 무옥(誣獄) : 신임옥사(辛壬獄事)를 이른다. 경종 즉위 초인 1721년(경종1)과 1722년에 세제(世弟) 책봉과 대리청정을 둘러싸고 일어난 옥사로, 신축·임인 두 해에 걸쳐 일어났으므로 신임사화라고 한다. 1720년인 신축년에 숙종이 승하하고 경종이 33세의 나이로 즉위하였는데, 후사가 없고 병이 많았다. 이에 노론의 주도하에 연잉군(延礽君)이 세제로 책봉되자, 노론은 한 걸음 더 나아가 세제의 대리청정을 강행하고자 하였다. 이에 소론인 사직(司直) 김일경(金一鏡) 등이 노론의 주장을 경종에 대한 불충이라고 몰아 소를 올리자, 경종이 노론 사대신(四大臣)을 파직시켜 유배 보냈으며, 이외에도 많은 노론의 인물들을 삭직시키고 소론을 등용하였다. 1722년 3월에 목호룡(睦虎龍)이 노론측이 세자 시절의 경종을 시해하려 했다고 고변하자, 소론은 이를 기화로 옥사를 일으켜 유배된 노론의 사대신을 사사(賜死)하게 하고, 대다수의 노론을 제거하였다.

8 조옥(詔獄) : 임금의 명령을 받아 의금부에서 관료(官僚)와 양반 계급의 범죄자를 다스리는 기관 또는 그 감옥을 말한다. 금부옥(禁府獄)이라고도 한다.

9 을사년에……있자 : 1725년(영조1)에 영조가 신임옥사(辛壬獄事)를 무옥(誣獄)으로 규정하고 노론(老論) 사대신(四大臣)을 신원하여 소론(少論) 인사들을 축출한, 이른바 을사처분(乙巳處分)을 단행한 것을 두고 말한 것이다.

어 밝히고 비로소 화전(花田)으로 돌아왔다. 연달아 별유(別諭)를 내려 이르기를,

"군신의 사이에 어찌 한 번도 얼굴을 보지 못해서야 되겠는가."

라고 하니, 마침내 수천 자의 상소문을 올렸는데, 군주의 무함을 씻고 국가의 흉적을 토벌할 것을 제일의(第一義)로 삼았고 또 초정(初政)의 부족한 점에 대하여 조목별로 아뢰었다. 이에 온화한 비답을 내려 조정에 나올 것을 권면하였다. 국상(國喪)의 연제(練祭)를 맞아 나아가 사은숙배하고 주강(晝講)에 입시하여 천덕(天德)과 왕도(王道)에 대하여 극론하니, 요컨대 모두 성상에게 책난(責難)[10]하는 것으로서, 반복하여 간절하게 간언하였다. 성상이 마음을 비워 경청하고 실록을 찬수하는 일을 들어 머물러 있기를 간곡하게 권유하였다. 이에 나아가기 어려운 의리를 거듭 밝혀 아뢰고 이튿날에 마침내 돌아왔다. 재차 문형(文衡 대제학)을 맡음에 이르러서는 마침 동조(東朝 대비)에 존호를 올리게 되어 소지(召旨)가 매우 엄정하였는데 선생은 다시 나아가지 않았다.

무신년(1728)에 역란(逆亂)[11]으로 분문(奔問)하였다. 이윽고 사수

10 책난(責難) : 하기 어려운 선한 일을 임금에게 하도록 권면하는 것을 말한다. 《맹자(孟子)》 〈이루 상(離婁上)〉에 "어려운 일을 임금에게 권하는 것을 공(恭)이라 하고, 선을 말하여 사(邪)를 막는 것을 경(敬)이라 하고, 우리 임금은 불가능하다고 하는 것을 적(賊)이라 한다.〔責難於君, 謂之恭; 陳善閉邪, 謂之敬; 吾君不能, 謂之賊.〕"라고 한 데에 보인다.

11 역란(逆亂) : 1728년(영조4) 3월에 발발한 이인좌(李麟佐)의 난을 이른다. 소인과 남인의 일부 세력이 영조와 노론을 제거하고 밀풍군(密豐君) 탄(坦)을 추대하고자 일으켰던 반란으로 이인좌가 거병했으므로 '이인좌의 난'이라 하며, 무신년에 발생했으므로 '무신란(戊申亂)'이라고도 한다. 1724년 경종의 승하로 영조가 즉위하여 김일경

(死囚) 이지시(李之時)가 무함하여 끌어들인 일[12]로 도성에 들어가 대명(待命)하였는데, 사대(賜對)하여 위유(慰諭)하였다. 물러나 여주(驪州)에 머물러 있다가 민 부인(閔夫人)의 상(喪)을 당하여 용인(龍仁) 한천(寒泉)에 있는 선영으로 돌아와 장례를 치르고 이어서 이곳을 종신토록 기거할 장소로 삼았다. 상기를 마친 뒤에 대신과 유신(儒臣)에서부터 아래로 포의(布衣)의 선비에 이르기까지 번갈아 상소하여 선생을 불러들일 것을 청하였다.

을묘년(1735)에 특별히 보양관(輔養官)을 제수하여 급히 나아오기를 재촉하니 사람들이 모두 출사할 것을 권면하였다. 그러나 끝내 명을 받들지 않고 아뢰기를,

"원자(元子)의 나이가 다소 장성한 뒤에야 비로소 보도(輔導)의 직임을 논할 수 있습니다. 지금은 탄생한 지 겨우 백일이 넘었으니 이는 아보(阿保 유모)를 택할 때입니다. 어찌 그저 경하를 올린다는 이유로 조정에 나아갈 수 있겠습니까."

등이 제거되고 노론 정권이 들어서자 일부 소론들이 남인들을 포섭하여 반정을 도모하기 위해 비밀 조직을 결성하였는데, 영조가 1727년 정미환국으로 탕평책을 실시함에 따라 서울의 많은 소론들이 이탈하였다. 이에 초조해진 지방의 세력들이 이인좌를 대원수로 삼고 청주(淸州)에서 거병하였으나 관군에게 대파당하고 이인좌 등 수뇌부가 체포되어 평정되었다.

12 사수(死囚)……일 : 1728년(영조4) 무신란(戊申亂)에 가담하여 역모죄로 처형당한 이지시(李之時)가 이재(李縡), 장붕익(張鵬翼), 김진옥(金鎭玉) 등도 역모에 가담하였다고 거짓 진술하였는데, 4월 25일 친국(親鞫)한 자리에서, 갑오년(1714, 숙종40) 연간에 이지시의 아비가 방목(榜目)에 들었는데 감시의 시관인 이재(李縡)가 그의 아비를 방목에서 빼 버렸으므로 항상 사적으로 원한을 품고서 죽이려고 했으므로 무고(誣告)하여 끌어들인 것이라고 공초하였다. 《承政院日記 英祖 4年 4月 25日》

라고 하였다. 늘 '분의(分義)'라는 두 글자가 천하의 명절(名節)을 무너뜨림을 탄식하여, 불가한 점이 있으면 확고하게 스스로 지조를 지켜서 비록 상하(上下)의 사람들을 계속하여 거스르게 되더라도 상관하지 않았다. 이때 성상이 당벌(黨伐)[13]의 화(禍)를 깊이 경계하였는데 나라의 정권을 잡은 자가 탕평(蕩平)의 설로 성상의 뜻에 영합하여 충신과 역신을 뒤섞어 함께 조정에 나아오게 하고자 하였다. 이에 선생이 한둘의 선류(善類)와 함께 이를 엄정하게 변론하고 통렬하게 배척하여 흡연(翕然)하게 청의(淸議)의 종주(宗主)가 되니 세도(世道)가 이에 힘입었다.

이상이 선생의 출처(出處)이다.

선생은 사람됨이 맑고 순수하며 영민하고 슬기로웠으며, 기모(氣貌)는 마치 아름다운 옥처럼 밝고 윤이 나서 스승에게 전수 받지 않고도 자연히 도(道)에 가까웠다. 일찍부터 현귀한 벼슬을 마다하고 개연(慨然)하게 장수(藏修)[14]의 뜻을 품었는데, 한천(寒泉)으로 거처를 정함에 이르러서는 하늘이 맡긴 책무가 있음을 알고서 사문(斯文)을 흥기시키는 것을 자신의 임무로 여겼다. 이에 성(誠)을 보존하고 인(仁)

13 당벌(黨伐) : 당동벌이(黨同伐異)의 준말로, 시비곡직을 불문하고 자기편의 사람은 무조건 돕고 반대편의 사람은 무조건 공격하는 것을 이른다.

14 장수(藏修) : 늘 학문에 뜻을 두고 게을리하지 않는 것을 이른다. 《예기(禮記)》 〈학기(學記)〉에 "군자는 학문에 있어서 장(藏)하고 수(修)하고 식(息)하고 유(遊)한다.〔君子之於學也, 藏焉, 脩焉, 息焉, 遊焉.〕"라고 하였는데, 그 주석에 "장(藏)이란 언제나 마음에 학업을 생각하고 있음을 말한 것이요, 수(修)란 학습을 폐하지 않음을 말한 것이요, 식(息)이란 일을 하다 피곤하여 쉴 때에도 마음이 학습에 있음을 말한 것이요, 유(遊)란 일이 없이 한가하게 노닐 때에도 마음이 학문에 있음을 말한 것이다."라고 하였다.

을 구하여 종일토록 부지런히 힘써서 늠름하게 지극한 덕(德)이 도(道)를 이루는 경지[15]에 이르렀다. 일찍이 '학문은 반드시 이치를 궁구하는 데에 근본을 둔다'라고 여겨서 잠심(潛心)하고 완색(玩索)하여 육경(六經)을 통달하였는데, 총명함이 보통사람보다 뛰어나 힘들게 탐구하지 않고도 참되게 보고 홀로 터득하여 성명(性命)을 환히 알고 조화(造化)를 제대로 궁구하였다. 그러나 세유(世儒)의 속이고 꾸미는 행태를 병통으로 여겨 자신에게 돌이켜 실천하는 것으로 귀결되기를 힘써서, 눈에 띄는 곳에서나 눈에 띄지 않는 곳에서나 경외(敬畏)함에 차이가 없었고 사소하고 잗다란 부분에서도 의(義)와 이(利)를 반드시 살폈다. 가장 가슴에 새기며 따른 바는 바로 《소학(小學)》 한 책에 있었다.

그 참되게 쌓인 것이 오래됨에 이르러서는 박문(博文)과 약례(約禮)가 모두 지극하고 일을 처리하는 것이 원만하고 여유로웠다. 이에 찌꺼기가 깨끗이 사라지고 광채가 날로 새로워져, 멀리서 바라보면 마치 한 덩이의 온화한 봄기운과 같았으나 가까이 다가가 보면 장중하고 엄숙하였으니, 덕용(德容)을 보는 자마다 심취하지 않는 자가 없었다. 늘 이 문성공(李文成公 이이(李珥))의 '털끝만큼이라도 성인에게 미치지 못하면 나의 일이 끝나지 않은 것이다.'라는 말씀[16]을 즐겨 외우며 말하기를,

15 지극한……경지 : 《중용장구(中庸章句)》 제27장에 "그러므로 지극한 덕이 있는 사람이 아니면 지극한 도가 이루어지지 않는다.〔故苟不至德, 至道不凝焉.〕"라고 보이는데, 이를 원용하여 말한 것이다.

16 털끝만큼이라도……말씀 : 이 말은 이이(李珥)의 문집인 《율곡전서(栗谷全書)》 권14 〈자경문(自警文)〉에 보인다.

"율곡(栗谷 이이)은 나의 스승이다."
라고 하였으니, 그 통명하고 쇄락한 운치가 절로 묵묵히 계합한 바가 있었던 것이다.

후생을 이끌어 교육할 적에는 훌륭한 말씀과 밝은 식견으로 사람들을 잘 계도하여 재주의 고하(高下)에 따라 각각 진보함이 있게 하였다. 이에 팔방에서 풍도를 듣고 배움을 청하여 찾아오는 자가 항상 집안에 가득찼다. 강학하는 절도(節度)는 한결같이 주자(朱子)의 문하에서 독서하던 차제(次第)를 따라 한 차례 돌아가면 처음으로 돌아왔으며, 아침에는 《소학(小學)》을 읽어 함양하고 저녁에는 《시경(詩經)》을 외워 선창(宣暢)하였다. 또 도강(都講)과 별강(別講)을 두어 원근의 서원에까지 두루 미치게 하여 모두 강규를 두었고 때로 몸소 스승의 자리로 나아갔다. 이따금 향음례(鄉飮禮)를 행하여 시골의 글방에 이르러서도 또한 본보기로 삼을 수 있게 하였다. 이에 집집마다 거문고 타고 글 외는 소리가 들리니 거의 한 시대를 변화시켜 추로지향(鄒魯之鄕)[17]으로 만들었다. 병세가 위중하여 말하기가 곤란한 때에도 오히려 손수 수업하고 지도하여 가르침을 그치지 않으며 말씀하기를,
"한 숨이라도 다하지 않았으면 이 뜻을 조금도 게을리 할 수 없다."
라고 하였다. 그 창도하고 고무시킴이 마치 나그네가 돌아갈 곳을 얻은 것과 같았으니 옛날에도 드물었던 바였다.

그 일상생활에 드러난 바로 말하면, 일찍 선고를 여읜 것을 애통해

17 추로지향(鄒魯之鄕) : 유학(儒學)이나 문교(文敎)가 흥성한 곳을 뜻하는 말로, 맹자(孟子)가 추(鄒)나라에서 태어나고 공자(孔子)가 노(魯)나라에서 태어난 데에서 유래하였다.

하여 모부인을 섬길 적에 뜻을 받들어 봉양하는 가운데 깊은 사랑이 드러났다. 그러다가 모부인의 상을 당하게 되자 소식(蔬食)을 먹고 피눈물을 흘리면서 엄격하게 예(禮)를 다하였고 노쇠하였다는 이유로 스스로 태만히 하지 않았다. 상기(喪期)를 마친 뒤에도 날마다 묘역에 올라가서 둘러보며 슬픈 심정으로 묘를 돌봤다. 말년에 걸음을 걷기가 어려워진 뒤에는 매번 상여가 집 뒤의 작은 언덕에 이른 것을 볼 때면 묘소를 멀리서 바라보며 부복(俯伏)하였으니, 이곳을 '첨경대(瞻敬臺)'라고 이름 지었다. 자봉(自奉)함이 간소하여 추위에도 가죽옷을 입지 않고 반찬은 두 종류 이상 놓지 않았으며, 거처하는 초당은 운신하기 어려울 정도로 비좁고 누추하였으나 편안하게 여겼다.

선생은 다년간 풍비(風痺)를 앓았다. 그러다가 병인년(1746, 영조 22)에 이르러 집안사람이 치료의 편의를 위해 화전(花田)으로 돌아갈 것을 청하니 마침내 편지를 써서 가까운 고을의 지인들과 작별하였다. 길을 떠나 광주(廣州)에 이르렀는데, 병환이 심해져 낙생(樂生)의 촌사(村舍)에서 졸하니 10월 28일이었다. 이에 이끌어 한천의 옛 집으로 돌아왔다. 부음이 알려지자 성상이 애도하는 윤음을 내리고 부의를 더하여 하사하였으며, 태학(太學)과 여러 도(道)의 서원에서 모두 글을 지어 제사를 올렸다. 세 달 뒤 모일(某日)에 치명(治命)에 따라 선고 판서 공의 묘소 앞 축좌(丑坐)의 언덕에 장례하였다. 이때에 가마(加麻)[18]한 자가 수백 인이었고 장례에 참여하여 지켜본 자가 천여 인

18 가마(加麻) : 심상(心喪)을 한다는 표시로 스승이나 선배, 친구의 죽음을 애도하기 위한 것이다. '마(麻)'는 질(絰)과 대(帶)를 가리키는바, 시마복에 질(絰)과 대(帶)를 착용하였다가 장사를 치른 뒤에 제거한다. 《禮記注疏 檀弓上》《儀禮注疏 喪服 記》

이었다.

선생은 문장에 있어서 젊어서부터 성대한 명성이 있었다. 은거한 뒤로 비록 저술하는 것을 좋아하지 않았으나 애연(藹然)한 인의(仁義)의 말씀이 지극한 이치에 맞았다. 문집 50권이 세상에 간행되었다. 전인(前人)의 말씀을 모아 엮어서 후학에게 은택을 끼친 것으로는 《어류초절(語類抄節)》, 《근사심원(近思尋源)》, 《오선생휘언(五先生徽言)》, 《검신록(檢身錄)》, 《사례편람(四禮便覽)》, 《주형(宙衡)》, 《서사윤송(書社輪誦)》이 있다. 또 문인이 기록한 강설(講說)과 어록(語錄)이 집에 보관되어 있다. 영묘(英廟 영조) 을미년(1775)에 정고(正考 정조)가 정무를 대리청정하면서 특별히 명하여 시장(諡狀)을 짓는 것을 기다리지 않고 시호를 하사하니 바로 '문정(文正)'이다. 당저(當宁 순조) 2년에 경외(京外)의 유생들이 서사(書社)를 서원으로 만들 것을 청하였는데 성상이 이를 허락하고 '한천(寒泉)'이라고 사액(賜額)하였다.

선생의 원배(元配)는 나의 고조고(高祖考) 충정공(忠貞公) 휘 두인(斗寅)의 딸인데, 자식을 낳지 못하였다. 계배(繼配) 남양 홍씨(南陽洪氏)는 첨정 우현(禹賢)의 딸이다. 원배와 계배 모두 공의 묘에 부장(祔葬)하였다. 아들 제원(濟遠)은 대사간이고 딸은 참봉 유언흠(兪彦欽)에게 출가하였다. 대사간의 5남은 목(木), 목사 미(未), 출계(出系)하여 충숙공(忠肅公)의 제사를 맡은 참봉 뢰(耒), 교관 래(來), 음직으로 참판이 된 채(采)이다. 장남은 아들이 없어서 광헌(光憲)을 데려다가 후사로 삼았으니 참판이다. 이남의 아들은 광헌으로, 출계하였고, 계

《常變通攷 卷13 喪禮 五服外服制》

자(系子) 광정(光正)은 전 참판이다. 삼남의 계자 광유(光裕)는 생원인데, 효행으로 지평에 추증되었다. 사남의 계자 광승(光承)은 현(現) 부사이다. 오남의 2남 중 광문(光文)은 원임(原任) 이조 판서이고 광정은 출계하였다. 현손 이하로는 많아서 다 기록하지 못한다.

삼가 한번 논해보건대, 유자(儒者)의 일은 세 가지가 있으니, 진퇴(進退)함이 바른 것, 발휘(發揮)함이 정밀한 것, 창명(倡明)함이 넓은 것이다. 세 가지가 갖추어진 연후에야 비로소 덕을 이룬 대현(大賢)에 들 수 있다. 오직 우리 선생은 비록 구학(丘壑)에 은거하였으나 나라를 걱정하는 마음이 매우 간절하여 출사하고 은거함, 말하고 침묵함이 시대의 성쇠와 관계되었는데, 의리가 점점 어두워지고 윤강(倫綱)이 바로 서지 못하자 차라리 종신토록 자정(自靖)[19]할지언정 후회함이 없었다. 민락(閩洛)[20]의 세대가 이미 멀어짐에 미언(微言)이 사라지기가 쉬워서 이기(理氣)와 심성(心性)에 대한 논의가 분분하여 결론을 내리지 못하였다. 이에 본원(本原)을 연구하여 진제(眞諦)를 가리켜 보여주어서 여러 분분한 것들을 절충하고 뭇 의혹들을 풀어주었다. 이를 통해 사도(師道)를 높이 게시하고 도야(陶冶)의 장을 널리 열어서 차

19 자정(自靖) : 은(殷)나라 태사(太師)인 기자(箕子)가 주왕(紂王)의 서형(庶兄)인 미자(微子)에게 "스스로 의리에 편안하여 사람마다 스스로 선왕(先王)에게 뜻을 바칠 것이니, 나는 떠나가 은둔함을 돌아보지 않겠다.〔自靖, 人自獻于先王, 我不顧行遯.〕"라고 한 데서 온 말로, 본래는 스스로 의리에 맞게 처신하여 그 처지를 편안하게 여긴다는 뜻인데, 후세에는 은둔하여 지조를 지킴을 가리키는 말로 많이 사용하였다. 《書經 微子》

20 민락(閩洛) : 북송(北宋)의 정호(程顥)와 정이(程頤)는 낙양(洛陽) 사람이고, 남송(南宋)의 주희(朱熹)는 민(閩)에서 후학을 강학했던 데에서, 정자(程子)와 주자(朱子)의 학풍을 일컫는 말로 쓰이게 되었다.

근차근 인도하고 가르쳐 성대하게 흥기시키니 그 법도가 당시에 성행하고 그 공리(功利)가 무궁한 후세에까지 전해졌다. 체용(體用)이 모두 완전하고 중선(衆善)이 모두 갖추어졌다고 할 만하니, 참으로 명세(命世)의 유종(儒宗)인 것이다. 그렇다면 선생이 비록 묘당(廟堂)에서 단위(端委)[21]의 차림으로 치택(致澤)[22]을 이루려는 초심을 실행하지는 못하였지만 끝내 성취한 바가 이처럼 우뚝하니 과연 누가 이렇게 만든 것이겠는가. 옛날에 장경부(張敬夫)[23]는 회옹(晦翁 주희(朱熹)) 부자(夫子)가 한가로운 가운데 학업을 궁구한 것을 두고 하늘의 뜻일 것이라고 말하였으니, 이것이 세대를 초월하여 똑같이 부합할 것이다. 아아, 훌륭하다.

21 단위(端委) : 주(周)나라 시대에 관리가 착용하던 현단복(玄端服)과 위모관(委貌冠)을 이른다. 재상이 되어 정사를 보는 것을 말한 것이다.

22 치택(致澤) : 치군택민(致君澤民)의 준말로 임금을 요순(堯舜) 같은 성군(聖君)으로 만들고 백성에게 은택(恩澤)을 끼치는 것을 말한다.

23 장경부(張敬夫) : 남송(南宋)의 성리학자 장식(張栻, 1133~1180)으로, 자는 경부·흠부(欽夫)·낙재(樂齋), 호는 남헌(南軒)이다. 주희(朱熹)·여조겸(呂祖謙)과 더불어 '동남(東南)의 삼현(三賢)'이라 불렸다.

송정처사 김공 묘표
松汀處士金公墓表

호남(湖南)의 장흥(長興)에 송정(松汀) 김공(金公)이라는 분이 경행(經行)으로 당세에 이름이 알려져서 수차례 천거에 올랐는데, 더욱 스스로 이름을 감추어 끝내 포의(布衣)로 생을 마쳤다. 그 후 숙종 경진년(1700, 숙종26)에 여러 선비들이 공을 두고 '일찍이 이 지역에서 도(道)를 강마한 공이 있으니 그 은혜를 민멸시켜서는 안 된다.'라고 하여 마침내 공이 거주하던 양강(楊江)에 사당을 세워 제사하였다.

공은 휘가 경추(景秋), 자가 군진(君振)이며, 김해(金海) 사람이다. 가락국(駕洛國) 수로왕(首露王)의 후손이니, 대대로 훌륭한 사람이 이어져 영우(嶺右 영남)의 명족(名族)이 되었다. 증조 성균관 진사 휘 효덕(孝德)이 처음으로 호남으로 옮겨와 거주하였다. 조고는 휘 극정(克精)이고 선고는 휘 아(雅)이니, 모두 은덕(隱德)이 있었다. 선비(先妣) 천안 전씨(天安全氏)는 좌랑 견(堅)의 딸이다.

공은 타고난 자질이 몹시 빼어나 어려서부터 엄연하게 성인(成人)의 기도(氣度)가 있었다. 부모를 섬기는 것이 지극히 효성스러워, 집이 가난하였으나 지물(志物)의 봉양[24]에 부족함이 없이 하였다. 삼년상을 치를 적에는 묘소에 여막을 짓고 지내면서 아침저녁으로 성묘하여 추위와 더위에도 그만두지 않았으니, 일찍이 효성에 감응한 기이한 일[25]

24 지물(志物)의 봉양 : 어버이의 뜻을 받들어 어버이를 즐겁게 해드리고 의복·음식 등의 물품으로 어버이를 잘 봉양하는 것을 말한다.

이 있었다.

일찍부터 사부(詞賦)로 과장(科場)에서 이름을 떨쳐 자주 동배(同輩)들을 압도하였는데, 강사(强仕)의 나이[26]가 되기 전에 다시는 과거에 응시하지 않기를 결심했으니, 어버이 봉양에 전심할 수 없다는 이유 때문이었다. 이후로 문을 닫아걸고 자취를 감추어 위기지학(爲己之學)[27]에 오로지 마음을 쏟았다. 날마다 독서하여 이의(理義)를 연구하며 뜻이 같은 이들과 강학하고 토론하는 것으로 즐거움을 삼았다.

만년에는 또 양강의 기슭에 터를 정하여 집을 짓을 지었는데, 이곳의 산수가 그윽하고 깨끗함을 사랑하여 꽃을 심고 소나무를 가꾸어 집의 둘레에 우거지게 하고는 스스로 '송정거사(松汀居士)'라고 호를 짓고 십영(十詠)을 읊어 뜻을 나타내었다. 그 고상한 정취가 진실로 깨끗하고 상쾌하였다. 한 시대의 현자들이 모두 공과 교유하기를 좋아하였는데, 양송천(梁松川) 응정(應鼎), 정반곡(丁盤谷) 경달(景達), 임백호

25 효성에……일 : 위백규(魏伯珪)가 지은 김경추(金景秋)의 행장 중 부모의 삼년상을 치른 내용을 언급한 부분에 "마당에 복숭아나무가 있었는데 아무런 이유 없이 절로 말랐다가 삼년상이 끝난 뒤에야 다시 꽃이 피었다.〔庭有桃樹, 無故自枯, 及其旣禫, 然後復榮.〕"라는 내용이 보인다. 《存齋集 卷23 松汀金公行狀》

26 강사(强仕)의 나이 : 마흔의 나이를 말한다. 《예기(禮記)》 〈곡례 상(曲禮上)〉에 이르기를, "마흔의 나이를 강(强)이라고 하니, 비로소 벼슬을 한다.〔四十曰强而仕〕"라고 한 데에서 유래하였다.

27 위기지학(爲己之學) : 오직 자신의 덕성을 닦기 위해서 공부하는 것으로, 남이 알아주기를 바라면서 공부하는 것인 '위인지학(爲人之學)'에 상대되는 말이다. 《논어(論語)》 〈헌문(憲問)〉에, "옛날의 학자들은 자신을 위한 학문을 하였는데, 오늘날의 학자들은 남에게 보여 주기 위한 학문을 한다.〔古之學者爲己, 今之學者爲人.〕"라고 한 공자(孔子)의 말에서 나온 것이다.

(林白湖) 제(悌)와 같은 분들과 특히 서로 추중(推重)하였다.

공은 정덕(正德 명 무종(明武宗)의 연호) 경진년(1520, 중종15)에 태어나 향년 93세에 졸하니, 바로 만력(萬曆 명 신종(明神宗)의 연호) 임자년(1612, 광해군4) 8월 6일이다. 부(府)의 동쪽 마동(馬洞) 감좌(坎坐)의 언덕에 장례하니, 양강과 10리 거리인 곳이다.

배위는 같은 군(郡) 백씨(白氏)로, 진사 모(某)의 딸이자 옥봉(玉峯) 광훈(光勳)의 여동생이다. 1남 기서(起西)를 낳았다. 기서의 아들은 여온(汝蘊)이다. 증손과 현손 이하의 자손이 지금까지 번성하였다.

아, 공의 독실한 학문과 아름다운 행실로 볼 때 언론과 사적에 드러난 것이 우뚝하게 칭술할 만한 점이 있어야 마땅한데, 안타깝게도 세대가 멀어져 자세하게 고찰할 수가 없다. 그러나 공은 한 사람의 포의(布衣)의 선비일 뿐이어서 도리어 일컬을 만한 명성과 지위가 없는데도 온 고을의 선비가 존경하고 앙모하지 않는 이가 없어서 지금 이백여 년이 지난 뒤에도 칭송함이 쇠하지 않은 채 제사를 받들고 있으며, 독서하고 자수(自修)함이 있는 자들은 또 반드시 모두 공의 풍도를 들은 자들이다. 그렇다면 공이 비록 당시에는 불우하였으나 그 유풍이 사람들에게 영향을 끼침은 더욱 장구한 것이니, 어찌 근본을 둔 바가 없이 그러하겠는가. 《시경(詩經)》에 이르기를, "화락한 군자여, 훌륭한 명성이 그치지 않도다.〔豈弟君子 德音不已〕"[28]라고 하였으니, 이는 공을 두고 말한 것일 것이다.

공의 묘소에 오래도록 비석이 없었는데 지금 공의 8대손 익훈(益勳)

28 화락한……않도다 : 이 구절은 《시경(詩經)》 소아(小雅) 〈남산유대(南山有臺)〉에 보이는데, 원문의 '豈弟君子'는 본래 '樂只君子'로 되어 있다.

이 천 리 길을 찾아와 나에게 글을 지어줄 것을 청하였다. 내가 누차 사양하였으나 받아들여지지 못하여, 마침내 묘표의 뒷면에 이를 게시하여 호남의 선비들로 하여금 학문에 힘쓸 줄을 알게 하는 바이다.

증 호조 참판 이공 묘표

贈戶曹參判李公墓表

이생(李生) 광(鑛)이라는 자가 관서(關西)에서 찾아와 행장과 폐백을 전하며 나에게 청하여 말하기를,

"저의 조부께서는 지극한 효성이 있으셔서 영종(英宗 영조)께서 재위하시던 때에 특별히 지평을 추증하여 정려(旌閭)하셨습니다. 그 묘소에 아직 비석을 세우지 못하였는데, 세월이 오래 지나면 행적이 민멸되어 버릴까 두렵습니다. 한마디 말씀에 힘입어 불후하게 되기를 원합니다."

라고 하였다. 내가 사양하였으나 받아들여지지 못하였기에, 삼가 행장을 살펴보았다.

공은 휘가 관(寬), 자가 경부(敬夫)이다. 세계(世系)가 선원(璿源)에서 나왔으니, 고성군(固城君) 원(原)의 12세손이다. 5대를 전하여 현감 휘 시무(始茂)에 이르렀는데, 일에 연좌되어 관서(關西)의 강동(江東)에 유배되니, 그대로 이곳에 거주하게 되었다. 증조는 휘 균(筠)이고, 조고는 선무랑(宣務郎) 휘 성담(成聃)이다. 선고는 증 공조 참의 휘 여재(汝栽)로, 효행으로 이름이 알려졌다. 선비(先妣) 의성 조씨(義城趙氏)는 유현(維賢)의 딸이다.

공의 집안은 대대로 효성스럽고 우애가 있었다. 일찍부터 과거에 응시하는 것을 그만두고 독서하며 자수(自修)하였다. 어버이를 섬김에 애연(藹然)하게 깊은 사랑이 있어서 노쇠하도록 변함이 없어 아침저녁으로 곁에서 봉양하여 마치 남은 날이 부족한 듯이 하였다. 모친의

병환이 위독해지자 그 대변을 맛보고 손가락에서 피를 내어 입을 적시니 숨이 끊어졌다가 다시 소생하였다. 상(喪)을 당하게 되어서는 슬픔으로 몸을 훼상함이 예제(禮制)보다 지나쳤으며 삼년상이 끝나도록 여묘(廬墓)하였다. 공은 일찍이 몸소 물고기를 잡아서 봉양하였는데 특이한 물고기를 잡는 일이 빈번하였다. 이에 사람들이 공의 효성에 감응한 바라고 일컬으며 그 강가를 '이생탄(李生灘)'이라고 이름 붙여 지금까지도 감탄하며 전해오고 있다. 이를 통하여 공의 효성이 사람들을 깊이 감동시켰음을 볼 수 있다.

공은 효종 정유년(1657, 효종8)에 태어나서 숙종 기축년(1709, 숙종35)에 졸하니, 향년이 53세였다. 상원군(祥原郡) 상도리(上道里) 미좌(未坐)의 언덕에 장례하였다.

배위(配位) 김해 김씨(金海金氏)는 경일(景鎰)의 딸이다. 3남2녀를 두었는데, 장남은 석로(錫老)이고, 그 다음 아들은 정로(廷老)로, 동지(同知)인데 추은(推恩)하여 공에게 호조 참판을 추증하였으며, 그 다음 아들은 현로(玄老)이다. 딸들 중 장녀는 김태영(金泰英)에게 출가하였고 차녀는 윤취정(尹就正)에게 출가하였다. 석로는 후사가 없이 일찍 세상을 떠났다. 정로의 5남은 택(澤), 숙(淑), 흡(洽), 담(湛), 윤(潤)이다. 현로의 1남은 제(濟)이다. 내외의 증손과 현손은 많아서 다 기록하지 못한다. 광(鑛)은 공의 5세손이다.

아, 우리나라에서 다스림을 펼 적에 절효(節孝)를 가장 중요하게 여겨서 정려하고 추증하는 은전이 무수히 이어져왔다. 그러나 만약 그 지극한 효성이 내면에서부터 나와서 능히 물건을 이르게 하고 사람을 감동시킨 경우를 논하자면 공과 같은 이가 거의 드물다. 안타깝게도 기록할 만한 훌륭한 행실이 응당 많을 터인데 세대가 멀어 자세히 상고

할 수가 없다. 그러나 그 자손이 번창한 것을 통하여 하늘이 보답을 내렸음을 확인할 수 있으니, 이것으로 충분히 후인에게 게시하여 알릴 수 있을 것이다.

한성부 좌윤 오공 묘표
漢城左尹吳公墓表

공은 휘가 중주(重周), 자가 자후(子厚)이다. 우리 오씨(吳氏)는 세계(世系)가 해주(海州)에서 나와 오래도록 세대가 이어져 왔는데, 정무공(貞武公) 휘 정방(定邦)에 이르러 혼조(昏朝)에서 지절을 드러내어[29] 더욱 현달하고 성대해지니 공은 이분의 현손이다. 선고는 휘 두흥(斗興)으로 병조 참판에 추증되었다. 선비(先妣) 선산 김씨(善山金氏)는 현감 종윤(宗胤)의 딸이다.

공은 어려서부터 호방하여 큰 뜻이 있었다. 집안의 화난을 만나 학문할 기회를 놓쳤는데 하루는 발분(發憤)하며 말하기를,

"대장부가 어찌 이 세상을 헛되이 살아갈 수 있겠는가."

라고 하고는 마침내 무예를 익혔다. 경신년(1680, 숙종6)에 정시(庭試)에 급제하여 선전관에 제수되고 훈련원 주부, 도총부 도사를 역임하였다. 나가서 수성 찰방(輸城察訪)에 제수되었는데 법을 매우 엄격

29 정무공(貞武公)……드러내어 : 혼조는 광해군을 말하는데, 광해군이 인목대비(仁穆大妃)를 유폐(幽廢)할 적에 오정방(吳定邦)이 지절을 드러내었던 것을 두고 말한 것이다. 오희상이 지은 오정방의 행장에, "정사년(1617, 광해군9)에 광해가 모후를 폐위하려는 뜻이 날로 급해져서 백관(百官)을 위협하여 조정의 의론을 끌어내려 하자, 공이 개연히 눈물을 흘리며 대답하기를 '신은 무부(武夫)라서 《사략(史略)》 제1권의 「순 임금이 끊임없이 선(善)으로 자신을 다스려 어버이로 하여금 간악한 데에 이르지 않게 하였다.」라는 한 구절만 읽었습니다.'라고 하니, 듣는 사람들이 두려워하였다."라고 보인다. 《老洲集 卷15 七代祖貞武公府君行狀》

하게 준수하여, 관리 중에 가장 불량한 자를 데려와 형장(刑杖)을 치다가 즉시 죽고 말았다. 마침내 이 일로 인하여 파직되었다.

기사년(1689)에 인현왕후(仁顯王后)가 폐위되자 공의 중부(仲父) 충정공(忠貞公)[30]이 강직하게 간언하였다가 화를 당하였는데, 공 또한 이에 연좌되어 금고(禁錮)되었다. 오랜 뒤에 선전관에 조용(調用)되고 훈련원 판관·첨정, 도총부 경력으로 옮겼다. 초계 군수(草溪郡守)로 나가서는 마침 흉년을 만났는데 진휼하는 정사가 온 도내에서 으뜸이 되어 두 차례 말을 하사하는 포상을 받았다. 임기가 다하여 돌아와 정평 부사(定平府使)가 되었는데, 초계를 다스릴 때와 같이 훌륭히 진휼하여 또 말을 하사하라는 명이 내렸다.

2년 뒤에 내직으로 옮겨 훈련원 정이 되고 비변랑(備邊郎)을 겸하였다. 이해에 승진하여 홍주 영장(洪州營將)이 되었는데, 부임하기 전에 내금장(內禁將)으로 옮겼다. 전라우도 수사(全羅右道水使)에 제수되었는데 부임하러 가는 도중에 본도(本道)의 병사(兵使)로 승진하였다. 공은 묵묵하게 아랫사람들을 다스려 위력을 부리지 않고도 두려워하게 하였다. 그러나 사졸들을 위무하여 그 환심을 얻으니 군부(軍府)의

30 충정공(忠貞公) : 오두인(吳斗寅, 1624~1689)으로, 본관은 해주(海州), 자는 원징(元徵), 호는 양곡(陽谷)이며, 충정(忠貞)은 시호이다. 1648년(인조26) 진사시에 합격하고, 이듬해 별시 문과에 장원으로 급제하였다. 이후 지평·사간·부교리·경기도 관찰사·공조 판서·형조 판서 등을 역임하였다. 1689년(숙종15)에 기사환국(己巳換局)으로 인현왕후(仁顯王后)가 폐위되자 이세화(李世華)·박태보(朴泰輔)와 함께 이에 반대하는 소(疏)를 올렸다가 국문을 받고 의주로 유배 가는 도중에 파주에서 죽었다. 곧 복관되었고 1694년 영의정에 추증되었으며, 덕봉서원(德峰書院)·충렬사(忠烈祠) 등에 제향되었다. 저서로는 《양곡집》이 있다.

사람들이 모두 경애하고 존숭하였다. 임기가 다하여 돌아와서는 함경남도 절도사가 되었는데 부임하지 않았다. 영변 부사(寧邊府使)에 제수되었는데 사소한 일로 인하여 체직되었다. 이윽고 가선대부(嘉善大夫)의 품계에 오르고 금군 별장, 오위 부총관이 되었으며 여러 영(營)의 중군(中軍)을 두루 맡았다.

얼마 뒤에 천거되어 삼도 통제사(三道統制使)에 제수되었는데, 해방(海防)을 크게 정비하여 이 충무공(李忠武公 이순신(李舜臣))의 거북선의 제도를 토대로 이를 새롭게 하여 항해하기에 더욱 편리하게 하였다. 이 일이 보고되자 명하여 여러 해로(海路)에 이 제도를 반포하도록 하였다. 한해 남짓 뒤에 공을 좋아하지 않는 자에게 논핵을 당하니 성상이 비록 그 억울한 사정을 살펴주었으나 공은 힘껏 사직하여 마침내 체직되었다. 얼마 뒤에 훈련원 도정에서 천거되어 평안도 병사(平安道兵使)에 제수되었다. 성상이 불러서 만나보고 하유하기를,

"안주(安州)는 서로(西路)의 요충지인데 성지(城池)와 군오(軍伍)가 요즘 들어 매우 쇠퇴하였다. 경이 기미를 살펴 조처하여 내가 직임을 맡긴 뜻에 부응하라."

라고 하였다. 공은 배사(拜謝)하고 부임해서는 성첩(城堞)을 두루 살펴보고 날마다 병영의 하졸들을 독려하며 보수해서 몸소 삼태기와 삽을 잡고 감독하여 한 달 만에 완료하니 백성들이 이러한 공사가 있는 줄도 알지 못하였다. 또 방백(方伯 관찰사) 권공 성(權公惺)과 논의하여 정부(丁夫) 중에 베 2필을 내는 자는 모두 그 절반으로 줄여주고 이어서 교대로 번(番)을 서고 유둔(留屯)하는 제도를 만드니 온 도의 병사와 백성이 큰 은혜에 고무되었다. 그런데 이때 변방의 백성이 금령(禁令)을 범하여 공과 권공이 모두 파직되는 바람에 그 계획하고

변통했던 것이 미처 뜻대로 실행되지 못하였으니 식자들이 안타깝게 여겼다. 중간에 춘천 부사(春川府使)로 있다가 무함을 당하여 떠나고 곧이어 충청도 병사(忠清道兵使)에 제수되었다. 2년 뒤에 통제사로 옮겼는데 얼마 안 되어 또 대간(臺諫)의 탄핵으로 인하여 완강하게 사직하여 체직되었다.

경자년(1720)에 경기 수사(京畿水使)에 제수되었고 이듬해에 체직되어 금군 별장이 되었다. 이에 앞서 경종이 후사를 두지 못한 채 병환이 있으므로 대신의 말을 받아들여 동조(東朝 대비)에게 아뢰어 영종(英宗 영조)을 왕세제로 책봉하였다. 얼마 뒤에 세제에게 대리청정할 것을 명하니 백관들이 정쟁(廷爭)하였으나 받아들여지지 않았다. 이에 대신이 마침내 여러 재신(宰臣)들과 논의하여 정쟁을 중지하니 성상의 병환이 힘쓰기 어려움을 알았기 때문이었다. 이때에 흉악한 무리가 이간질하여 무옥(誣獄)을 크게 일으켜서 정쟁에 힘쓰지 않았다고 하여 가장 먼저 대신 네 사람을 죽이고 또 여러 재신(宰臣)들 중에 같은 주장을 하였던 자들의 죄를 물으니 화색(禍色)이 몹시 극에 달하였다. 공은 분연(奮然)하게 자수하였는데, 시배(時輩)들이 공이 무신이라고 하여 사람을 시켜 회유하려 하였다. 그러나 공은 이에 응하지 않으니 마침내 삭출(削黜)되었다. 공은 양성(陽城) 선영 아래로 돌아가서 스스로 야은(野隱)이라고 호를 짓고 노년을 마칠 계획을 세웠다. 이듬해에 대계(臺啓)가 뒤늦게 나와서 호남(湖南)의 남원(南原)에 찬배되었다.

을사년(1725, 영조1)에 배소에서 풀려나 포도대장, 금군별장에 제수되니, 성상이 새로 즉위한 터라 감히 들어가 사은하지 않을 수 없었으나 조정에 오래 있으려는 뜻은 아니었다. 이윽고 소인배들이 뒤섞여 등용되는 것을 보고는 병을 핑계로 사직하고 돌아와서 내외의 제수하는 명이 있을 때마다 모두 응하지 않았다. 무신년(1728)에 흉당이 군사를 일으켜 반란해서 인심이 흉흉해지자[31] 공은 필마로 분문(奔問)하였다. 흉적이 평정된 뒤에 조정에서 오히려 해로(海路)를 걱정하여 다시 통어사(統禦使)에 제수하니 공이 즉시 임소로 부임하였다가 한 해 뒤에 해직되어 돌아왔다. 이후로 연달아 한성부 좌윤, 동지중추부사, 훈련 도정에 제수되었는데 사직하고 다시 나아가지 않았다. 수직(壽職)으로 가의대부(嘉義大夫)의 품계에 올랐다.

처음에 공이 벼슬길에 나섰을 적에 여러 명공들에게 칭찬과 인정을 받아서 항상 융원(戎垣 대장)을 맡을 것이라는 중망(重望)을 안고 있었다. 그러나 성품이 강직하여 청탁을 하거나 뇌물을 보내는 것을 매우 부끄럽게 여겨서 일찍이 뜻을 굽혀 용납되기를 구한 적이 없었다. 이 때문에 누차 참소를 당하였으나, 이러한 태도를 바꾸지 않고 벼슬을 구하는 기회에 있어 더욱 머뭇거렸다. 벼슬을 그만둔 뒤에는 머무는 방에 '이의(二宜)'라는 편액을 걸고 복건(幅巾)과 학창의(鶴氅衣) 차림으로 방안에 앉아 책을 좌우에 늘어놓으니, 마치 한사(寒士)와 같이 수수하여 풍족함과 부족함, 얻음과 잃음에 있어서 일체 마음에 두지 않았다. 때때로 흥이 일면 팔에 매를 얹고 사냥개를 데리고 나가서 산기슭에서 말을 타고 내달리며 호방한 기운이 쇠하지 않으니 왕년에 장군이었던 것을 알 수 있었다.

을묘년(1735) 11월 30일에 집에서 졸하니 향년이 82세였다. 이듬해

31 무신년에……흉흉해지자 : 1728년(영조4) 3월에 이인좌(李麟佐)의 난이 일어난 것을 이른다. 자세한 내용은 155쪽 주11 참조.

2월 모일(某日)에 집 뒤의 임좌(壬坐)의 언덕에 나아가 이 부인(李夫人)의 묘를 열어 그곳에 합장하였다. 이 부인은 정릉(靖陵 중종)의 별자(別子) 덕양군(德陽君) 기(岐)의 5세손으로, 부친은 현감 휘 재(我)인데, 유순하여 부덕(婦德)이 있었다. 2남1녀를 낳으니, 장남은 탁(琢)이고 차남은 박(璞)이며, 딸은 김황(金熀)에게 출가하였다. 염(琰)·점(玷), 허건(許蹇)·정진찬(鄭震贊)·조복빈(趙復彬)의 아내는 측출 소생의 자녀들이다. 탁(琢)은 아들을 두지 못하였고 2녀는 이성수(李聖洙), 박치규(朴致奎)에게 출가하였다. 박(璞)의 1남 재희(載熙)는 지중추부사로, 장손의 후사가 되었고, 서자는 재점(載點)이다. 김황의 아들은 재상(載尙), 재록(載祿)이다. 재희의 아들 문상(文常)은 절도사이다. 그 밖의 증손과 현손은 다 기록하지 않는다.

공은 사람됨이 침착하고 굳세며 위엄 있고 후중하였으며 기도(氣度)가 출중하였다. 일찍 부친을 여윈 것을 스스로 슬퍼하여 종신토록 선조를 추모하는 데에 정성을 다하였다. 숙부들과 숙모들을 섬기기를 부모를 섬기는 것과 같이 하였으며 고아가 된 조카와 누이의 자식을 집에서 길러주어 친자식과 똑같이 돌봐주었다. 자신을 단속함이 청렴하고 간소하여 부임하는 곳마다 재물에 의해 스스로 얽매이는 바가 없었다. 벼슬을 그만두고 돌아온 뒤로는 한두 섬의 양식도 없어서 관적(官糴 환곡)으로 아침저녁의 끼니를 이었다. 그러나 의리를 좋아하고 재물을 가벼이 여겨서 궁핍한 사람을 보면 가산의 유무는 상관치 않고 마치 미치지 못할 듯이 베풀어 주었다. 흉년을 만나서는 공사(公私) 간에 꾸어주는 식량을 얻어 친족 중에 가난하여 먹을 것이 없는 자들을 먹였으며, 또 집 앞에 큰 솥을 설치하여 미음을 끓여서 이웃들에게 나누어 주어 목숨을 살린 자가 많았다.

만년에는 책을 보는 것을 좋아하였는데, 고인의 충효와 절행(節行)에 대한 내용을 보면 꼭 무릎을 치며 감탄하고 칭찬하였다. 간혹 다른 사람과 평생의 출처(出處)에 대해 이야기하다가 신축년(1721, 경종1)과 임인년(1722)의 일을 언급하게 되면 고담(高談)이 강개하고 충분(忠憤)이 격절하여 때때로 눈물을 흘려 옷깃을 적셨으니 한 시대의 학사(學士)와 대부들이 그 풍도를 듣고 훌륭하게 여겼다. 도암(陶菴)이 문정공(李文正公) 재(縡)가 특히 존경하고 중히 여겨 '출처는 똑같은 마음이었다'라고 인정하였고[32] 자주 서로 즐겁게 어울렸다.

아, 세도(世道)가 쇠한 후로 작록이 중시되고 명절(名節)이 경시받아 영화로운 벼슬길에 발을 들인 선비들이 도도(滔滔)하게 휩쓸려 가서 다시 돌아오지 못하니 그 지키던 바를 능히 잃지 않는 이가 드물다. 공으로 말하면, 비록 무신으로서 벼슬에 나아갔으나 의리에 따라 진퇴하여 영욕(榮辱)을 가지고 그 지조를 바꾸지 않았으며, 만년에는 마침내 구원(丘園)으로 용퇴하여 훌륭한 이름을 남긴 채 생을 마쳤으니, 참으로 대장부가 아니겠는가. 군자가 이에 대하여 '공은 정무공(貞武公)의 후손이 되기에 손색이 없다.'라고 평가하니, 이것이 후인들에게 공을 잘 드러내주는 말이 될 것이다.

32 도암(陶菴)……인정하였고 : 도암 이재(李縡)가 지은 오중주(吳重周)의 신도비명(神道碑銘)에 "문관과 무관으로 길이 달랐으나 출처는 똑같은 마음이었네.〔文武殊塗, 出處同心.〕"라는 내용이 보인다. 《陶菴集 卷30 左尹吳公神道碑》

예조 참판 이공 묘표

禮曹參判李公墓表

시랑(侍郎 육조의 참판) 이공(李公)이 졸한 이듬해에 그 사자(嗣子)인 관수(觀洙)가 공의 유사(遺事) 몇 칙(則)을 가지고 나에게 묘도에 새길 비문을 지어줄 것을 청하여 말하기를,

"이는 불초고의 사사로운 뜻이 아니라 실로 선인(先人)의 유지입니다."

라고 하였다. 내가 황공하여 이를 감당할 수 없었다. 그러나 나는 공과 평소의 친분이 있었고 더구나 유언으로 남긴 것이 또 이처럼 정중하니 어찌 차마 이를 사양하겠는가.

공은 휘가 유명(惟命), 자가 치순(稚順)이고, 동포(東圃)는 자호(自號)이다. 세계(世系)는 선묘(宣廟 선조)의 별자(別子) 신성군(信城君) 휘 후(珝)에게서 나왔다. 증조 휘 직(稷)은 함릉군(咸陵君)이다. 조고 휘 정황(廷煌)은 공조 정랑으로 이조 참의에 추증되었고, 선고 휘 염(琰)은 공조 좌랑으로 이조 참판, 완흥군(完興君)에 추증되었으니, 2대가 추증된 것은 공이 현귀해짐에 따른 것이었다. 모친 정부인(貞夫人) 원주 원씨(原州元氏)는 이조 판서 경하(景夏)의 딸이다.

공은 영종(英宗 영조) 정해년(1767, 영조43)에 태어났다. 정종(正宗 정조) 을묘년(1795, 정조19)에 상상(上庠 성균관)에 선발되고 처음에 원릉 참봉(元陵參奉)에 보임되었다가 이윽고 효원전(孝元殿) 침랑으로 옮겼다. 금상 신유년(1801, 순조1)에 증광문과(增廣文科)에 병과(丙科)로 급제하여 괴원(槐院 승문원)에 분관되었다. 이듬해에 육품의

품계에 올라 성균관 전적에 제수되고 사헌부 감찰로 옮겼다. 기사관(記事官)으로서 정묘(正廟 정조)의 실록을 찬수하는 일에 참여하였다. 사간원 정원·헌납, 경기 도사(京畿都事)로 옮겼다.

갑자년(1804)에 홍문록(弘文錄)에 선발되어 부교리·교리, 중학교수(中學敎授)에 제수되었다. 경시관(京試官)으로서 관서(關西)의 과시(科試)를 주관하고 돌아와 수찬·부수찬, 성균관 직강, 사헌부 지평·장령이 되었다. 어버이를 봉양할 것을 청하여 무장 현감(茂長縣監)이 되었으나 병 때문에 부임하지 못하였다. 마침 성상이 상신(相臣)에게 나아올 것을 권면하기 위하여 갑자기 몸소 맞이하겠다는 하교를 내리니 공이 관직(館職)에 있으면서 상소하여 절실하게 간언하였다. 이윽고 또 봉상시 정으로 있다가 용강 현령(龍岡縣令)으로 나갔는데, 다스림이 청렴하고 간략하며 법을 신중히 집행하여 백성을 동요시키지 않으니 한해 남짓 만에 치적이 널리 알려졌다. 응교로 돌아와서는 우레가 치는 변고로 인해 유지에 응하여 경계의 말씀을 아뢰니, 그 말이 몹시 절실하였다. 문겸선전관(文兼宣傳官), 부응교, 사간, 집의를 거치고 이윽고 발탁되어 통정대부(通政大夫)가 되고 승정원 동부승지가 되었다. 곧이어 형조 참의로 옮기고 은대(銀臺 승정원)로 돌아가 우부승지로 승진하였다.

임신년(1812)에 관서(關西)에 흉년이 들자 묘당에서 공을 선발하여 감진사(監賑使)로 삼았다. 이때 유적(流賊)이 관서 지역에서 반란하니[33] 그 형세가 몹시 흉포하고 맹렬하여 중외의 사람들이 모두 놀랐다.

33 이때……반란하니 : 홍경래(洪景來)의 난이 일어난 것을 두고 말한 것이다. 1811년(순조11) 관서(關西) 지방에 큰 흉년이 들어 민심이 흉흉해지자, 홍경래, 우군칙(禹

원 부인(元夫人)이 연로한 나이로 살아계셨으므로 사람들이 모두 공을 염려하여 위험하다고 하였는데, 공은 태연하게 말하기를,

"군주의 명이니 사사로운 마음으로 사직할 수 없다."

라고 하였다. 당일로 길을 떠나 23개의 고을을 두루 돌아보며 십여 순(旬)을 보내면서 합당하게 조처하니 굶주린 백성들이 덕을 많이 보았다. 일을 마치고 돌아와 좌부승지에 제수되고 차례대로 승진하여 우승지에 이르렀다. 그 사이에 이천 부사(伊川府使)로 나갔다가 얼마 뒤에 승선(承宣 승지)으로 부름을 받고 돌아왔다. 갑술년(1814)에 경하하는 예식[34]에서 일을 담당한 공로로 특별히 가선대부(嘉善大夫)에 올랐고 훈작을 세습하여 완원군(完原君)에 봉해졌다. 병조·형조·예조 참판, 성균관 대사성, 동지의금부사, 오위부총관, 승문원 제조를 두루 역임하였다.

정축년(1817) 7월 계해일에 경사(京師)에서 졸하니 향년이 51세였다. 2달 뒤에 양주(楊州) 천점산(泉岾山) 해좌(亥坐)의 언덕에 장례하였다.

공은 부귀한 집안의 자제로서 일찍 부친을 여의어 가르침을 받지

君則) 등이 중심이 되어 조선 시대에 계속되어 온 서북인(西北人)의 차별에 대한 울분을 격동시켜 반란을 일으켰다. 이 난은 1811년 음력 12월 18일에 가산(嘉山) 군청을 습격하여 점령한 것을 시작으로 이듬해 음력 4월 19일 정주성(定州城)에서 관군에 의해 토벌될 때까지 4개월간 지속되었다.

34 경하하는 예식 : 1814년(순조14) 1월 1일에 정조의 모후인 혜경궁(惠慶宮) 홍씨(洪氏)의 팔순을 기념하여 순조가 인정전(仁政殿)에 나아가 혜경궁에게 치사(致詞), 전문(箋文), 표리(表裏)를 친히 올리고 이어서 하례를 받고 교문을 반포했던 예식을 이른다.《純祖實錄 14年 1月 1日》

못하였으나 능히 스스로 유술(儒術)을 지키고 힘써 문사(文詞)를 닦았다. 이에 약관의 나이가 되기 전에 이미 우뚝하게 상서(庠序)에서 유학하여 번번이 상등의 성적을 차지하였으며, 교유한 이들은 모두 한 때의 명사(名士)들이었다. 과거에 급제하여 벼슬한 뒤에, 조정의 신료들이 서로 반목하고 세도(世道)가 날로 낮아짐을 보고는 겸손하게 혼자 지조를 지켜서 일찍이 괴팍하거나 과격하게 행동하여 명예를 구한 적이 없었다. 또한 부화(附和)하고 아부하는 것을 좋아하지 않아서 비록 오랜 교분이 있는 사람이라고 하더라도 조금이라도 세력을 떨치게 되면 번번이 그와 거의 왕래하지 않았으며, 종일토록 방에 주렴을 치고 있어서 문밖의 인적이 손꼽을 정도로 적었다. 일찍이 말하기를,

"지금 사람들은 한 마디 말을 입 밖으로 내면 표방함이 이에 따르니, 나는 차라리 나의 현도(玄道)를 지키며 내가 마땅히 해야 할 바를 오직 다할 뿐이다."

라고 하였다. 이 때문에 세상에서 중요하게 여겨지지 못하였다. 공은 내외의 관직을 거친 것이 비록 많지 않지만 부임하는 곳마다 정성과 힘을 다하여 결점이나 병폐가 전혀 없었으니 그 역량을 다 발휘하지 못한 것이 안타깝다.

공은 골격이 준수하고 수염이 듬성하였으며 얼굴과 웃는 모양이 친근하였다. 속마음은 정밀하고 상세하며 돈후하고 신실하여 일의 대소에 상관없이 모두 상도(常度)가 있어서 한결같이 분명하였다. 사람들과 교유할 적에는 궁달(窮達)에 따라 차별을 두지 않아서 뜻이 부합하면 그 신분은 잊고자 하였다. 또 만일 옳지 않은 점이 있는 것을 보면 비록 술을 마시며 즐겁게 모인 자리라고 하더라도 반드시 면전에서 끊어내어 조금도 용납하지 않았다.

원 부인(元夫人)을 섬길 적에는 애연(藹然)하게 깊은 사랑이 있어서 근심과 즐거움, 기쁨과 노여움이 모두 어버이의 마음에 따라 좌우되고 자신은 상관하지 않았다. 노쇠한 뒤에도 즐겁게 해드리고 수고로운 일을 대신하며 그 곁을 떠나지 않았다. 일찍이 병이 들어 위독해지자 몸소 약시중을 들며 밤낮으로 옷도 벗지 않고 간병하여 정신과 몸이 모두 초췌해져도 자신은 돌보지 않았다. 이윽고 원 부인의 병환은 쾌차하였으나 공은 피로한 기색을 보였다. 그러다가 몸져눕게 되어서는 다시 회복되지 못할 줄을 알고서 모친을 일념으로 생각하며 베개를 항상 눈물로 적시고 집 식구를 돌아보며 말하기를,

"나는 나이가 지명(知命 50세)을 넘었고 지위가 현달하였으며 자식을 많이 두었으니 어찌 일호라도 죽음을 슬퍼하는 마음이 있겠는가. 눈을 감을 수 없는 까닭은 오직 늙으신 모친이 계시기 때문이다. 내가 죽거든 염습(殮襲)을 박하게 하여 봉양을 끝까지 하지 못한 죄를 드러내어라."

라고 하였다. 아, 공과 같은 자는 효자라고 할 수 있을 것이다.

배위(配位) 정부인(貞夫人) 광산 김씨(光山金氏)는 학생 두칠(斗七)의 딸로, 사계(沙溪) 문원공(文元公) 장생(長生)의 8세손이다. 3남 4녀를 낳았는데, 장남은 바로 관수(觀洙)이고, 그 다음은 겸수(謙洙), 생원 승수(升洙)이다. 서우보(徐右輔), 생원 김기만(金箕晩), 홍종훈(洪鍾薰), 서기순(徐麒淳)은 그 여서(女婿)들이다.

예전에 내가 공과 함께 해산(海山)을 유람할 때에는 모두가 젊은 나이여서 산과 물가를 질탕하게 내달리며 매우 즐겁게 보냈는데, 얼마 뒤에 공은 조정에 올라 금화(金華)[35]와 은대(銀臺)에 출입하였다. 나는 교외와 전야(田野)의 사이에서 이리저리 떠도느라 현귀한 사람과 어울

리는 것이 익숙하지 않았는데, 오직 공과는 옛 교분이 돈독하여 때때로 만나서 흉금을 터놓으며 마음을 곡진하게 말하여 서로 추향하는 바가 다른 것도 잊어버렸다. 그런데 지금 공이 떠나버리고 말았으니, 글을 씀에 회고하는 감회가 밀려올 뿐이다.

35 금화(金華) : 한(漢)나라 성제(成帝)가 금화전(金華殿)에서 《상서(尚書)》와 《논어(論語)》 등의 강론을 들은 고사에서 온 것으로, 흔히 경연(經筵)이나 서연(書筵)을 가리키는 말로 쓰인다. 《漢書 卷100上 敍傳上》

승정원 좌부승지 남공 묘표
承政院左副承旨南公墓表

공은 휘가 주헌(周獻), 자가 문보(文甫)로, 의령(宜寧) 사람이니, 뇌연(雷淵) 문청공(文淸公) 휘 유용(有容)의 증손이다. 조고는 공보(公輔)로, 성균관 진사이고, 부친은 인구(麟耈)로, 돈령부 도정이다. 선비(先妣) 숙부인(淑夫人) 파평 윤씨(坡平尹氏)는 대사성 상후(象厚)의 딸이다.

공의 집안은 대대로 문장을 전해 와서 어려서부터 익히고 일삼은 것이 한묵(翰墨)을 벗어나지 않았다. 조금 장성하여서는 더욱 스스로 분발하여 문사(文詞)를 힘써 닦아서 성대하게 일찍 성취를 이루었다. 정종(正宗 정조) 무오년(1798, 정조22)에 사마시에 합격하였고 얼마 뒤에 벼슬을 시작하여 내직으로는 세자익위사 세마·시직·부솔·익위, 호조 좌랑, 사헌부 감찰, 경모궁 영(景慕宮令)이 되었고 외직으로는 진위(振威), 함양(咸陽), 무주(茂朱), 남원(南原), 임천(林川)의 읍재가 되었다.

갑술년(1814, 순조14)에 정시(庭試)에 병과(丙科)로 급제하여 삼사(三司)의 관직을 두루 역임하니, 미원(薇垣 사간원)의 정언·헌납, 백부(栢府 사헌부)의 장령, 옥서(玉署 홍문관)의 수찬·교리·응교가 되었다. 중간에 춘방(春坊 세자시강원)에 들어가 문학·필선이 되었다. 또 일찍이 사복시·봉상시·장악원 정, 문겸선전관, 어영랑(御營郞), 관서(關西) 경시관(京試官)이 되었다. 기묘년(1819)에 통정대부(通政大夫)에 올라 형조 참의가 되고 승지로 옮겼다. 이윽고 춘천 부사(春川府

使)로 나갔다가 1년이 못 되어 그만두고 돌아왔다. 신사년(1821) 3월 17일에 졸하니 향년이 53세였다. 광주(廣州) 석마리(石馬里) 선영에 부장(祔葬)하였다.

배위(配位) 숙부인(淑夫人) 기계 유씨(杞溪兪氏)는 군수 한기(漢紀)의 딸이다. 2남2녀를 낳았으니, 장남 태순(太淳)은 봉사로, 문학과 행실이 뛰어났으나 일찍 세상을 떠났고, 차남 구순(久淳)은 교관으로, 출계(出系)하여 족형(族兄) 종헌(宗獻)의 후사가 되었다. 여서(女婿)는 이풍재(李豐在), 이정(李埩)이다. 서녀(庶女)는 서유시(徐有始)의 아내가 되었다. 태순의 아들은 병선(秉善)이고 딸은 어리다. 구순은 2남2녀를 두었는데 모두 어리다.

공은 사람됨이 평탄하고 온화하였으며 고결하다고 자부하는 것을 좋아하지 않았다. 집안에서는 효성스럽고 친구에게는 돈독하여 유서 깊은 집안의 유풍을 넉넉히 드러냈다. 처음에 음직(蔭職)에서 침체하였으나 다섯 고을을 다스릴 적에 모두 유능하다는 칭송이 있었다. 만년에 과거에 급제하고는 개연(慨然)하게 전배(前輩)들과 같은 공업을 이룰 것을 스스로 다짐하여 시행하는 바가 있고자 생각하였다. 옥당(玉堂 홍문관)에 있을 적에는 상소하여 과거시험의 폐해에 대해 극언해서 조종조(祖宗朝)의 강제(講製)에 대한 옛 규정을 회복할 것을 청하였고, 또 일찍이 경연(經筵)에서는 산림에 은거하는 선비들을 초치하여 춘궁(春宮 동궁)을 보도(輔導)하게 할 것을 청하였다. 비록 받아들여지지는 않았으나 모두 시급한 일들이었으니, 식자들이 훌륭하게 여겼다.

문장을 지음에 있어서는 통창하고 고아하여 수식하는 것을 일삼지 않아도 절로 법도에 들어맞았고 시 또한 성기(聲氣)가 넉넉하여 사람들 사이에서 읊어질 만하였다. 만약 수명을 더 빌려주어 문업(文業)을 더욱 닦을 수 있었더라면 선대의 자취를 계승하여 문단의 맹주가 되어서 성조(聖朝)의 성명(聲明)[36]의 다스림을 돕기에 충분히 여유로웠을 것인데, 여기에 그치고 말았으니 어찌 명운이 아니겠는가. 《의재고(宜齋稿)》 몇 권이 있으니, '의재'는 공의 자호(自號)이다.

아, 나는 공과 누대에 걸친 우호가 있어서 공을 어린 나이에 알았는데 그 풍도와 모습이 준수하여 그리워할 만하였다. 그러다가 공이 벼슬길을 내달리게 되었을 때에 나는 봉루(蓬累)[37]의 신세여서 세상 사람들과 소원해졌는데, 공이 오직 계속하여 찾아주었다. 하루는 나를 찾아왔는데, 이가 빠지고 머리카락이 듬성해져서 더 이상 예전의 문보(文甫)가 아니었으니, 노년이 되기도 전에 갑자기 쇠잔해진 것이 안타까웠다. 얼마 뒤에 공이 봉사 군을 곡하게 되면서 몹시 실의하여 살아갈 뜻이 없더니, 나에게 명(銘)을 지어 줄 것을 부탁하였다.[38] 그런데 지금 또 공을 곡하게 되어 그 묘표를 짓게 되었으니, 인간 세상이 갈마드는 것이 참으로 꿈과 같다. 아아, 슬프다.

36 성명(聲明) : '성(聲)'은 석(錫)·난(鸞)·화(和)·영(鈴) 등의 방울소리를 가리키고, '명(明)'은 해〔日〕·달〔月〕·별〔星辰〕 등을 깃발에 그려 하늘의 밝은 것을 상징한 것으로, 거식(車飾)·의장(儀仗) 등의 제도를 뜻한다. 곧 성교(聲敎)와 문명(文明)과 전장제도(典章制度)를 일컫는 말이다. 《春秋左傳 桓公 2年》

37 봉루(蓬累) : '봉(蓬)'은 쑥대를 이르고 '루(累)'는 굴러다니는 모습을 이르는 것으로, 바람에 날리는 쑥대처럼 정처 없는 신세를 비유한다.

38 얼마 뒤에……부탁하였다 : '봉사 군'은 남주헌(南周獻)의 아들 남태순(南太淳)으로, 오희상(吳熙常)이 지은 남태순의 묘지명은 《노주집(老洲集)》 권16에 〈남경화묘지명(南景和墓誌銘)〉이라는 제목으로 실려 있다.

종자 치유 묘표
從子致愈墓表

오치유(吳致愈)는 자가 경서(景黎)이니, 나의 아우 사묵(士默)[39]의 막내아들이다. 생김새는 이마가 높고 턱이 넓으며 미간이 훤하게 트여서 걸출하게 대인의 모습이 있었다. 내면은 자애롭고 측은한 마음으로 남을 이해하기를 잘하여 궁핍한 사람을 보면 힘을 다해 구제해 주기를 마치 좋아하는 일을 하듯이 하였다. 조금 장성한 뒤에는 집안이 대대로 관작을 이어온 것을 생각하여 당세에 입신양명하고자 하여 여러 형들을 따라 과거 공부를 하였다. 19세에 진사가 되었는데, 이윽고 사묵이 기질(奇疾)에 걸리자 만사를 물리치고 정성을 다해 간호하며 마음을 졸이고 애를 태워서 모습이 야위었다. 그러다가 한 해가 지나도록 고질병이 되어서 점점 치료하기가 어려워지니, 눈물이 항상 얼굴을 적셔 사람들이 차마 보지 못할 정도였다. 끝내 이로 말미암아 병을 얻어서 일 년 뒤에 죽었는데, 죽을 때에도 오히려 어버이의 병에 대해 마음을 썼으니, 아, 효(孝)를 다하다가 죽은 것이라고 하더라도 가할 것이다.

기억건대, 내가 일찍이 그 어린 나이에도 의젓하고 골격이 빼어난

39 사묵(士默) : 오연상(吳淵常, 1765~1821)으로, 자는 사묵, 호는 약암(約菴), 본관은 해주(海州)이다. 오희상(吳熙常)의 아우이다. 1800년(정조24) 정시문과에 병과로 급제하였고 한성부 좌·우윤, 예조·이조 참판, 안동 부사, 홍문관 부제학, 도승지 등을 역임하였다. 저서로는 《약암집》 10권이 필사본으로 전한다.

것을 아껴서 '이 아이는 우리 문정공(文靖公)[40] 부군을 꼭 닮았으니 우리 집안의 학문을 맡길 곳은 아마도 이 아이일 것이다.'라고 여겼다. 마치 기린의 뿔과 봉황의 깃털[41]처럼 보아서 늘 나의 산속의 거처로 데리고 와서 가르침을 전해보려고 하였으나 이제 할 수 없게 되었다. 태어난 것이 마치 우연이 아닌 듯하더니 이처럼 갑작스럽게 목숨을 앗아가고 말았다. 아마도 세상이 말세로 내려오며 인의가 행해지지 않아서 선악에 대한 보답이 한결같이 모두 전도되어 그런 것이 아니겠는가. 원통하고도 슬프다.

사묵은 휘가 연상(淵常)이고 관직은 이조 참판이며, 태학사(太學士) 문정공 휘 재순(載純)의 아들로서 출계(出系)하여 종조숙부(從祖叔父) 진사 휘 재륜(載綸)의 후사가 되었다. 배위는 한산 이씨(韓山李氏)로, 도승지 석재(碩載)의 딸이다.

정종(正宗 정조) 무오년(1798, 정조22) 4월 22일에 태어나 23세의 나이에 요절하니 바로 금상 경진년(1820, 순조20) 9월 6일이다. 처음에는 양주(楊州) 서산(西山)에 장례하였다가, 6개월 뒤에 사묵이 졸하여 통진(通津) 덕포(德浦)에 장례하면서 마침내 서산의 무덤을 옮겨 사묵의 무덤 오른쪽 등성이 모좌(某坐)의 언덕에 장례하였다. 아내는 판서 이희갑(李羲甲)의 딸이다. 1녀를 두었는데 아직 어리다.

40 문정공(文靖公) : 오재순(吳載純, 1727~1792)으로, 자는 문경(文卿), 호는 순암(醇庵)·우불급재(愚不及齋), 본관은 해주(海州)이다. 시호는 문정이며, 오희상(吳熙常)의 생부이다. 1772년(영조48) 정시문과에 병과로 급제하였으며, 홍문관 대제학, 이조 판서 등을 역임하였다. 저서로는 《주역회지(周易會旨)》, 《완역수언(玩易隨言)》, 《순암집》 등이 있다.

41 기린의 뿔과 봉황의 깃털 : 희귀하여 얻기 어려운 인재나 물건을 비유하는 말이다.

형 치우(致愚)가 그 꽃만 피우고 열매를 맺지 못한 것[42]을 안타깝게 여겨 글을 지어 비석에 새겨서 후세에 보일 것을 청하였다. 내가 말하기를,

"좋다. 너의 마음이 바로 나의 마음이다."

라고 하고는 마침내 눈물을 흘리며 이 글을 지어 전해 준다.

42 꽃만……것 : 이는 《논어(論語)》 〈자한(子罕)〉에 "싹은 났으나 꽃을 피우지 못하는 경우도 있고, 꽃은 피었으나 열매를 맺지 못하는 경우도 있다.〔苗而不秀者, 有矣夫, 秀而不實者, 有矣夫.〕"라는 공자(孔子)의 말을 원용하여 말한 것이다.

처사 이공 묘표
處士李公墓表

도암(陶菴) 이 문정(李文正 이재(李縡)) 선생이 한천(寒泉)에서 도(道)를 강론하였는데, 사방에서 문하에 몰려든 선비들이 이때에 매우 많아서 현우(賢愚)의 자질에 따라 저마다 유익한 바가 있었다. 그중에 호남(湖南)의 이공 건(李公健)과 같은 분은 또 늦게 나왔으나 우뚝하게 선 자일 것이다.

공은 자가 사이(士以)이니 영천(寧川) 사람이다. 비조(鼻祖) 능간(淩幹)은 고려 때 문하시중이다. 누대를 전하여 휘 명세(名世)에 이르니 한성부 판관이다. 이분이 휘 희량(希良)을 낳으니, 무과에 급제하고 첨지중추부사가 되었으며, 건주(建州)의 오랑캐가 우리나라를 침략하였을 적에 상소하여 화의(和議)를 배척하였고 남한산성(南漢山城)에서 항복함에 이르러서는 벼슬을 버리고 운봉산(雲峯山) 속으로 들어가 생을 마쳤다. 뒤에 병조 참의에 추증되었으니, 공에게 고조가 된다. 증조 휘 흥준(興俊)은 무과에 급제하여 선전관이 되었다. 조고 휘 시황(時熀)과 선고 휘 처무(處武)는 대대로 행의(行義)로 고을에서 이름났다. 선비(先妣) 전주 최씨(全州崔氏)는 모(某)의 딸이다. 숙종 무술년(1718, 숙종44)에 공을 낳았다.

어려서부터 준일(俊逸)하여 얽매인 바가 없어서, 항상 여러 아이들과 어울리며 여항에서 몰려다녔다. 17세에 비로소 마음을 다잡고 독서하였는데, 먼저 《대학(大學)》을 가지고 애를 써서 탐구하여 조금씩 공력이 쌓여 가니, 이렇게 하기를 오래 하자 입문하는 곳이 있음을 대강 깨달아서 마침내 순서대로 여러 경서를 공부하여 낮에는 날이 저물도록 꼿꼿이 앉아 있고 밤이면 잠깐 선잠만 자곤 하였다. 간혹 의심스럽고 답답한 부분이 명쾌하게 이해되지 않으면 책을 덮고 탄식하며 말하기를,

"성인의 말씀은 간략하고 쉬우니 어찌 사람들이 깨닫기 어렵게 말씀하셨겠는가. 반복하여 정밀하게 생각한다면 그 뜻이 마침내 뚜렷하게 보일 것이다."

라고 하였다.

이와 같이 한 지 십 년 만에 이 선생의 풍도를 듣고는 도보로 찾아가 종유하였다. 선생은 한번 보자마자 바로 순박하고 성실하게 공부를 하였음을 인정하였고 문하의 인물들을 평가할 적에도 매번 공을 들어 중하게 여겼으며 또 시와 편지로 뜻을 전하기도 하였다. 공은 마침내 스스로 터득한 바를 가지고 스승에게 질정할 때마다 매번 인정을 받았으니 더욱 스스로 믿고 의심하지 않게 되었다.

성품이 지극히 효성스러워서 어버이의 병환을 간호할 적에 손가락을 베어서 피를 내어 올리고 대변을 맛보아 병세를 살피는 등 모두 남보다 뛰어난 행실이 있었다. 양친의 상(喪)에 여묘할 적에 죽을 마시고 거적을 깔고 자면서 몸을 훼상하여 거의 목숨을 잃을 뻔하였으니 보는 이들이 눈물을 흘릴 정도였다. 선조를 받드는 것에 더욱 정성을 다하여, 동틀 무렵에 반드시 사당을 배알하였고 제사를 맞이하면 목욕하고 재계하며 손수 제수를 장만하여, 마치 지켜보는 이가 있는 것처럼 조심스럽고 경건하게 하였다.

집이 본래 매우 가난하여 거친 밥조차 넉넉히 먹지 못하였으나 사수(辭受)에 엄격하여 초개(草芥)와 같은 하찮은 것으로도 남에게 폐를

끼치고자 하지 않았다. 부백(府伯 부사) 중에 공의 의리를 사모하는 자가 일찍이 봉록을 덜어 서재를 지어주어 거처하게 하고자 해서 공역(工役)을 이미 갖추었는데, 공이 말하기를,

"봉록의 여분은 비록 공금과는 다르지만 어찌 백성을 부려 사제(私第)를 지어서야 되겠는가."

라고 하고 주자(朱子)가 정자를 지어주겠다는 조수(趙帥)의 제안을 거절한 일을 들어 힘껏 사양하였다. 만년에 재물을 모아 주자서(朱子書) 한 부를 간인하며 말하기를,

"가난한 선비가 횡재하였으니[43] 이는 족히 자손에게 물려주어 세업(世業)으로 삼게 할 만하다."

라고 하였다.

공은 기도(氣度)가 순수하고 밝으며 흉금이 평탄하였다. 평소에 온순하고 공손하여 기쁘거나 노여운 감정을 드러내지 않았으나, 급작스러운 상황에서도 말과 행동을 반드시 법도에 맞게 하였고 선(善)을 좋아하고 의(義)를 즐거워하기를 마치 굶주리고 목마른 듯이 하였다. 학문을 할 적에는 한결같이 스승의 뜻을 따라서 의론이 순정하였으며 본말과 선후의 구분에 잠심하고 체찰하였고 새로운 것을 주장하고 고원한 것을 추구하는 것을 깊이 경계하였다.

일찍이 연실(燕室)의 이름을 '경재(敬齋)'라고 짓고 날마다 근처의

43 가난한 선비가 횡재하였으니 : 보통 학식이 매우 빠르게 진보한 것을 비유하는 말로 쓰인다. 송(宋)나라 소식(蘇軾)의 〈답정전보추관서(答程全父推官書)〉에 "아이가 근래 《당서(唐書)》 한 부를 베껴오더니 또 《한서(漢書)》를 빌려와서 베끼고 싶어 합니다. 만일 이 두 책을 다 베끼면 바로 가난뱅이가 횡재한 것입니다.〔兒子比抄得唐書一部, 又借得前漢欲抄. 若了此二書, 便是窮兒暴富也.〕"라는 내용이 보인다.

학생들과 강학하고 토론하기를 게을리 하지 않았으며, 담박하여 외물에 대한 욕심이 없었다. 좋은 날과 아름다운 풍광을 만나면 함께 어울려 산수의 경치 좋은 곳에서 노닐고 몸을 물에 담그면서 술 마시고 시 읊으며 돌아오는 것도 잊어 효효(嘐嘐)하게 천고(千古)를 사모하는 생각이 있었다. 이리저리 떠돌며 우거하여 거처를 일정히 하지 않았는데 제생(諸生)들이 다투어 힘을 쏟아 머무르게 하면서 감화되고 본받으니 마을의 풍속이 공 덕분에 크게 변하였다. 확충하고 수양함이 이미 깊어짐에 이르러서는 덕과 학문을 닦는 것에 더욱 힘을 쏟아서 남쪽 지역에서 명망이 성대해졌다. 송 문원공(宋文元公) 명흠(明欽)이 남쪽 지역을 유람하면서 공의 집을 방문하고는 마치 예전부터 알았던 사이인 듯 기뻐하여 돌아와서 사람들에게 말하기를,

"내가 산 중에서는 방장산(方丈山 지리산)을 보았고 사람 중에서는 이모(李某)를 보았다."

라고 하였으니, 그 추복(推服)함이 이와 같았다. 도백(道伯)이나 암행어사로서 찾아온 진신(搢紳)들도 모두 공경을 다하고 존경하여 예우하였다. 재행(才行)과 효렴(孝廉)으로 수차례 천거하는 문서에 올라 일찍이 침랑에 수망으로 의망되었으나 끝내 제수되지는 못하니 공의(公議)가 애석하게 여겼다.

문사(文辭)에 있어서는 그다지 힘을 쏟지는 않았으나 쌓인 바가 이미 풍부하여 절로 문장을 이루었고 시 또한 평담(平澹)하고 유원(悠遠)하여 염락(濂洛)[44]의 유풍을 깊이 얻었다.

44 염락(濂洛) : 염계(濂溪)의 주돈이(周敦頤), 낙양(洛陽)의 정호(程顥)·정이(程頤) 형제를 가리키지만, 통상 염락관민(濂洛關閩)의 준말로, 관중(關中)의 장재(張

기해년(1779, 정조3) 6월 16일에 대방(帶方)의 필락정사(泌樂精舍)에서 졸하여 같은 군(郡) 희곡(希谷) 갑좌(甲坐)의 언덕에 장례하였다. 배위 금성 정씨(錦城鄭氏)는 시원(時元)의 딸이다. 2남을 두었으니 심전(心傳), 학전(學傳)인데, 모두 공의 학문과 행실을 잘 계승하였으며, 학전은 천거로 참봉에 제수되었다. 심전의 4남은 양백(陽白), 출계하여 학전의 후사가 된 양정(陽珽), 양복(陽馥), 양필(陽苾)이다.

나는 비록 공을 미처 알지 못하였지만 사우(士友)들 사이에서 종유할 때마다 공의 의론을 듣고 그 사람됨을 상상해볼 수 있었다. 지금 심전 보(甫)가 손수 행장을 지어 찾아와 글을 청하였는데, 내가 어찌 공을 불후하게 할 수 있겠는가. 그러나 황 문숙(黃文肅)이 이른바 "진실한 마음 바탕에서 각고의 공부를 한다"라고 한 것[45]에 오직 공이 해당되니, 삼가 이러한 내용으로 공의 묘표를 지어 후인으로 하여금 본받게 하는 바이다.

載), 민중(閩中)의 주희(朱熹) 등 송대(宋代)의 성리학자들을 함께 지칭한다.

45 황 문숙(黃文肅)이……것 : 황 문숙은 남송(南宋)의 성리학자이자 주희(朱熹)의 문인인 황간(黃榦)으로, 자는 직경(直卿), 호는 면재(勉齋), 시호는 문숙이다. 황간이 임천현(臨川縣)에서 현승(縣丞)의 아들인 하기(何基)를 제자로 받아들일 적에 "학문은 반드시 진실한 마음 바탕에서 각고의 공부를 해야만 가능하다〔必有眞實心地, 刻苦工夫, 然後可.〕"라고 일러 준 일이 있다. 《宋史 卷438 何基傳》

증 이조 참의 김공 묘표
贈吏曹參議金公墓表

정덕(正德) 6년 신미년(1511, 중종6)에 중종이 친히 성묘(聖廟 문묘)에 제사를 올리고 물러나와 명륜당(明倫堂)에 친림하여 유생들을 나아오게 하여 경서를 펴놓고 강론하였다. 이에 매우 뜻에 흡족하여 학전(學田)을 하사하고는 이어서 선비들을 선발하여 아뢰도록 명하였다. 이때에 성균관에서 조정암(趙靜菴) 광조(光祖) 및 공, 황택(黃澤) 세 사람을 천거하였으니, 일이 국승(國乘)에 실려 있다. 만일 한 시대의 걸출한 선비가 아니라면 어찌 조정암과 나란히 천거하는 명단에 오를 수 있었겠는가.

공은 휘가 석홍(錫弘),[46] 자가 대이(大而)이고, 옹천(甕泉)이 호이다. 태어나면서부터 빼어난 자질이 있었는데, 조금 장성한 뒤로 독서하는 데에 각고의 노력을 쏟아서 시험지를 붙잡고 과거공부에 매진하려고 하지 않았다. 그러나 어머니의 명으로 중간에 과거에 응시하여 사마시에 합격하였다. 동시에 성균관에 들어간 자들로는 박강수(朴江叟) 훈(薰), 최신재(崔新齋) 산두(山斗), 소양곡(蘇陽谷) 세양(世讓) 등이 있으니, 이들과 더불어 강마하며 도의(道義)의 교분을 맺었다. 정암이 등용된 후에 또 공을 학행으로 조정에 천거하니 경기전 참봉(慶基殿參

46 석홍(錫弘) : 대본에는 '錫洪'으로 되어 있는데, 《양곡집(陽谷集)》 권11 〈수안군수 김군묘갈명(遂安郡守金君墓碣銘)〉 및 《중종실록(中宗實錄)》 6년 4월 1일 기사 등에 근거하여 '洪'을 '弘'으로 바로잡아 번역하였다.

奉)에 제수되었고 다시 희릉 참봉(禧陵參奉)이 되었다.

얼마 뒤에 사화가 일어나 당대의 군현들과 함께 폐고(廢錮)[47]되어 향리로 돌아오니 바로 기묘년(1519) 10월이었다. 이때 정암은 능주(綾州)에 유배되고 김공 정(金公淨)은 금산(錦山)에 유배되고 김공 구(金公絿)는 개령(開寧)에 유배되고 김공 식(金公湜)은 선산(善山)에 유배되고 박공 세희(朴公世熹)는 상주(尙州)에 유배되고 기공 준(奇公遵)은 평산(平山)에 유배되는 등 충현들이 쫓겨나고 재앙이 번갈아 닥쳐오니 사람들이 모두 근심하고 두려워하였다. 그러나 공은 홀로 의연하여 원근을 따지지 않고 왕복하여 방문하면서 정의를 간절히 다하니 여러 공들이 그 높은 의리에 감복하지 않는 이가 없었다. 이후로는 자취를 감추고 스스로 덕을 닦으며 장차 그대로 생을 마칠 듯이 하였다.

18년 뒤에 당금(黨禁)이 다소 풀리자 정 문익(鄭文翼) 광필(光弼)이 공이 배척을 받아 버림받은 것을 안타깝게 여겨서 다시 천거하여 사옹원 참봉에 제수되게 하니, 억지로 직임에 나아갔다. 얼마 뒤에 선릉 참봉(宣陵參奉)으로 옮기고 사옹원 직장, 동부 주부(東部主簿)를 역임하였다. 사헌부 감찰로 있다가 횡성 현감(橫城縣監)으로 나갔다. 임기가 다한 뒤에 들어와 한성부 판관이 되었고 이윽고 임피 현령(臨陂縣令)이 되었다. 체직되어 돌아온 지 얼마 안 되어 다시 수안 군수(遂安郡守)에 제수되었는데 공은 이미 노쇠하였는지라 병을 이유로 사직하고 나아가지 않았다. 공은 앞서 다스렸던 두 개의 현에서 모두 유능하다는 명성이 있었고 수안은 험한 고을이었으므로, 정신(廷臣) 중에 성상에게

47 폐고(廢錮) : 관직을 면직시키고 평생 다시 기용하지 않는 것을 이른다.

"김모(金某)가 아니면 안 됩니다."

라고 아뢴 이가 있었다. 이에 성상이 소견(召見)하고 돈유(敦諭)하니 공이 감격하여 명을 받들었다. 처음 부임하였을 적에 백성들이 공이 온다는 것을 듣고는 잘못을 저지르지 않도록 서로 경계하니 반년 만에 묵은 병폐가 모두 제거되고 다스림의 교화가 크게 행해졌다.

병오년(1546, 명종1) 정월 모일(某日)에 병환으로 임소에서 졸하니 향년이 74세였다. 고을 사람들이 몹시 슬퍼하고 그리워하여 송덕비를 세워서 공을 기렸다. 부안(扶安) 도동산(道洞山)에 있는 선영에 장례하였다.

부안 김씨(扶安金氏)는 세계(世系)가 내려온 지 오래되었다. 10대조 휘 구(坵)는 고려 보문각 대제학 중서시랑 평장사 문정공(文貞公)이니 문장과 덕행으로 세상에 이름이 드러났다. 증조 휘 당(璫)은 대호군이다. 조고 휘 회윤(懷允)은 직장으로 좌통례에 추증되었다. 선고 휘 직손(直孫)은 문과에 급제하여 한림(翰林) 남상(南床)[48]을 지내고 도승지에 추증되었다. 선비(先妣) 해평 윤씨(海平尹氏)는 감찰 등준(登峻)의 딸이다.

모군(某郡) 최씨(崔氏)를 아내로 맞이하여 5남1녀를 낳았다. 아들 중 서운(瑞雲)은 현감이고, 서성(瑞星)은 문과에 급제하여 부사가 되었으며, 또 서진(瑞辰), 서규(瑞奎), 서벽(瑞璧)이 있다. 딸은 진사

48 한림(翰林) 남상(南床) : 홍문관의 하위직인 박사·저작·정자를 가리키는 말로, 홍문관에서 이들의 자리가 남쪽에 위치하였기 때문에 붙여진 이름이다. 4품 이상인 직제학·전한·응교·부응교는 동벽(東壁), 중간직인 교리·부교리·수찬·부수찬은 서벽(西壁)으로 불렀다.

송사충(宋思忠)에게 출가하였다. 서운의 아들은 현감 윤복(胤福)이다. 서성의 아들은 현감 수복(壽福), 판결사 의복(義福), 봉사 만복(萬福)이다. 서진의 아들은 원복(元福), 향복(享福)이다. 서규의 아들은 충복(忠福), 언복(彦福), 인복(仁福), 후복(厚福), 오복(五福)이다. 서벽의 아들은 명복(命福), 유복(裕福), 성복(成福), 극복(克福), 정복(貞福)이다. 증손과 현손 이하는 많아서 다 기록하지 않는다.

공은 타고난 자질이 맑고 빼어나며 기우(器宇)가 크고 두터웠다. 젊어서는 김한훤(金寒暄 김굉필(金宏弼)), 정일두(鄭一蠹 정여창(鄭汝昌))를 종유하며 도덕(道德)과 인의(仁義)의 설을 들었다. 만년에는 더욱 배우기를 좋아하여 힘써 나아가서 경전에 마음을 다하고 독실하게 실천하였다. 이에 비록 감춰두고 드러내지 않더라도 그 중심의 훌륭함이 절로 가릴 수 없는 점이 있었다. 정릉(靖陵 중종)의 성세에 유학의 교화가 크게 떨쳐져서 걸출한 인재들이 무리지어 나아와서 거의 지치(至治)를 일으킬 수 있었으니, 후세에서 국조 인물들의 성대함을 말할 적에 반드시 기묘명현(己卯名賢)[49]들을 먼저 거론한다. 공은 이때에 수차례 천거를 받았으니, 만약 당화(黨禍)가 일어나지 않고 조 선생(趙先生 조광조)이 조정에 있었더라면 반드시 공을 높은 벼슬에 올라 현양하게 만들어서 국가의 성명지치(聲明之治)[50]를 크게 떨치도록 했을 것

49 기묘명현(己卯名賢) : 기묘년(1519, 중종14)에 훈구파가 사림파를 몰아내기 위해 일으킨 기묘사화(己卯士禍)로 화를 입은 조광조(趙光祖), 김정(金淨) 등의 신진사류를 말한다.

50 성명지치(聲明之治) : '성(聲)'은 석(鍚)·난(鸞)·화(和)·영(鈴) 등의 방울소리를 가리키고, '명(明)'은 해〔日〕·달〔月〕·별〔星辰〕 등을 깃발에 그려 하늘의 밝은 것을 상징한 것으로, 거식(車飾)·의장(儀仗) 등의 제도를 뜻한다. 성교(聲敎)와 문명

이다. 그러나 일이 마침내 크게 어그러져서 갑자기 당적(黨籍)에 연루되어 작은 고을의 수령을 전전하며 생을 마쳤으니, 이것이 어찌 다만 공의 불행일 뿐이겠는가. 아아, 슬프다.

그러나 공은 깊은 학문과 빼어난 재주로 당세에 추중을 받아서 끝내 여러 군자들과 진퇴를 함께하였으니, 백대 뒤에서 공의 시대를 상론(尙論)한다면 공의 훌륭함을 알 수 있을 것이다. 한때의 궁하고 통함은 또 어찌 말할 것이 있겠는가. 숙종 임신년(1692, 숙종18)에 고을의 선비들이 공을 문정공(文貞公)의 서원에 추향(追享)하였고, 영종(英宗 영조) 을해년(1755, 영조31)에 대신의 건의를 받아들여 특별히 이조참의를 추증하였다. 숨겨진 광채가 오래될수록 더욱 드러남을 이를 통해 확인할 수 있다.

공의 8대손 수량(壽良)이 한계(寒溪) 민공 종현(閔公鍾顯)이 지은 행장을 가지고 와서 나에게 묘표를 지어줄 것을 청하였다. 공의 세대가 멀어져 사적이 산일되었기에 마침내 행장의 글을 이상과 같이 개괄하여 돌려준다.

(文明)과 전장제도(典章制度)를 일컫는 말이다. 《春秋左傳 桓公 2年》

고은 이공 묘표

孤隱李公墓表

경태(景泰)[51] 을해년(1455, 단종3)에 양구(陽九)의 시운[52]을 만나 충신과 의사들이 목숨을 버려 순절하지 않으면 모두 세상을 피해 은둔하여 자정(自靖)[53]하였으니, 비록 맞닥뜨린 상황이 같지 않아서 어떤 이는 죽고 어떤 이는 살았지만 그 의리는 똑같다. 그러나 당시의 일은 말하기가 지극히 어려운 점이 있으므로 종종 그 말이 은폐되고 그 행적이 민멸되어, 드러나고 감추어진 것이 저마다 각각 다르게 되었다. 고은(孤隱) 이공(李公)으로 말하면, 그 의리를 다하고 충정을 다한 것이 김동봉(金東峰 김시습(金時習)) 등의 여러 공과 차이가 없으나 세상에서 그다지 칭송 받지 못하니 내가 삼가 이를 안타깝게 여긴다.

공은 휘가 지활(智活), 자가 망기(忘紀)이고, 고은(孤隱)은 호이다. 선덕(宣德)[54] 갑인년(1434, 세종16)에 태어났다. 빼어난 자질이 있어

51 경태(景泰) : 명(明)나라 제7대 황제 대종(代宗)의 연호로, 1450~1457년이다.

52 양구(陽九)의 시운 : 양구는 큰 액운을 뜻하는 말로, 1455년(단종3) 세조가 단종을 겁박하여 왕위를 자신에게 선양(禪讓)하게 하고 왕위에 오른 일을 가리켜 말한 것이다.

53 자정(自靖) : 은(殷)나라 태사(太師)인 기자(箕子)가 주왕(紂王)의 서형(庶兄)인 미자(微子)에게 "스스로 의리에 편안하여 사람마다 스스로 선왕(先王)에게 뜻을 바칠 것이니, 나는 떠나가 은둔함을 돌아보지 않겠다.〔自靖, 人自獻于先王, 我不顧行遯.〕"라고 한 데서 온 말로, 본래는 스스로 의리에 맞게 처신하여 그 처지를 편안하게 여긴다는 뜻인데, 후세에는 은둔하여 지조를 지킴을 가리키는 말로 많이 사용하였다. 《書經 微子》

서 총명함이 남보다 뛰어나 번거롭게 가르치지 않고도 스스로 학문할 줄을 알았다. 14세에 사마시에 합격하였고, 18세에 천거되어 운봉 감무(雲峯監務)에 제수되었는데 단종이 손위(遜位)한 것을 듣고는 즉시 벼슬을 내던지고 거창(居昌)의 박유산(朴儒山)에 들어가 은거하였다. 박유(朴儒)라는 사람은 신라 말엽의 사람인데 신라가 망하자 이곳에 은둔하였으므로 후인들이 이로 말미암아 산의 이름으로 삼았다. 공이 글을 지어 제사를 올리니, 이 글에 이르기를,

"아, 이 사람이 아니면 내가 누구와 이웃하겠는가.〔噫微斯人 吾誰與隣〕"

라고 하였다. 이어서 그 가운데 정자를 짓고 '망월(望月)'이라고 편액을 걸어 영월(寧越)[55]을 그리는 뜻을 부치니 '월(月)'과 '월(越)'의 음(音)이 같기 때문이었다. 때때로 시를 지어 뜻을 나타내니 그 음률이 매우 처량하였다. 구주(舊主 단종)가 승하함에 이르러서는 애통하여 살고 싶은 뜻이 없어져서 늘 술병을 들고 홀로 산꼭대기에 올라 종일토록 북쪽을 바라보며 통곡하였다. 몇 년 동안 이와 같이 하다가 정자에서 졸하니 산의 남쪽 기슭 계좌(癸坐)의 언덕에 장례하였다.

공의 선조는 신라 각간 순유(純由)로부터 나왔는데, 이분은 신라가 망하자 의리상 두 성씨를 섬기지 않고 성주(星州)로 옮겨와 은거하니 이곳을 관적으로 삼게 되었다. 휘 장경(長庚)은 승국(勝國 고려)에서 벼슬하여 삼중대광(三重大匡) 도첨의정승(都僉議政丞) 경산부원군

54 선덕(宣德) : 명(明)나라 제5대 황제 선종(宣宗)의 연호로, 1426~1435년이다.

55 영월(寧越) : 단종이 1457년(세조3)에 노산군(魯山君)으로 강봉(降封)되어 유배된 뒤에 생을 마친 곳이다.

(京山府院君)에 추봉되었으니 공에게 5대조가 된다. 고조는 휘 만년(萬年)이니, 중군 기후(中軍祇侯)로서 삼중대광(三重大匡) 도첨의정승(都僉議政丞) 성산부원군(星山府院君)에 추봉되었다. 증조는 휘 태보(台寶)이니, 성산군(星山君)이다. 조고는 휘 득방(得芳)으로, 본조에 들어와 예조 판서를 지냈고, 선고는 휘 비(棐)로, 이조 판서를 지냈으니, 두 대에 걸쳐 태종과 세종의 시대에 현달하였다.

배위는 유씨(柳氏)로, 부친은 부원군(府院君) 원검(元儉)이며, 공의 묘에 부장(祔葬)하였다. 4남2녀를 낳았으니 아들은 현감 문현(文賢), 문과 급제한 군수 문수(文粹), 정랑 문미(文美), 정랑 문통(文通)이고, 딸들은 현감 유담(劉潭), 사인(士人) 이종로(李從魯)에게 출가하였다. 손자들로는, 지배(之培), 군수 지번(之蕃), 진사 지무(之茂)는 현감의 소생이고, 생원 명산(命山), 명수(命壽), 명숭(命崇), 명륜(命崙)은 군수의 소생이고, 문과에 급제한 한림 양근(養根), 주부 배근(培根), 계근(繼根), 생원 식근(植根)은 정랑의 소생이고, 맹건(孟健), 맹강(孟強), 맹장(孟張)은 정랑의 소생이다. 나머지 자손은 다 기록하지 않는다.

성상(聖上 순조) 12년에 명하여 '충신지문(忠臣之門)'이라고 정려하고 이윽고 또 이조 참의를 추증하였다. 아아, 공은 지방 고을의 일개 감무(監務)일 뿐이었으니 일찍이 군주로부터 보살펴 주는 은혜를 입거나 기탁을 받은 적이 없었다. 그런데도 군주가 폐위되는 것을 보고는 궁벽하고 외딴 산골짜기 속에서 스스로 방종하여, 이와 같은 젊은 나이와 빼어난 재주를 지닌 채 죽을 때까지 근심함이 없었으니 어찌 훌륭하지 않은가. 그러나 공은 침잠하여 스스로를 숨겼고 사람들도 당시에는 감히 드러내어 칭송하지 못하였으므로 그 아름다운 절조와 훌륭한 행적이 가려진 채 드러나지 못하였다. 그러다가 수백 년이 지난 뒤에 학사·대부들이 점차 의를 칭송하여 성상의 귀에까지 알려져서 높이고 포상하는 은전이 거의 육신(六臣)[56]에 비견하게 되었으니, 또한 천도(天道)를 확인할 수 있을 것이다.

공의 11세손인 광렬(光烈), 광희(光熹)가 찾아와 공의 묘에 새기는 글을 지어줄 것을 매우 간곡하게 청하였다. 무릇 다른 사람의 훌륭한 점을 말하기 좋아하여 후세에까지 전하는 것은 입언(立言)[57]하는 자의 일이다. 나는 진실로 이에 걸맞는 사람은 아니지만 공의 의열(義烈)에 탄복하고 학생의 뜻에 감동하여 삼가 이와 같이 써서 돌려준다.

56 육신(六臣) : 1456년(세조2) 세조를 제거하고 단종을 복위시킬 것을 모의하였다가 죽임을 당한 6인의 충신으로, 남효온(南孝溫)의 〈육신전(六臣傳)〉에 소개된 성삼문(成三問)·박팽년(朴彭年)·하위지(河緯地)·이개(李塏)·유성원(柳誠源)·유응부(兪應孚)를 이른다.

57 입언(立言) : 이른바 '삼불후(三不朽)'의 하나로, 후세에 영원히 전해질 훌륭한 작품을 남기는 것을 말한다. 춘추 시대 노(魯)나라 대부 숙손표(叔孫豹)가 진(晉)나라에 갔을 때에 범선자(范宣子)가 죽어도 썩지 않는 것을 묻자, 숙손표가 대답하기를 "가장 좋은 것은 덕을 세우는 것이고, 그 다음은 공을 세우는 것이고, 그 다음은 말을 세우는 것이다. 아무리 오래되어도 없어지지 않으니, 이를 일러 '불후'라고 하는 것이다.〔大上有立德, 其次有立功, 其次有立言. 雖久不廢, 此之謂不朽.〕"라고 하였다. 《春秋左氏傳 襄公24年》

관찰사 오공 묘표

觀察使吳公墓表

공은 휘가 명서(命瑞), 자가 신경(信卿)이다. 우리 오씨(吳氏)는 세계(世系)가 해주(海州)에서 나왔다. 상조(上祖 시조) 휘 인유(仁裕)는 고려에서 벼슬하여 검교군기감 감(檢校軍器監監)이 되니 이후로 높은 관작이 이어졌다. 돈녕부 도정 휘 윤해(允諧)에 이르러서는 문과에 급제하여 현달하니 바로 추탄(楸灘) 상국(相國) 윤겸(允謙)의 아우로, 공에게 고조가 된다. 증조 휘 달제(達濟)는 부교리로, 배신(陪臣)으로서 명나라 황실을 위해 오랑캐의 조정에서 절개를 세워 영의정에 추증되니, 시호는 충렬(忠烈)이다. 조고 휘 도현(道玄)은 참봉으로 이조 참의에 추증되었다. 선고 휘 수일(遂一)은 군수로 이조 참판에 추증되었다. 선비(先妣) 의령 남씨(宜寧南氏)는 현감 항(翃)의 딸이다.

공은 숙종 무진년(1688, 숙종14)에 태어났는데, 타고난 자질이 일찍부터 통달하여 6세에 글을 지을 줄 알았고 약관의 나이에 상제(庠製)[58]에서 장원하여 화려한 명성이 성대하였다. 신묘년(1711)에 음보로 정릉 참봉(貞陵參奉)에 제수되었다가 의금부 도사로 옮기고 다시 승진하여 활인서 별제, 장예원 사평·사의가 되었다. 봉화 현감(奉化縣監)으로 나갔는데, 당시에 양전(量田)을 담당하게 되자 옥척(沃瘠)을 가리고 상하의 등급을 구분하여 치밀하게 계획하였다. 균전사가

58 상제(庠製) : 성균관에서 보이는 제술(製述) 시험을 말한다.

이를 몹시 칭찬하여 그 법을 다른 고을에 옮겨서 실행하고 조정에 돌아와 포상하도록 아뢰었다.

모친상을 당하여 떠났다가 상기를 마치고 익위사 익찬에 제수되었다. 영묘(英廟 영조)가 이때 저위(儲位)에 있었는데 매번 시강할 때마다 수차례 《춘추(春秋)》의 복수하고 설욕하는 의리를 끌어와 아뢰니 영묘가 감탄하고 칭찬하며 말씀하기를,

"참으로 충렬(忠烈 오달제)의 후손이다."

라고 하였다. 대구부(大邱府)의 통판(通判)으로 나갔다가 얼마 안 되어 관직을 버리고 돌아왔다.

무신년(1728, 영조4)에 사옹원 주부로 있다가 금오랑(金吾郞 의금부 도사)으로 옮겼다. 이때 이인좌(李麟佐), 정희량(鄭希亮) 등 여러 흉적이 호서(湖西)와 영남(嶺南)에서 군사를 일으켜 주현(州縣)을 연달아 함락시켰다.[59] 공이 마침 장전(帳殿)에서 성상을 모시고 국청(鞫廳)에 참석하였는데 합천(陜川)이 함락되었다는 소식이 당도하자 성상이 놀라며 말씀하기를,

"누가 이 고을을 맡을 수 있겠는가?"

라고 하고는 즉시 공을 군수에 제수하였다. 그러자 사람들이 모두 위태롭게 여겼는데 공은 태연하게 말하기를,

"내가 어찌 난을 만나서 구차하게 피하겠는가."

라고 하였다. 대신이 공에게 용맹한 군사를 데리고 가서 예기치 못한 상황에 대비할 것을 권유하고 또 우선 역적의 무리를 치죄하도록 하였

59 이인좌(李麟佐)……함락시켰다 : 1728년(영조4)에 이른바 '이인좌의 난'이 발발한 것을 두고 말한 것이다. '이인좌의 난'에 대한 자세한 내용은 155쪽 주11 참조.

다. 그러나 공은 사양하며 말하기를,

"만약 예기치 못한 일이 있다면 한두 사람으로 막을 수 있는 것이 아닐 것입니다. 반란의 뒤에는 민심이 안정되지 못하고 소란하므로 진무하는 것이 가장 급선무가 되니, 주벌하는 것은 오히려 그 다음에 할 일입니다."

라고 하니 이를 들은 자들이 옳게 여겼다.

합천군은 그 사이에 역적의 소굴이 되어 온통 반란할 마음을 품고 있더니 공이 부임해오자 모두 공의 거조를 엿보았다. 이에 역순의 도리를 분명하게 가르치며 농사를 장려하고 선비들에게 학업을 닦게 하였는데, 이윽고 역적을 따르던 자들이 도리어 괴수의 소재를 고해왔다. 이 때문에 포획한 자들이 유독 많았다. 제문을 지어서 주변 고을의 아전들 중에 순국한 자들을 제사하여 장려하니, 목소리와 얼굴빛을 엄하게 하지 않고도 온 경내가 안정되었다. 도신과 수의(繡衣 암행어사)가 서로 이어 포상하도록 아뢰니, 성상이 이르기를,

"내가 계방(桂坊 동궁)에 있을 때부터 이미 그 강명(剛明)함을 잘 알았다. 그러나 위태로운 곳에서 오랫동안 수고하게 할 수는 없다."

라고 하였다. 그리고 내직인 영희전 영(永禧殿令)으로 옮기게 하니 고을 사람들이 비석을 세워 그리워하였다. 분무 원종공신(奮武原從功臣) 1등에 들었다. 선산 부사(善山府使)에 제수되었는데, 마침 큰 흉년이 들자 적절하게 진휼을 시행하여 구제하고 소생시킨 경우가 매우 많았다. 진휼하는 일을 다 마친 뒤에 벼슬을 그만두고 홍산(鴻山)에 우거하였다. 교하 군수(交河郡守)에 제수되었으나 사직하여 체차되었다.

을묘년(1735)에 문과에 급제하니 조정 신하들이 인재를 얻은 것을

축하하였다. 자궁(資窮)[60]으로 통정대부(通政大夫)에 오르고 장례원 판결사, 승정원 동부승지가 되었다. 연석(筵席)에 올랐을 적에 노주(虜主 청나라 황제)의 부고가 마침 이르자 중관(中官 내시)이 이를 공에게 주었는데 공이 갑자기 일어나며 말하기를,

"신이 어찌 차마 오랑캐가 보낸 서신을 손수 받을 수 있겠습니까."

라고 하였다. 이에 성상이 훌륭하다고 칭찬하고 특별히 그 직임을 체차시켜 칙사를 영접하는 일에 참여하지 않을 수 있게 하였다. 홍주목사(洪州牧使)에 제수되었으나 부임하지 않았다.

이윽고 천거되어 동래 부사(東萊府使)에 제수되었는데 관소(館所)에서 왜인(倭人)을 대접함에 폐단이 날로 불어나고 있었다. 공은 자신을 단속하기를 청렴하고 엄정하게 하니 이류(異類)가 두려워하며 복종하여 약속을 지켰다. 국가에서 전폐(錢幣)를 통행하는 것을 허락하지 않았으나 금령이 해이해졌는데 공이 옛 법을 펴서 장차 엄중하게 다스리려고 하였다. 그러자 관왜(館倭)[61]가 수십만에 이르도록 돈을 감춰두고 감히 내놓지 않았다. 2년 만에 상역(商譯)의 무리가 모두 불법의 이익을 취하지 못하게 되자 대관(臺官)에게 뇌물을 바쳐 공을 탄핵하도록 하니 세상 사람들 모두가 무함임을 알았다. 경상도 관찰사에 의망되자 성상이 동래 부사로 있을 때의 업적을 들어 특별히 제수하였는데 얼마 뒤에 급작스러운 승진이라고 하여 체차를 논하게 되었고 연달아

60 자궁(資窮) : 품계가 당하 정3품 하계(下階)까지 다 올라간 것을 말한다. 당하관은 품계로는 자궁이 되고 관직으로는 준직(準職)을 거치면 당상관으로 가자(加資)되어 정3품 상계(上階)인 통정대부(通政大夫)가 될 수 있었다.

61 관왜(館倭) : 왜관(倭館)에 거주하는 왜인(倭人)을 이른다.

병조・예조 참의, 우부승지에 제수되었다.

경신년(1740)에 사간원 대사간에 제수되었다. 그 사이에 장단 부사(長湍府使)에 제수되었으나 부임하지 않았다. 일찍이 말하기를,

"내가 늘그막에 급제하여 외람되이 미원(薇垣 사간원)의 장관이 되었으니 영화가 이미 극에 달하였다."

라고 하고는 마침내 교유를 사절하고 때때로 친척만 면대하면서 시를 읊으며 자적(自適)하였다. 그러다가 8월 6일에 갑작스러운 병을 얻어 졸하였다. 성상이 애도하며 이르기를,

"중용하고자 생각하고 있던 터에 갑자기 세상을 떠났다는 소식을 듣게 되었다."

라고 하고 규례보다 더하여 부의(賻儀)를 내렸다. 처음에 태산(台山)의 선영 아래에 장례하였다가 경진년(1760)에 직산(稷山) 오색당(五色堂) 을좌(乙坐)의 언덕으로 이장하였다. 뒤에 장남으로 인해 추은(推恩)하여 이조 판서에 추증되었다.

공은 기국(器局)이 웅대하고 식견과 사려가 주밀하고 통투하였다. 엄숙하게 스스로 몸가짐을 하고 입에는 설만한 말을 올리지 않았으며, 의리를 분별함에 있어서는 그 지킴이 더욱 확고하였다. 천성은 효심과 우애가 돈독하였다. 선고 군수 공의 병이 위독하였을 적에 손가락을 베어 받아낸 피를 올려서 수명을 하루 더 늘이게 하였고 상(喪)을 당하여서는 몸을 훼상하는 데에 이르러 거의 목숨이 다할 뻔하였다. 두 아우와 세 누이가 모두 가취(嫁娶)하지 못하였는데 이들을 길러주고 가르치기를 한결같이 어버이의 뜻에 따라 하여 모두 자립할 수 있도록 해주었다. 평소에 청렴과 검약을 추구하여 벼슬한 수십 년 동안에 전지(田地)와 노복이 늘어난 바가 없었다. 일찍이 갖옷 한 벌을 만드니

50금(金)의 값어치가 나가는 것이었는데 곧 그만두며 말하기를,

"내가 이 옷을 입어 어디에 쓰겠는가."

라고 하였다. 책 보는 것을 좋아하여 비록 정무가 번다한 고을에 있을 때에도 반드시 서책을 가지고 휴대하며 보았다. 만년에는 시문에 능하여 청일(淸逸)하고 호탕하였으니 식자들이 성당(盛唐)의 풍조(風調)를 얻었다고 평가하였다.

배위 양주 조씨(楊州趙氏)는 도정 태과(泰果)의 딸로, 집안의 일을 다스리는 것이 정제(整齊)하고 엄숙하였으며, 공의 묘에 부장(祔葬)되었다. 2남1녀를 두었으니, 아들은 판서 언유(彦儒), 부사 언부(彦傅)이고, 딸은 조재원(趙載源)에게 출가하였다. 측실의 아들은 무과 급제한 첨정 언준(彦儁)이다. 언유의 1남은 목사 재문(在文)이고 1녀는 참판 정원달(鄭遠達)에게 출가하였으며, 재연(在衍)・재완(在完), 정희인(鄭希仁)・이방우(李邦羽)는 서출인 아들과 사위이다. 언부의 1남은 군수 재두(在斗)이다. 언준의 2남은 무과 급제한 부사 재신(在臣), 재선(在善)이다. 재문의 3남은 전 군수 경원(慶元), 경관(慶寬), 봉사 경인(慶仁)이고, 경근(慶謹), 경신(慶愼)은 서출이다. 재두의 계자(繼子)는 참봉 경흥(慶興)이고, 경여(慶餘), 경연(慶延)은 서출이다. 경원의 2남은 목사 현상(顯相), 경관의 후사가 된 전 주부 현갑(顯甲)이다. 경인의 계자는 현묵(顯默)이다. 현상의 4남은 직각 취선(取善), 최선(最善) 등이다. 나머지 어린 자들을 모두 기록하지 않는다.

아아, 공은 선대의 훌륭함을 잘 계승하여 현명한 군주에게 지우를 받아서 정술(政術)과 학문으로 좌우에서 보필하는 것이 모두 합당하였다. 그런데 탄탄한 벼슬길에 걸음을 내딛기 시작할 제에 하늘이 재빨리 빼앗아버리고 말았으니 군자들이 그 쓰임을 끝까지 다하지 못한 것을

모두 안타까워하였다. 그러나 자손이 번창하여 남은 경사가 끊임없이 이어지니, 공에게 아꼈던 것을 아마도 이를 통해 보답하는 것인가 보다. 경원이 내가 같은 집안의 후진(後進)이라고 하여 묘표를 지어줄 것을 부탁해왔다. 스스로 돌아보건대 쇠잔하고 보잘것없으니, 어찌 훌륭한 덕을 드러내어 밝힐 수 있겠는가. 겨우 관력(官歷)과 치적의 대략을 뽑아 적어서 빗돌의 뒷면에 게시하는 바이다.

군수 김공 묘표
郡守金公墓表

공은 휘가 이례(履禮), 자가 화보(和父)이다. 김씨(金氏)는 세계(世系)가 안동(安東)에서 나왔으니 종족이 성대하고 현인이 많다. 우의정 문충공(文忠公) 휘 상용(尙容)은 병자호란(丙子胡亂)에 강화도에서 순절하였고 세상에서 선원(仙源) 선생이라고 일컬어지니 공에게 6대조가 된다. 증조 휘 성익(盛益)은 부솔로, 이조 판서에 추증되었다. 조고 휘 시발(時發)은 군수로, 이조 참판에 추증되었다. 선고 휘 교행(敎行)은 이조 판서에 추증되었고 호가 유근당(惟勤堂)이다. 선비(先妣) 여흥 민씨(驪興閔氏)는 정랑 재수(在洙)의 딸로, 문충공(文忠公) 정중(鼎重)의 증손녀이다.

공은 영종(英宗 영조) 경신년(1740, 영조16)에 홍주(洪州)의 갈산리(葛山里)에서 태어났다. 선고 유근 공이 은거하며 도(道)를 강마하여 산림으로서 명성과 덕행이 있었는데, 공이 어려서부터 이에 무젖어서 훈전(訓典)의 가르침을 벗어나지 않으니 여러 장로들 사이에서 종유할 적에 모두가 몹시 중하게 기대하였다. 정종(正宗 정조) 정유년(1777, 정조1)에 생원시에 합격하였다. 계축년(1793)에 향천(鄕薦)으로 동몽교관에 제수되었고 익릉 참봉(翼陵參奉)으로 옮겼다가 승진하여 평시서 주부, 사헌부 감찰, 종묘서 영이 되었는데, 제조와 친족인 혐의로 체차되었다가 곧바로 돈령부 판관에 제수되었다. 용담 현령(龍潭縣令)으로 나갔다가 덕천 군수(德川郡守)로 옮겼으며 임기가 찬 뒤에 해직되어 돌아와 제용감 주부, 사재감 첨정, 광흥창 수를 역임하였다. 경오년(1810, 순조10)에 사자(嗣子)인 시랑(侍郞 참판) 군이 시종신(侍從臣)이 됨에 따라 추은(推恩)하여 통정대부(通政大夫)의 품계에 오르고 첨지중추부사, 조사오위장(曹司五衛將)이 되었다.

무인년(1818) 11월 5일에 서울의 집에서 고종(考終)하였다. 처음에는 양주(楊州)에 장례하였다가 경인년(1830)에 결성(結城) 목과동(木瓜洞) 자좌(子坐)의 언덕으로 이장하였다. 다시 시랑 군으로 인해 추은하여 이조 참판에 추증되었다.

공은 건장한 체격에 수염이 아름답고 덕기(德器)가 순수하였으니 온화하고 공순한 장자(長者)였다. 윤리에 돈독하여 어버이의 곁에 있을 적에는 밤낮으로 조심하고 삼가서 사랑과 공경을 모두 지극히 하였다. 백씨(伯氏) 첨정 공(僉正公 김이인(金履仁))을 섬길 적에는 공순하게 자제의 일을 맡아 하며 자잘한 일이라고 하더라도 반드시 여쭌 뒤에 행하였다. 계부(季父) 금산(金山 김순행(金順行)) 공이 공보다 세 살 많았는데 맞이하고 배웅할 적에 중문에서 인사를 올렸으며 시를 짓고 술을 마시며 함께 어울릴 적에도 단정하게 공수하며 곁에서 모셔서 일찍이 조금도 해이해진 적이 없었다.

집안을 다스림에는 법도가 있어서 부인과 서로 손님처럼 대하니 자녀들이 감히 설만한 모습을 보이지 않았다. 이를 내외의 친족들과의 관계에 미루어 나가서 은의(恩誼)를 두루 후하게 베풀어 병들거나 죽는 일이 있을 때마다 반드시 힘을 다하여 구제해 주었다. 적신(賊臣) 홍국영(洪國榮)은 중표(中表) 누이의 아들이었는데[62] 누차 곡진한 정

62 적신(賊臣)……아들이었는데 : 중표(中表)는 내외종(內外從) 관계를 이른다. 홍국영의 외조모는 김시발(金時發)의 딸로, 김이례(金履禮)에게 고모가 되는바, 김이례

을 보여 왔으나 공은 십여 년 동안 도성 문 안에서 자취를 감추었다. 그러다가 홍국영이 망한 뒤에 다시 사촌 누이와 소식을 통하며 그 곤궁한 사정을 누차 도와주었으니, 사람들이 어려운 일이라고 여겼다.

평소에 사물로 마음을 얽매지 않았으며 벼슬이 높아지는 것에 대하여 더욱 담백하여 욕심이 없었다. 처음 벼슬한 것은 실로 성상의 뜻에서 나온 것이었다. 일찍이 태묘(太廟)에서 직숙하였을 적에 성상이 소제를 부지런히 하고 여가가 있으면 독서한다는 것을 듣고는 가상히 여겨 장려하였다. 얼마 뒤에 공격(公格)[63]으로 인하여 이 직위를 떠나야만 했는데, 특별히 명하여 다른 관서로 옮겨주었다가 곧장 이전의 직임을 제수하며 이르기를,

"이제부터 태묘의 관직은 상피(相避)에 구애받지 말라."

라고 하였다. 용담 현령에 제수되었을 적에는 다시 하교하기를,

"내가 이미 자목(字牧 수령)의 일을 잘 감당할 수 있음을 알고 있었다."

라고 하고 마침내 서경(署經)을 생략하게 하니 모두 특별한 대우였다.

고을을 다스릴 적에는 혁혁한 명성을 구하지 않고 오로지 유학(儒學)으로 교화하는 것을 숭상하여 선비들이 많이 흥기되었으며, 백성을 사랑하고 아끼며 아랫사람들을 감동시켜서 아전들이 차마 속이지 못하게 되었다. 이에 오랜 세월이 지난 뒤에도 여전히 공을 그리워하였다. 평소 한가로이 지낼 적에는 종일토록 꼿꼿이 앉아 있었는데, 몸에 나타나고 말에 드러나는 것들이 온화하고 안정되어 절로 법도에 맞았다. 병이 든 대질(大耋 70,80세)의 나이에도 오직 엄숙하게 검속하였다. 사

와 홍국영의 모친은 내외종 사이가 된다.

63 공격(公格) : 관원이나 공직(公職) 등에 관한 격식을 말한다.

람들을 대할 적에는 화락하고 이해심이 많았으나 또한 자신의 지조를 굽혀 구차하게 따르지는 않았다. 이 때문에 어진 이와 어리석은 이가 모두 기쁜 마음으로 복종하였다.

배우기를 좋아하여 싫증을 내지 않았고 화려함을 버리고 실제에 힘썼다. 경전에 있어서는 두루 돌아가며 읽으며 쌓인 공부가 있었는데 《가례(家禮)》, 《근사록(近思錄)》에 가장 깊이 힘을 쏟았다. 늘 전원으로 돌아가서 학업에 전념하려고 하였는데 실행하지 못하였다. 일찍이 결성(結城)의 공수동(孔修洞)에 집을 짓고는 '수곡(修谷)'이라고 자호(自號)하여 뜻을 나타내었다. 지은 문장들은 전아하고 순정하며 풍부하고 통창하였으며 정취를 다 쏟아내는 데에 뛰어났다. 그러나 아름답게 꾸며서 공교함을 추구하는 것을 좋아하지는 않았다.

배위 은진 송씨(恩津宋氏)는 증 이조 참판 정흠(鼎欽)의 딸로, 동춘(同春 송준길(宋浚吉)) 선생의 5세손인데, 규범(閨範)이 종당(宗黨)의 모범이 되었다. 공보다 먼저 별세하였고 공의 묘에 부장(祔葬)하였다. 4녀를 낳고 아들은 두지 못하여 첨정 공의 차자(次子) 양순(陽淳)을 취하여 후사로 삼으니, 전임 이조 참판이며, 딸들은 각각 군수 조철영(趙哲永), 정랑 민치복(閔致福), 이인창(李寅昌), 익찬 이준수(李俊秀)에게 출가하였다. 양순의 1남은 현감 보근(普根)인데, 출계(出系)하여 첨정 공의 제사를 받들게 하였고 다시 족인(族人)의 아들을 취하여 후사로 삼았다. 조철영의 계자(繼子)는 병관(秉觀)이다. 민치복의 1남은 승지 태용(泰鏞)이다. 이인창의 2남은 정하(正夏), 헌하(獻夏)이다. 이준수의 3녀는 각각 참봉 홍건후(洪健厚), 박규수(朴珪壽), 홍응주(洪應周)에게 출가하였다.

시랑 군이 영남(嶺南)의 관찰사로 나가게 되어, 떠나기에 앞서 나를 호상(湖上)으로 방문하여 외람되게도 묘표를 지어줄 것을 부탁하였다. 돌아보건대 쇠락함이 몹시 심하니 글을 짓는 일을 감당할 수가 없었다. 그러나 기억해보건대 예전에 이 문경공(李文敬公) 직보(直輔)가 나를 마주하여 '유자(儒者)의 기상이 있어서 다른 사람이 미칠 수가 없다'라고 하며 공을 몹시 칭찬하였기에 내심 흠모하는 마음이 있었다. 그러다가 신유년(1801, 순조1)에 기성(箕城 평양)의 객관에서 우연히 만나게 되었는데 공이 먼저 자신을 굽혀 상대해주며 정성스러운 뜻을 다하였으니, 그 노성한 전형에 나도 모르게 절로 옷깃을 여미며 공경하는 마음을 일으키게 되었다. 지금 이미 오랜 세월이 흐름에 공과 같은 분을 다시 얻을 수 없음을 더욱 잘 알게 되었으므로 삼가 언행의 대략을 차례대로 서술하여 후세에서 덕(德)을 높이는 자가 확인할 수 있게 하는 바이다.

비 碑

수곡사비
秀谷祠碑

광주부(廣州府) 서쪽 광수산(光秀山)에 있는 우뚝한 사당에 동은(峒隱), 창강(滄江), 우재(迂齋) 세 선생을 함께 제향하고 있으니, 이곳이 바로 수곡사(秀谷祠)이다.

삼가 살펴보건대, 동은 선생은 휘가 의건(義健), 자가 의중(宜仲)으로, 세종의 별자(別子) 광평대군(廣平大君) 여(璵)의 5세손이다. 학문에 힘써 스스로 수양하여 풍의(風儀)가 꿋꿋하게 수립되어 세속을 초월하는 뜻이 있었다. 진사시에 합격하고 잠시 음직의 벼슬에 나아갔다가 어머니가 별세한 뒤로 다시는 벼슬에 나아가지 않았다.

창강 선생은 조씨(趙氏)로, 휘가 속(涑), 자가 희온(希溫)이다. 아버지 풍옥(風玉) 공 수륜(守倫)[64]은 성우계(成牛溪 성혼(成渾))에 연원

64 풍옥(風玉) 공 수륜(守倫) : 조수륜(趙守倫, 1555~1612)으로, 자는 경지(景至), 호는 풍옥헌(風玉軒)·만귀(晩歸), 본관은 풍양(豊壤)이다. 1579년(선조12) 사마시에 합격하였고, 대흥 현감(大興縣監), 평택 현감(平澤縣監) 등을 지냈다. 광해군 때 김직재(金直哉)의 옥사에 연루되어 옥사(獄死)하였다.

(淵源)을 두었는데 혼조(昏朝 광해군조)에서 화(禍)를 만났다. 이에 선생은 마치 돌아갈 곳이 없는 궁인(窮人)처럼 종신토록 애통함을 품어서 모든 영록(榮祿)과 총리(寵利)에 대하여 마치 자신을 더럽힐 듯이 보았으며 묵묵히 수양하고 실제로 행하여, 숨김으로써 더욱 밝아졌다.

우재 선생은 휘가 후원(厚源), 자가 사심(士深)으로, 동은의 형[65]의 손자이다. 정신이 맑았으며 식견과 사려가 깨끗하고 원대하였다. 인묘(仁廟 인조) 반정에 창강과 함께 포의(布衣)로 녹훈되었는데 창강은 훈명을 사양하였다. 선생은 이윽고 과거에 급제하였는데, 엄정한 태도로 벼슬에 임하여 훌륭한 인재를 이끌어주며 과격하게 행동하지도 않고 남을 그대로 따르지도 않으면서 마음을 화합하는 데에 뜻을 두었다. 우의정의 관직을 지냈고 완남부원군(完南府院君)에 봉해졌다.

동은의 고고하고 깨끗한 품격과 창강의 자정(自靖)[66]한 고절(苦節)은 모두 완악한 이가 청렴해지고 나약한 이가 뜻을 세우게 할 만하며, 우재가 사류(士類)의 종주가 된 것은 또한 사문(斯文)을 호위하고 국맥(國脈)을 길게 이어지게 할 만하니, 소대(昭代)에서 제향을 올려 높이고 보답하는 것이 마땅할 것이다.

65 동은의 형 : 이인건(李仁健, ?~?)으로, 본관은 전주(全州)이다. 동은(峒隱) 이의건(李義健)의 형이며, 아산 현감(牙山縣監)을 지냈다.

66 자정(自靖) : 은(殷)나라 태사(太師)인 기자(箕子)가 주왕(紂王)의 서형(庶兄)인 미자(微子)에게 "스스로 의리에 편안하여 사람마다 스스로 선왕(先王)에게 뜻을 바칠 것이니, 나는 떠나가 은둔함을 돌아보지 않겠다.〔自靖, 人自獻于先王, 我不顧行遯.〕"라고 한 데서 온 말로, 본래는 스스로 의리에 맞게 처신하여 그 처지를 편안하게 여긴다는 뜻인데, 후세에는 은둔하여 지조를 지킴을 가리키는 말로 많이 사용하였다. 《書經 微子》

사당은 처음에 숙묘(肅廟 숙종) 을축년(1685, 숙종11)에 세워져 동은과 창강을 제향하다가 사액되었고 34년 후인 무술년(1718)에 우재를 추가로 배향하였다. 사당이 오래되어 무너져가므로 재임(齋任) 이인겸(李仁謙)이 재물을 모아 보수하여 새롭게 바꾸었다. 또 비석을 세울 것을 도모하니, 비석은 이미 전인(前人)이 갖춰둔 것이 있으나 다만 다소 빈약하므로 나에게 비문을 지어줄 것을 부탁하였다. 이를 사양할 수 없어 마침내 삼가 이상과 같이 대략을 들어 말한다.

노주집

제19권

行狀 행장

문정공 부군 행장

文靖公府君行狀

부군께서는 휘는 재순(載純), 자는 문경(文卿), 성은 오씨(吳氏)이니, 계통이 해주(海州)에서 나왔다. 시조 휘 인유(仁裕)는 고려 때에 검교 군기감 감(檢校軍器監監)이시다. 그 후세에 휘 민정(民政)이 있었으니 비서성 감(秘書省監)이시고 휘 찰(札)이 있었으니 태자 첨사(太子詹事)로 금자광록대부(金紫光祿大夫) 상서좌복야(尙書左僕射)에 추증되었으니, 두 대(代)가 연이어 문과를 말미암아 현달하였다. 우리 조선조에 이르러서 높은 관작이 이어졌는데, 누대(累代)가 전해져 정무공(貞武公) 휘 정방(定邦)[1]에 이르렀고, 또다시 전해져 경상도 관찰사(慶尙道觀察使)로 의정부 좌찬성(議政府左贊成)에 추증된 휘 숙(翻)[2]에 이르렀으니, 이분이 부군에게 고조가 되신다.

1 휘 정방(定邦) : 오정방(吳定邦, 1552~1625)으로, 자는 영언(英彦), 호는 퇴전당(退全堂), 본관은 해주(海州), 시호는 정무(貞武)다. 무과(武科)에 급제하였고, 임진왜란에 도총부 도사(都摠府都事)가 되었다가 영흥부(永興府)에서 전공을 세운 뒤 도총부 경력(都摠府經歷), 동지중추부사(同知中樞府事), 군기시 제조(軍器寺提調), 전라도 병마절도사, 경상우도 병마절도사 겸 진주목사와 황해도 병마절도사 등을 역임하였다. 병조판서에 추증되었다.

2 휘 숙(翻) : 오숙(吳翻, 1592~1634)으로, 자는 숙우(肅羽), 호는 천파(天坡), 본관은 해주(海州)이며, 전부(典簿) 오사겸(吳士謙)의 아들이다. 1612년(광해군4) 증광문과에 병과로 급제해 벼슬에 올랐고, 예조 좌랑을 지내다가 사직하고 물러나 장유(張維)·이명한(李明漢) 등과 교유하며 삼각산에서 독서하였다. 1619년에 병조 좌랑이 되었고, 이후 병조 참지, 경상도 관찰사, 황해도 관찰사 등 여러 관직을 거쳤다. 1634년

증조 휘 두인(斗寅)[3]은 형조판서로 의정부 영의정(議政府領議政)에 추증되었으니, 시호는 충정(忠貞)이다. 조부 휘 태주(泰周)[4]는 해창위(海昌尉)로, 시호는 문효(文孝)이다. 선고(先考) 휘 원(瑗)[5]은 공조참판(工曹參判) 양관대제학(兩館大提學)으로 의정부 좌찬성(議政府左贊成)에 추증되었으니, 시호는 문목(文穆)이다. 우리 오씨(吳氏)는 정무

명나라 사신 황손무(黃孫武)의 접반사로 가도(假島)에 갔다가 돌아오는 도중 송도에서 별세하였다. 이조참판 겸 양관제학에 추증되었으며, 저서로는 《천파집》이 있다. 《明谷集 卷22 觀察使贈左贊成天坡吳公神道碑銘》

3 휘 두인(斗寅) : 오두인(吳斗寅, 1624~1689)으로, 자는 원징(元徵), 호는 양곡(陽谷), 본관은 해주(海州), 시호는 충정(忠貞)이다. 1649년(인조27)에 별시문과에 장원으로 급제하여 여러 벼슬을 거쳤는데, 1689년(숙종15)에 기사환국으로 서인이 실각하자 지의금부사(知義禁府事)에 임명되고도 나가지 않아 삭직되었고, 그해 5월에 인현왕후(仁顯王后)가 폐위되자 반대하는 소를 올렸다가 국문을 받고 의주(義州)로 유배 도중 별세하였다. 곧 복관되었고 후에 영의정에 추증되었다. 저서로는 《양곡집》이 있다.

4 휘 태주(泰周) : 오태주(吳泰周, 1668~1716)로, 자는 도장(道長), 호는 취몽헌(醉夢軒), 본관은 해주, 시호는 문효(文孝)이다. 오두인(吳斗寅)의 아들이자 오희상(吳熙常)의 증조이다. 12세인 1679년(숙종5)에 현종의 딸인 명안공주(明安公主)와 혼인하여 해창위(海昌尉)에 봉해졌고, 명덕대부(明德大夫)의 위계를 받았다. 그 뒤 광덕대부(光德大夫)로 품계가 올랐고, 오위도총부 도총관·조지서 제조(造紙署提調)·귀후서 제조(歸厚署提調) 등을 역임하였다. 1689년 희빈 장씨(禧嬪張氏) 소생을 세자로 책봉하려는 숙종과 남인에 대하여 노론의 송시열(宋時烈) 등이 반대 운동을 일으키자, 이에 찬동하였다가 일시 관작이 삭탈되고 얼마 뒤에 회복되었다.

5 휘 원(瑗) : 오원(吳瑗, 1700~1740)으로, 자는 백옥(伯玉), 호는 월곡(月谷), 본관은 해주(海州), 시호는 문목(文穆)이다. 오두인(吳斗寅)의 손자이고, 오진주(吳晋周)의 아들이며, 오태주(吳泰周)에게 출계하였다. 오희상(吳熙常)에게는 조부가 된다. 이재(李縡)의 문하에서 수학하였으며, 벼슬하여 공조참판에 이르렀다. 영조에게 진언(進言)을 잘한 것으로 알려졌다. 좌찬성에 추증되었으며, 저서로는 《월곡집》이 있다.

공(貞武公) 이래로 절의(節義)와 효우(孝友), 유술(儒術)과 문장(文章)을 서로 계승하여 마침내 세상에 크게 드러났으니, 국사(國史)와 가승(家乘)에서 모두 살펴볼 수 있다. 선비(先妣)는 정경부인(貞敬夫人)에 추증된 전주 최씨(全州崔氏)로, 호조정랑(戶曹正郎)으로 사헌부 대사헌(司憲府大司憲)에 추증된 휘 식(寔)의 따님이다. 현덕(賢德)을 지니셨으니, 영종(英宗 영조) 3년(1727) 정미(丁未) 4월 11일 해시(亥時)에 한사(漢師) 경행방(慶幸坊)의 사제(賜第)에서 부군을 낳으셨다.

부군께서는 어려서부터 순박하고 성실하여 도(道)에 가까워서, 친압하거나 장난치지 않으셨으며 말과 웃음이 드물었고 기쁨과 노여움을 기색에 드러내지 않으셔서, 번거롭게 가르치고 감독하지 않더라도 덕의 기량을 혼연히 이루었다. 문목공(文穆公)께서 돌아보고 말씀하기를, "이 아이에게는 상서로운 기린과 봉황의 조짐이 있다."라고 하셨다. 마침 어른들이 가뭄을 근심하고 있었는데, 부군께서는 곁에서 묻기를, "무엇을 근심하십니까?" 하였다. "가뭄이 들어 백성들이 먹고 살아갈 수가 없구나."라고 하니, 부군께서는 측연히 기색을 바꾸시는 듯하더니, 이윽고 남몰래 집 뒤에서 하늘에 비가 내리길 기도하였다. 당시에 겨우 5세였으니, 어진 마음으로 남을 이롭게 하려는 뜻이 이미 이와 같으셨다. 차츰 자라서는 숙사(塾師) 이모정(李茅汀) 최지(最之)에게 수업하였는데, 곧 능히 대의(大義)를 깊이 생각하시어 단지 입으로 읽기만 할 뿐이 아니었다. 예컨대 《서경(書經)》의 기삼백(朞三百)[6]은

6 서경(書經)의 기삼백(朞三百) : 《서경》 〈우서(虞書) 요전(堯典)〉에, "제요(帝堯)가 말씀하였다. '아, 너희 희씨(羲氏)와 화씨(和氏)야. 기(朞)는 삼백육십육 일이니,

노사(老師)일지라도 그 난해함을 문제로 여겼는데, 번번이 미루어 궁구하여 착오가 없고 난 뒤에야 그만두었으니, 모정(茅汀)이 자주 옷깃을 거두고서 "훗날의 성취를 헤아릴 수 없도다."라고 하였다.

임신년(1752, 영조28)에 음직으로 익릉 참봉(翼陵參奉)에 제수되었으나 떠나셨고, 이듬해에 세자 익위사 세마(世子翊衛司洗馬)에 조용(調用)되었으나 또한 오래지 않아 떠나셨다. 을해년(1755, 영조31)에 특명으로 6품에 올라 상의원 별제(尙衣院別提)에 제수되었다가 장예원 사평(掌隸院司評)으로 옮겼는데 또 떠나셨다. 정축년(1757, 영조33)에 외직으로 나가 평강 현감(平康縣監)이 되셨는데, 자신을 다스리기를 청렴하고 검약하게 하시고 정사를 시행함에 교화를 숭상하여 백성들이 선(善)에 감발하였으니, 옛 순리(循吏)[7]의 풍도(風度)가 있었다. 해를 넘겨 해임되어 돌아오셨다. 이로부터 연이어 빙고 별제(氷庫別提), 세손위종사 우장사(世孫衛從司右長史)에 제수되셨고, 다시 세손익위사 익찬(世孫翊衛司翊贊), 돈녕부 주부(敦寧府主簿), 종묘서 영(宗廟署令), 한성부 서윤(漢城府庶尹)이 되셨는데, 나아가지 않기도 하고 나아가기도 하셨으나, 나아가더라도 관직에 오래 머무르지

윤달을 사용하여야 사시를 정하여 해를 이루어서 진실로 백관을 잘 다스려 모든 공적이 다 넓혀질 수 있을 것이다.'〔帝曰 : 咨汝羲暨和, 朞, 三百有六旬有六日, 以閏月, 定四時成歲, 允釐百工, 庶績咸熙.〕"라고 하였는데, 이 부분은 해와 달의 운행과 달의 대소(大小)와 윤달에 대하여 이해해야 하기에, 난해하기로 유명하다.

7 순리(循吏) : 법을 잘 지키고 도리를 따르는 관리라는 뜻으로, 백성에게 선정(善政)을 베푼 지방관을 말한다. 《사기(史記)》에 〈순리열전(循吏列傳)〉이 실려 있는데, 이에 대해 〈태사공 자서(太史公自序)〉에 "법을 받들고 도리를 따르는 관리는 공로를 자랑하지 않고 능력을 과시하지 않아 백성의 칭송도 없지만, 또한 잘못된 행적도 없다. 이에 〈순리열전〉 제59권을 짓는다."라고 하였다.

않으셨다. 이에 성상께서 늘 노하여 하리(下吏)를 명하여 독책(督責)하였다.

무자년(1768, 영조44)에 외직으로 나가 용궁 현감(龍宮縣監)이 되어 평강(平康)에 부임하셨을 때처럼 다스리셨다. 그해에 큰 기근이 드니, 부군께서는 마음을 다하여 진휼하여서 백성 중에 유망(流亡)하여 굶어 죽은 이가 없었다. 그러나 명망에 힘쓰지 않으셨기 때문에, 관찰사로 온 사람일지라도 진실로 그 정치를 모두 다 알지는 못하였다. 경인년(1770, 영조46)에 병으로 사직하고 떠나가시니, 백성들의 그리워함이 오래도록 더욱 줄어들지 않았다.

신묘년(1771, 영조47)에 의빈부 도사(儀賓府都事)로 있다가 국제(菊製)[8]에 장원으로 발탁되어 직부전시(直赴殿試)의 명을 받았다. 집경당(集慶堂)에서 진대(進對)하니, 어필(御筆)로 지희시(志喜詩)를 하사하여 총애하시고, 친히 글을 지어 문효공(文孝公)과 문목공(文穆公)을 치제(致祭)하였다.[9] 이듬해에 창방(唱榜)할 때에 또 어제시(御製詩)를 하사하고 선조의 사당에 치제(致祭)하기를 처음에 하셨던 것처럼 하였다.

예조 정랑(禮曹正郞)에 제수되었다가 세손시강원 문학(世孫侍講院文學)으로 옮겼는데, 어떤 일로 인하여 동료들과 함께 사판(仕版)에서

8 국제(菊製) : 절일제(節日製)의 하나로, 성균관의 원점 유생(圓點儒生)을 대상으로 9월 9일에 보인 구일제(九日製)를 말한다. 특교가 있으면 방외 유생(方外儒生)까지 시험하기도 하였다.

9 집경당(集慶堂)에서……치제(致祭)하였다 : 이때 영조가 오재순(吳載純)을 집경당에서 만나 어필로 칠언시를 하사하고 문효공 오태주(吳泰周)와 문목공 오원(吳瑗)에게 치제(致祭)한 기록이 《승정원일기》 영조 47년 9월 5일 기사에도 보인다.

이름이 삭제되고 취조를 받았으나 곧 사면되었다. 홍문관(弘文館)에 선발되어 들어가서 부교리(副校理)가 되셨다. 당시에 성상께서 어떤 일로 인하여 격노하여 제신(諸臣)의 진현(進見)을 허여하지 않으셨는데, 부군께서 상소를 올려 진달하여 간언하니, 답하지 않으셨다. 얼마 지나지 않아 사직하여 체차되었다. 그 사이에 서학 교수(西學教授)를 겸임하고, 어사(御史)의 선발을 입었다. 그해 겨울 현종(顯宗)의 휘호(徽號)를 가상(加上)할 때 대축(大祝)을 맡은 일로 통정대부(通政大夫)에 올랐다.[10] 승정원 동부승지(承政院同副承旨)에 제수되었는데 사직하고 숙배하지 않아 체차되었고, 첨지중추부사(僉知中樞府事)에 제수되었다.

계사년(1773, 영조49)에 누차 후원(喉院 승정원)에 들어가고, 병조참지(兵曹參知)가 되었는데, 모두 어버이의 병으로 큰 직임을 맡기 어렵다 하여 상소를 올려 진정(陳情)하여 간절히 사직하니, 성상께서 그때마다 허락하셨다. 이윽고 하교하시기를, "지금 유신(儒臣) 오재소(吳載紹)가 입직(入直)한 것을 보니, 어버이의 병이 나았음을 알 수 있다. 지난번에 기성(騎省 병조)에 답하(踏下)한 것이 잘못이었음을 내 깨닫겠으니, 공조참의(工曹參議)에 제수하라."라고 하였다. 이윽고 승지(承旨)로 옮겼는데 소명(召命)을 어겨 체차되니, 하교하시기를, "산관(散官)으로 삼는 것은 가히 애석하다."라고 하시고 특명으로 병조

10 그해……올랐다 : 1772년(영조48)에 영조가 현종대왕(顯宗大王)이 왕업을 이어받아 지켜냈으므로 세실(世室)로 모셔야 마땅하다고 하여 11월 18일에 현종대왕에게 휘호(徽號)를 올리고 세실로 모셨다. 그리고 이날 참여한 대축(大祝) 등의 관원들을 가자(加資)하도록 하였다.《承政院日記 英祖 48年 11月 5, 18日》

참의(兵曹參議)에 제수하셨는데, 또 진정(陳情)하여 체차되었다. 갑자기 우승지(右承旨)에 제수되었다.[11] 당시에 성상께서 숭릉(崇陵)에 일이 있어[12] 예방(禮房)에 있는 이들의 자품이 오를 터였는데, 부군께서는 갑자기 병을 이유로 사면(辭免)하였다.

부군께서는 평소에 중망(重望)을 입고 성상께 융숭한 지우를 입었는지라 성상께서 급히 등용하고자 하였으나, 그때마다 당로자(當路者)들로부터 구애를 받았으므로, 제수하면서 모두 특지(特旨)를 사용하였고, 전부(銓部)의 의망(擬望)을 거친 적이 없었다. 이로부터 을미년(1775, 영조51)에 이르기까지, 받은 고신(告身)이 단지 승선(承宣 승지(承旨))일 뿐이었다. 당시에 권세를 가진 흉악한 이들이 나라를 전단하여 기세가 중외(中外)를 압도하였으니, 부군께서는 벼슬길에 전혀 뜻이 없어서 문을 닫고 자취를 거두어 노년에 조양(調養)하며 책을 읽는 것을 즐거움으로 여기셨고, 바깥의 일에 있어서는 담박하여 마치 듣지 못하는 것처럼 하셨다. 늘 제수하는 명이 내려오면 숙배하지 않는 적이 많았고, 숙배하더라도 순월(旬月)만큼도 지체하신 적이 없으셨으니, 사람들이 혹 '잠패처사(簪佩處士)'라고 불렀다.

병신년(1776, 영조52)에 좌승지(左承旨)에 제수되었다. 마침 성상

11 우승지(右承旨)에 제수되었다 : 오재순(吳載純)은 1773년(영조49) 8월 9일에 우승지에 제수되었다. 《承政院日記 英祖49年 8月 9日》

12 당시에……있어 : 숭릉(崇陵)은 현종과 그의 비 명성왕후 김씨의 능이다. 당시 기신제가 있었는데, 현종의 기일이 8월 18일이다. 그 전날 영조가 연화문(延和門)에 나아가서 향(香)을 공경히 맞이하는 예식을 행하고, 이어서 광명전(光明殿)에 나아가서 어필(御筆)로 글자를 서서 목판(木板)에 새겨서 숭릉의 향대청(香大廳)에 걸라고 명하였다. 《英祖實錄 49年 8月 17, 18日》

께서 효장묘(孝章廟)[13]에 호(號)를 하사하였는데, 집사(執事)의 수고로움을 논하여 가선대부(嘉善大夫)로 품계가 오르고 병조참판(兵曹參判)이 되었으며 동지의금부사(同知義禁府事)를 겸하였다. 3월에 영종(英宗 영조)께서 승하하고 금상(今上)께서 즉위하시어, 대행대왕행장찬집 당상(大行大王行狀纂集堂上)에 차임되고 동지춘추관사(同知春秋館事)를 겸하였으며, 이윽고 홍문관 부제학(弘文館副提學)이 되었다.

당초에 선왕께서 연로하여 정사에 피로하시어 자주 병으로 누우셨는데, 적신(賊臣) 정후겸(鄭厚謙)과 홍인한(洪麟漢)이 정후겸의 어머니 화완옹주(和緩翁主)와 함께 안팎에서 호응하여 위복(威福)[14]을 제멋대로 농단하였으니, 성상께서 춘궁(春宮)에 계시면서 마음속으로 그들을 미워하셨다. 성상께서 대리청정하실 때에 이르러 그들이 스스로 용납되지 못할 것을 알고서 온갖 계책으로 위협하고 핍박하였으니, 이에 이르러 국론이 끓어올라 모두 죽여야 한다고 하였다. 부군께서는 삼사(三司)의 제신(諸臣)과 함께 입대(入對)하여 빨리 정후겸과 홍인한의 죄를 바로잡을 것을 청하였는데, 성상께서 듣지 않으시니, 물러나 동료들과 차자(箚子)를 올려 더욱 힘써 쟁론하였다.

승정원 도승지(承政院都承旨)로 옮겼는데, 어전에 입시하여 연로하

13 효장묘(孝章廟) : 영조의 아들 효장세자(孝章世子)의 묘호(廟號)로, 훗날 정조가 즉위한 후에 진종(眞宗)으로 추존되었다.

14 위복(威福) : 군주가 시행하는 상벌(賞罰)의 권한을 이르는 말이다. 《서경(書經)》 〈주서(周書) 홍범(洪範)〉에 "오직 군주만이 복을 만들 수 있고, 오직 군주만이 위엄을 부릴 수 있다.〔惟辟作福, 惟辟作威.〕"라고 하였는데, 공영달(孔穎達)의 소(疏)에 "오직 군주만이 복을 만들기 때문에 사람에게 포상할 수 있고, 오직 군주만이 위엄을 부리기 때문에 사람을 처벌할 수 있다."라고 하였다. 《尙書注疏 卷11 周書 洪範》

신 모친으로 인해 간곡히 진정(陳情)하니, 성상께서 강권하기 어려움을 아시고 특별히 허락하셨다. 동지경연사(同知經筵事)에 제수되었고, 명의록 찬집 당상(明義錄纂集堂上)에 차임되었으며, 그 사이에 부제학(副提學)으로서 명을 받아 홍문록(弘文錄)을 선발하였다. 체차되어 공조참판(工曹參判)이 되고 오위도총부 부총관(五衛都摠府副摠管)을 겸하였으며, 승문원 제조(承文院提調)가 되었다가, 곧 사헌부 대사헌(司憲府大司憲)으로 옮기고 경연특진관(經筵特進官)을 겸하였다.

정유년(1777, 정조1)에 병조참판(兵曹參判)에 제수되었다. 이에 앞서 부군께서 영록(瀛錄 홍문록(弘文錄))에서 김방행(金方行) 공을 취하셨는데, 이에 이르러서 헌장(憲長 대사헌) 정일상(鄭一祥)이 김공(金公)을 탄핵하고 아울러 권점을 주관한 부제학(副提學)을 배척하니, 부군께서는 편안히 있기가 몹시 어려워 스스로 인책하여 사면하셨다.[15] 얼마 지나지 않아 예조참판(禮曹參判)에 제수되고, 종묘서 제조(宗廟署提調)가 되었다.

무술년(1778, 정조2)에 동지중추부사(同知中樞府事)로 있다가 동지돈녕부사(同知敦寧府事)로 옮겼고, 동지실록사(同知實錄事)를 겸하

15 이에……사면하였다 : 김방행(金方行)은 역적 홍상간(洪相簡)과 절친한 친구로서 홍상간이 형장을 받고 죽자 그 시체를 거두어 주었고, 또 역당 이경빈(李敬彬)의 절친한 인친(姻親)인데도 불구하고, 1776년(정조 즉위년) 4월 11일에 도당록(都堂錄)에서 5점을 받아 홍문관 관원으로 추천되었다고 하여 대사헌 정일상(鄭一祥)이 4월 22일에 상소를 올렸다. 이에 이튿날 오재순(吳載純)은 상소를 올려서 자신이 부제학(副提學)으로서 당시 홍문록(弘文錄)의 권점(圈點)을 주관한 사람이었다고 하여 스스로 탄핵하고, 벌을 내릴 것을 청하였다. 《承政院日記 正祖 1年 4月 22, 23日》《正祖實錄 1年 4月 11日, 5月 6日》

여《영조실록(英祖實錄)》의 찬수에 참여하셨다. 대사헌(大司憲)에 제수되었는데, 재이(災異)로 인하여 응지(應旨)하여서 천위(天威)를 공경하고 정형(政刑)을 밝힐 것을 진계(陳戒)하였다. 이윽고 간신(諫臣)들과 함께 정치달(鄭致達) 처의 죄를 벌할 것을 청하다가 엄한 교지를 입고서 관직에서 물러나게 된 지 한 달이 지나서 서용(敍用)되어 부제학(副提學)에 제수되었다.[16] 또 삼사(三司)의 신하들과 함께 복합(伏閤)하여 다시 이전의 청을 아뢰었는데, 성상께서 인견(引見)하시고서 형률(刑律)을 줄일 뜻을 하유하셨다. 물러나 상소를 올려 안치(安置)하라는 명(命)을 거두고 법률로 다스리기를 청하였는데, 성상께서 비답을 내려 따르지 않으시고 부군을 면직하게 하셨다. 오래 지난 뒤에 성균관 대사성(成均館大司成)에 제수되고 사역원 제조(司譯院提調)가 되었다.[17]

기해년(1779, 정조3)에 외직으로 나가 성천 부사(成川府使)가 되었

16 이윽고……제수되었다 : 정치달(鄭致達)의 처는 영조의 서녀(庶女)인 화완옹주(和緩翁主)로, 자식이 없어 정후겸(鄭厚謙)을 양자로 들였는데, 정조에 의해 서인(庶人)으로 강등되었다. 오재순(吳載純)은 대사헌(大司憲)으로 있으면서 간신(諫臣)들과 함께 1777년(정조2) 4월 말부터 계속하여 정치달의 처를 처벌할 것을 요구하였다가, 5월 25일에 물러나 기다리라는 명을 받았고, 한 달이 지나 6월 23일에 부제학(副提學)에 제수되었다.《承政院日記 正祖 2年 4月 26日, 5月 25日, 6月 23日》

17 또……되었다 : 오재순(吳載純)은 부제학(副提學)으로 있으면서 삼사(三司)가 합계하여 정치달(鄭致達)의 처의 죄를 성토할 것을 주장하였으나, 정조는 감사(減死)하여 교동부(喬桐府)에 안치(安置)하라는 명을 내렸다. 이에 다시 정형(正刑)을 주장하다가 1777년(정조2) 윤6월 23일에 체차되어 그해 10월에 사역원 제조(司譯院提調) 및 성균관 대사성(成均館大司成)에 제수되었다.《承政院日記 正祖 2年 4月 26日, 閏6月 23日, 10月 10·16日》

는데, 가을에 최 부인(崔夫人)의 상(喪)을 당하였다. 상복을 벗고 나서 다시 부제학(副提學)이 되셨으나 일에 연좌되이 삭직되었다. 임인년(1782, 정조6)에 문효세자(文孝世子)가 탄생하셨다. 성상께서 막 즉위하셨을 때에 가장 먼저 윤증(尹拯) 부자의 죄를 바로잡되 한결같이 숙묘(肅廟 숙종)의 유지(遺旨)를 따랐기에 사론(士論)이 이를 시원하게 여겼다.[18] 그런데 큰 경사를 만나 사면령을 행하시는 때에 이르러, 인하여 그 관작을 회복하게 할 것을 명하시고 이어서 금령(禁令)을 설행하여 이에 대해 언쟁하는 것을 막았다. 부군께서는 마침 대간(臺諫)의 지위에 계셨기에 상소를 올려 항론(抗論)하면서 인하여 금령을 설행한 잘못을 진달하니, 정원(政院)에서 꺼려서 봉납하지 않았다.

또 대사성(大司成)으로 있다가 대사헌(大司憲)으로 바뀌서 차임되었다. 당초에 간인(奸人) 채제공(蔡濟恭)이 내시와 결탁하여 몰래 흉론(凶論)을 주장하여 나라의 언론이 떠들썩하였는데, 이때에 이르러 조정에서 몹시 급히 성토하였으나 성상께서 굳게 받아들이지 않으셨다. 부군께서는 빈연(賓筵)에 입시하여 여론을 오래도록 거슬러서는 안 된다고 힘써 진언하다가 엄한 교지를 입고서 인책하고 들어가서 거듭 소명(召命)을 어겨 마침내 체직되었다.[19] 다시 대사헌(大司憲)이

18 성상께서……여겼다 : 1716년(숙종42)에 윤선거(尹宣擧)가 효종(孝宗)과 송시열(宋時烈)을 무함하고 그의 아들인 윤증(尹拯)이 이런 내용이 실린 문집을 간행했다는 이유로 윤선거의 문집을 훼판(毁板)하고 윤증 부자의 관작을 추탈(追奪)하게 하였었는데, 그 후 1722년(경종2)에 유생들의 상소로 관작이 복구되었던 것을 1776년 정조(正祖)가 즉위한 해에 다시 추탈한 바 있었다.

19 부군께서는……체직되었다 : 오재순(吳載純)은 1782년(정조6) 1월 16일에 대사헌(大司憲)에 제수되었는데, 다음날인 17일에 빈연(賓筵)에서 채제공(蔡濟恭)의 처벌

되어서 상소를 올려[20] 인심(人心)과 도심(道心)의 위태롭고 은미한 기미를 갖추어서 서술하고, 삼가 두려워하여 전학(典學)[21]하고 자신을 굽혀서 하문(下問)하여 근본을 바르게 하여 다스리는 근원을 간절히 살피시기를 권하였는데, 성상께서 가납(嘉納)하셨다.

체직되어 사간원 대사간(司諫院大司諫)에 제수되었으나 나아가지 않았다. 잠깐 병조참판(兵曹參判)으로 있다가 부제학(副提學)으로 옮겨졌는데, 홍문록(弘文錄)의 선발을 명하시니, 부군께서 예로부터의 관례에 영록(瀛錄 홍문록)의 권점을 두 번 주관한 경우는 없었다고 하여 사양하자 성상께서 허여하셨다. 누차 후원(喉院 승정원)에 들어가 도승지(都承旨)가 되었다.

계묘년(1783, 정조7)에 병조참판(兵曹參判)으로 있다가 다시 지신(知申 도승지)으로 돌아오셨고, 체직되어 호조참판(戶曹參判)에 제수되었다. 부개(副价 부사(副使))로 충원되어 심양(瀋陽)에 가셨는데, 저들이 준 은폐(銀幣)를 모두 흩어주셔서 물건 하나조차도 용만(龍灣

을 거듭 간청하다가 엄한 교지를 입어 체직을 청하였다.《承政院日記 正祖 6年 1月 16, 17日》

20 다시……올려 : 이때 오재순(吳載純)이 올린 상소는 그의 문집인《순암집(醇庵集)》 권3 〈사대사헌겸진계소(辭大司憲兼陳戒疏)〉에 보인다.

21 전학(典學) : 군주가 늘 학문에 힘쓰는 것을 이른다. 상(尙)나라 고종(高宗)이 부열(傅說)에게 가르침을 줄 것을 청하자 부열이 말하기를, "오직 학문은 뜻을 겸손하게 해야 합니다. 힘써서 때로 민첩하게 하면 그 닦여짐이 올 것이니, 독실하게 믿어 이것을 생각하면 도가 그 몸에 쌓일 것입니다. 가르침은 배움의 반이니, 생각의 처음과 끝을 항상 학문에 둔다면 그 덕이 닦여짐을 자신도 깨닫지 못할 것입니다.〔惟學遜志, 務時敏, 厥修乃來, 允懷于茲, 道積于厥躬. 惟斅學半, 念終始典于學, 厥德修罔覺.〕"라고 하였다.《書經 說命下》

의주)으로 건너면서 가져오시지 않으셨다. 겨울에 조정에 돌아와 동지의금부사(同知義禁府事)에 제수되었다.

갑진년(1784, 정조8)에 한성부 우윤(漢城府右尹)을 거쳐 천거되어 외직으로 나가 광주 부윤(廣州府尹)이 되셨다. 상께서 차츰 부군을 등용하시려고 하셨는데 묘당(廟堂)에서 갑자기 외직으로 옮겼는지라, 중론이 이를 애석하게 여겼다. 부군께서는 임소로 가시고 나서, "광주부(廣州府)는 한(漢)나라의 삼보(三輔)[22]와도 같으므로 더욱 가르침이 없어서는 안 되는데, 가르치는 것은 마땅히 교궁(校宮)으로부터 시작해야 한다."라고 하여서 즉시 글을 써서 제생(諸生)에게 방을 붙여 보이시고, 점차 연마하여 사나운 풍속을 바로잡으려 하셨는데, 한 달도 되지 않아 규장각 직제학(奎章閣直提學)으로 소명을 받아 돌아가셨다. 성상께서 연신(筵臣)에게 말씀하기를, "내가 근일에 오(吳) 아무개를 발탁하여 등용한 것은 바로 먼저 포덕후(褒德侯)를 등용하는 뜻[23]이다."라고 하셨다.

이윽고 발탁되어 자헌대부(資憲大夫)에 올라 공조판서(工曹判書)에 제수되었고 도총부 도총관(都摠府都摠管)을 겸하고 종부시 제조(宗

22 삼보(三輔) : 서울 부근의 지역을 가리킨다. 본래 한(漢)나라 때에 장안(長安)에서 동쪽을 경조(京兆), 북쪽을 풍익(馮翊), 서쪽을 부풍(扶風)이라 하였는데, 그 후 경사에 인접한 지역을 삼보라 칭하게 되었다.

23 먼저……뜻 : 포덕후(褒德侯)는 후한(後漢)의 탁무(卓茂)의 작호이다. 탁무가 밀현 영(密縣令)이 되었을 때 선정을 펴서 교화가 크게 행해졌으므로, 광무제(光武帝)가 왕망을 멸하여 한나라를 중흥(中興)시키고 맨 먼저 탁무에게 태부(太傅)의 높은 벼슬을 주고 포덕후에 봉하여 덕이 높은 사람에게 높은 관작으로 보답하는 뜻을 보였다. 《後漢書 卷55 卓茂列傳》

簿寺提調)가 되었다. 성상께서 하교하시기를, "임진년에 자품(資品)을 올릴 때에[24] 선조(先朝)께서 하교하신 것을 지금 중신(重臣)을 대하여 읊어 전함에, 숭릉(崇陵)의 외손[25]이 비로소 정경(正卿)에 올랐으니, 내 이 때문에 마음이 아프다."라고 하시고, 해창위(海昌尉)와 명안공주(明安公主)의 주제(主第 공주의 집)에 승지(承旨)를 보내 치제(致祭)하고 충정공(忠貞公)[26]의 사우(祠宇)를 일체로 치제하였으니, 특별한 대우였다.

가을에 천거로 홍문관 대제학(弘文館大提學), 예문관 대제학(藝文館大提學), 지성균관사(知成均館事), 세자좌부빈객(世子左副賓客), 규장각 제학(奎章閣提學)에 제수되었고, 교서관 제조(校書館提調)가 되었다. 부군께서는 관직에 발탁되는 것이 너무 빠르다고 하여 더욱 두렵게 여기셔서, 힘써 사직하고 나아가지 않으셨다. 마침 성상께서 저군(儲君)을 책봉하시어[27] 소명(召命)이 하루에 일곱 번 이르자, 이에 응하여 영묘(英廟)의 존호(尊號)를 추상(追上)하는 옥책문(玉冊文)과 왕세자를 책봉하는 죽책문(竹冊文)[28]을 찬진(撰進)하였다. 예식이 이

24 임진년에……때에 : 임진년은 1772년(영조48)으로, 현종(顯宗)의 휘호(徽號)를 가상(加上)하면서 이에 참여한 관원들에게 가자(加資)한 일을 말한다. 오재순(吳載純)은 당시 대축(大祝)을 맡아 통정대부(通政大夫)에 올랐다.

25 숭릉(崇陵)의 외손 : 숭릉은 현종의 능으로, 숭릉의 외손이란 오재순(吳載純)을 가리킨다. 오재순의 조부인 오태주(吳泰周, 1668~1716)가 현종의 딸인 명안공주(明安公主)와 혼인하여 해창위(海昌尉)에 봉해졌으므로 이와 같이 말한 것이다.

26 충정공(忠貞公) : 오재순(吳載純)의 증조 오두인(吳斗寅)을 가리킨다.

27 성상께서 저군(儲君)을 책봉하시어 : 정조의 장남 문효세자(文孝世子)가 1784년(정조8) 7월 2일 2세의 나이로 왕세자에 책봉되었다. 《正祖實錄 8年 7月 2日》

28 영묘(英廟)의……죽책문(竹冊文) : 이때 지은 두 편의 글은 오재순(吳載純)의 문

루어지자 여섯 번 글을 올려 해직을 청하셨는데, 성상께서 온화한 비답을 내려 허여하지 않으셨다. 이후 다시 문형(文衡)을 맡으시면 반드시 간곡히 사직하시다가, 재촉한 후에야 명에 응하셨다. 지중추부사(知中樞府事)로 있다가 지돈녕부사(知敦寧府事)로 옮기셨고, 사직서 제조(社稷署提調)가 되셨다.

을사년(1785, 정조9)에 공조판서(工曹判書)로 있다가 대사헌(大司憲)으로 옮기셨는데, 일에 연루되어 파직되셨다. 이윽고 서용되어 다시 내각제학(內閣提學)에 제수되고, 활인서 제조(活人署提調)가 되었다. 병오년(1786, 정조10) 원조(元朝)에 성상께서 일식으로 인하여 구언(求言)하였는데, 부군께서 내각의 관료들을 이끌고서 차자를 올려 곤궐(袞闕)[29]과 시폐(時弊)에 관한 상하 수백여 마디의 말을 힘써 진언하기를 몹시 절실하게 하니, 성상께서 후한 비답을 내리고 포장(褒奬)하셨다. 다시 대제학(大提學)에 제수되어 도당록(都堂錄)을 선발하였다.

당시에 우덕하(禹德夏)의 옥사(獄事)가 있었는데 성상께서 지레 작처(酌處)를 내리셨다.[30] 부군께서는 도헌(都憲 대사헌)으로 계시면서

집인 《순암집(醇庵集)》 권3 〈영종대왕추상존호옥책문(英宗大王追上尊號玉冊文)〉과 〈문효세자책봉죽책문(文孝世子冊封竹冊文)〉에 보인다.

29 곤궐(袞闕) : 임금의 과실을 뜻한다. 《시경》 〈대아(大雅) 증민(烝民)〉에 "곤직에 결함이 있거든, 중산보가 이를 깁도다.〔袞職有闕, 惟仲山甫補之.〕"라고 한 데서 온 말로, 곤직은 임금의 직무를 가리킨다.

30 당시에……내리셨다 : 삼수부(三水府)의 좌수(座首)인 우덕하(禹德夏)의 흉서(凶書)를 유한경(劉漢敬)이 순안(順安)의 한씨(韓氏) 성을 가진 사람에게 전달하기 위해 가지고 가다가 단천(端川)에서 발각되어 붙잡혔는데, 이 사건으로 갇힌 자가 수십

간장(諫長 대사간)과 함께 차자를 올려 작처를 그만두기를 청하고, 또 위관(委官) 및 의금부 제신(諸臣)이 옥사를 처리한 잘못을 논하였는데, 교리(校理) 심진현(沈晉賢)이 권귀(權貴)의 비위를 맞추어, 부군께서 대신(大臣)을 논척하면서 차자의 초본을 가지고 대신에게 사사롭게 질문하였다고 하여 상소를 올려 추악하게 비방하였으니, 실로 무함한 것이었다.[31] 성상께서 이로 인하여 부군의 관직을 삭탈하였는데, 이에 부군을 좋아하지 않던 이가 기미를 틈타 장차 발계(發啓)하여 죄를 더하고자 하니, 성상께서 이를 살피셨으므로, 그들이 끝내 뜻을 이루지 못하였다.

부군께서는 물러나 오래도록 교외의 별서에 머무르시다가 비로소 서용되어 형조판서(刑曹判書)에 제수되었는데, 상소를 올려[32] 스스로

명이 되었다. 이 사건을 유태수(柳泰守)와 유한경은 자복하였으나 주모자인 우덕하와 환관(宦官) 손효충(孫效忠)이 중간에 죽음으로써 진상을 밝히지 못한 채 정조가 관련자들을 참작하여 처벌하도록 하였다. 《正祖實錄 10年 2月 11, 12日》《日省錄 正祖 10年 1月 28日, 2月 11·12日》

31 부군께서는……것이었다 : 1786년(정조10) 2월 11일에 대사헌 오재순(吳載純)과 대사간 정존중(鄭存中)이 연명으로 차자(箚子)를 올려 우덕하(禹德夏)의 옥사(獄事)를 맡았던 의금부의 신하들을 견파(譴罷)하고, 재상의 반열에 있는 사람들은 더욱 엄중히 처벌해야 한다고 논하였고, 이튿날에도 삼사(三司)에서 합계하여 당시의 위관(委官)이었던 홍낙성(洪樂性)을 삭직하고 도성 밖으로 내보낼 것을 주장하였다. 그 후 17일에 부교리(副校理) 심진현(沈晉賢)이 상소를 올려, 양사(兩司)가 연명으로 차자를 올려 대신(大臣)를 논죄하여 배척하는 것은 조정의 큰 의논인데, 지난번 국청(鞫廳)의 자리가 파하려고 할 때 양사의 장관이 연명 차자의 초본을 대료에게 내보이면서 감률(勘律)의 경중을 질정하였으니, 이는 그 사람을 논죄하려고 하면서 그 사람과 서로 의논하는 것으로서 대각(臺閣)의 수치라 하였다. 이에 그날 오재순과 정존중을 삭직하게 하였다. 《日省錄 正祖 10年 2月 11, 12, 17日》

탄핵하여 나아가지 않으셨다. 이윽고 또 동지성균관사(同知成均館事)가 되었고, 전의감 제조(典醫監提調)가 되셨다. 마침 태학(太學)의 제생(諸生)이 어떤 일로 인하여 권당(捲堂)하여 성상의 노여움을 격동시켜, 갑자기 다른 유생은 들어가기를 권하도록 명하였다. 부군께서는 요당(僚堂)과 함께 상소를 올려 성명(成命)을 거두어서 선비를 대우하는 도리를 다할 것을 청하였는데, 가납하지 않으셨다.[33] 또 누차 계(啓)를 올려 쟁론하니, 식자들이 이를 훌륭하게 여겼다.

정미년(1787, 정조11)에 예문관 제학(藝文館提學)에 제수되고, 내의원 제조(內醫院提調)가 되셨다. 가을에 특별히 이조판서에 제수하였는데, 부군께서는 평소에 권요(權要)의 자리에 머무르고자 하지 않으시어 누차 소명(召命)을 어기고 또 글을 올려 굳게 사양하니, 상께서 허락하지 않으시고는 하유하기를, "경에게서 취한 것은 경의 규모가

32 상소를 올려 : 이때 올린 오재순(吳載純)의 상소는 《순암집(醇庵集)》 권3 〈인심진현소사형조판서소(因沈晉賢疏辭刑曹判書疏)〉에 보인다.

33 마침……않으셨다 : 권당(捲堂)은 성균관 유생들의 시위 방법으로서, 일종의 동맹휴학이라 할 수 있다. 당시에 성균관 유생들이 역적을 성토하자는 상소를 올렸는데, 이 논의에 반대하였던 조상우(趙相羽), 정수귀(鄭遂龜), 정수기(鄭遂麒)가 자신들의 명첩(名帖)을 상소에서 떼어 내자, 성균관 유생들이 명고(鳴鼓)의 벌을 시행하였다. 그런데 조상우 등이 형조에 공초한 내용에 상소에 연명한 유생들을 무함한 내용이 있다고 하여 성균관 유생들이 재사(齋舍)에 나아가지 않고 며칠을 연이어 권당(捲堂)을 시행하고 신당(神堂)에서 배사(拜辭)하였다. 그러자 며칠 뒤 동지성균관사(同知成均館事)로 있던 오재순(吳載純)과 대사성(大司成) 민종현(閔鍾顯)이 연명으로 상소를 올려, 조상우 등에 대한 처분은 엄하였으나 재사를 지키는 일에 있어서는 다른 유생들을 들어가도록 권하라는 명만 내린 것은 어진이를 우대하는 성대한 은전이 아니라고 하여 이 명을 중지하고 도로 들어가도록 권해달라고 청하였다. 《日省錄 正祖 10年 12月 16, 19, 20, 21日》

법도를 넘지 않아 거의 진압하여서 따르게 할 수 있기 때문이니, 경은 사직하지 말아서, 특별히 간택한 뜻을 저버리지 말라."라고 하였다.

또 인견(引見)하여 면유(面諭)하기를 간절하고 정중하게 하시니, 마침내 억지로 힘써서 명에 응하되, 인재를 등용하기를 공평하게 하여 그 사이에 사사로운 호오를 두지 않으셨고, 관절(關節)[34]을 엄히 다스리고 간알(干謁)을 물리치셨다. 모든 의망(擬望)을 천거하는 일에 있어서 일에 앞서 말에 올리신 적이 없으셨고, 훗날 덕을 과시하는 기색을 보이신 적이 없으셨다. 그래서 비록 말세의 사람들이 눈을 부릅뜨고 흘겨보는 것을 좋아하였지만 끝내 부군께서 치우침이 없는 것에 승복하였다.

이로부터 성상께서도 위임하고자 하였으나, 부군께서는 더욱 머뭇거리며 나아가지 않으셨다. 전후로 전형(銓衡)의 직임에 처하심에 체직과 파직이 이어져 오래 머무르지 않으셨다. 어제(御製)를 교정한 뒤에 상으로 정헌대부(正憲大夫)에 가자(加資)되었으니,[35] 부군께서 다년간 편차(編次)를 주관하심에, 성상께서 그 정밀함을 몹시 칭찬하셨다. 정주(政注)가 성상의 뜻에 부합하지 못하였다 하여 파직되었다가, 이윽고 서용되어 형조판서로 있다가 의정부에 들어가 좌참찬(左參贊)이 되었다. 체직되어 예조판서에 제수되었다가 다시 이조판서가

34 관절(關節) : 요로에 뇌물을 바치고 청탁하는 것을 이른다. 관절은 뼈마디로서 인체의 요긴한 부분이기 때문에 관료조직에서의 요로를 뜻한다.

35 어제(御製)를……가자(加資)되었으니 : 1787년(정조11) 8월에 10년간의 어제(御製) 시문(詩文)을 4년여에 걸쳐 총 60권으로 편차(編次)한 일로 해당 관원들을 시상하였는데, 검교제학(檢校提學)으로 있던 오재순(吳載純)도 가자(加資)되었다. 《日省錄 正祖 11年 8月 29日》

되시고, 비변사(備邊司)의 당상관을 겸임하였다.

무신년(1788, 정조12)에 성상께서 채제공(蔡濟恭)을 특별히 재상의 직임에 배수하니,[36] 중론(衆論)이 크게 놀랐다. 부군께서 일부러 하비(下批)하지 않자, 아침부터 밤까지 독촉하고 신칙하는 명이 자주 내려왔으나 명을 받지 않았다. 성상께서는 부군을 파직하시고, 갑자기 가승지(假承旨)로 하여금 대신 행하도록 하였다. 며칠 뒤에 다시 제수하여 재촉하여 부르는 명이 이어지니, 부득이 관직에 나아가셨다.

당초에 문목공(文穆公)께서 오광운(吳光運)의 아첨하는 정상을 거론하여 탄핵하였는데, 오광운이 도리어 매도하기를 망측하게 하였다.[37] 이때에 채제공이 오광운의 시장(諡狀)을 찬술하면서 사실을 애매하게 만들어 남몰래 침해하고 무함하였는데, 동시에 이조(吏曹)에 이른 시장(諡狀)이 거의 수십 건이었다. 마침 일이 몹시 급박하였기에 부군께서 미처 자세히 보지 못하고 여러 시장(諡狀)과 뒤섞어 서명하였다가, 추후에 비로소 깨닫고서 이에 상소를 올려 자송(自訟)하여 뉘우치는 뜻을 진달하고 본직을 해임해주기를 청하니, 성상께서 비답을 내려 면직을 허락하셨다.[38]

36 성상께서……배수하니 : 1788년(정조12) 2월 11일에 어필(御筆)로 채제공(蔡濟恭)을 특별히 임명하여 우의정으로 삼았다.《正祖實錄 12年 2月 11日》

37 당초에……하였다 : 문목공(文穆公)은 오재순의 부친 오원(吳瑗)을 가리킨다. 1729년(영조5) 3월에 영남 안핵 어사(嶺南按覈御史) 오광운(吳光運)이 상소를 올려 이재(李栽) 등 22명을 조용(調用)할 것을 청한 데 대해, 오원이 그들은 경신년(1680, 숙종6)의 흉얼(凶孼)이거나 기사년(1689, 숙종15)의 역종(逆種)인데도 불구하고 그의 상소를 칭찬하고 상을 내린 것이 잘못된 처사였음을 논하였다. 그 뒤로 서로 번갈아 상소하여 서로 공격하며 다투었던 일을 가리킨다.《英祖實錄 5年 3月 10日・19日, 10年 1月 21日》

이윽고 연이어 홍문관 제학(弘文館提學)과 지경연사(知經筵事)에 제수되었는데, 마침내 상소를 올려 선조가 입은 무함을 다시 아뢰고서 관직을 그만두고 자정(自靖)하기를 청함에 말이 몹시 슬프고 고달팠으나, 답하지 않으셨다. 또 우참찬(右參贊)으로 있다가 이조판서에 제수되었는데 굳게 사은숙배하지 않으니, 소견(召見)하여 돈면(敦勉)하였다. 등연(登筵)하고서 더욱 사직해 마지않고서 이로 인하여 물러나 합문(閤門) 밖으로 나와 관을 벗고 석고(席藁)하고서 명을 기다렸다. 성상께서 꾸짖는 하교를 내려 함문(緘問)[39]하시니, 말이 매우 엄정하였다. 부군께서는 황공하여 단지 사은하고 물러나서 다시 진정(陳情)하여 힘써 고사하였으나, 허락하지 않으셨다. 이로부터 소명(召命)이 있으면 번번이 어기고 크고 작은 조회에 병을 이유로 나아가지 않았기에, 때때로 절실하게 꾸짖는 하교를 입으셨다. 한 달여를 지낸 뒤에 다시 상소를 갖추어 면직을 구하여 마침내 파직되었다가, 얼마 뒤 서용되어 공조판서에 제수되었고, 또 이조판서로 바뀌었으며, 봉상시 제조(奉常寺提調)가 되었다.

당시에 이문원(李文源) 공이 병조판서로 있었는데, 이공(李公)은 부군의 처남이었다.[40] 부군께서는 재앙을 초래하는 자리이니 의리상

38 이때에……허락하셨다 : 이때에 오재순(吳載純)이 올린 상소에 따르면, 당시 오재순은 이조판서로 있으면서 오광운(吳光運)이 포함된 시호(諡號)에 관한 정사가 마침 저물어갈 때 열려 허다한 시장(諡狀)들을 다 보지 못한 채 서명하여 의정부에 이송하였는데, 나중에 보니 선친을 비판하고 사실과 어긋나는 내용이 한두 구절이 있었다고 하였고, 결국 이로 인해 사직을 허락받았다.《日省錄 正祖 12年 4月 17日》

39 함문(緘問) : 공문서(公文書)를 가지고 죄과(罪過)를 추문(推問)하는 것을 말한다.

다시 차지해서는 안 된다고 여기고, 또 어찌 절친한 인척이 함께 양전(兩銓)을 차지할 수 있겠느냐고 하여 사직하였다. 성상께서 살피지 않고 재촉하여 정사를 행할 것을 명하였으나 끝내 응하지 않자 성상께서 노하여 파직하게 하였다.

기유년(1789, 정조13)에 좌참찬(左參贊)과 예조판서(禮曹判書)를 역임하고 또 대제학(大提學)을 겸임하였다가, 작은 일에 연루되어 파직되었는데, 이윽고 명하여 문형(文衡 대제학)에 잉임(仍任)하였다. 문형으로서 견파(譴罷)되었다가 곧 잉임(仍任)된 경우에는 번번이 모두 면직시켜주기를 호소하는 것이 문원(文苑)의 고사(故事)였으므로, 부군께서 이 예(例)를 끌어다 사직하시니, 성상께서 윤허하셨다.

여름에 이조판서에 제수되자 사직하였는데, 허락하지 않으셨다. 당초에 채제공(蔡濟恭) 등이 성상의 귀를 현혹해서 조덕린(趙德鄰)의 관작을 추복(追復)하였다.[41] 조덕린은 영묘(英廟 영조)께서 왕위를 이으신 뒤에 겉으로 진언(進言)을 가탁해서 남몰래 터무니없이 모함하려고 하여 사람들을 현혹해 선동하여 어지럽혔던 자이다. 형조판서(刑曹

40 이공(李公)은 부군의 처남이었다 : 이문원(李文源, 1740~1794)의 부친은 이천보(李天輔, 1698~1761)로, 오재순(吳載純)은 1743년(영조19)에 이천보의 차녀 연안이씨(延安李氏)와 혼례를 올렸다.

41 채제공(蔡濟恭)……추복(追復)하였다 : 조덕린(趙德鄰, 1658~1737)은 자는 택인(宅仁), 호는 옥천(玉川), 본관은 한양이다. 그는 1725년(영조1) 당쟁의 폐해를 논하는 십조소(十條疏)라는 상소를 올렸다가 노론의 공격을 받아 유배되어 죄명이 세초(歲抄)에 올라 있었는데, 1788년(정조12)에 우의정 채제공이 조덕린이 1728년(영조4) 정희량(鄭希亮)의 난에 창의(倡義)의 공을 세운 바 있다고 하여 관작을 회복해 줄 것을 아뢰었고, 결국 11월에 그의 죄를 탕척해주었다. 《承政院日記 英祖 1年 10月 20日》《日省錄 正祖 12年 11月 8日, 10日》

判書) 윤시동(尹蓍東) 공이 소장을 올려 항거하여 그 패역한 정상을 논하고 명을 도로 거두어 주기를 청하였는데, 성상께서 따르지 않고서 갑자기 그를 찬배하여 쫓아내셨다.[42] 그 후 성상께서 후회하고 깨우치는 뜻을 자못 보이시고, 곧바로 사환(賜環)[43]하셨다.

부군께서 정사를 행하실 적에, 곧 윤공(尹公)을 관직에 주의(注擬)하였는데, 이에 당인(黨人)이 떠들썩하게 일어나 이승운(李升運), 임도호(林道浩)가 서로 이어서 비방하여 반드시 모해하고자 하니, 성상께서 둘 다 파직하셨다.[44] 수개월이 지난 뒤에 서용되어 예문관 제학(藝文館提學)에 제수되었다. 겨울에 다시 이조(吏曹)에 들어가 상소를 올려 이전의 일을 끌어와 힘써 사직하였는데, 성상의 소명(召命)이 이르러 전석(前席)에 독촉하여 나아오게 하니, 얼마 지나지 않아 끝내 병을

42 형조판서(刑曹判書)……쫓아내셨다 : 1788년(정조12) 11월 10일에 정조가 조덕린(趙德鄰)의 죄명을 탕척해주자 그달 26일 윤시동(尹蓍東)이 상소를 올려 부당함을 지적하였는데, 정조가 윤시동에게 서용(敍用)하지 않는 법을 시행하고 다시 삼화부(三和府)로 귀양을 보냈다. 《正祖實錄 12年 11月 10·26日, 12月 3日》

43 사환(賜環) : 예전에 죄가 있어 쫓겨난 구신(舊臣)을 임금이 사면하여 조정으로 다시 불러들이는 것을 뜻한다. 《순자(荀子)》 〈대략(大略)〉에 "임금이 사람과 절교할 때에는 결을 쓰고, 절교한 사람을 돌아오게 할 때에는 환을 쓴다.〔絶人以玦, 反絶以環.〕"라고 하였는데, '결(玦)'은 고리의 한 부분이 떨어진 옥으로 결별하는 뜻을 나타내고, '환(環)'은 둥근 모양의 고리가 완전히 이어진 옥으로 다시 돌아오게 하는 뜻을 나타낸다.

44 이승운(李升運)……파직하셨다 : 당시에 사헌부 지평(司憲府持平) 이승운(李升運)이 상소를 올려 윤시동(尹蓍東)을 의망한 전관(銓官)을 탄핵하자 관련자를 처벌하고 이승운도 파직시켰으며, 이어서 사간원 헌납(司諫院獻納) 임도호(林道浩)가 전관의 잘못을 논하고 이승운을 파직하라는 명을 환수하기를 청하자 그를 서용(敍用)하지 않는 법을 시행하도록 명하였다. 《正祖實錄 13年 6月 28, 30日》

이유로 체직되었다. 한성부 판윤(漢城府判尹)에 제수되었으나, 숙배하지 않았다.

경술년(1790, 정조14)에 형조판서(刑曹判書)가 되고 내자시 제조(內資寺提調)가 되었다가, 예조판서로 옮기고 내각(內閣 규장각)과 홍문관(弘文館)의 제학(提學) 및 내국 제조(內局提調)를 겸임하였다. 당시에 과장의 유생들이 일찍 내는 것을 능사로 여겨 다투어 먼저 시권(試卷)을 바쳤기에, 시제(試題)가 걸리자마자 시권이 이미 쌓여 있었다. 이 때문에 문풍(文風)이 날로 낮아지니 성상께서 이를 근심하여 관각(館閣)의 신하들에게 명하여 바로잡아 개혁할 방도를 논의하게 하였다. 부군께서는 말하기를, "선비가 예와 같지 않은 것이 오래되었습니다. 지엽적인 법제(法制)에 급급해하면서 크게 변혁하기를 도모하는 것은 진실로 엉성한 것입니다. 그러나 어찌 전적으로 유생만을 책할 수 있겠습니까. 주사(主司)가 편의를 취하여 일찍 시권을 취하기 때문에 유생이 풍습을 이어받아 일찍 시권을 바치는 것이니, 지금 일찍 취하는 풍습을 변혁하지 않고서 일찍 바치지 말게 하는 것은 속이는 것입니다. 시권을 바치고 시권을 살핌에 모두 그 한도를 정하되, 송(宋)과 명(明)의 과장(科場)을 봉쇄하고 옥(屋)을 마련하였던 제도를 대략 본뜬다면, 혹 한때 바로잡아 구제하는 방도가 될 수 있을 것입니다."라고 하였다. 마침내 그 한도를 조목조목 열거하여 아뢰니, 성상께서 그 논의를 옳게 여겨 법식으로 삼도록 명하셨다.

또 어떤 이가 논의하기를, 승보시(陞補試)의 고강(考講)이 몹시 실효가 없다 하여 고강의 액수를 덜어서 제술(製述)의 액수를 늘일 것을 청하였는데, 부군께서는 "고강과 제술을 나누어 선비를 시험으로 뽑는 것은 여기에서 고인(古人)의 법의(法意)를 볼 수 있지만, 지금 실효가 없는 것은 마찬가지이니, 아울러 변혁하는 것이 옳습니다. 어찌 이쪽을 덜어내어 저쪽을 더하여서 편중하는 것이 옳겠습니까."라고 하니, 성상께서 몹시 그렇다고 여기셔서 논의가 마침내 중지되었다. 갑자기 이조판서에 제수되었다.

6월에 원자(元子)의 탄생하니, 약원(藥院)에서의 공로로 숭정대부(崇政大夫)에 오르고[45] 마침내 판의금부사(判義禁府事)에 제수되었다. 가을에 전임(銓任)을 사양하여 해임되었고, 안태사(安胎使)로 속리산에 갔다가, 일을 마친 뒤에 돌아와서 숭록대부(崇祿大夫)에 오르고 예조판서(禮曹判書)에 제수되었고, 체직되어 한성부 판윤(漢城府判尹)이 되고 관상감 제조(觀象監提調)가 되었다. 이윽고 운관(雲觀 관상감)의 일에 연좌되어 파직되었다가, 얼마 지나지 않아 서용되어 이조판서가 되었다.

이듬해 봄에 체직되어 지돈녕부사(知敦寧府事)에 제수되었고, 동지사(冬至使)에 정사(正使)로 충원되었다가 이어서 개차(改差)되었다. 예조판서로 있다가 천거되어 병조판서에 제수되었는데, 사직하지 못하였다. 혹 가까운 사람을 친밀하게 대하다가 먼 사람을 빠뜨릴까 염려하여, 엄체(淹滯)된 관원들을 진작시키고 선별함에 반드시 소원한 사람을 먼저 하였으니, 매위(韎韋)[46]들이 흡족하게 기뻐하며 칭송하였다.

45 6월에……오르고 : 1790년(정조14) 6월 18일에 훗날 순조(純祖)가 되는 원자(元子)가 탄생하였는데, 오재순(吳載純)은 이때에 약원 제조(藥院提調)를 맡은 공로로 가자(加資)되었다. 《日省錄 正祖 14年 6月 18, 24日》

46 매위(韎韋) : 적색의 가죽으로 만든 군복으로, 무관(武官)을 뜻한다.

겨울에 이조로 돌아와 수어사(守禦使)를 겸임하였다. 당시에 보장(堡障)이 쇠패하였는데, 성상께서 부군이 청렴하고 삼가심을 알고 특별히 이 일을 맡겨 소견(召見)하여 하유하고서 옛 모습을 복구하도록 하였다. 부군께서는 더욱 힘을 다할 것을 생각하셨으나, 다만 자질구레하게 술수를 써서 운용해 마련하는 것을 좋아하지 않으셨고, 단지 스스로 법도를 엄히 따라서 삼가 관문을 지키니, 교리(校吏)들이 경애하고 두려워하여 쓸데없는 비용을 줄이고 이자를 불려서, 겨우 한 해가 지남에 쌓인 것이 절로 넉넉해지고 온갖 사무 또한 조화롭게 이루어졌다. 성상께서 그 공적을 가상히 여기셔서 잠깐 체직되었다가 곧 잉임한 것이 여러 번이었다. 그 사이에 대정(大政)[47]이 행해졌는데, 채제공이 당시에 상부(相府 의정부)에 있으면서 정치를 묻는 자리에 나오지 않았다고 하여 견책하여 파직되었다.

오래지 않아 서용되어, 임자년(1792, 정조16)에 다시 내각 제학(內閣提學)과 수어사(守禦使)에 제수되었다. 부군께서는 내각(內閣 규장각)에 있었던 것이 가장 오래되었는데도 오직 겸양하셨다. 하루는 성상을 모실 때에 제신(諸臣)에게 술을 하사하셨는데, 연신(筵臣) 중에 부군의 주량이 크다고 아뢴 이가 있자, 성상께서 큰 술잔 하나를 명하시니, 부군께서는 황공하게 여기며 끝까지 마셨다. 그러자 성상께서 탄식하며 말씀하기를, "내가 오 제학(吳提學)에 있어서 그 지닌 바를

47 대정(大政) : 조선조에서는 해마다 6월과 12월이 되면 이조(吏曹)와 병조(兵曹)에서 벼슬아치들의 성적을 고과하여 인사 행정을 실시하였다. 이를 도목정(都目政)이라고 불렀는데, 12월의 인사가 그 규모가 컸기 때문에 대정(大政)이라 하고 6월의 인사를 소정(小政)이라고 하였다.

다 알지 못하는 것이 마치 술과도 같도다."라고 하셨다.

공조판서(工曹判書)를 지내고 판의금부사(判義禁府事)와 대제학(大提學)을 겸임하였는데, 도당(都堂)의 권점의 일로 인하여 연루되어 파직되었다가, 이윽고 다시 수어사(守禦使)에 제수되었다. 가을에 성상께서 광릉(光陵)에 알현하셨다. 당초에 부군께서는 영종(英宗) 을해년(1755, 영조31)에 상방(尙方 상의원(尙衣院))의 낭관으로 광릉의 행행에 따라왔는데, 이에 이르러 또 어가(御駕)를 호종하니, 이로써 한 자품을 올릴 것을 명하여, 보국광록대부(輔國崇祿大夫)에 올라 판중추부사(判中樞府事)가 되었다. 내각에 들어가 검교 제학(檢校提學)이 되었다. 겨울에 이조판서를 겸임하였는데, 이문원(李文源) 공이 이때에 또 서전(西銓 병조)에 있었다. 부군께서 말씀하기를, "이는 예전에 죄를 입으면서도 감히 응하지 못하였던 바이니, 지금 어찌 다름이 있겠는가."라고 하시고, 소명(召命)을 어겨 숙배하지 않으셨다.

마침 성상께서 이듬해 상신(上辛)[48]에 친히 사단(社壇)에 제사를 하고자 하여 서계(誓戒)함이 이번 제석(除夕)에 있었는데,[49] 총재(冢宰)가 서문(誓文)을 읽는 것이 일상적인 법도였다. 이윽고 말씀하기를, "성상께서 백성을 위하여 풍년을 기원하심에 마음을 재계하며 노심초사하고 계시니, 천신(賤臣)의 거취로 인해 번거롭게 해 드려서는 안

48 상신(上辛) : 그 해의 첫 번째 신일(辛日)을 가리킨다. 《사기(史記)》 〈악서(樂書)〉에 "한(漢)나라에서는 항상 1월 상신에 태일감천(太一甘泉)에 제사를 지냈다."라고 하였다.

49 서계(誓戒)함이……있었는데 : 1792년(정조16) 12월 30일에 인정전(仁政殿)에 나아가 풍년을 비는 큰 제사에 대한 서계(誓戒)를 행하였다. 《正祖實錄 16年 12月 30日》

된다. 일을 마치고서 진심을 아뢰더라도 어찌 늦은 것이겠는가."라고 하시고, 마침내 궐문에 나아가 공경히 숙배하셨다. 서계하는 반열에 나아가려 하실 때에, 계씨(季氏)이신 우리 대인(大人)께서도 진참(進參)하니, 갖옷을 보내어 추울까 경계하셨다. 물러나셨을 때에 사람을 시켜 돌아오셨는지를 물었는데, 오경(五更) 무렵이었다. 서안(書案) 위의 책을 뽑아 몇 장을 보셨는데, 불초한 우리들이 시좌(侍坐)하고 있으니 물러나 쉴 것을 명하시고, 마침내 취침하셨다. 동틀 무렵에 일어나 앉으심에 기침을 하시는 듯하더니, 곧 도로 누우셔서 잠시 뒤에 별세하시니, 실로 12월 30일이었다.

하루 전에 불초에게 말씀하기를, "내가 《노론(魯論)》의 '무의무필무고무아(毋意毋必毋固毋我)'와 '긍벌원욕(克伐怨欲)'이라는 두 단락의 말[50]을 입으로 읊고 마음으로 생각하여 때에 따라 체인하여 이같이 한 것이 오래다. 비록 나는 노둔하고 질박하여 감히 단번에 성문(聖門)의 인(仁)을 의논할 수는 없지만, 근래 마음과 언행을 점검해보건대 거의 그런대로 큰 잘못은 면하였다. 어렸을 때부터 사학(斯學)에 종사하지 못한 것이 후회스럽구나."라고 하셨다. 또 말씀하기를, "나는 '지혜가 아는 데에 미치더라도 인(仁)이 그것을 지켜내지 못한'[51] 유(類)의 사

50 노론(魯論)의……말 : 《논어(論語)》 〈자한(子罕)〉에 "공자는 네 가지가 완전히 없으셨으니, 사사로운 뜻이 없으셨으며 기필함이 없으셨으며 집착함이 없으셨으며 이기심이 없으셨다.〔子絶四, 毋意、毋必、毋固、毋我.〕"라고 한 부분과, 《논어》 〈헌문(憲問)〉에 "이기기를 좋아하고 공로를 자랑하며, 원망하고 탐욕을 부리지 않는다면 인이라고 말할 수 있습니까?〔克伐怨欲, 不行焉, 可以爲仁矣?〕"라는 물음에 공자가 "어렵다고 할 수는 있으나, 인인지는 내 알지 못하겠다.〔可以爲難矣, 仁則吾不知也.〕"라고 답한 부분을 가리킨다.

람이라고 할 만하다."라고 하셨다. 불초가 시좌(侍坐)한 지 30년 만에 비로소 부군께서 스스로 하신 말씀을 받들었으니, 거의 마지막 말씀이었던 것이다. 그런데 불초가 불효하여 어둡고 미혹하여 스스로 깨달아 알지 못하였으니, 유명(幽明)의 사이에 지극한 한이 맺힌 것이 하늘과 닿고 땅에 이른다. 아아, 애통하구나. 아아, 애통하구나.

부고가 알려짐에, 성상께서 놀라고 슬퍼하셔서, 연석(筵席)에 임하여 말씀하기를, "오(吳) 아무개는 진실로 고인(古人)이었으니, 고인을 지금 다시는 볼 수가 없구나."라고 하셨다. 관원을 보내어 부의(賻儀)를 보내고 고아를 조문하시고, 친히 글을 지어 널 앞에서 사제(賜祭)하셨다. 상제(祥祭)에 가까워졌을 때 특별히 명하여 시장(諡狀)을 기다리지 않고 절혜(節惠)[52]하시니, 홍문관(弘文館)에서 "배우기를 부지런히 하고 묻기를 좋아함〔勤學好問〕"과 "몸을 공손히 하고 말수가 적음〔恭己鮮言〕"이라는 두 시법(諡法)을 취하여 '문정(文靖)'이라고 시호를 내렸다. 시호를 선포하는 날에 또 친히 글을 지어 사제(賜祭)하면서 문효공(文孝公)과 문목공(文穆公)에게까지 이르렀으니,[53] 애영(哀榮)

51 지혜가……못한 : 이는 《논어(論語)》 〈위령공(衛靈公)〉에 "지혜가 이치를 아는 데에 미치더라도 인(仁)이 능히 그것을 지켜내지 못하면 비록 얻더라도 반드시 잃는다.〔知及之, 仁不能守之, 雖得之, 必失之.〕"라고 한 공자(孔子)의 말에서 온 것이다.

52 절혜(節惠) : 망자의 여러 가지 선행 가운데 특별한 것을 뽑아 시호를 내림을 이른다. 《예기(禮記)》 〈표기(表記)〉에 "선왕은 죽은 사람에게 하나의 시호를 가하니, 그 사람의 이름을 높여 주기 위함이다. 시호를 정할 때에는 그 사람의 아름다운 행실이 많다고 하더라도 오직 대표적인 미덕을 뽑아서 그 선행을 전일하게 하니, 이는 그 이름이 행실보다 지나친 것을 수치로 여겨서이다.〔先王諡以尊名, 節以壹惠, 恥名之浮於行也.〕"라는 공자(孔子)의 말이 나온다.

53 시호를……이르렀으니 : 이때 오재순(吳載純)의 조부 문효공(文孝公) 오태주(吳

의 은전[54]이 지극하도다. 이듬해 2월 20일에 직산현(稷山縣) 북쪽 대정리(大井里) 을좌(乙坐)의 언덕에 장례하였다. 염습(斂襲)에서부터 하관에 이르기까지 능단(綾緞)을 사용하지 않았으니, 유명(遺命)을 따른 것이었다.

배위(配位) 연안 이씨(延安李氏)는 영의정(領議政) 문간공(文簡公) 천보(天輔)의 따님으로, 따라서 정경부인(貞敬夫人)에 봉해졌다. 3남 1녀를 두셨으니, 아들 중에 장자 윤상(允常)은 어질고 호학(好學)하였으나 일찍 별세하여 후사가 없고, 차자 희상(熙常)과 연상(淵常)은 모두 출계하였으며, 딸은 한경리(韓景履)에게 시집갔다. 윤상은 현령(縣令) 김상성(金相聖)의 따님과 혼인하였는데, 지아비를 따라 죽어서 열녀로서 정려를 받았다. 희상은 목사(牧使) 권제응(權濟應)의 딸과 혼인하여 2남을 낳았고 연상은 참판(參判) 이석재(李碩載)의 딸과 혼인하여 2남1녀를 낳았는데, 모두 어리다. 부군이 남기신 뜻을 따라 희상의 장자를 윤상의 후사로 세웠으니, 이름은 치규(致奎)이다. 부군의 문집(文集) 몇 권이 있는데, 논하는 이들이 순박하고 고아하며 침착하고 함축하여 말과 조리가 모두 지극한지라 근세에 이러한 글이 드물다고 한다.

부군께서는 키가 크고 몸집이 크셨고 이마가 둥글고 턱이 풍만하였

泰周)와 부친 문목공(文穆公) 오원(吳瑗)을 오재순과 함께 치제한 글이 《홍재전서(弘齋全書)》 권23 〈해창위 오태주 명안공주 문목공 오원 문정공 오재순 치제문(海昌尉吳泰周明安公主文穆公吳瑗文靖公吳載純致祭文〉에 보인다.

54 애영(哀榮)의 은전 : 생전과 사후에 모두 임금으로부터 두터운 총애를 입었다는 뜻이다. 《논어(論語)》 〈자장(子張)〉에 "살아계시면 영광스럽게 여기고, 돌아가시면 슬퍼한다.〔其生也榮, 其死也哀.〕"라고 한 말에서 유래한 것이다.

으며 눈썹이 시원하고 수염이 수려하여, 엄숙하고 공경하는 뜻이 용모에 넘쳐났다. 늘 조반(朝班)에 엄연히 서 계시면 풍도(風度)가 매우 빼어나 사람들이 모두 주시하였다. 평소에도 삼가시어 시선을 아래로 하고 깊이 생각하셨고, 남을 접할 때에도 겸양하고 공경하여 자신을 낮추었으며, 말을 입 밖에 내지 못할 듯이 하여 정성스러운 뜻이 말을 하기 이전에 있었다. 그러므로 친소와 귀천을 막론하고 모두에게서 환심을 얻으셨다. 그러나 절로 법도를 지니셔서, 자신을 굽혀 남을 따르신 적이 없으셨고, 남들도 감히 의(義)가 아닌 것을 가지고 간섭하지 못하였다.

효도와 우애가 빼어나서, 겨우 어린아이였을 적에도 이미 부모님을 공경할 줄을 알았다. 14세에 문목공(文穆公)이 세상을 떠나시자,[55] 상을 치르는 것이 노성(老成)한 사람과도 같았으니, 곡읍(哭泣)할 때에 보는 이들이 눈물을 흘렸다. 일찍 아버지를 여의었다고 하여 종신토록 애통함을 지녀서 평생 크게 웃으신 적이 없었고, 말이 선고에게 미치면 그때마다 줄줄 눈물을 흘리셨다. 사당의 일에 효를 지극히 하여 매일 일찍 일어나 전알(展謁)하셨고, 휘일(諱日)을 만나면 옷을 정돈하고 깊이 앉으셔서 사모하시는 바가 있는 듯하였다. 비록 혹한일지라도 반드시 목욕하시고서 일을 받드셔서, 울부짖으며 사모하기를 마치 단괄(袒括)[56]하셨을 때와 같이 하였다.

55 14세에……떠나시자 : 문목공(文穆公)은 오재순(吳載純)의 부친 오원(吳瑗)으로, 1740년(영조16)에 별세하였다.

56 단괄(袒括) : 두루마기 등 웃옷의 한쪽 소매를 드러내고 관(冠)을 벗고서 삼으로 머리를 묶는 것으로, 어버이의 상(喪)을 당했을 때 하는 예법을 말한다.

최 부인(崔夫人)[57]을 섬김에 뜻에 앞서서 미리 받들어서 여러 가지 방도로 뜻에 맞게 해드렸다. 그 정성이 늘 마음에 맺혀 있어서, 터럭만 한 일일지라도 스스로 전단함이 없으셨다. 최 부인께서 말씀하기를, "우리 아이가 나를 섬긴 50년 동안에 한 번도 조금이라도 나의 뜻을 실망시킨 적이 없었으니, 옛말에 '부모를 잘 섬긴다.'라는 것이 우리 아이 같은 이를 두고 이른 말일 것이다."라고 하셨다. 만년에 자주 병으로 누우시자 잠시도 곁에서 떠나지 않으셨고, 음식과 약물과 기거의 절도를 반드시 몸소 살펴 점검하여 남에게 하게 하지 않으셨다. 만약 물러나게 하시면 새벽이나 늦은 밤이라 하더라도 띠를 풀지 않고서 침실의 문밖에 꿇어앉아 병세의 가감을 남몰래[58] 살피셨다. 이와 같이 하신 것이 여러 달이었지만 조금도 게을리하지 않으셨다. 최 부인의 상에 이르러서는[59] 부군께서는 이미 연세가 몸을 훼손해서는 안 될 나이를 넘기셨지만[60] 예(禮)를 잡아 지킴에 있어 오직 삼가셨다.

형제와 더불어 서로 한 몸처럼 여기셨다. 중씨(仲氏)이신 군수공(郡守公)[61]께서 뜻을 품으신 채 일찍 별세하셨는데, 오래 지나고서도 슬퍼

57 최 부인(崔夫人) : 오재순(吳載純)의 어머니이자 오원(吳瑗)의 계배(繼配) 전주 최씨(全州崔氏)다. 1721년(경종1)에 오원에게 시집왔다.

58 남몰래 : 원문은 '산(潸)'이지만, 문맥에 맞게 '잠(潛)'으로 바꾸어 해석하였다.

59 최 부인의 상에 이르러서는 : 오원(吳瑗)의 계배(繼配) 전주 최씨(全州崔氏)는 1779년(정조3)에 별세하였다. 이 기록이 본집 권18 〈조비묘표(祖妣墓表)〉에 보인다.

60 연세가……넘기셨지만 : 《예기》 〈곡례 상(曲禮上)〉에 거상(居喪)의 예법에 대해 말하면서 "50세에는 극도로 슬퍼하여 몸을 크게 훼손해서는 안 되고, 60세에는 슬퍼하는 마음을 더욱 완화하여 몸을 훼손하지 않게 한다."라고 하였다.

61 중씨(仲氏)이신 군수공(郡守公) : 오희상(吳熙常)의 중부(仲父)이자 오재순(吳載純)의 아우인 오재유(吳載維, 1729~1764)로, 자는 지경(持卿), 호는 운초(雲樵),

하는 마음을 스스로 가누지 못하셨는지라, 빈객과 자제들이 차마 중씨(仲氏)가 살아계셨을 때의 일을 거론하지 못하였다. 백자(伯姊)와 중매(仲妹)가 이어서 과부가 되었는데, 집에 맞이해 와서 고락을 함께하고 어린 고아들을 보살피셨다. 우리 대인(大人)과 같은 집에서 거처하시면서 아침저녁으로 화락하게 지내는 것을 낙으로 삼아 잠시도 떨어지려 하지 않으셨다.

소싯적에 산수에서 술 마시며 글을 짓는 유람을 좋아하셨으나, 남과 맞이하여 만나신 적이 없으셨고 오직 동당(同堂)의 곤제(昆弟)들과 함께하시어, 훈지(壎篪)가 번갈아 창하여[62] 걸핏하면 상자에 시축이 가득하였으니, 도타운 윤리로 서로 친한 뜻이 늘 성대하였다. 이를 미루어 친척과 고구(故舊)에게 이르러서, 곡진하게 은애(恩愛)를 두어 베풀어 주기를 좋아하여 자신에게는 검약하게 하고 남에게는 넉넉하게 하고자 힘썼다. 그러므로 가난하고 곤궁한 사람들이 마치 집으로 돌아가듯 귀의하였다.

집안을 다스림에 법도가 있으셨는데, 소리와 얼굴빛으로 하지 않으시고 몸소 솔선하셔서 내외간에 엄숙하고 상하 간에 정연하였다. 비록

본관은 해주(海州)다. 출계하여 종백부(從伯父) 오완(吳琬)의 후사가 되었다. 오두인(吳斗寅)의 증손으로 기사사화(己巳士禍)의 사손(嗣孫)으로서 녹용(錄用)되어 의릉 참봉(懿陵參奉)에 제수되었고, 양지 현감(陽智縣監), 진산 군수(珍山郡守)를 역임하였다. 36세의 나이에 요절하였다.

62 훈지(壎篪)가 번갈아 창하여 : 형제 사이의 화목과 조화를 비유할 때 쓰는 표현으로, 훈은 질나발, 지는 젓대를 말하는데, 여기에서는 형제 간에 서로 수창(酬唱)한 것을 가리킨다. 《시경(詩經)》 〈소아(小雅) 하인사(何人斯)〉의 "맏형은 훈을 불고 둘째 형은 지를 분다.〔伯氏吹壎, 仲氏吹篪.〕"라고 한 데서 온 말이다.

한가롭게 지내면서 집안사람을 대하실 때일지라도 사사로운 말로 접하신 적이 없으셨으므로, 감히 게으른 모습으로 뵙지 못하였다. 자녀를 엄히 가르치셨는데 어릴 때에 바름을 기르는 공부[63]에 있어서 더욱 삼가서 안색에 가차를 두지 않으시고, 올바른 일을 보여주실 따름이었다.

산업(産業)에 대해 묻지 않으셔서, 재화와 이익에 있어서 욕심 없이 담박하셨다. 내외(內外)의 관직을 거치시면서 털끝만큼도 자신에게 누(累)가 되게 하지 않으셨다. 집안에 예로부터 논밭과 노복이 넉넉하였으나 은일된 경우가 많아, 오래도록 백성들이 차지하고 있었는데, 추심(推尋)할 수 있다고 고하는 이가 있자, 부군께서는 즉시 문서를 취하여 불살라버리셨다. 주부(州府)에서 보내주는 것이 있으면 근심하여 기뻐하지 않으셨고, 조금이라도 의례(儀禮)보다 지나치면 그때마다 거절하시면서, "이것이 무엇 때문에 이른 것인가."라고 하셨다. 자신을 봉양함에 있어서는 몹시 검약하게 하셔서, 거처와 복식과 기용을 포의(布衣)였을 때와 다르지 않게 하셨다. 높고 현달한 지위에 오르시자 더욱 절검하시기를 힘써서, 옷은 껴입지 않으셨고 그릇에는 진수성찬을 올리게 하지 않으셨다. 문과 담은 무너지고 뜰의 풀은 우거져서 쓸쓸히 마침 산야(山野)에 머무시는 것 같았다.

관직에 오르셔서도 집에서 거처하시듯이 하여서, 일일이 까다롭게 살피지 않고 형벌에 내맡기지 않으시고, 관대함을 높이 여기셨다. 오직 삼가 옛 법을 지키시고, 경장(更張)하는 것을 좋아하지 않으셨다. 만약

63 어릴……공부 : 《주역》 〈몽괘(蒙卦) 단전(彖傳)〉에 "어릴 때에 바름을 기름이 성인이 되는 공부이다.〔蒙以養正, 聖功也.〕"라고 하였는데, 이에 대한 정이천(程伊川)의 전(傳)에 "순일하여 개발되지 않은 몽(蒙)으로서 바름을 기름이 바로 성인이 되는 공부이다."라고 하였다.

조처하여 시행하는 것이 있으면 반드시 그 끝을 생각하셨으므로, 오래 지나고 난 뒤에 사람들이 비로소 그 편함을 알게 되었다. 조정에 계실 적에 아첨하지 않고 모욕하지 않으셔서,[64] 성심(誠心)으로 윗사람과 아랫사람을 미덥게 할 것을 생각하셨으니, 입조(立朝)하신 지 20여 년 동안 오직 신실하실 따름이었다.

세상의 태도와 안색을 꾸며 권모술수를 쓰는 사람을 보면 마치 자신을 병들게 할 것처럼 여기실 뿐만이 아니셨다. 남의 말을 따라 호응해서 도움을 구하신 적이 없었고, 또한 과격하고 각박하게 하여 고상해지고자 하지도 않으셨다. 순리를 밟아 견고히 뜻을 지키면서 능함은 남에게 양보하고 잘못은 자신에게 끌어왔다. 스스로 그 마음을 다하고자 하였는데 하나라도 저촉되고 거스름이 있으면 그때마다 "다만 나의 성심(誠心)이 미진하였을 따름이다."라고 하시고, 끝내 남을 원망하고 탓함이 없으셨다. 이 때문에 아랫사람에게 임할 적에 그 덕을 품어주셨고, 동료를 사귈 적에 그 마음을 미덥게 하였으며, 끝내는 또 위로 성주(聖主)의 남다른 지우(知遇)를 얻어 재차 호(號)를 하사받는 명을 입었으니, '순암(醇菴)'과 '우불급재(愚不及齋)'였다.

청요직(淸要職)에 번갈아 오르시면서 품계가 공고(公孤)[65]의 반열에 올랐으니, 그 융성하게 아끼고 총애하신 것과 깊이 돌아보고 알아주

64 아첨하지……않으셔서 : 《주역》 〈계사전 하(繫辭傳下)〉에 공자가 "군자는 위로 사귀되 아첨하지 않고 아래로 사귀되 모욕하지 않는다.〔君子上交不諂, 下交不瀆.〕"라고 한 데서 온 말이다.

65 공고(公孤) : 삼공(三公)과 삼고(三孤)를 가리킨다. 삼공은 주(周)나라의 태사(太師)·태부(太傅)·태보(太保)이고, 삼고는 소사(少師)·소부(少傅)·소보(少保)로, 전하여 중신(重臣)이나 대신(大臣)을 말한다.

신 것이 조정의 신하들 중에 짝할 이가 드물었으니, 부군께서는 더욱 감격하고 두려워하셨다. 그러나 세도(世道)의 오르내림에 대하여 깊이 근심하고 멀리 생각하여 자주 말씀하기를, "나라에 보탬이 된 바가 없이 한갓 성상께서 간택해주심을 욕보이고 높은 지위를 훔쳤을 뿐이니, 이것이 어찌 나의 본마음이겠는가."라고 하였다. 늘 인책(引責)하여 벼슬을 그만두고자 하였으나 그렇게 하지 못하셨으니, 때로 근심하고 답답해하시면서 스스로 즐겁게 지내지 못하셨다.

부군께서는 타고난 자품이 어질고 넓으며 돈후하고 아름답고, 간결하고 순수하며 깊고 침착하여서 외물에 구애받지 않으셨다. 의(義)를 보고서 이에 옮겨가실 때에는 마치 터진 물이 바다에 달려가는 것처럼 하셨다. 소싯적에 문사(文詞)를 전공하여 남 문청공(南文淸公) 유용(有容)에게 크게 인정을 받았는데, 중년에 생각을 바꾸어 뉘우치시기를, "이것이 어찌 하늘이 맡겨준 중대함을 다할 만한 것이겠는가."라고 하였다.

마침내 이를 버리고 궁리격물의 학문에 전심하여, 음양이기(陰陽理氣)의 온축된 뜻과 천인성명(天人性命)의 근원을 깊이 궁구하셨다. 이윽고 말씀하기를, "성인(聖人)이 가르치신 것이 또한 어찌 이와 같았겠는가." 하고, 이에 또 돌이켜 요약하여, 오로지 내면에 마음을 써서 깊이 공자(孔子) 문하에서 인(仁)을 구한 뜻에 계합됨이 있었다. 자신의 사욕을 이겨 제거하고 기질을 바로잡는 것을 급선무로 여겨, 이를 말미암아 성인(聖人)이 되는 공부를 지극히 하여 천덕(天德)에 이르고자 하였는지라, 이치를 궁구함은 나 자신에게서 먼저 하고, 행실은 독실함을 근본으로 삼았다.

또 말씀하기를, "사람의 일신(一身)은 심(心)과 언(言)과 행(行)을 넘어서는 것이 없다. 여기에서 벗어나 도(道)를 행한다면 이는 도(道)가 아니다. 그러므로 예로부터 성현(聖賢)이 학문을 논할 적에 요컨대 그 본령과 핵심은 하나라도 이 세 가지를 중시하지 않은 것이 없었다. 이에 한 번 은미하게 생각할 때와 한 번 말할 때와 한 번 행동을 드러낼 때에 남몰래 스스로 살펴서 알되, 오직 터럭만큼이라도 천리(天理)가 아닌 데서 나올까 두려워해야 한다."라고 하셨다.

일찍이 말씀하기를, "궁리(窮理)의 공부는 모름지기 공(公)과 사(私), 선(善)과 악(惡)의 나뉨을 변별해야만 한다. 먼저 내 마음의 은미한 정의(情意)와 염려(念慮)에서부터 하나하나 끝까지 연구하여 그 이치를 다 궁구하여서, 무엇이 공(公)이고 선(善)이며, 무엇이 사(私)이고 악(惡)인가 하여서, 발하여 언행(言行)이 됨에 또 이와 같이 끝까지 연구하여 공(公)과 선(善)을 확충하고 사(私)와 악(惡)을 이겨내어, 내면에서부터 외면에 이르고 작은 것으로부터 큰 것에 이르러서, 순수하게 하늘의 법칙을 어기지 않으면, 이것이 이른바 궁리(窮理)하여 수신(修身)하는 것이다. 집안과 나라, 천하에 이르러서도 오직 이 도(道)를 미루어갈 뿐이다. 무릇 천하 만물이 비록 자기의 분수 안의 일이 아님이 없지만, 성인(聖人)께서 언제 사람들에게 이를 단번에 다 궁구하게 하신 적이 있었던가. 그러므로 '요순(堯舜)의 지혜로도 모든 일을 두루 알지 못한 것은 먼저 힘써야 할 일부터 서둘렀기 때문이다.'[66]라고 한 것이니, 배우는 자는 진실로 마땅히 이를 깊이 이해하여야 한다."라고 하셨다.

또 말씀하기를, "사람들이 실제로 제대로 공부하지 못하기 때문에

66 요순(堯舜)의……때문이다 : 이 말은 《맹자(孟子)》 〈진심 상(盡心上)〉에 보인다.

성인(聖人)의 말씀을 깊이 궁구하지 못하며, 성인의 말씀을 궁구하지 못하기 때문에 성인의 말씀에 의문을 가지지 못하며, 성인의 말씀에 의문을 가지지 못하기 때문에 성인의 말씀이 분명해지지 못하며, 성인의 말씀이 분명해지지 못하기 때문에 배우는 이들이 공부를 할 곳이 없으며, 공부를 할 곳이 없기 때문에 한갓 구이지학(口耳之學)에 귀결되고 마는 것이다."라고 하셨다. 또 말씀하기를, "배우고 나서도 본말(本末)과 시종(始終)을 아는 이가 거의 드무니, 이것이 후세의 배우는 이들이 끝내 아래에 처하는 까닭이다."라고 하셨다.

만년에 이르러 뜻이 더욱 독실해지셔서 하나의 일도 마음에 거리낄 것이 없었다. 오직 심사(心思)를 다하여 육경(六經)의 가르침에 쏟아서, 침잠하고 겸손히 하여 생각을 쌓아 묵묵히 체인하여서, 이를 심신(心身)에 체득하고 일에서 징험하여, 글자 하나 구절 하나도 모두 귀착되어 수용되는 바가 있어 빈말이 되지 않게 하고자 하였다. 공적인 일이 아니면 번번이 정원의 길도 쓸지 않고서[67] 방 안에서 깊숙이 문을 걸어 잠그고서 날마다 부지런히 힘쓰면서 터득하지 못하면 그만두지 않았다. 그리하여 혹 촛불을 잡고서 날을 새기도 하고, 혹 책상을 마주하고 식사하시는 것도 잊으셨으나 이 때문에 피곤해하지 않으셨다. 처음에 분비(憤悱)[68]하던 것을 끝내 이해하는 지경에 이르면, 기뻐하면

67 정원의……않고서 : 원문의 '각소(却掃)'는 '대문을 닫아걸고 정원의 길도 쓸지 않는다.〔杜門却掃〕'는 뜻으로, 세상과 관여하지 않고 오직 자신의 일에만 몰두함을 비유하는 표현이다. 북위(北魏)의 이밀(李謐)이 대문을 닫아걸고 정원의 길도 쓸지 않았으며, 산업은 돌보지 않은 채 독서만 일삼았던 고사에서 유래하였다.《魏書 卷90 逸士列傳 李謐》

68 분비(憤悱) : 분(憤)은 마음으로 통달하려고 해도 되지 않는다는 뜻이고, 비(悱)

서 몸이 늙는 것도 잊으셨다. 이에 참된 공부가 쌓여서 수양한 것이 더욱 견고해지고 숙련되어, 겉과 속이 서로 투명하고 은미한 것과 드러난 것이 일치하였다. 오직 독실하게 도(道)를 믿고 크게 도(道)를 알았으므로, 책임을 짊어지고 힘써 매진하면서도 거두어 감추어서 누설치 않으셨다.

세상의 배우는 이들이 표방을 내세우고 문호를 다투는 것을 깊이 경계하였고, 또 잠깐이라도 외물에 간섭됨이 있으면 내면의 참됨을 손상시킬까 염려하셨기 때문에, 내면은 실로 매우 지극하게 각고(刻苦)하면서도 외면은 깨끗하게 자취가 없었으니, 그 아무도 모르게 날마다 새롭게 하는 실질을 비록 집안사람일지라도 엿보지 못하였다. 부채(符采)[69]가 밖에 드러난 것은 정신이 안정되고 기운이 온화하며 몸이 공순하고 말이 겸손하여 동정(動靜)과 응수(應酬)에 있어 자부하지도 않고 소홀히 하지도 않아서, 절로 천연의 법도가 있어 조차간에도 변함이 없었다. 사람들이 비록 덕(德)을 닦고 도(道)를 응집한 공부가 있음을 알지는 못하였으나, 공경을 일으켜 사모하고 기뻐하지 않는 이가 없었다.

부군께서는 이미 여러 경서(經書)를 순환하여 치력하셨으되, 《대역(大易 주역)》과《논어(論語)》에 더욱 힘을 들이셨는데, 《주역》은 수십

는 입으로 표현하려 해도 되지 않는다는 뜻이다. 《논어(論語)》〈술이(述而)〉에 이르기를, "마음으로 통달하려고 노력하지 않으면 열어주지 않으며, 입으로 표현하려고 애태워하지 않으면 말해주지 않되, 한 귀퉁이를 들어주었는데 이것을 가지고 남은 세 귀퉁이를 반증하지 못하면 다시 더 일러주지 않아야 한다."라고 하였다.

69 부채(符采) : 아름다운 옥의 무늬와 색채로, 안에 쌓인 것이 외면에 드러나는 것을 가리킨다. 뛰어난 문예(文藝)와 재화(才華)를 비유하기도 한다.

년 동안 끊임없이 공력을 들이셨다. "《주역》이라는 책으로 말하면, 복희(伏羲)가 복서(卜筮)를 빌어서 괘(卦)를 그음에 의리가 갖추어지지 않았던 적이 없으며, 문왕(文王)과 주공(周公)이 의리를 위주로 하여 계사(繫辭)를 지음에 복서가 겸비되지 않았던 적이 없다.[70] 그러나 공자(孔子)께서 전적으로 의리만 가지고 전(傳)을 지으셨으니,[71] 배우는 이들이 중한 바가 무엇인지를 알 수 있다. 그러나 괘효(卦爻)의 뜻을 수립하지 않으면 《주역》은 끝내 분명히 알 수 없다."라고 하여서, 반드시 네 성인(聖人)이 남긴 뜻을 천년 뒤에서 드러내고자 하셨다. 한창 뜻을 다하여 정미하게 연구하실 때에 머리카락과 수염이 이 때문에 갑자기 하얗게 세었다. 이루어진 설(說) 약간 권이 집에 보관되어 있으니, 이로써 후세의 아는 이가 상고하기를 기다린다.

생각건대 부군께서는 사학(斯學)에 있어서 비록 겸양하여 자처하지 않으셨으나, 사승(師承)을 말미암지 않고서 홀로 깊은 경지에 이르러서, 공력을 들임에 있어서는 정연하게 단계가 있었고, 공효를 거둠에 있어서는 유구하기를 기약하였다. 그윽하게 숨겼기에 지키는 것이 더욱 엄하였고, 세세하고 은미하였기에 살피는 것이 더욱 치밀하였다. 그리하여 천리(天理)와 인욕(人慾)의 기미를 삼가기를 마치 옥기(玉

70 주역이라는……없다 : 《주역》은 복희씨(伏羲氏)가 팔괘(八卦)와 64괘(卦)를 그리고, 문왕(文王)이 이것을 연역하여 괘사(卦辭)를 짓고 주공(周公)이 효사(爻辭)를 지은 것으로 알려져 있다.

71 공자(孔子)께서……지으셨으니 : 《주역》 가운데 공자(孔子)가 지은 〈단전 상(彖傳上)〉·〈단전 하(彖傳下)〉·〈상전 상(象傳上)〉·〈상전 하(象傳下)〉·〈계사전 상(繫辭傳上)〉·〈계사전　하(繫辭傳下)〉·〈문언(文言)〉·〈서괘(序卦)〉·〈설괘(說卦)〉·〈잡괘(雜卦)〉의 십전(十傳)을 가리킨다.

器)를 손에 쥐거나 가득 찬 잔을 받들 듯이 하면서[72] 자나 깨나 게을리 하지 않았던 것이 40년이었는데, 마치 하루처럼 한결같으셨다. 《주역》에 이르기를, "처음부터 끝까지 두려워한다."[73]라고 하였고, 또 "묵묵히 성취한다."[74]라고 하였으니, 이를 말미암아 부군이 어떤 분인지를 구한다면 거의 이에 가까웠다고 할 수 있을 것이다.

아아, 사람들이 부군께서 효성스럽고 우애로우며 친인척 간에 화목하셨던 것을 보면 집안을 둔 사람들의 모범이 될 만하다고 칭하고, 군주를 섬김에 있어 예(禮)를 다하셨던 것을 보면 나라의 신신(藎臣)[75]이라고 칭하며, 남과 더불 적에 화락하고 남의 마음을 잘 미루어 헤아리신 것을 보면 남과 다툼이 없다고 칭하고, 관직에 있으면서 추호도 취하는 것이 없었던 것을 보면 빙벽(氷蘗)의 절조[76]라고 칭하며, 성색

72 옥기(玉器)를……하면서 : 이는 본래는 효자가 어버이를 섬길 때에 조심스럽고 경건한 태도를 유지하는 것으로, 《예기(禮記)》 〈제의(祭義)〉에 "효자는 마치 옥기를 손에 쥔 것처럼 하고, 물이 가득 찬 그릇을 받들고 가는 것처럼 하는 법이다. 그리하여 조심스럽고 경건하게 감당할 수 없는 것처럼 하고, 잘못되면 어찌할까 하는 자세를 항상 유지해야 한다."라고 한 데서 온 말이다.

73 처음부터 끝까지 두려워한다 : 이 말은 《주역》 〈계사전 하(繫辭傳下)〉에 보인다.

74 묵묵히 성취한다 : 이 말은 《주역》 〈계사전 상(繫辭傳上)〉의 "묵묵히 성취하며 말하지 않아도 믿음은 덕행(德行)에 있다."라고 한 말에서 온 것이다.

75 신신(藎臣) : 충애(忠愛)가 돈독한 충신을 이른다. 《시경》 〈대아(大雅) 문왕(文王)〉에 "왕의 신들은 너의 할아버지를 생각하지 않겠는가〔王之藎臣, 無念爾祖.〕"라고 하였는데, 《집전》에 채침(蔡沈)의 주에 "신(藎)은 나아감이니, 충애의 돈독함이 계속 나아가 그치지 않음을 말한 것이다."라고 하였다.

76 빙벽(氷蘗)의 절조 : 맑은 얼음물을 마시고 쓰디쓴 소태나무를 씹으면서 굳게 지키는 절조를 말한다. 당(唐)나라 백거이(白居易)의 시에 "3년 동안 자사로 있으면서, 맑은 얼음물을 마시고 쓰디쓴 소태를 씹었노라.〔三年爲刺史, 飮氷復食蘗.〕"라고 한 데

(聲色)을 가까이하지 않고 권세를 좋아하지 않으신 것을 보면 염아(恬雅)하다고 칭하고, 총애를 받는 것을 놀라고 두려운 듯이 여기고 높은 자리에 처하여 더욱 공순하셨던 것을 보면 겸신(謙愼)하다고 칭한다. 이 몇 가지는 자연히 날마다 행동거지에서 드러나 가릴 수 없는 것으로, 사람들이 각각 자신이 목도한 바를 가지고서 찬미한 것이다.

선친의 벗으로서 덕(德)을 아는 군자께서 "기린의 마음에 거북의 덕(德)"이라고 칭하신 것과 "상세(上世)의 인물"이라고 탄식하신 것과 "적자(赤子)의 마음을 잃지 않았다."라고 하신 것은 거의 부군을 깊이 안 것이라고 이를 만하지만, 다만 위를 향하여 독실하게 공부하신 것에 대해서는 또한 능히 다 아는 분이 있지 않다. 오직 불초한 소자가 혼정신성을 하며 곁을 모시던 때에 대략 알게 된 바가 있을 뿐이다.

지금 관벌(官閥)과 사행(事行)을 서술한 아래에 삼가 그 대략을 적어서, 만절(晩節)의 성덕(成德)이 여기에 있었음을 드러내는 바이지만, 스스로 생각건대 어리석어 배운 것이 없으니, 진실로 어찌 족히 만에 하나라도 천양할 수 있겠는가. 그러나 부군께서 평소에 남이 알아주는 것을 구하지 않으셨던 지극한 뜻을 헤아려보건대 부군의 혼령이 혁혁히 임하신 듯하여 붓으로 글을 쓰기에 앞서 두려운 마음이 있으니, 또한 어찌 감히 장황하게 써서 넘치게 찬미하여서 기망하는 잘못을 스스로 범하여 불효의 죄를 더할 수 있겠는가. 독론(篤論)하는 군자가 슬프고 가엾게 여겨 살펴주어서, 그 한두 가지를 채택하여 드러내 알려주기를 바랄 뿐이다. 갑인년(1794, 정조18) 수하(首夏)에 불초 종자(從子) 희상(熙常)은 울면서 삼가 적노라.

서 온 말이다.《白樂天詩集 卷1 三年爲刺史》

7대조 정무공 부군 행장

七代祖貞武公府君行狀

공은 휘는 정방(定邦), 자는 영언(英彦)이니, 해주 오씨(海州吳氏)는 고려 검교 군기감 감(檢校軍器監監) 휘 인유(仁裕)에게서 비롯되었다. 그 후에 상서좌복야(尙書左僕射) 휘 찰(札)이 있으셨다. 우리 조선조에 이르러서 대대로 높은 관작이 있었으니, 고조 휘 계종(戒從)은 사천 현감(泗川縣監)이시고, 증조 휘 현경(賢卿)은 전생서 주부(典牲署主簿)로 통례원 좌통례(通禮院左通禮)에 추증되었으며, 조부 휘 경운(慶雲)은 사온서 직장(司醞署直長)으로 승정원 좌승지(承政院左承旨)에 추증되었고, 선고(先考) 휘 수억(壽億)은 경상좌도 수군우후(慶尙左道水軍虞候)로 병조판서에 추증되었다. 선비(先妣)는 정부인(貞夫人)에 추증된 해주 정씨(海州鄭氏)로, 응경(膺慶)의 따님이다. 우후공(虞候公)의 형은 충무위 부호군(忠武衛副護軍)으로 호조판서에 추증된 휘 수천(壽千)이니, 삼양령(三陽令) 해(嶰)의 따님인 전주 이씨(全州李氏)에게 장가들어 공을 낳으셨는데, 우후공이 자식이 없어 취하여 후사로 삼았다. 우후공 형제는 모두 순수한 덕을 지녔으므로, 사람들이 후에 반드시 창대할 것이라고 말하였다.

공은 어려서부터 재주와 의지가 다른 사람들보다 빼어났다. 일찍이 문에 적기를, "남아는 반드시 장원급제해야 한다."라고 하였는데, 약관의 나이에 활쏘기과 말타기를 익혀서 시험에 나아가 무예를 겨루면 번번이 동류 중에서 으뜸을 차지하였다. 만력(萬曆) 임오년(1582, 선조15)에 북쪽 오랑캐 이탕개(尼湯介)가 쳐들어와 종성(鍾城)을 함락하여 병란이 해를 연이어 풀리지 않았다.[77] 선조(宣祖)께서 팔도(八道)의 무사들을 모으길 명하여 친히 거둥하여 시험을 보아 5백인을 얻었는데, 공이 제일의 점수를 얻어 이름이 한 시대에 진동하였다.[78] 율곡(栗谷) 이 문성공(李文成公) 이(珥)가 공을 많은 사람이 모인 자리에서 보고는, 이끌어 함께 말하고서 기뻐하며 "진정한 영재(英才)이니, 지금 방(榜)이 적임자를 얻었도다."라고 하였다.

사온서 주부(司醞署主簿)로 있다가 외직으로 나가 흥덕 현감(興德縣監)이 되었는데, 강직하게 직분을 다하면서 강어(强禦 호강하여 세력 있는 사람)를 두려워하지 않아 명성이 자자하였다. 내직으로 들어가 무겸 선전관(武兼宣傳官)이 되었고, 훈련원 판관(訓鍊院判官)으로 옮겼다. 마침 북방에 경보가 있었는데, 조정에서 공을 천거하여 방원진 만호(防垣鎭萬戶)가 되었다. 기축년(1589, 선조22)에 사복시 판관(司僕寺判官)으로 있다가 또 외직으로 나가 영흥부 판관(永興府判官)이 되었는데, 갑자기 이 부인(李夫人)의 상(喪)을 당하였다.

임진년(1592, 선조25)에 왜구가 대거 이르자, 영남과 호남에서 멀리서 위세만 보고는 달아나 궤멸되니, 적들이 조석 간에 경성에 들이닥칠

77 만력(萬曆)……않았다 : 1582년(선조15)부터 이듬해까지 있었던 이탕개(尼湯介)를 중심으로 한 회령(會寧) 지방의 여진족(女眞族)이 반란을 가리킨다. 이들이 먼저 경원(慶源)을 공격하자 경원 부사 김수(金璲)가 패하여 성이 함락되었는데, 이탕개가 여세를 몰아 종성(鍾城)을 포위하였다가, 결국 온성 부사(穩城府使) 신립(申砬)과 첨사 신상절(申尙節) 등에 의해 평정되었다.

78 선조(宣祖)께서……진동하였다 : 오정방(吳定邦)은 1583년(선조16) 8월에 3일간 걸쳐 5백 명을 뽑았던 별시 무과(別試武科)에서 장원하였다.《宣祖實錄 16年 8月 24日》

기세였다. 묘당(廟堂)에서 공의 지혜와 용맹이 의지할 만하다고 하여 성상에게 아뢰어 기복(起復)[79]하게 하여서 도총부 도사(都摠府都事)에 제수하고 경력(經歷)으로 승진시키니, 공은 더욱 충의(忠義)로써 분발하였다. 유도 대신(留都大臣) 이양원(李陽元) 공이 불러서 종사(從事)로 삼았는데, 거가(車駕)가 서쪽으로 행차하자 마침내 방향을 바꾸어 함경도로 들어가서 철령(鐵嶺)에서 적을 만남에 활을 쏠 때마다 맞추어 죽이니, 적들이 쓰러져서 감히 가까이 오지 못하였다. 인하여 포위를 무너뜨리고 말을 달려서 나가니, 북쪽 지방의 사람들이 그 용맹에 감복하였다. 이에 석도(席島)[80]에 가서 의병(義兵)을 모집하니, 영흥부(永興府)의 백성들이 공이 남긴 은혜에 감복하여 모병에 응한 이가 천(千)으로 헤아려졌다. 영흥부의 경계에 진을 치고서 누차 북적(北賊)을 매우 많이 참획(斬獲)하였다. 일이 알려지자 가상히 여겨 특별히 부령 부사(富寧府使)에 제수하였고, 정평 부사(定平府使)로 옮겼다.

계사년(1593, 선조26)에 선조께서 환도(還都)하자, 상소를 올려 상제(喪制)를 마칠 것을 청하여 관직에서 해임되어 여막(廬幕)으로 돌아갔다. 상복을 벗고서 훈련원(訓鍊院)에 들어가 부정(副正)이 되었고, 이윽고 임진년에 적을 토벌한 공로를 인정받아 군자감 정(軍資監正)에 올랐으며, 외직으로 나가 금산 군수(錦山郡守)가 되었다. 우후공(虞候公)의 상(喪)을 당하였는데, 상을 마치기 전에 왜구가 다시 습격하였

79 기복(起復) : 기복출사(起復出仕)의 준말이다. 상중(喪中)에는 벼슬을 하지 않는 것이 관례이나 국가의 필요에 의하여 상제(喪制)의 몸으로 벼슬자리에 나오게 하는 일을 말한다.

80 석도(席島) : 황해남도 은률군(殷栗郡) 앞바다에 있는 섬이다.

기에, 다시 기복(起復)하여 흥양 현감(興陽縣監)에 제수되었고, 이윽고 체직되어 도총부 경력(都摠府經歷)이 되었다. 상소를 올려 상제(喪制)를 마치기를 청하였으나, 허락하지 않았다.

그해 가을에 건로(建虜)[81]가 관서(關西)를 감히 곁에서 넘보니, 공을 선발하여 곽산 군수(郭山郡守)로 삼았다. 당시에 천병(天兵 명나라 군대)이 끊임없이 이어져서[82] 주군(州郡)이 판탕(板蕩)[83]하였는데, 공은 당면한 일마다 곧장 처리하기를 모두 시기와 형편에 알맞게 하여서 미약하거나 부족한 문제점이 거의 없었으니, 명나라 장수들이 탄식하면서 그 충성스럽고 부지런함을 칭찬하여 몹시 공경하고 예우하였다. 이때에 나라 안이 오래도록 병란에 시달려서 공사(公私) 간에 곤궁하였다. 천자(天子)가 칙서를 내려 산동(山東)의 곡식 십만 석을 조운하여 보내주었는데, 해로가 통하지 않은 지 거의 수백 년 만에 조정에서 공에게 길을 인도하기를 명하니, 사람들이 모두 이를 위험하다 여겼으나 공은 태연하게 즉시 행하였다.

정유년(1597, 선조30)에 왜구가 또 쳐들어와서 양호(兩湖 충청도와 전라도)를 함락하니, 경성이 크게 놀라 두려워하였다. 평안 병사(平安兵

81 건로(建虜) : 건주(建州)의 오랑캐, 곧 만주(滿洲)의 건주여진(建州女眞)을 말한다. 건주는 건주위(建州衛)로, 명나라의 영락제(永樂帝)가 두만강과 압록강 유역 남만주 일대의 여진을 다스리기 위하여 영락 원년(1403)에 설치한 위(衛)이다.

82 끊임없이 이어져서 : 원문의 '승속(陞續)'인데, 이때의 '승(陞)'자는 문맥에 따라 '육(陸)'으로 보아 '육속(陸續)'으로 해석하였다.

83 판탕(板蕩) : 위태롭고 혼란함을 뜻한다. 《시경(詩經)》 대아(大雅)의 〈판(板)〉과 〈탕(蕩)〉 두 편을 병칭한 것으로, 두 시는 모두 주(周)나라 여왕(厲王)이 무도(無道)하여 나라가 혼란한 일을 풍자하였으므로 이러한 의미를 가지게 되었다.

使) 이경준(李慶濬)이 장수를 선발하여 남쪽으로 내려가니, 공이 병사들을 거느리고 따랐다. 그러자 경리사(經理使) 이덕형(李德馨) 공이 서쪽의 병사(兵事)가 한창 격렬하다 하여서, 돌아와서 본군(本郡)을 다스리게 할 것을 계청(啓請)하였고, 이윽고 또 공적을 포장(褒奬)하여 상주(上奏)하니, 승진하여 창성 부사(昌城府使)에 제수되었다. 중조(中朝)의 수병장(水兵將) 복일승(福日昇)이 배와 군사를 거느리고 오니, 공이 영접사(迎接使)가 되어서 발해(渤海)를 넘어 십도(十島)를 지나 굽어져 여순구(旅順口)[84]에 이르렀다가 돌아왔다. 얼마 지나지 않아 부름을 받고 훈국(訓局 훈련도감)에 들어가 천총(千摠)이 되었고, 군자시 부정(軍器寺副正)과 훈련원 정(訓鍊院正)을 역임하였다.

신축년(1601, 선조34)에 무신(武臣)의 관사(觀射)[85]에서 장원하여 절충장군(折衝將軍)에 가자되었다. 내금위 장(內禁衛將)으로 있다가 외직으로 나가 담양 부사(潭陽府使)가 되었다. 흉포한 자를 찾아 체포하고서 공로를 인정받아 가선대부(嘉善大夫)로 승진하였고, 강계 부사(江界府使)에 제수되었으나 나아가지 않았다. 동지중추부사(同知中樞府事)로 도총부 부총관(都摠府副摠管), 군기시 제조(軍器寺提調), 포도대장(捕盜大將)을 겸임하였다. 당시에 공이 성위(聲威)와 명망이 있어, 묘당(廟堂)에서 천거하여 서북 순변사(西北巡邊使)에 의망하였다. 이해에 전라도 병마절도사(全羅道兵馬節度使)에 제수되었는데, 군병

84 여순구(旅順口) : 중국 요령성(遼寧省) 요동(遼東) 반도 남단부에 있는 항구이다.

85 관사(觀射) : 임금이 신하의 사예(射藝)를 관열(觀閱)하는 것을 말한다. 관사에서 성적이 우수한 자에게는 상을 내리는데, 자급(資級)을 올려주는 특전이 내려지기도 하였다.

을 다스리는 데에 법도가 있어서, 위엄이 있으면서도 은혜를 두셨으니, 관직을 떠나는 날에 이르러 군병과 백성들이 그리워하여 비석을 세워서 덕을 기렸다.

갑진년(1604, 선조37)에 왜적을 토벌한 공을 논하여 선무 원종공신(宣武原從功臣)에 올랐다. 마침 남쪽 경계에 왜적이 또 경계를 넘어 쳐들어온다는 유언비어가 있었는데, 도원수(都元帥) 한준겸(韓浚謙) 공이 공을 불러 전라도 방어사(全羅道防禦使)로 삼아 남원(南原)에 개부(開府)하였다. 이윽고 경상우도 병마절도사(慶尙右道兵馬節度使)로 옮겼다. 이때에 적신(賊臣) 정인홍(鄭仁弘)[86]이 경내(境內) 근처에 왕래하면서 기세가 대단하였는데, 공이 미워하면서 접대하였다. 그러므로 그가 불만스럽게 여겼는데, 어사(御史) 박건(朴楗)이 그 지시를 받아 무함을 만들어 공을 비방하였다.[87] 선조께서 평소에 공이 충성스럽고 삼가는 줄을 아셨기에 특별히 비망기를 내리시기를, "아무개는 내가 가장 의지하는 이이니, 누가 감히 흔들어놓을 수 있단 말인가."라고 하시고는, 이어서 하유하여 마음을 편안히 하고 직분에 나아가게

86 정인홍(鄭仁弘) : 1535~1623. 자가 덕원(德遠), 호가 내암(萊庵), 본관이 서산(瑞山)이다. 조식의 수제자로서, 최영경(崔永慶)·오건(吳健)·김우옹(金宇顒)·곽재우(郭再祐) 등과 함께 경상우도의 남명학파(南冥學派)를 대표하였다. 광해군이 즉위하자 정권의 실세로 등장하였고, 인목대비(仁穆大妃)를 폐비시켜 서궁(西宮)에 유폐시켰다. 영의정에 올랐으나 인조반정 후 참형을 당하였다.

87 어사(御史)……비방하였다 : 당시에 박건(朴楗)이 경상도 암행어사(慶尙道暗行御史)로서 서계를 올려 오정방(吳定邦)이 군민을 침학(侵虐)하였다고 하였는데, 이에 대해 선조(宣祖)가 우리나라가 장수(將帥)에 대한 대접이 소홀하여 호령이 시행되지 않으므로 체모를 잃는 경우가 많아 바로 진퇴시키기 어렵고, 또 어사에게 곤수(閫帥)를 살필 것은 명한 적이 없다는 뜻으로 비망기를 내렸다. 《宣祖實錄 39年 4月 3日》

하셨다. 공은 황공하여 사직하였으나 허락하지 않으셨다. 오래 지난 뒤에 비로소 면직되었다.

얼마 지나지 않아 선조께서 승하하고 광해군이 즉위하니, 공은 운검(雲劒)으로 입시하였다가 저녁에 사차(私次 사사로운 처소)에 돌아와서는 훗날의 국사를 깊이 근심하여 눈물을 흘리기까지 하였다. 연흥(延興)의 옥사[88]가 일어남에 말이 국모(國母)를 범하였고, 좌우에서 모시던 여관(女官)들이 모두 형벌을 받아 죽임을 당하였다. 공이 탄식하며 말하기를, "이륜(彝倫)이 이미 무너져서 국조(國祚)가 장차 기울게 되었으니, 차라리 빨리 죽어서 모르는 것이 낫겠구나."라고 하였다. 옥사가 끝나고 연흥 부인(延興夫人)이 제주도에 유배되었는데, 가까이 여겨 신임하던 무인(武人)이 주관(州官)으로 차임되어 와서 인사하자, 공이 그에게 말하기를, "연흥 부인은 국모의 어머니이시니, 죄인으로 대하지 말지어다."라고 하였다. 그 사이에 호위 대장(扈衛大將)과 전라

88 연흥(延興)의 옥사 : 연흥은 인목대비(仁穆大妃)의 부친인 연흥부원군(延興府院君) 김제남(金悌男, 1562~1613)으로, 1602년에 딸이 선조의 계비(繼妃)가 되자, 돈녕부 영사를 제수받고 연흥부원군에 봉해졌다. 1613년(광해군5) 봄에 박응서(朴應犀)·서양갑(徐羊甲) 등이 강도죄로 붙잡혔는데, 이들은 모두 양반가의 서자(庶子)로서 자신들의 불우한 처지에 불만을 품은 이들이었다. 그런데 이이첨(李爾瞻) 등이 이들을 사주하여 인목왕후 소생인 영창대군(永昌大君) 옹립을 위한 거사 자금을 마련하기 위해 일으킨 역모라고 자백하게 하였다. 이 사건으로 영창대군을 서인(庶人)으로 떨어뜨려 강화(江華)로 유배하게 하였고, 인목대비의 부친 연흥부원군 김제남은 사사(賜死)되었다. 이듬해 영창대군은 살해되고, 1616년에 폐모론이 일어나자 김제남은 부관참시되었으며, 그의 세 아들도 죽임을 당하고 부인과 어린 손자 김천석(金天錫)만이 살아남아서 부인은 제주도에 위리안치되고 김천석은 숨어 살았다. 1623년에 인조반정이 일어난 후 관작이 복구되고 영의정에 추증되었다.

수사(全羅水使)에 제수되었으니, 혹 억지로 힘써서 나아가 숙배하였으나, 몹시 실의하여 즐겁게 여기지 않으셨다.

정사년(1617, 광해군9)에 광해군이 모후를 폐위하려는 뜻이 날로 급해져서 백관들을 협박하여 조정에서 논의하게 하였다. 공은 개연히 눈물을 흘리며 대답하기를, "신은 무부(武夫)로서, 단지 《사략(史略)》 첫 권의 '점점 다스려 간악한 데에 이르지 않게 하였다.〔烝烝乂不格姦〕'라는 한 구(句)를 읽었을 뿐입니다."라고 하니, 듣는 이들이 이 때문에 엄숙해졌다. 이에 앞서 이 문충공(李文忠公) 항복(恒福)이 올바른 논의를 올렸다가 멀리 유배를 가게 되었다.[89] 역적(逆賊) 허균(許筠)이 공이 무변(武弁)에서 앞장서서 이공(李公)의 당여(黨與)가 되었다고 하면서 크게 성을 내니, 거의 헤아릴 수 없는 화(禍)에 빠질 뻔하였다. 공은 이로부터 병으로 사직하고서 시사(時事)에 간여하지 않고서 일실(一室)에서 깊숙이 문을 걸어 잠그고 계셨으니, 공의 얼굴을 본 사람이 드물었다.

인조반정에 이르러 그날로 즉시 공을 불러 훈련원 도정(訓鍊院都正)에 제수하고 포도대장(捕盜大將)을 겸임하였으며, 그 사이에 외직으로 나가 경상좌도 병마절도사(慶尙左道兵馬節度使)가 되었는데, 오래지 않아 사직하여 체차되었다. 갑자년(1624, 인조2)에 이괄(李适)이 거병(擧兵)하여 반란을 일으켜 경사를 침범하니, 인조께서 창졸간에 공주(公州)로 행행(行幸)하였는데, 공은 호가 대장(扈駕大將)으로 따라

89 이 문충공(李文忠公)……되었다 : 이항복(李恒福)은 1617년(광해군9) 11월 인목대비(仁穆大妃)를 폐서인(廢庶人)하는 데 반대하는 헌의(獻議)를 올렸다가 함경도로 유배되어 이듬해 5월 북청(北靑)에서 병사하였다.

가서 적이 평정되고 나서 환도(還都)하였다.

이듬해 11월 8일에 병에 걸려 졸하시니, 향년 74세였다. 부고가 알려지자, 부의(賻儀)를 하사하여 관례대로 조제(弔祭)하게 하였다. 양성(陽城) 천덕산(天德山) 북쪽 기슭 간좌(艮坐)의 언덕에 장례하였다. 금상(今上) 병진년(1796, 정조20)에 기내(畿內)의 많은 현사(賢士)들이 공이 혼조(昏朝 광해군) 때에 절개를 드러내어 풍성(風聲)이 다하지 않는다고 하여서, 마침내 창도하여 상언(上言)해서 포장(褒章)하는 은전을 시행하였다. 성상께서 하교하기를, "이와 같은 충절을 지니고서도 이름을 바꿔주는 은전[90]이 빠졌으니, 이는 국가가 충절을 권하는 뜻이 아니다."라고 하였다. 특별히 병조판서(兵曹判書)에 추증하고서, 이어서 홍문관에 시호를 의논하도록 명하였으니,[91] 세상에 몹시 드문 은전이었다.

배위(配位)이신 정부인(貞夫人) 평산 신씨(平山申氏)는 장절공(壯節公) 숭겸(崇謙)의 후손으로 사직(司直) 수미(壽眉)의 따님이다. 성품이 곧고 성실하여 법도가 있어서 집안이 엄숙하였다. 1남을 낳으셨으니 사겸(士謙)으로 종친부 전부(宗親府典簿)이시며, 효(孝)로써 알려지셨다. 측실의 아들은 사눌(士訥)로 무과(武科)에 급제하여 사과

90 이름을 바꿔주는 은전 : 시호를 내리는 것을 뜻한다. 《예기(禮記)》 〈단궁 하(檀弓下)〉에 춘추 시대 위(衛)나라 대부인 공숙문자(公叔文子)가 졸하자 그의 아들이 임금에게 시호를 청하기를, "세월이 흘러 장사를 지낼 때가 되었으니 이름을 바꿀 것을 청합니다.〔日月有時, 將葬矣, 請所以易名者.〕"라고 한 데서 온 말이다.

91 홍문관에……명하였으니 : 1796년(정조20) 2월에 증 병조판서 오정방(吳定邦)의 시호를 의논하도록 명하여 4월에 '정무(貞武)'라는 시호를 내렸다. 《正祖實錄 20年 2月 8日, 4月 8日》

(司果)를 지냈다. 전부(典簿)께서는 4남 2녀를 낳으셨으니, 아들 중에 장남 숙(䎘)은 문과에 급제하여 호당(湖堂)에 선발되고 관찰사를 지내셨으니, 문장(文章)과 정사(政事)로 인묘(仁廟 인조)의 명신(名臣)이 되었다. 차남 빈(䎙)은 문과에 급제하여 지중추부사(知中樞府事)를 지냈고, 삼남 상(翔)은 사복시 주부(司僕寺主簿)이며, 사남 핵(翮)은 문과에 급제하여 지평(持平)을 지냈다. 딸 중에 장녀는 사인(士人) 정대륭(鄭大隆)에게 시집갔고, 차녀는 판관(判官) 이번(李蕃)에게 시집갔다. 사눌(士訥)은 3남을 낳았으니, 한(翰), 명일(命鎰), 명탁(命鐸)이다.

그 후 내외(內外)의 자손들이 번성하여 많아져서 거의 십백(十百)으로 헤아리는데, 관찰(觀察 오숙(吳䎘))의 후손은 문과를 말미암아 현달한 이들이 많고, 지평(持平 오핵(吳翮))의 후손은 무과로 등용된 이들이 많아, 대대로 명문가가 되었다. 공이 별세하고서 65년 뒤에 인현왕후(仁顯王后)가 손위(遜位)하였을 때에 공의 증손인 충정공(忠貞公) 두인(斗寅)이 간언하다가 별세하였으니,[92] 이에 군자들이 탄식하면서 영지(靈芝)와 예천(醴泉)이 근원이 있다고 하였다.[93]

92 공이……별세하였으니 : 오두인(吳斗寅, 1624~1689)은 1689년(숙종15)에 5월에 사직(司直)으로 있으면서 인현왕후(仁顯王后)가 폐위되자, 이세화(李世華)・박태보(朴泰輔)와 함께 반대하는 소를 올렸다가 국문을 받고 의주(義州)로 유배 도중 별세하였다. 곧 복관되었고 후에 영의정에 추증되었다.

93 영지(靈芝)와……하였다 : 영지는 먹으면 불로장생한다는 약초이고 예천(醴泉)은 맛이 달고 시원한 샘물인데, 영지는 그냥 나오는 것이 아니고 뿌리가 있어 나오며 예천 역시 근원이 있어 나온다는 뜻으로 이는 곧 훌륭한 사람은 훌륭한 조상에게서 뿌리하여 태어남을 비유한 것이다. 본래 삼국 시대 오(吳)나라 우번(虞翻)이 아우에게 보낸 편지에 뛰어난 인재는 가문이나 출신에 상관없이 나오는 법이라는 뜻으로 "지초는

공은 풍모와 의용이 빼어나고 수염이 수려하여 정채(精彩)가 영화롭게 드러났으며 견식이 매우 뛰어나서 비록 무과로 벼슬길에 나아갔으나 예(禮)를 좋아하고 문(文)과 사(史)에 통달하였다. 어버이를 섬김에 있어서 살아계시어 섬길 때와 돌아가시고서 제사를 올릴 때에 모두 걸맞은 물건을 갖추었다. 인물을 평하여 감별하는 데에 밝아서, 친하게 지내던 이 중에 이름이 알려진 선비가 많았다. 학문(學文)을 가지고서 후손들을 가르치기를 몹시 엄하게 하여서 모두 성취하는 데에 이르게 하셨다. 관찰(觀察 오숙(吳䎘))께서 등제(登第)하여 중용(重用)되자, 늘 독서하여 스스로 삼갈 것을 권면하시고 구차하게 진취(進取)하지 말도록 하면서, "사환(仕宦)과 부귀는 때와 운명에 달려 있을 따름이다."라고 하였다.

공은 관직을 맡으셨을 때에 늘 심력을 다할 것을 생각하여서, 이르는 곳마다 삼가면서도 용감하게 하여 번번이 능하다고 일컬어졌다. 관직을 맡은 지 40여 년 동안 간난과 우환 속에서 공적이 탁월하게 드러나 선묘(宣廟 선조)께서 몹시 의지하고 믿으셨으니, 역임한 관직이 모두 당대에 지극히 신중하게 선발된 것이었다. 나라에 큰 변고가 있게 됨에 혹독한 형벌(刑罰)이 앞에 있어[94] 한마디 말이라도 주상의 뜻을 거스르

뿌리가 없고, 예천은 근원이 없다.〔芝草無根, 醴泉無源.〕"라고 하였는데, 뒤에 정자(程子)가 〈체설(禘說)〉에서 "혹자가 이르기를 '영지는 뿌리가 없고 예천은 근원이 없다.'라고 하는데, 물건에 어찌 뿌리가 없을 수 있겠는가."라고 하였는바, 여기에서 연유된 것으로 보인다. 《太平御覽 卷510》《二程文集 卷上 附錄》

94 나라에……있어 : 광해군이 왕위에 올라 나라를 다스리게 된 것을 말한다. '혹독한 형벌(刑罰)'에 해당하는 원문은 '도거정확(刀鋸鼎鑊)'으로, 모두 형벌에 쓰이는 도구들인데, 도는 궁형(宮刑)에 쓰는 칼, 거는 월형(刖刑)에 쓰는 톱, 정과 확은 사람을 삶는

면 화(禍)가 즉시 이르지 않음이 없었는데, 공은 이에 두려워하지 않고 동요되지 않고서 의연하게 의리를 지켜 항거하여 사람의 기강을 부지하고 신하의 절개를 수립하였다. 이는 공의 한 구절의 대답이 구정(九鼎)과 대려(大呂)보다 무거웠던 것이니,[95] 이 어찌 이른바 '천지에 세워도 어그러지지 않으며 귀신에게 질정해도 의심이 없다'[96]는 것으로서, 길이 천하 후세에 할 말이 있는 것이 아니겠는가.

아아, 공의 높고 우뚝한 충절이 진실로 어찌 동시대의 제현(諸賢)보다 부족하겠는가마는, 공께서 평생 깊이 스스로 재능을 감추었으므로 이미 당세에 기려서 찬미하지 못하였고, 또 사후에도 천양(闡揚)하지 못하여 지금까지 2백 년 동안 민멸되어 왔다. 그러나 선배들이 읊어서 서로 전해줌에 나라 사람들의 공을 사모하는 마음이 쇠해지지 않아 끝내 성상에게 알려져, 십행(十行)[97]을 밝게 선포하여 작위를 더하는

가마솥이다. 북송(北宋)의 문장가 동파(東坡) 소식(蘇軾)의 〈유후론(留侯論)〉에 "진나라는 도거정확으로 천하의 선비를 대했다.[以刀鋸鼎鑊, 待天下之士]"라고 보인다. 《東破全集 卷43》

95 구정(九鼎)과……것이니 : 이 말은《사기(史記)》권76 〈평원군우경열전(平原君虞卿列傳)〉에 "전국 시대에 조(趙)나라의 평원군(平原君)이 합종(合從)을 하기 위해 식객들을 데리고 초(楚)나라에 갔을 적에 합종을 협정(協定)하지 못하였는데, 마침내 모수(毛遂)가 단판으로 협정을 이끌어냈다. 이후 평원군이 조나라로 돌아와서 '모 선생이 한번 초나라에 가서 조나라를 구정(九鼎)과 대려(大呂)보다 더 무겁게 만들었네.〔毛先生一至楚, 而使趙重於九鼎、大呂.〕'라고 하고는 그를 상객(上客)으로 삼았다."라고 하는 고사의 일부를 원용한 것이다. 구정은 하(夏)나라의 우(禹)임금이 구주(九州)의 쇠를 거두어 만든 아홉 개의 솥으로, 천하의 보물로 알려졌으며 또한 국가의 상징물로 인식되었다. 대려는 옛날의 큰 종으로 역시 귀중한 보물로 알려졌다.

96 천지에……없다 : 이는《중용장구》제29장에 보인다.

97 십행(十行) : 임금의 조서(詔書)를 뜻한다. 후한의 광무제(光武帝)가 제후나 지

일과 시호를 하사하는 일이 동시에 아울러 거행되니, 성조(聖朝)의 표장(表章)하는 은전이 이에 유감이 없게 되었고, 공의 충절이 비로소 세상에 환히 드러나 해와 별처럼 빛나게 되었으니, 이 어찌 자취를 감추고 드러남에 때가 있는 것으로서 또한 천명이 아니겠는가. 아아, 아름답도다.

생각건대, 공의 일과 행적이 시대가 멀어지면서 점점 없어졌기에, 장차 절혜(節惠)[98]의 시장(諡狀)을 입언(立言)하는 군자에게서 구하고자 하나 상고할 바가 없으므로, 삼가 족보와 가승, 비(碑)와 기(記)를 교정하고, 또 집안에서 예로부터 들은 것을 참고하여 위와 같이 찬차하여 행장을 짓는다. 숭정(崇禎) 기원후(紀元後) 세 번째 병진년(1796, 정조20) 계동(季冬)에 7세손 희상(熙常)은 삼가 적노라.

방관들에게 손수 조서를 내릴 적에, 글씨를 조밀하게 써서 열 줄을 넘지 않았다는 일찰십행(一札十行)의 고사에서 유래한 것이다. 《後漢書 卷76 循吏列傳 序》

98 절혜(節惠) : 망자의 여러 가지 선행 가운데 특별한 것을 뽑아 시호를 내림을 이른다. 《예기(禮記)》 〈표기(表記)〉에 "선왕은 죽은 사람에게 하나의 시호를 가하니, 그 사람의 이름을 높여 주기 위함이다. 시호를 정할 때에는 그 사람의 아름다운 행실이 많다고 하더라도 오직 대표적인 미덕을 뽑아서 그 선행을 전일하게 하니, 이는 그 이름이 행실보다 지나친 것을 수치로 여겨서이다.〔先王諡以尊名, 節以壹惠, 恥名之浮於行也.〕"라는 공자(孔子)의 말이 나온다.

선백모 정경부인 행장
先伯母貞敬夫人行狀

선백모(先伯母)께서는 성은 이씨(李氏)이고, 본적은 연안부(延安府)이니, 당(唐)나라 중랑장(中郎將) 무(茂)의 후손이다. 본조(本朝)에 들어와서 높은 관작이 이어져서, 월사(月沙) 문충공(文忠公) 휘 정귀(廷龜)[99]에 이르러서는 문장(文章)과 명덕(名德)으로 한 시대의 으뜸이었으니, 이분이 백모에게 6세조가 되신다. 증조는 휘 중조(重朝)[100]이니 좌찬성(左贊成)에 추증되었으며, 조부는 휘 주신(舟臣)[101]이니 군수(郡守)로 영의정에 추증되었으며, 선고(先考)는 휘 천보(天輔)[102]

99 휘 정귀(廷龜) : 이정귀(李廷龜, 1564~1635)로, 자는 성징(聖徵), 호는 월사(月沙)·보만당(保晩堂)·치암(癡菴)·추애(秋崖)·습정(習靜), 본관은 연안(延安)이다. 대제학, 병조 판서, 예조 판서, 우의정, 좌의정 등을 역임하였으며, 문장에 뛰어나 장유(張維), 이식(李植), 신흠(申欽)과 더불어 이른바 한문사대가(漢文四大家)로 일컬어진다. 시호는 문충(文忠)이며, 저서로는 《월사집》이 있다.

100 휘 중조(重朝) : 이중조(李重朝, 1653~1674)로, 자는 자진(子鎭), 본관은 연안(延安)이다. 종계부(從季父) 이단상(李端相)에게 수학하였으며, 병으로 22세에 요절하였다. 《晩靜堂集 卷13 內弟李子鎭遺事》

101 휘 주신(舟臣) : 이주신(李舟臣, 1674~1735)으로, 자는 중열(仲說), 본관은 연안(延安)이다. 1702년(숙종28)에 사마시에 합격하였고 사헌부 감찰(司憲府監察), 전목서 주부(典牲署主簿), 의금부 도사(義禁府都事), 형조 정랑(刑曹正郎), 호조 정랑(戶曹正郎), 홍천 군수(洪川郡守) 등을 역임하였다. 옥천 군수(沃川郡守)가 되었는데 얼마 지나지 않아 병으로 별세하였다. 《晉菴集 卷8 先府君墓碣》

102 휘 천보(天輔) : 이천보(李天輔, 1698~1761)로, 자는 의숙(宜叔), 호는 진암(晉菴), 본관은 연안(延安)이며, 시호는 문간(文簡)이다. 1739년 알성 문과에 을과로

이니 영의정(領議政)에 올랐으며 문강공(文簡公)이다. 선비(先妣)는 정경부인(貞敬夫人) 은진 송씨(恩津宋氏)로 부사(府使)로 이조참판에 추증된 상유(相維)의 따님이자 문희공(文僖公) 규렴(奎濂)의 손녀이니, 영종(英宗) 정미년(1727, 영조3) 2월 22일에 조고(祖考)의 옥천(沃川) 임소에서[103] 백모를 낳으셨다.

어려서부터 어질고 효성스러워서 덕기(德氣)가 가득하였다. 송 부인(宋夫人)께서 현철하여 여사(女士)의 식견이 있어서 가르침에 법도가 있었으니, 계례(笄禮)를 올리기도 전에 부녀자의 의용(儀容)이 이미 이루어졌다. 17세에 오씨(吳氏)에게 시집와서 우리 백부이신 문정공(文靖公)[104]의 배필이 되셨다. 당시에 황구(皇舅) 문목공(文穆公)께서 이미 졸하시고[105] 시어머니 최 부인(崔夫人)께서 당(堂)에 계셨는데, 성품이 엄격하여 예법이 있으셔서 부녀들이 받들어 섬김에 최 부인의 뜻에 맞게 하는 이가 드물었다. 백모께서는 집안에 들어와 날마다 곁에서 모시면서 물러가도록 명하시지 않으면 감히 물러나지 않았고, 부지런히 힘써서 이르지 않는 것이 없어서 민첩하면서도 삼가셨다.

급제하여 이조와 병조 판서를 거쳐 1752년 우의정이 되고 같은 해 좌의정을 거쳐 1754년 영의정에 승진된 후 영돈녕부사로 전임했다. 1761년 장헌세자(莊獻世子)의 평양 원유사건(遠遊事件)에 책임을 지고 자결했다. 저서로는 《진암집》이 있다.

103 조고(祖考)의 옥천(沃川) 임소에서 : 이주신(李舟臣)은 1725년(영조1)에 옥천군수(沃川郡守)에 제수되었다. 《承政院日記 英祖 1年 3月 7日》

104 우리 백부이신 문정공(文靖公) : 오희상(吳熙常)의 생부(生父)인 오재순(吳載純, 1727~1792)으로, 자는 문경(文卿), 호는 순암(醇庵), 시호는 문정이다. 오희상이 계부(季父)인 오재소(吳載紹)에게 출계(出系)하였으므로 백부라고 한 것이다.

105 황구(皇舅)……졸하시고 : 황구는 돌아가신 시아버지를 뜻한다. 문목공(文穆公)은 오재순(吳載純)의 부친 오원(吳瑗)으로, 1740년(영조16)에 별세하였다.

집안의 일을 대신 주관할 때에 비록 아주 작은 일이라도 반드시 모두 여쭈어서 스스로 전단(專斷)하지 않았으니, 최 부인께서 매우 마땅하게 여겨서 그 어짊을 몹시 칭찬하기를, "진정 법가(法家 법도를 지키는 세신(世臣)의 집안)의 총부(冢婦)로다."라고 하였으니, 여러 동서 가운데 공경하고 복종하여 모범으로 삼지 않는 이가 없었다.

미처 문목공(文穆公)을 봉양하지 못한 것을 애통하게 여겨서 사당의 일에 마음을 다하였다. 장차 제사를 지내려 하면 기일에 앞서 매우 정결하게 하여서 집안 곳곳을 물 뿌려 쓸었고, 제기를 씻고 제수를 마련하는 일에 모두 친히 임하였으니, 진설하여 올릴 때 제기와 제수가 빛나고 깨끗하며 아름답고 향기로웠다. 연로하시고 나서는 비록 몸소 받들지는 못하였으나, 늘 안절부절못하며 생각하시는 일념이 자나 깨나 느슨해지지 않았다.

문정공(文靖公)을 섬긴 지 50년 동안 지아비의 뜻을 순히 따르고 예법을 따르기를 하루처럼 한결같이 하였다. 문정공께서 문효공(文孝公)[106]의 제사를 받들었는데, 문벌이 높고 족속이 많아서 존속(尊屬)과 적체(敵體) 이하가 몹시 많았다. 불초 형제가 과방(過房)하여 출계(出系)하였을 때에[107] 세 집안이 같은 담 안에서 살면서 인구가 더욱 번식하고 재산이 더욱 많아지면서 세상살이가 저마다 달랐으나, 백모께서

106 문효공(文孝公) : 오재순(吳載純)의 조부 오태주(吳泰周, 1668~1716)를 가리킨다. 문효는 오태주의 시호이다.

107 불초……때에 : 과방(過房)이란 아들이 없는 일가 친족의 집안에 양자로 가거나, 이를 맞아들이는 일을 이른다. 오희상(吳熙常)은 계부(季父)인 오재소(吳載紹)에게 출계(出系)하였으며, 오희상의 아우 오연상(吳淵常)은 부친 오재순(吳載純)과 종형제간인 오재륜(吳載綸, 1731~1771)에게 출계하였다.

는 마음을 열고 정성을 펼쳐서 경계(境界)를 두지 않으셨다. 간혹 마음을 평안하게 하기가 어려운 일이 있으면 응할 때에 끝내 민연히 자취를 두지 않아서 상하의 사람들이 화목하여 이간질하는 말이 없었다.

문정공(文靖公)께서 가인(家人)의 산업(產業)을 일삼지 않으시고 단지 도탑고 화목하게 지내며 베풀어 주기를 좋아하셨으므로, 백모께서 실로 이를 다스리셔서 좌우에서 부응하여 일을 조금도 머물러 남겨두지 않으셨다. 병이나 우환이 있는 경우에는 마음을 쓰는 것이 더욱 간절하고 지극하여서 구휼하기를 마치 미치지 못할 것처럼 급급하게 하시어 이로써 집안이 군색한 지경에 이르렀으나, 얼굴빛이나 말에 드러내지 않으셨다.

문정공(文靖公)께서 지위가 높아져 크게 현달하여 양전(兩銓 이조와 병조)을 출입하시자 가문이 더욱 번성하였는데, 백모께서는 깊이 두려워하는 마음을 품으시고 몸가짐을 고요하고 검약하게 하셔서 일체의 바깥일을 마치 듣지 못하는 것처럼 하셨다. 또 잡인(雜人)의 출입을 허락하지 않으셔서 집안 뜰이 고요하여 마치 한미한 선비의 집안처럼 쓸쓸하였다.

백모께서는 전후로 10여 명의 자식을 낳으셨으나 대부분 기르지 못하셔서, 장성한 나이에 이른 자식이 겨우 3남 1녀뿐이었으니, 돌아보고 기르심에 행여 다칠 듯이 여기셨다. 그러나 사랑으로 의리를 덮어 가리지 않아서, 잘못이 있으면 그때마다 꾸짖으시면서 조금도 요대하지 않으셨고, 잘한 일이 있으면 구차하게 칭찬하신 적이 없어서, "자녀의 몸은 곧 내 몸이니, 어찌 스스로 자신을 칭찬할 수 있겠는가. 더구나 칭찬은 바로 아첨의 매개이니, 가르칠 바가 아니다."라고 하셨다.

막내딸이 늦게 태어나 몹시 아꼈는데, 사위를 맞이할 적에 몹시 좋아하고 기뻐하셨다. 매번 와서 뵐 적마다 특별히 자리를 마련하여 더불어 앉아서 예모(禮貌)를 더하였으나, 쓸데없는 말을 주고받지 않으시면서, "사위는 바깥사람이니, 손님을 대하는 예(禮)로 만나는 것이 옳다." 라고 하셨다.

백모께서는 자식들의 요절로 건강이 많이 상하였는데, 장자(長子)를 곡하실 때에 이르자,[108] 비록 이치로 스스로 마음을 너그럽게 다스려서 슬퍼하는 모습을 밖으로 드러내지 않으셨으나, 영위(榮衛)[109]가 안에서 손상되어 병이 이로 인해 고질이 되었다. 임자년(1792, 정조16)에 문정공께서 별세하시자 외로이 슬픔을 머금고서 더욱 세상을 살아가려는 뜻이 없으셨다. 담제(禫祭)에 이르러 끝내 고아(孤兒)들을 저버리고 별세하셨으니, 실로 정종(正宗) 을묘년(1795, 정조19) 2월 17일이었다. 아아, 애통하도다. 3개월이 지나 모간지(某干支)에 직산현(稷山縣) 북쪽 대정리(大井里)의 문정공의 묘 오른편에 예(禮)에 따라 합부하였다.

문정공(文靖公)은 휘 재순(載純)이니, 문과로 벼슬에 나아가 관직이 판중추부사(判中樞府事)에 이르고 품계는 보국숭록대부(輔國崇祿大夫)에 이르렀다. 백모께서는 따라서 부인의 고신(誥身)을 받아, 정경부인(貞敬夫人)에 이르렀다. 아들 중에 장남은 윤상(允常)으로 깊은 학식과 순수한 행실이 있었으나 일찍 몰세하여 후사가 없다. 그다음은

108 장자(長子)를……이르자 : 오희상(吳熙常)의 친형 오윤상(吳允常)이 1783년(정조7)에 37세의 나이로 요절한 것을 가리킨다.

109 영위(榮衛) : 원기(元氣)를 왕성(旺盛)하게 하는 피와 몸을 호위(護衛)하는 기운(氣運)을 말한다.

희상(熙常)으로 바로 불초인데 분수에 어긋나게도 유일(遺逸)로 천거되었으며, 출계하여 계부(季父)의 후사가 되었다. 그다음은 연상(淵常)으로 문과에 급제하여 참판이 되었으며, 출계하여 종숙(從叔)의 후사가 되었다. 딸은 판관(判官) 한경리(韓景履)에게 시집갔다. 윤상의 계자(繼子)는 치성(致成)으로 지금 목사(牧使)이다. 희상의 두 아들 중 치성은 출계하였고, 치익(致翼)은 전 세마(前洗馬)이다. 두 딸은 참봉(參奉) 민치록(閔致祿)과 진사(進士) 김보근(金輔根)에게 시집갔다. 연상의 두 아들 중 치우(致愚)는 문과에 급제하여 전 승지(前承旨)이며, 치유(致愈)는 진사(進士)이다. 두 딸은 봉사(奉事) 남태순(南太淳)과 진사(進士) 이겸수(李謙洙)에게 시집갔다. 한경리의 계자(繼子)는 정교(正教)이다. 치성의 아들 홍선(弘善)은 생원(生員)이며, 딸은 이종우(李鍾愚)에게 시집갔다. 치익의 1남과 치우의 2남 1녀와 치유의 1녀는 모두 어리다.

백모께서는 성품이 인자하고 순후하며 의용(儀容)이 장엄하고 중후하여서, 평소에 말씀하고 웃는 일이 드무셨으나 마음은 실로 온화하여 즐거우셨으며, 다른 사람에게 옳지 못한 점이 있음을 보는 때에 이르면 그때마다 찡그리시면서 마치 자신을 더럽힐 듯이 여기셨다. 매일 일찍 일어나서 자리를 바르게 하고 단정히 앉아 조금도 기대지 않으셨으며, 만년에 병으로 누워계실 때도 스스로 장엄하게 단속하여서 정신과 기운이 고요하였다. 비록 지친(至親)으로서 어린 사람이라 하더라도 편한 평상복을 입고 헝클어진 머리를 하신 채로 만나신 적이 없었다.

부귀한 자리에 처하여서도 마음에 담박함을 보존하여 항상 근검(勤儉)하기를 스스로 힘쓰시면서 말씀하기를, "근면〔勤〕은 생활을 윤택게 할 수 있고, 검약〔儉〕은 덕(德)을 기를 수 있다."라고 하셨다. 세속의 부녀자들이 즐기고 편안히 지내면서 일을 폐하는 것을 몹시 미워하여서, 오직 날마다 근면하게 힘쓰셔서 스스로 한가히 안일하게 지내지 않으셨다. 병이 심해지셨을 때 잠자리를 뒤척이면서도 손에서 삼베와 모시 길쌈을 놓지 않으셨다. 곁에 있는 사람이 조금이나마 쉬시기를 청하면, "내 이것이 익숙하여 수고로운지도 알지 못한다."라고 하였다.

평생 화려한 것을 몸에 가까이하지 않으셔서 입으신 의상은 단지 청록색뿐이었다. 임종하신 날에 옛 상자를 열어보니 한 자나 한 치의 비단도 쌓아두신 것이 없었으니, 자녀일지라도 이와 같으셨다는 것을 알지 못하였다. 문정공의 가법이 청렴하고 검약하여 세상 사람들로부터 일컬어졌던 데에는 백모께서 집안을 다스린 도움이 또한 많았던 것이다.

생각건대 백모께서는 덕행이 순수하고 갖춰져서 아내가 되고 어머니가 됨에 모두 규합(閨閤)에서 모범이 될 만하였으나, 어진 사자(嗣子)가 일찍 세상을 뜨는 바람에 그 그윽한 빛을 드러내어 영원히 전해지게 하지 못하였고, 어리석고 비루한 불초로 말하면 창상(滄桑)이 백 번 변한 뒤에도 모질고 질기게 구차히 살아남아 이제 연로하여 장차 죽게 될 것이다. 이에 피눈물을 흘리며 붓을 적셔 그 한두 가지라도 적고자 한다. 불초는 이에 실로 답답하고 억울한 마음을 가눌 수가 없으니, 죽을 때까지 잊기 어렵도다. 아아, 하늘이여. 원통하고 비통하도다. 불초 종자(從子) 희상(熙常)은 피눈물을 닦으며 삼가 적노라.

선고 판돈령 부군 행장
先考判敦寧府君行狀

부군께서는 성은 오씨(吳氏)이고 휘는 재소(載紹)이며 자는 극경(克卿), 호는 석천(石泉)이니, 해주인(海州人)으로, 고려 때 군기감 감(軍器監監) 휘 인유(仁裕)의 후손이시다. 본조(本朝)에 들어와 대대로 높은 관작이 이어졌다. 정무공(貞武公) 휘 정방(定邦)[110]에 이르러 혼조(昏朝 광해군)가 모후를 폐할 때를 만나 올바른 의론을 견지하다가 거의 화(禍)에 이를 뻔하였다. 또 두 번 전해져 휘 숙(䎘)[111]은 호당(湖堂)에 선발되었고 관직은 관찰사에 이르렀으며 좌찬성(左贊成)에 추증되었는데, 문학(文學)과 정사(政事)로 인묘(仁廟 인조)의 명신(名

110 휘 정방(定邦) : 오정방(吳定邦, 1552~1625)으로, 자는 영언(英彦), 호는 퇴전당(退全堂), 본관은 해주(海州), 시호는 정무(貞武)다. 무과(武科)에 급제하였고, 임진왜란에 도총부 도사(都摠府都事)가 되었다가 영흥부(永興府)에서 전공을 세운 뒤 도총부 경력(都摠府經歷), 동지중추부사(同知中樞府事), 군기시 제조(軍器寺提調), 전라도 병마절도사, 경상우도 병마절도사 겸 진주목사와 황해도 병마절도사 등을 역임하였다. 병조판서에 추증되었다.

111 휘 숙(䎘) : 오숙(吳䎘, 1592~1634)으로, 자는 숙우(肅羽), 호는 천파(天坡), 본관은 해주(海州)이며, 전부(典簿) 오사겸(吳士謙)의 아들이다. 1612년(광해군4) 증광 문과에 병과로 급제해 벼슬에 올랐고, 예조 좌랑을 지내다가 사직하고 물러나 장유(張維)・이명한(李明漢) 등과 교유하며 삼각산에서 독서하였다. 1619년에 병조 좌랑이 되었고, 이후 병조 참지, 경상도 관찰사, 황해도 관찰사 등 여러 관직을 거쳤다. 1634년 명나라 사신 황손무(黃孫武)의 접반사로 가도(假島)에 갔다가 돌아오는 도중 송도에서 별세하였다. 이조참판 겸 양관제학에 추증되었으며, 저서로는 《천파집》이 있다. 《明谷集 卷22 觀察使贈左贊成天坡吳公神道碑銘》

臣)이 되었으니, 이 분이 부군에게 있어서 고조가 되신다. 증조는 판서(判書)로 영의정에 추증된 충정공(忠貞公) 휘 두인(斗寅)[112]이니, 기사년(1689, 숙종15)에 인현왕후(仁顯王后)가 손위(遜位)하였을 때 간언하다가 별세하였다. 조부는 해창위(海昌尉) 문효공(文孝公) 휘 태주(泰周)[113]이니, 지극한 품행이 있고 유학(儒學)을 좋아하시어 어진 부마로 일컬어졌다. 선고(先考)는 참판(參判) 수 대제학(守大提學)으로 좌찬성(左贊成)에 추증된 문목공(文穆公) 휘 원(瑗)[114]이니,

112 휘 두인(斗寅) : 오두인(吳斗寅, 1624~1689)으로, 자는 원징(元徵), 호는 양곡(陽谷), 본관은 해주(海州), 시호는 충정(忠貞)이다. 1649년(인조27)에 별시문과에 장원으로 급제하여 여러 벼슬을 거쳤는데, 1689년(숙종15)에 기사환국으로 서인이 실각하자 지의금부사(知義禁府事)에 임명되고도 나가지 않아 삭직되었고, 그해 5월에 인현왕후(仁顯王后)가 폐위되자 반대하는 소를 올렸다가 국문을 받고 의주(義州)로 유배 도중 별세하였다. 곧 복관되었고 후에 영의정에 추증되었다. 저서로는 《양곡집》이 있다.

113 휘 태주(泰周) : 오태주(吳泰周, 1668~1716)로, 자는 도장(道長), 호는 취몽헌(醉夢軒), 본관은 해주, 시호는 문효(文孝)이다. 오두인(吳斗寅)의 아들이자 오희상(吳熙常)의 증조이다. 12세인 1679년(숙종5)에 현종의 딸인 명안공주(明安公主)와 혼인하여 해창위(海昌尉)에 봉해졌고, 명덕대부(明德大夫)의 위계를 받았다. 그 뒤 광덕대부(光德大夫)로 품계가 올랐고, 오위도총부 도총관·조지서 제조(造紙署提調)·귀후서 제조(歸厚署提調) 등을 역임하였다. 1689년 희빈 장씨(禧嬪張氏) 소생을 세자로 책봉하려는 숙종과 남인에 대하여 노론의 송시열(宋時烈) 등이 반대 운동을 일으키자, 이에 찬동하였다가 일시 관작이 삭탈되고 얼마 뒤에 회복되었다.

114 휘 원(瑗) : 오원(吳瑗, 1700~1740)으로, 자는 백옥(伯玉), 호는 월곡(月谷), 본관은 해주(海州), 시호는 문목(文穆)이다. 오두인(吳斗寅)의 손자이고, 오진주(吳晋周)의 아들이며, 오태주(吳泰周)에게 출계하였다. 오희상(吳熙常)에게는 조부가 된다. 이재(李縡)의 문하에서 수학하였으며, 벼슬하여 공조참판에 이르렀다. 영조에게 진언(進言)을 잘한 것으로 알려졌다. 좌찬성에 추증되었으며, 저서로는 《월곡집》이

문장과 고아한 명망이 당대를 감복시켰다. 선비(先妣)는 정경부인(貞敬夫人)에 추증된 전주 최씨(全州崔氏)이니, 정랑(正郎)으로 대사헌(大司憲)에 추증된 식(寔)의 따님이다. 부군께서는 영종(英宗 영조) 15년(1739) 기미 4월 20일에 한사(漢師)의 옛집에서 태어나셨다.

부군께서는 어려서부터 지취가 맑고 밝아 정신과 풍채가 풍성하고 윤택하여, 보는 이들 가운데 빼어나게 여기지 않는 이가 없었다. 2세에 고아가 되었는데, 최 부인(崔夫人)께서 성품이 엄하여 예법이 있으셔서 가르치는 것을 어머니의 자애로움으로 삼아 안색에 가차를 두지 않으셨다. 부군께서는 마치 엄부(嚴父)를 대하듯이 좌우에서 받들어 모시어, 사랑과 공경이 모두 지극해서 조금도 그 뜻을 실망시키지 않았다. 또 계부(季父) 수재공(修齋公)[115]과 백씨(伯氏) 문정공(文靖公)[116]과 중씨(仲氏) 운초공(雲樵公)[117]에게 훈도를 받아 아침저녁으로 익혀

있다.

115 계부(季父) 수재공(修齋公) : 오재소(吳載紹)의 계부(季父) 오찬(吳瓚, 1717~1751)으로, 오원(吳瑗)의 이복아우로서 오이주(吳履周)에게 출계하였다. 자는 경부(敬夫), 호는 청수재(淸修齋)이다. 1751년(영조27)에 문과에 장원급제하여 관직은 사간원 정언(司諫院正言)에 그쳤다. 그해 11월에 별세하였다.

116 백씨(伯氏) 문정공(文靖公) : 오재소(吳載紹)의 형이자 오희상(吳喜相)의 친부인 오재순(吳載純, 1727~1792)으로, 자는 문경(文卿), 호는 순암(醇庵), 시호는 문정이다. 음보로 관직에 나아가 세자익위사 세마를 지냈으며, 1755년(영조31) 할머니인 명안공주(明安公主)의 손자로서 특명을 받아 6품에 올랐다. 벼슬을 사직하고 학문에 전념하다가 1772년(영조48)에 탕평정시(蕩平庭試)에 급제하였고, 이후 승지·부제학·대사헌·이조판서·홍문관 대제학·예문관 제학·판중추부사 등을 거쳤다. 정조의 총애를 받아 오랫동안 문형(文衡)을 지내고 전조(銓曹)를 맡았다. 저술에 《주역회지(周易會旨)》, 《완역수언(玩易隨言)》, 《성학도(聖學圖)》, 《순암집》 등이 있다.

117 중씨(仲氏) 운초공(雲樵公) : 오희상(吳熙常)의 중부(仲父)이자 오재소(吳載

서 가르침을 어기지 않았다.

차츰 자라서는 이 상사(李上舍) 귀상(龜祥)에게서 수학하였는데, 이공(李公)은 장엄한 선비였다. 몹시 엄하게 가르침에, 의리(義理)에 관한 설을 더욱 많이 들으시게 되었다. 일찍이 만년에 불초에게 가르치시기를, "내가 배움이 넉넉하지 못한데도 벼슬길에 나아가 온갖 험난함을 겪으면서도 엎어지고 자빠져서 몸을 욕되게 하는 지경을 면할 수 있었던 것은 의(義)와 이(利)의 나뉨을 대략적으로나마 변별하여 밝혀서 취사(取捨)할 바를 알았기 때문이니, 이는 나의 선생에게서 얻은 것이다."라고 하였으니, 부군께서는 평소에 늘 이공(李公)을 일컬어 선생이라고 하셨다.

과거 공부를 하심에 사예(詞藝)가 일찍부터 높은 경지에 이르러서, 교상(膠庠)[118]에 나아가 노닐면 그때마다 시험에 합격하여 성예(聲譽)가 성대하였다. 병술년(1766, 영조42)에 음보(蔭補)로 장릉 참봉(長陵參奉)이 되었다가, 곧 관직을 떠나셨다. 무자년(1768, 영조44)에 진사시에 합격하였고, 기축년(1769, 영조45)에 또 정릉 참봉(貞陵參奉)에 제수되었고, 사옹원 봉사(司饔院奉事)로 옮기셨다. 신묘년(1771, 영조47)에 정시(庭試) 병과(丙科)에 발탁되니, 성상께서 불러 보시고는

紹)의 아우인 오재유(吳載維, 1729~1764)로, 자는 지경(持卿), 호는 운초(雲樵), 본관은 해주(海州)다. 출계하여 종백부(從伯父) 오완(吳琬)의 후사가 되었다. 오두인(吳斗寅)의 증손으로 기사사화(己巳士禍)의 사손(嗣孫)으로서 녹용(錄用)되어 의릉 참봉(懿陵參奉)에 제수되었고, 양지 현감(陽智縣監), 진산 군수(珍山郡守)를 역임하였다. 36세의 나이에 요절하였다.

118 교상(膠庠) : 주대(周代)에 태학(太學)을 교(膠)라고 하고 소학(小學)을 상(庠)이라고 하였는데, 뒤에는 학교의 뜻으로 쓰이게 되었다.

몹시 기뻐하여서 친히 글을 지어 문효공(文孝公 오태주(吳泰周))에게 술을 하사하셨으니, 특별한 은택이었다. 이듬해 봄에 승문원(承文院)에 나뉘어 예속되어 권지부정자(權知副正字)에 부직(付職)되었고, 한림 권점(翰林圈點)에 뽑혀 주서(注書)에 천거되었다. 한림 소시(翰林召試)에 명하였으나, 지방에 있어 나아가지 못하였으므로 이로 인해 옥리(獄吏)에게 심문을 받았다가 곧 사면되었다. 가을에 시강원 설서(侍講院說書)에 제수되었다.

계사년(1773, 영조49)에 대신(大臣)의 말로 인해 6품에 오르고, 이윽고 영선(瀛選)[119]에 올라 부수찬(副修撰)에 제수되었다. 일찍이《소학(小學)》을 시강(侍講)하였는데, "공경히 오교(五敎)를 펴되 너그러움에 있게 하라.〔敬敷五敎在寬〕"[120]라는 구절에 이르자 부군께서 일어나 아뢰기를, "'관(寬)'이라는 한 글자는 단지 오교(五敎)를 펼칠 때만 존재하는 것이 아니라, 당우(唐虞 요순(堯舜))의 정모(政謨)와 시위(施爲)는 모두 너그럽고 온화한 가운데로부터 나오지 않는 것이 없습니다. 그러므로 옹희(雍熙)[121]의 훌륭한 치세를 이루어서, 기상(氣像)이 볼 만하였던 것입니다. 전하께서 당우(唐虞)의 다스림을 본받으시어 모든 사령(辭令)과 거조(擧措)에 있어서 이 '관(寬)'자를 깊이 생각하여

119 영선(瀛選) : 홍문관의 관직에 선발됨을 이른다. 조선의 홍문관과 같은 기관인 중국의 한림원(翰林院)을 영주(瀛洲)라고 부른 데서 온 말이다.

120 공경히……하라 : 이 말은《서경(書經)》〈우서(虞書) 순전(舜典)〉에 보인다.

121 옹희(雍熙) : 요순(堯舜) 때의 정치를 찬양하는 말로, 천하가 잘 다스려져서 화락(和樂)한 모양을 뜻한다. 진(晉)나라 장형(張衡)의 〈동경부(東京賦)〉에 "백성들이 부유함을 함께하고, 상하가 그 옹희(雍熙)를 함께 누린다.〔百姓同於饒衍, 上下共其雍熙.〕"라고 하였다.

힘쓰시는 것이, 바로 신이 바라는 바입니다."라고 하였다. 당시에 성상께서 권근(倦勤)[122]하여 정령(政令)이 엄하고 급한 것이 자못 문제였으므로, 부군께서 문헌(文獻)에 실린 경계(警戒)를 인용한 것이었다. 그러자 성상께서 가납하시면서 말씀하기를, "유신(儒臣)의 이 말은 정문일침(頂門一針)을 준 것과 다름이 없다."라고 하셨다.

당초에 재신(宰臣) 조영순(趙榮順) 공이 역괴(逆魁) 최석항(崔錫恒), 조태억(趙泰億), 이광좌(李光佐)의 복관(復官)으로 인해 상소를 올렸다가 성상의 뜻을 거슬러서 극변(極邊)에 안치되었다.[123] 이에 이르러서 유신(儒臣) 가운데 조공(趙公)을 구하고자 변호한 이가 있었는데, 곧장 그를 향리로 방축하게 하였다. 부군께서 관료들과 함께 차자를 올려 명을 거두어 주시기를 청하니, 성상께서 노하여 엄한 비답을 내려 관직을 혁파하시고, 이어서 시종안(侍從案)에서 이름을 간삭하도록 명하였다. 얼마 뒤 서용되어 전라도 경시관(全羅道京試官)이 되었

122 권근(倦勤) : 부지런히 해야 할 정사(政事)에 게으르다는 뜻으로, 《서경》〈대우모(大禹謨)〉에 "짐이 제위에 있은 지가 33년이니 늙어서 부지런히 해야 할 정사에 게으르니, 그대는 태만히 하지 말아서 짐의 무리를 거느리도록 하라.〔朕宅帝位, 三十有三載, 耄期, 倦于勤, 汝惟不怠, 總朕師.〕"라고 한 데서 온 말이다.

123 당초에……안치되었다 : 최석항(崔錫恒), 조태억(趙泰億), 이광좌(李光佐)는 경종(景宗) 당시에 소론을 이끌었던 인물들로, 경종 원년(1721)에 경종이 자식이 없으며 병이 많다는 이유를 들어서 노론이 후에 영조(英祖)가 되는 연잉군(延礽君)의 세제(世弟) 책봉과 대리청정을 주장하자, 이들이 힘껏 반대하여 신임사화를 일으켜 노론을 축출하였다. 이들은 그 후 영조가 즉위한 뒤에 신임사화의 원흉으로 몰려 관작이 추탈되었다가, 영조의 탕평책에 힘입어 다시 회복되었다. 이에 1772년(영조48) 11월에 조영순(趙榮順)이 이것을 문제 삼아 논하자, 영조가 크게 노하여 경흥부(慶興府)의 극변(極邊)에 정배하게 하였다. 《英祖實錄 48年 11月 19, 20日》

다. 호남은 풍속이 약삭빨라서 관절(關節)[124]을 좋아하였는데, 부군께서는 사사로운 연락을 두절하시고 공정함을 지켜 조금도 동요되지 않으셨다. 조정에 돌아와 지평(持平)에 제수되었고, 세자시강원 문학(世子侍講院文學)과 한학 교수(漢學教授)와 서학 교수(西學教授)를 겸임하였으며, 교리(校理)로 옮겼다.

갑오년(1774, 영조50)에 겸사서(兼司書)가 되었다. 마침 성상께서 세손(世孫)을 거느리고서 집경당(集慶堂)에서 강연(講筵)을 열었는데, 부군께서 궁관(宮官)[125]으로 따라가서 모셨다. 특별히 종부시 정(宗簿寺正)에 제수되었고, 옥당(玉堂)으로 옮기고 동학 교수(東學教授)를 겸임하였다. 을미년(1775, 영조51)에 헌납(獻納), 겸문학(兼文學), 필선(弼善)을 역임하고 문신 제술(文臣製述)에서 장원하여 고비(皐比)의 하사를 입으셨다.[126] 부교리(副校理)로 있다가 문학(文學)으로 옮겼다. 이윽고 부응교(副應教)와 겸필선(兼弼善)으로 승진하였다. 관록(館錄)에 명이 있었는데, 소명(召命)을 어겨 견책을 당하여 파직되었다. 이윽고 또 서용되어 겸보덕(兼輔德)에 제수되었다. 이해 겨울 왕세손이 대리청정을 하면서 조참(朝參)을 행할 적에 부군께서 입참(入參)하였는데,[127] 며칠이 지나서 특지(特旨)로 동부승지(同副承旨)

124 관절(關節) : 요로(要路)의 인물에게 뇌물을 바치고 합격시켜 주기를 청탁하는 것을 이른다. 관절은 뼈마디로서 인체의 요긴한 부분이기 때문에 관료조직에서의 요로를 뜻한다.

125 궁관(宮官) : 세자궁에 딸린 세자시강원과 세자익위사의 관원을 말한다.

126 문신 제술(文臣製述)에서……입으셨다 : 당시 삼일제(三日製)의 문신 제술 시험에 배율(排律)을 짓게 하였는데, 오재소(吳載紹)가 장원하여 호피(虎皮)를 하사받았다. 《承政院日記 英祖 51年 3月 3日》

에 발탁되었고, 좌부승지(左副承旨)로 승진하였다.

병신년(1776, 영조52)에 정묘(正廟 정조)께서 왕위를 이으시니, 우승지(右承旨)로 있다가 어버이의 봉양을 청하여 곡산 부사(谷山府使)가 되었고, 1년이 지나 내직으로 옮겨 승선(承宣)이 되었다. 《명의록(明義錄)》 감인 당상(監印堂上)에 차임되었는데, 감인의 일로 연좌되어 파직되었다가, 갑자기 대사간(大司諫)에 특명으로 제수되었다. 누차 은대(銀臺 승정원)에 들어가서 차례대로 승진하여 좌승지(左承旨)에 이르렀다. 그 사이에 예조참의(禮曹參議)에 제수되었고, 《영조실록(英祖實錄)》 수찬관(修撰官)에 차임되었으며, 재차 간장(諫長 대사간(大司諫))이 되었는데, 여러 대신(臺臣)과 함께 복합(伏閤)하여 정치달(鄭致達)의 처의 일을 쟁론하다가[128] 견책을 받고 파직되었다.

기해년(1779, 정조3)에 승지(承旨)로 명을 받들고서 평양(平壤)에 있는 단군(檀君)과 기자(箕子)의 묘에 치제(致祭)하고 돌아와서 대사성(大司成)에 제수되었다. 부군께서는 평소 감식안이 뛰어나 매번 과시(課試) 때마다 사론(士論)이 이구동성으로 칭찬하였다. 가을에 모친

127 이해……입참(入參)하였는데 : 1775년(영조51) 12월 10일 정조(正祖)가 대리청정(代理聽政)을 시작하여 조참(朝參)을 시행하였는데, 오재소(吳載紹)가 나아가 하례하는 상소를 올렸다. 《英祖實錄 51年 12月 10日》

128 여러……쟁론하다가 : 복합(伏閤)이란 주청할 중대한 사안이 있을 때 삼사(三司)의 관원이나 종친(宗親), 소유(疏儒) 등이 합문(閤門) 내외에 나아와 엎드려 청하는 일을 이른다. 정치달(鄭致達)의 처는 영조의 서녀(庶女)인 화완옹주(和緩翁主)로, 자식이 없어 정후겸(鄭厚謙)을 양자로 들였는데, 정조에 의해 서인(庶人)으로 강등되었다. 1778년(정조2) 윤6월에 오재소(吳載紹)는 대사간으로 있었는데, 이때 삼사가 합계하여 화완옹주의 작호(爵號)를 없애고 법을 시행하여 처벌할 것을 쟁론하였다. 《承政院日記 正祖 2年 閏6月 14, 17日》

상을 당하였다.[129] 신축년(1781, 정조5)에 상기(喪期)를 마치고 병조참지(兵曹參知)에 제수되었고, 병조참의(兵曹參議)로 승진하였다가 이윽고 체직되었다.

이로부터 연이어 의망되신 적이 있었지만, 번번이 은점(恩點)을 아끼셨고, 미워하는 이들이 따라서 막았으므로, 이전의 의망(擬望)에 따라 예전에 역임했던 자리에 다시 오르는 일조차도 감히 준례대로 선발하지 못하였다. 그러므로 부군을 아는 이들 가운데 부군께서 무고하게 오래도록 굽혀져 있는 것을 애석하게 여기지 않는 이가 없었다. 을사년(1785, 정조9)에 첨지중추부사(僉知中樞府事)에 제수되었고, 병오년(1786, 정조10)에 오위장(五衛將)이 되었다.

기유년(1789, 정조13)에 외직으로 나가 종성 부사(鍾城府使)가 되셨는데, 종성부는 땅이 오랑캐를 접해있고 궁마(弓馬)를 업으로 삼았다. 부군께서는 "변방은 진실로 무예를 숭상해야 하지만, 문(文)으로써 선도하지 않는다면 또한 무엇을 말미암아서 윗사람을 친히 여기고 어른을 위해 목숨을 바치는 의리[130]를 알겠는가."라고 하여 마침내 경내(境內)의 유사(儒士)들을 영접하여 인도해서 예우하였고, 그 가운데 명예와 품행이 있는 이를 뽑아서 감사(監司)에 천거하니, 선비들 가운데 흥기하는 이들이 많았다. 해를 이어 큰 흉년이 들었는데, 부군께서 어루만져 보살펴서 회유하여 안정시키고 녹봉을 덜어내어 진휼하여

129 가을에 모친상을 당하였다 : 오원(吳瑗)의 계배(繼配) 전주 최씨(全州崔氏)가 1779년(정조3)에 별세한 것을 말한다.

130 윗사람을……의리 : 《맹자(孟子)》 〈양혜왕 하(梁惠王下)〉에 "임금께서 어진 정치를 행하기만 한다면 이 백성들이 그 윗사람을 친근하게 여기고 어른을 위해서 자신의 목숨을 기꺼이 바칠 것이다."라고 한 데서 온 말이다.

구제하니, 백성들이 굶주려 죽는 지경을 면하였다. 1년 남짓이 되었을 때 감사(監司)와 친척 관계에 있어 혐의스럽다는 이유로 체직되었다.

계축년(1793, 정조17)에 다시 첨지중추부사에 제수되었고, 이윽고 외직으로 나가 여주 목사(驪州牧使)가 되었다. 당시에 문정공(文靖公)께서 별세한 지 얼마 되지 않았으므로,[131] 성상께서 편전(便殿)에서 인견하시면서 깊이 추념하고 애도하며 애석해하는 뜻을 보이셨다. 여주는 상류(上流)에 처하여 강산(江山)이 절경이면서 어진 사우(士友)들이 모인 곳으로, 예컨대 중주(中洲) 이직보(李直輔) 공과 징사(徵士) 민이현(閔彝顯) 공이 같은 마을에 살았다. 부군께서는 사무를 보시고 난 뒤에 번번이 견여(肩輿)[132]를 타고서 찾아가서 밤이 다하도록 즐거움을 다하고서 돌아오셨다. 겨우 해를 넘기자마자 작은 허물로 파직되었다.

기미년(1799, 정조23)에 안동 부사에 제수되었다. 읍에 거족(巨族)이 많아 편당(偏黨)을 짓는 습속에 잘못되어 언의(言議)가 서로 어긋났으므로, 부군께서는 선(善)을 표창하고 악(惡)을 징계하는[133] 정사를 시행하셨다. 또 《무신감란록(戊申勘亂錄)》[134]은 바로 충역(忠逆)의

131 당시에……않았으므로 : 문정공(文靖公)은 오재소(吳載紹)의 형이자 오희상(吳喜相)의 친부인 오재순(吳載純)으로, 1792년(정조16) 12월 30일에 별세하였다.

132 견여(肩輿) : 좁은 길을 지날 때 임시로 쓰는 간단한 가마를 이른다.

133 선(善)을……징계하는 : 《서경》 〈주서(周書) 필명(畢命)〉에 "선과 악을 구별하여 표창하고 거주하는 마을을 정표하며, 선을 표창하고 악을 징계하여 명성을 세워준다."라고 한 데서 온 말이다.

134 무신감란록(戊申勘亂錄) : 1728년(영조4)에 있었던 이인좌(李麟佐)·정희량(鄭希亮)의 변란, 즉 무신란(戊申亂)에 대한 전말을 각종 자료에서 뽑아 편집한 책으

문건인데, 당인(黨人)들에 의해 훼손되어 버려진 것이 많아 남아 있는 것이 매우 드물다고 하여, 그 책을 중간(重刊)하여 널리 배포하였다. 이로부터 부군을 좋아하지 않는 자들이 많아져서, 읍인(邑人)으로서 시종(侍從)의 자리에 처한 이를 사주하여 상소를 올려 갑작스럽게 비방하게 하였다. 성상께서는 시신(侍臣)을 돌아보며 "교남(嶠南)의 이문순(李文純)의 유택이 끊어졌도다."라고 하시면서 옳지 않음을 드러내어 보이셨으나,[135] 부군께서는 그럼에도 관직을 버리고 돌아가셨다.

부군께서는 밝은 시대에 불우하게 지내신 것이 이미 20여 년이었다. 중간에 역임하신 것이 단지 서반(西班)의 쓸모없는 직함과 세 고을의 지방관뿐이었으나 모두 성상의 뜻을 취한 것으로, 또한 전부(銓部)를 말미암아 차임된 것이 아니었다. 이에 동배(同輩)들이 모두 경상(卿相)의 지위에 오르고 후생(後生)인 후배들이 모두 앞의 반열을 차지하였으나, 부군께서는 즐겁게 지내시면서 개의치 않으셨다. 문을 닫고 문 앞의 뜰도 쓸지 않고서 서책에 뜻을 부치셨고, 이따금 못에 임하여 희학을 하심에[136] 해서(楷書)의 서법이 고아(古雅)하였으니, 보는 이들

로, 난이 평정된 뒤 1728년 7월에 송인명(宋寅明), 박사수(朴師洙)에게 찬수를 명하여 이듬해에 완성되었다. 《감란록(勘亂錄)》이라고도 한다.

135 성상께서는……보이셨으나 : 1800년(정조24) 4월 30일에 정조가 영의정 이병모(李秉模)에게 안동(安東)의 교유(校儒)들이 다투는 일로 이귀운(李龜雲)이 대신 올린 상소를 보았다고 하면서, 영남의 풍속이 쇠퇴하여 문순공(文純公) 이황(李滉)이 유풍(遺風)이 사라졌다는 이병모의 말에 동의하였다. 《日省錄 正朝 24年 4月 30日》

136 못에……하심에 : 서법을 익히는 것을 비유적으로 표현한 말로, 후한(後漢) 때 초성(草聖)으로 일컬어졌던 장지(張芝)가 글씨를 익힐 적에 집안에 있는 모든 의백(衣帛)에다 반드시 글씨를 쓴 후에 이를 빨곤 했으므로, "못가에서 글씨를 연습하여 못물이 다 검게 되었다.라고 한 데서 온 말이다. 《晉書 衛恒傳》

이 이왕(二王)[137]의 진수를 터득하였다고 하였다. 이미 세상과는 소원하였는지라, 작은 축대를 교외에 두시고 때로 흥이 이르면 홀로 가서 시를 읊조리셨고, 혹 열흘을 머무르시면서 촌야의 노인들을 이끌고서 농사일을 말하고 꽃과 대나무를 심으면서 담박하게 돌아갈 것도 잊고서 마치 장차 그대로 일생을 마칠 것처럼 하였다.

최후에 영남의 고을에 부임하셨을 적에, 모두 일곱 번을 고쳐 의망(擬望)하여서 비로소 부군에게 이르렀다. 사폐(辭陛)할 때에 이르러 특별히 불러서 접견하시면서 명하여 얼굴을 들게 하고서 "이미 늙었도다."라고 하시고는 연신(筵臣)에게 하교하여 거두어 쓰시려는 뜻을 보이셨으나, 해불(解紱)[138]한 지 얼마 지나지 않아 활과 칼을 갑자기 부여잡지 못하게 되었다.[139]

신유년(1801, 순조1)에 금상께서 처음 등극하시어, 조정의 의논에 따라 비로소 가선대부(嘉善大夫)에 발탁하였고, 형조참판에 제수되었으며 부총관(副摠管)을 겸임하였다. 좌승지(左承旨), 한성부 우윤(漢城府右尹), 호조참판(戶曹參判), 동지의금부사(同知義禁府事), 경연

137 이왕(二王) : 서성(書聖)으로 불리는 왕희지(王羲之)와 그의 일곱 번째 아들 왕헌지(王獻之)로, 훌륭한 서예가로서 흔히 이왕(二王)으로 병칭된다.

138 해불(解紱) : 수령이 차는 인부(印符)의 끈을 풀었다는 뜻으로, 지방관을 그만둠을 이른다.

139 활과……되었다 : 정조(正祖)가 승하한 일을 말한다. 전설상의 제왕인 황제(黃帝)가 용을 타고 승천할 때에 신하와 후궁 70여 명이 용을 타고 함께 하늘로 올라갔는데, 나머지 사람들도 용의 수염을 부여잡고 함께 올라가고자 하였으나 수염이 뽑혀 떨어지면서 황제의 활과 검과 함께 떨어지고 말았으므로, 그 백성들이 그 활과 검, 수염을 안고 통곡하였다는 고사에서 온 말이다. 《史記 卷28 封禪書》

특진관(經筵特進官)을 역임하고 승문원 제조(承文院提調)가 되었다. 사은사(謝恩使)에 부사(副使)로 충원되어 연경에 가서, 행로에 문산사(文山祠)[140]를 들러서 술을 올리고는 방황하며 떠나지 못하셨다. 사당이 오래되어 기울고 무너져서, 강남(江南)의 인사(人士)들이 재물을 모아 수선할 것을 도모하였는데, 부군께서 전대의 금을 덜어내어 도우셨다.

임술년(1802, 순조2)에 동지중추부사(同知中樞府事)로 있다가 도승지(都承旨), 예조참판, 한성부 좌윤(漢城府左尹)으로 옮기고 동지춘추관사(同知春秋館事)와 동지실록사(同知實錄事)를 겸임하여 《정조실록(正祖實錄)》의 수찬에 참여하였다. 계해년(1803, 순조3)에 대사간(大司諫)과 병조참판(兵曹參判)에 제수되었고, 다시 한성부 우윤(漢城府右尹)이 되셨다. 부군께서는 일찍이 "곡식을 소모하고 재물을 소모하여 풍교(風敎)를 해치고 무너뜨리는 것은 바로 술의 유폐(流弊)가 재앙을 낳은 것이다. 더구나 소고기와 술과 소나무 세 가지를 금하는 것은 바로 조종(祖宗)의 관화(關和)[141]인데, 다만 거행되지 않았을 따름이다."라고 하여서 대신(大臣)들에게 말하여 보오법(保伍法)을 세우

140 문산사(文山祠) : 명(明)나라 말의 충신(忠臣)인 문천상(文天祥, 1236~1283)을 모신 사당으로 북경에 있다. 문천상은 자는 이선(履善), 호는 문산으로, 멸망해 가는 남송(南宋)의 승상(丞相)이 되어 나라를 부흥시키기 위해 온 힘을 다하였으나, 끝내 나라는 원(元)나라에 패망하고 자신은 사로잡혔다. 원나라 세조(世祖)의 끊임없는 회유가 있었으나 끝까지 굴하지 않고 사형을 당하였다.

141 관화(關和) : 공평한 법, 제도를 가리킨다. 《서경(書經)》 〈하서(夏書) 오자지가(五子之歌)〉에 "관통(關通)하는 석(石)과 화평(和平)하는 균(鈞)〔關石和鈞〕"이라고 한 데서 온 말로, 관과 화는 통(通)하고 고르다는 뜻이고, 석과 균은 각각 용량과 무게의 단위이다.

고 별도로 화매(和賣)[142]를 금하되, 오직 제사와 연향에만 스스로 술을 빚도록 허락하게 하니, 조례(條例)가 자세하여 행할 만하였으나, 헛된 의론들이 이를 막았고 부군께서도 체직되어서 일이 마침내 중지되었다. 예조참판(禮曹參判)으로 있으면서 대사성(大司成)을 겸임하였고, 장원서 제조(掌苑署提調)가 되셨다.

갑자년(1804, 순조4)에 유생(儒生)의 일로 연루되어 삭직되었다가 수개월이 지나 서용되어 지신사(知申事 도승지)에 제수되었고, 체직되어 동지돈녕부사(同知敦寧府事)가 되었으며 동지경연사(同知經筵事)를 겸임하였다가, 천거로 강화 유수(江華留守)에 제수되었다. 부군께서는 병정(丙丁)의 충렬(忠烈)[143]에 있어서 개연히 생각을 일으키셔서, 문과(文科)와 무과(武科)에서 반드시 순절한 사람의 자손을 먼저 수용하였고, 천한 백성들의 경우에는 그 요역(徭役)을 면제해 주면서 말씀하기를, "이는 바로 요충지를 중시하는 방도이다."라고 하셨다. 가을에 큰 홍수로 부성(府城)이 터지고 수문(水門)이 무너져 민호(民戶)가 표류하였는데, 묘당(廟堂)에 상의하여 재용(財用)을 구획하여서, 백성들을 번거롭게 역(役)에 동원하지 않고서도 금탕(金湯)[144]이 경관을

142 화매(和賣) : 서로 합의하여서 사고파는 것을 말한다.

143 병정(丙丁)의 충렬(忠烈) : 병정은 병자호란으로, 병자년(1636) 겨울 청군(清軍)이 쳐들어와서 인조가 남한산성으로 파천하였다가 이듬해인 정축년 정월 청나라에 항복할 때까지의 싸움을 지칭한 것이다. 병자호란이 일어났을 때 왕실 가족들이 강화도로 먼저 피난을 가 있었는데, 피난길이 막혀 인조는 남한산성으로 피했다. 이듬해에 결국 강화도가 함락되었는데, 병정의 충렬이란 이 과정에서 생겨난 많은 충렬(忠烈)들을 가리킨다.

144 금탕(金湯) : '금성탕지(金城湯池)'의 줄임말로, 쇳덩이로 쌓은 성과 끓는 물이

바꾸었고, 또 남은 재물을 내어서 무너진 제방을 완비하고 수리시설을 수리하여, 지금까지도 이에 힘입고 있다.

국자장(國子長 대사성(大司成))으로 옮겼는데, 특명으로 잉임되었다. 병인년(1806, 순조6)에 오랫동안 한 품계에 머물러 있었다고 하여 자헌대부(資憲大夫)에 발탁되었으며, 오래지 않아 임기가 차서 돌아왔다. 지중추부사(知中樞府事)에 제수되고, 지의금부사(知義禁府事)와 도총부 도총관(都摠府都摠管)을 겸임하였다가, 형조판서(刑曹判書)로 개차되고 대사헌(大司憲)으로 옮겼는데, 병을 이유로 숙배하지 않았다. 그 사이에 한성부 판윤(漢城府判尹)에 제수되고 지경연사(知經筵事)를 겸임하였으며, 내섬시 제조(內贍寺提調)가 되었다.

정묘년(1807, 순조7)에 한성부 판윤(漢城府判尹)과 사헌부 대사헌(司憲府大司憲)에 연이어 제수되었다. 정순왕후 부묘도감 제조(貞純王后祔廟都監提調)에 차임되어 일을 마치고 정헌대부(正憲大夫)로 승진하였다. 지돈녕부사(知敦寧府事)로 있다가 예조판서(禮曹判書)로 옮기고, 혜민서 제조(惠民署提調)가 되었다. 무진년(1808, 순조8)에 기로소(耆老所)에 들어가시고, 다시 형조판서(刑曹判書)가 되었고, 묘당(廟堂)의 천거로 판의금부사(判義禁府事)에 발탁되었고, 숭정대부(崇政大夫)에 올랐다.

기사년(1809, 순조9)에 의정부 우참찬(議政府右參贊)에 제수되었고 동지성균관사(同知成均館事)를 겸임하였으며, 빙고서 제조(氷庫署提調)가 되었다. 경오년(1810, 순조10)에 좌참찬(左參贊)으로 승진하였는데, 별운검(別雲劍)의 현병(懸病)[145]으로 연좌되어 파직되었다가

해자에 흘러 성을 보호하는 견고한 성지(城池)를 말한다.

서용되어 판돈녕부사(判敦寧府事)에 제수되었고, 갑자기 다시 삼재(三宰 좌참찬(左參贊))로 돌아왔다.

신미년(1811, 순조11) 가을에 성상께서 기로소의 대신(大臣)들을 인견하여서 자정전(資政殿)에서 선온(宣醞)[146]하였다. 부군께서는 기로소의 대신들과 함께 나아가 면대하고, 이튿날에 궐에 나아가 사전(謝箋)을 올렸다. 이어서 기영당(耆英堂)에서 초상화를 그릴 것을 명하니 이는 옛 전장(典章)을 따른 것이었으나, 이전에 기로소에 들어가 이러한 은혜를 입은 경우는 또한 얼마 되지 않았다. 당시에 성상의 체후가 좋지 않은 지가 오래되었으니, 조정에서 하루걸러 성상의 기거를 여쭈었다. 부군께서는 몹시 피로한 기색을 보이셨으나 그럼에도 스스로 힘써서 반열에 나아가기를 조금도 게을리하지 않으셨다. 이윽고 작은 병이 더해져서 10월 7일에 정침(正寢)에서 고종명(考終命)을 하셨으니, 아아, 애통하도다. 부고가 알려지자, 조회를 이틀간 중지하시고, 부의(賻儀)를 하사하여 준례대로 제사를 지내게 하였다. 두 달 뒤 무신(戊申)에 통진(通津) 관할의 남서쪽 명동(明洞) 건좌(乾坐)의 언덕에 장례하였다.

부군께서는 헌걸차게 키가 크셨고, 인후(仁厚)하며 솔직하였다. 그 모습에서 베풀어지고 사기(辭氣)에서 발한 것이 한결같이 천진(天眞) 그대로여서 마음에서부터 외면에 이르렀다. 집에서 거처하고 빈객을

145 현병(懸病) : 신병(身病)으로 결근하게 되는 경우에 그 사유를 기입하는 것을 말한다.

146 선온(宣醞) : 임금이 신하에게 궁중의 사온서(司醞署)에서 빚은 술을 내리는 것을 말한다.

접하는 것에서부터 세상에 쓰여서 일에 응하는 것에 이르기까지 모두 도(道)를 말미암아서 다른 것이 없었으니, 일체의 세간의 권모술수를 마치 자신을 더럽힐 것처럼 여기실 뿐만이 아니었다.

성품이 몹시 효성스럽고 우애로워 일찍 아버지를 여읜 것을 스스로 슬프게 여기셔서, 상여(喪餘)[147]에 곡할 적에 슬퍼하시는 것이 곁에 있는 사람을 감동하게 하였다. 문목공(文穆公)을 섬기던 대로 문정공(文靖公)을 섬겼는데, 문정공께서 만년에 장자(長子)를 곡하고서[148] 외롭게 지내시자, 부군께서는 마치 애통함이 자신에게 있는 것처럼 여기면서 서둘러 집을 팔고서 같은 집에 다시 모여서, 아침저녁으로 기거를 보살폈으며 상을 연하여 이야기하면서 그 뜻을 즐겁게 해드렸다. 중자(仲姊)가 과부로 지내면서 늙어서 더욱 가난해지자, 월봉과 세궤(歲饋)를 반드시 나누어 계속 이어서 주셨고, 때때로 집에 맞이하여 와서 섬기기를 매우 지성스럽게 하였다. 이를 미루어 친척과 벗에 미쳐서, 곡진하게 은의(恩意)를 두어서, 가난하여 밥 짓는 연기가 끊어지면 주휼해 주었고, 상(喪)을 치르지 못하면 구휼해 주었으되, 힘이 미치는 바에 따라서 마음을 다하였다. 외가가 가난하여 제사를 지낼 수 없었는데, 늘 헌현(獻賢)[149]하여 도와주되 혹시라도 빠뜨리신 적이 없었다.

147 상여(喪餘) : 거상(居喪)을 마치고 난 나머지라는 뜻으로, 삼년상을 넘기고 지내는 기제(忌祭)를 이르는 말이다.

148 문정공께서……곡하고서 : 오재순(吳載純)의 장자이자 오희상의 친형인 오윤상(吳允常)이 1783년(정조7)에 37세의 나이로 요절한 것을 가리킨다.

149 헌현(獻賢) : 본래 지자(支子)에게 두 희생(犧牲)이 있을 경우에 그중 좋은 희생을 종자(宗子)에게 드려서 제수에 쓰도록 하는 것을 말하는데, 여기에서는 좋은 제수를 주는 것을 가리킨다. 《宋子大全 卷78 答韓汝碩》

선(善)을 좋아하고 선비를 아끼시어 절로 이에 깊은 정을 두셨다. 이미 귀해지시고 나서도 위포(韋布)를 종유하기를 좋아하셔서, 봄과 가을의 한가로운 날에 술병과 술통을 지니고서 서로 따르는 것이 모두 빈한한 준사(俊士)들이었다. 두루 영읍(營邑)을 맡으심에, 처음 부임하셨을 때 먼저 이름이 알려진 선비를 물어 반드시 먼저 몸소 찾아가 인사하였고, 만약 실제로 지닌 바가 있음을 보면 거의 나이와 지위도 잊고서 벗으로 삼으시고자 하였으니, 어진 선비들이 모두 흠모하였다.

조정에 계실 때 집안의 대대로 겸양하고 삼가던 규범을 지키셔서 권요(權要)를 피하고 세리(勢利)를 멀리하였다. 이른 나이에 석갈(釋褐)[150]하여 즉시 춘방(春坊 세자시강원(世子侍講院))에 들어가서 정묘(正廟 정조)를 진저(震邸 동궁)에서 섬겼는데, 부군께서 당시의 명망을 지니고 있다고 하여서 반드시 이끌어서 심려(心膂)를 의탁하고자 하였으니, 돌아보고 대우하신 것이 다른 사람에 비해 월등하였다. 이 때문에 4년 동안 강연(講筵)의 직책을 맡아 잠깐 체직되었다가 곧 제수되었고, 간혹 다른 직책으로 옮기면 반드시 겸함(兼銜)을 띠게 하여서 조석으로 곁에 두심에 은혜로운 정의(情誼)가 마치 집안사람과도 같았다. 만약 부군께서 휴가를 얻으시면 자주 수찰(手札)을 내려서, 내리지 않으신 날이 거의 없었다.

부군께서는 이에 전석(前席)에 나아가 사양하면서 말씀하기를, "신은 듣건대 군신(君臣)은 의(義)로써 투합한다고 하니, 은혜가 의리보다 지나친 것은 최상의 도리가 아닙니다. 더구나 저하께서는 바야흐로

150 석갈(釋褐) : 신분이 낮은 사람이 입는 옷인 갈옷을 벗고 관복을 입는다는 뜻으로 벼슬에 처음 입사(入仕)함을 이른다.

저이(儲貳 세자)의 자리에 계시니, 저하의 글이 궁료(宮僚)에게 빈번하게 내려오는 것은 또 덕(德)을 기르는 자리에 누가 될까 염려됩니다."라고 하였다. 그러자 정조께서 웃으며 답하시기를, "춘방(春坊)은 진실로 비루하도다. 이 일은 고인(古人)도 행한 적이 있는 것인데, 어찌 군이 사양할 것이 있겠는가."라고 하시고, 수찰을 하사하시기를 여전히 처음처럼 하셨는데, 부군께서 또 고사하시어 고사함이 두세 번이 이른 뒤에 비로소 중지되었다.

부군께서는 지우(知遇)에 감격하여 일에 따라 규계하는 말을 올리기를 몹시 절실하고 정직하게 하였는데, 정조께서 그 정성을 살피어 넉넉하게 수용하시면서, 늘 '규계를 올리는 춘방〔進戒春坊〕'이라고 부르셨다. 그러나 역신(逆臣) 홍국영(洪國榮)이 같은 반열에 있으면서 총애를 믿고서 교만하고 방자하여서 몰래 위엄과 권세를 농단하니, 부군께서 더욱 우려하고 두려워하는 마음을 품으셔서 늘 몸을 이끌고서 스스로 멀리할 것을 생각하였다. 이로 인해 걸핏하면 중상모략을 입으니, 저하께서 돌아보시는 것도 차츰 쇠하여졌으나, 다만 느긋하게 말씀하기를, "내 이제 면하게 되었음을 알겠구나."라고 하였다. 그 후에 문정공(文靖公)께서 내각(內閣 규장각)에 들어가셨는데, 성상께서 말씀하기를 "경의 아우가 지난날 몹시 아낌을 받았던 것이 어찌 경이 비할 바이겠는가. 그러나 나를 저버린 것이 애석하도다."라고 하였다. 이는 성상의 수찰을 사양하였던 때의 일을 가리킨 것으로 말하기 어려운 점이 있었던 것이었다. 부군께서는 이를 남에게 절대로 말하지 않으셨기 때문에, 세상에서도 아는 이가 없었다.

생각건대 부군께서 조정에 계신지 40여 년 동안에 세도(世道)가 수 없이 바뀌었는지라, 그 지나오신 바가 구당협(瞿塘峽)의 염여퇴(灩澦

堆)를 지나는 것[151]으로도 그 험난함을 비유하기에 부족하였으나, 늘 깊은 못에 임하고 살얼음을 밟는 것처럼 경계하는 마음을 지니셔서, 득실(得失)의 길에 있어서 행동을 살펴보아 길흉을 상고하여[152] 절조가 한결같아 흠이 없으셨다. 일찍이 불초를 불러서 말씀하기를, "내가 금일을 보존한 것은 우리 선왕께서 내려주신 바이다."라고 하시고 인하여 오래도록 탄식하였으니, 이를 보면 부군의 시대가 어떠하였는지를 거의 알 수 있다. 슬프도다!

부군께서는 평소에 문장(文章)을 자처하지 않으셨으나, 오직 성병(聲病)[153]의 학문에 있어서 일찍부터 기호가 있으셔서 여러 작가에 자못 빠져드셨다. 그러나 유독 명인(明人)과 청인(淸人)의 시는 좋아하지 않으셔서, "이는 바로 시도(詩道)를 해치는 것이다."라고 하였다. 그러므로 시편(詩篇)에 드러난 것이 아득히 멀고 참되며 담박하여 격조가 절로 높았다. 문정공(文靖公)이 늘 말씀하기를, "아무개의 시(詩)는 거의 하늘이 내린 재주이니, 나는 그만 못하다."라고 하였다. 시고(詩稿) 4권이 집에 소장되어 있다.

151 구당협(瞿塘峽)의……것 : 구당협은 중국 사천성(四川省) 봉절현(奉節縣) 동남쪽 양자강(揚子江)의 상류에 3협(峽)의 하나인데 양쪽의 높은 언덕이 절벽으로 되어 있고 강 중심에 암석 염여퇴(灩澦堆)가 우뚝하게 서 있다. 배가 이곳을 지날 때 석벽에 대어 가면 물을 따라 곁으로 흐르게 되어 돌을 피할 수 있으나, 만일 석벽을 피하여 가면 와중(渦中)에 휘말리게 되어 돌에 부딪혀 파선된다고 한다.

152 행동을……상고하여 : 이 말은 《주역(周易)》 〈이괘(履卦) 상구(上九)〉에 보인다.

153 성병(聲病) : 시를 지을 때 평(平), 상(上), 거(去), 입(入) 등 사성(四聲)을 조합하여 구성하는데, 그 구성이 일정한 규칙에 들어맞는 것을 성(聲)이라 하고 그렇지 못한 것을 병(病)이라 한다. 즉, 시를 짓는 것을 가리킨다.

배위이신 정경부인(貞敬夫人)에 추증된 한산 이씨(韓山李氏)는 군수(郡守)로 이조참판(吏曹參判)에 추증된 규항(奎恒)의 따님이자, 대사헌(大司憲) 문정공(文貞公) 권변(權抃)의 외손이시다. 단정하고 은혜로우며 곧고 전일하여 이륜(彝倫)에 독실하였고, 식견이 또 빼어나서 일체의 부귀와 영록(榮祿)에 있어서 담박하였다. 부군보다 2년 먼저 태어나고, 3년 먼저 졸하시어, 왼쪽에 장례하여 합부하였다. 1남 1녀를 두셨는데, 아들이 요절하였으므로 문정공(文靖公)의 중자(仲子)인 희상(熙常)을 데려와 아들로 삼았으니, 바로 불초이다. 분수에 넘치게도 성조(聖朝)로부터 활과 깃발로 초빙을 입었으나[154] 감히 나아가지 못하였다. 여서(女壻)는 감사(監司) 이재수(李在秀)이다. 측실은 1남을 두었으니 근상(謹常)이다.

불초는 목사(牧使) 권제응(權濟應)의 딸을 아내로 맞아 2남 2녀를 낳았으니, 아들 중 장자 치규(致奎)는 전 군수(前郡守)로 들어가서 문효공(文孝公 오태주(吳泰周))의 제사를 이었으며, 차남은 치익(致翼)이고, 여서(女壻)는 민치록(閔致祿)과 김보근(金輔根)이다. 이재수는 3남 3녀를 두었으니, 아들은 진사(進士)인 윤우(胤愚), 긍우(肯愚), 수우(脩愚)이며, 여서(女壻)는 검열(檢閱) 김위(金鍏), 진사(進士) 조병귀(趙秉龜), 윤지(尹榰)이다. 근상의 아들은 치기(致箕)이다. 치규의 아들은 홍선(弘善)이고 여서(女壻)는 이종우(李鍾愚)이다. 치익의 1남은 어리다.

154 활과……입었으나 : 활과 깃발은 고대에 대부와 사(士)를 초빙하던 도구로, 《춘추좌씨전》 소공(昭公) 20년에 "옛날 우리 선군이 사냥할 때에 깃발로 대부를 부르고 활로 사를 부르셨다."라고 하였다.

아아, 불초가 행실이 신명(神明)을 저버려서 하늘에 죄를 얻어 연거푸 우환을 만났으나 모질게 구차히 살아남아 이미 황천으로 따라 죽지 못하였고, 배운 것이 없어 식견이 거칠어 또 아름다운 덕을 드러낼 수가 없으니, 불효한 죄를 더욱 스스로 속죄할 길이 없는지라, 이 때문에 두렵다. 삼가 부군께서 손수 기록한 일록(日錄)을 교정하고 또 불초가 귀로 듣고 눈으로 본 바를 참고하여 이를 서술해 행장을 지어서, 장차 입언(立言)하는 군자에게 은혜를 바라고자 한다. 그러나 또한 감히 한 마디 말이라도 넘치게 써서 속이고 무함하는 죄를 범하지는 못하였으니, 살펴서 재결해주기를 엎드려 바라는 바이다. 불초고(不肖孤) 희상(熙常)은 피눈물을 흘리며 삼가 적노라.

내구 이조판서 이공 행장

內舅吏曹判書李公行狀

공은 휘는 문원(文源), 자는 사질(士質)이니, 연안부(延安府) 사람으로, 그 선조는 당(唐)나라 중랑장(中郎將) 이무(李茂)로부터 나왔다. 휘 석형(石亨)[155]은 연성부원군(延城府院君)으로, 처음으로 본조(本朝)에서 현달하였다. 또 4대(代)가 전해져서 월사(月沙) 문충공(文忠公) 휘 정귀(廷龜)[156]에 이르러서, 인하여 삼대(三代)가 명덕(名德)을

155 휘 석형(石亨) : 이석형(李石亨, 1415~1477)으로, 자는 백옥(伯玉), 호는 저헌(樗軒), 본관은 연안이며, 시호는 문강(文康)이다. 1441년(세종23) 문과에 장원으로 급제해 사간원 정언에 제수되었다. 이듬해 집현전 부교리에 임명되어 14년 동안 집현전 학사로 재임하여 직제학(直提學)에 이르렀다. 이후 전라도 관찰사·예조참의·한성부윤·판한성부사·판중추부사 등을 역임하였고, 좌리공신(佐理功臣) 4등에 책록되고, 연성부원군(延城府院君)에 봉해졌다. 집현전 학사로 있을 때 《치평요람(治平要覽)》, 《고려사(高麗史)》의 편찬에 참여하였으며, 세조 때에는 사서(四書)의 구결(口訣) 작업에 참여하였다.

156 휘 정귀(廷龜) : 이정귀(李廷龜, 1564~1635)로, 자는 성징(聖徵), 호는 월사(月沙)·보만당(保晩堂)·치암(癡菴)·추애(秋崖)·습정(習靜), 본관은 연안(延安)이다. 1590년에 증광 문과에 병과로 급제하였다. 중국어에 능하여 어전통관(御前通官)으로 명나라 사신이나 지원군의 접대에 조정을 대표하여 활약하였으며, 1598년에 명나라 병부 주사(兵部主事) 정응태(丁應泰)가 임진왜란(壬辰倭亂)은 조선에서 왜병(倭兵)을 끌어들여 중국을 침범하려 한 것이라고 신종(神宗)에게 무고하자, 진주부사(陳奏副使)로서 명나라에 가서 무고임을 밝히고 정응태를 파직하게 하였다. 대제학, 병조판서, 예조 판서, 우의정, 좌의정 등을 역임하였으며, 문장에 뛰어나 장유(張維), 이식(李植), 신흠(申欽)과 더불어 이른바 한문사대가(漢文四大家)로 일컬어진다. 시호는 문충(文忠)이며, 저서로는 《월사집》이 있다.

계승하여 마침내 삼한(三韓)의 세가(世家)가 되었다.

증조는 의정부 좌찬성(議政府左贊成)에 추증된 휘 중조(重朝)이고, 조부는 옥천 군수(沃川郡守)로 의정부 영의정(議政府領議政)에 추증된 휘 주신(舟臣)이고, 선고는 의정부 영의정(議政府領議政) 문간공(文簡公) 휘 천보(天輔)[157]이다. 선비는 정경부인(貞敬夫人) 은진 송씨(恩津宋氏)로, 순흥 부사(順興府使)로 이조참판(吏曹參判)에 추증된 휘 상유(相維)의 따님이다. 문간공의 족제(族弟)인, 진산 군수(珍山郡守)로 의정부 좌찬성(議政府左贊成)에 추증된 휘 국보(國輔)가 은진 송씨(恩津宋氏)인 서윤(庶尹) 휘 요보(堯輔)의 따님을 아내로 맞아, 영종(英宗 영조) 경신년(1740, 영조16) 4월 22일에 공을 낳았다. 문간공이 후사가 없어, 취하여 아들로 삼았다.

공은 어려서부터 빼어난 기운이 있어서 호탕하여 얽매이지 않았으니, 문간공이 정수리를 쓰다듬으시면서 "이 아이는 골격이 범상치 않으니, 훗날 원대한 그릇을 이룰 것이다."라고 하였다. 신사년(1761, 영조37)에 문강공의 상(喪)을 당하였다. 문을 닫고서 절차탁마하여 경전(經傳)을 읽음에, 혹 수천 번에 이르도록 그치지 않았으나, 끝내 문학(文學)으로 자부하지 않았다. 계미년(1763, 영조39)에 문음(門蔭)으로 휘릉전 참봉(徽寧殿參奉)에 보임되었으나 나아가지 않았다. 이해에

157 휘 천보(天輔) : 이천보(李天輔, 1698~1761)로, 자는 의숙(宜叔), 호는 진암(晉菴), 본관은 연안(延安)이며, 시호는 문간(文簡)이다. 생원시에 합격했고, 1739년 알성 문과에 을과로 급제했다. 이조와 병조 판서를 거쳐 1752년 우의정이 되고 같은 해 좌의정을 거쳐 1754년 영의정에 승진된 후 영돈녕부사로 전임했다. 1761년 장헌세자(莊獻世子)의 평양 원유사건(遠遊事件)에 책임을 지고 자결했다. 저서로는 《진암집》이 있다.

진사(進士)가 되었다. 무자년(1768, 영조44)에 영희전 낭청(永禧殿郎廳)에 조용(調用)되었다가 임기가 차서 종묘서 부봉사(宗廟署副奉事)로 옮겼고, 재차 상서원 부직장(尙瑞院副直長)으로 옮겼으며, 사옹원 주부(司饔院主簿)로 승진하였고, 호조 좌랑(戶曹佐郎)으로 옮겼다.

신묘년(1771, 영조47)에 정시 문과(庭試文科)에 급제하여 병조 좌랑(兵曹佐郎)에 제수되었고, 사간원 정언(司諫院正言), 세자시강원 사서(世子侍講院司書), 세자시강원 문학(世子侍講院文學)을 역임하였으며, 홍문관(弘文館)에 선발되어 들어가서 교리(校理)가 되었고, 서학 교수(西學教授)를 겸임하였다. 공에게는 공보다 먼저 석갈(釋褐)[158]한 종숙(從叔)이 있었는데, 이때에 이르러 영권(瀛圈)[159]에 공만 참여하였다. 공은 '어찌 편안히 나갈 수 있겠는가.'라고 하여, 거듭 불렀으나 굳게 숙배하지 않자, 영조께서 노하여 북청부(北青府)로 유배를 보냈다가, 잠시 뒤에 사면을 받고 돌아왔다. 당시에 척리(戚里)[160]가 권세를 부려서, 진신(搢紳)의 선비 중에 그 지목을 당하지 않은 이가 드물었는데, 공은 초연히 자취를 거두고서 경사(京師)의 집을 물리치고 시골집에 은거하면서 영달에 뜻이 없었다. 누차 관직(館職),[161] 춘방(春坊 세자

158 석갈(釋褐) : 신분이 낮은 사람이 입는 옷인 갈옷을 벗고 관복을 입는다는 뜻으로 벼슬에 처음 입사(入仕)함을 이른다.

159 영권(瀛圈) : 영각(瀛閣), 즉 홍문관의 권점(圈點)을 가리킨다. 홍문관의 관원을 뽑을 때 후보자들의 성명을 적어놓고 전선관(銓選官)이 각기 뽑고자 하는 사람의 성명 아래에 찍는 둥근 점을 찍어, 그 점수가 많은 사람을 뽑았다.

160 척리(戚里) : 왕실의 외척을 말한다. 본래 중국 장안의 마을 이름인데, 한(漢)나라 때에 내척과 외척이 많이 살았으므로 전하여 외척을 가리키는 말이 되었다.

161 관직(館職) : 조선 시대 홍문관 부제학(弘文館副提學) 이하의 관원과 성균관 대

시강원(世子侍講院)), 함경도 북평사(咸境道北評事)에 제수되었으나, 모두 나아가지 않았다.

병신년(1776, 영조52)에 홍문관 부응교(弘文館副應敎)에 제수되었다. 마침 육상궁(毓祥宮)에 존호를 올렸는데,[162] 독책관(讀冊官)으로서 통정대부(通政大夫)에 오르고 승정원 동부승지(承政院同副承旨)에 제수되었다. 금상께서 즉위하심에, 병조와 예조의 참의(參議)가 되었으며, 재차 승지(承旨)가 되었다.

정유년(1777, 정조1)에 외직으로 나가 여주 목사(驪州牧使)가 되었는데, 여주는 큰 강에 임해 있어서 고을에 거족(巨族)들이 많아 평소에 다스리기 어려운 곳으로 불렸다. 공은 적합하게 어루만져 다스리되, 법에 위배되는 것으로 간여하는 이가 있으면 세력이 있는 자라 할지라도 동요되지 않았으니, 한 해가 다하기도 전에 다스린 공적이 한 도(道)에서 으뜸이었다. 흉년을 만남에, 부세의 수입이 장차 백징(白徵)[163]을 면할 수 없게 되자, 공은 관찰사에게 첩보(牒報)를 보내어 견감(蠲減)해 주어서 백성들의 위급함을 풀어줄 것을 서둘러서 청하였는데, 사자(使者)가 누차 돌아왔으나 관찰사는 그때마다 삭감을 허락하지 않았다. 공은 끝내 일을 이룰 수 없음을 헤아리고는, "백성들의 목민관이 되어서 그들이 죽는 것을 그저 두고 보는 일은 내 차마 할 수가 없다."라

사성(成均館大司成) 이하의 관원에 대한 총칭이다.

162 마침……올렸는데 : 육상궁(毓祥宮)은 숙종(肅宗)의 후궁이자 영조(英祖)의 사친인 숙빈(淑嬪) 최씨(崔氏)의 신판을 봉안한 궁으로, 당시에 육상궁의 존호를 수복(綏福)이라 정하였다. 《英祖實錄 52年 1月 7日》

163 백징(白徵) : 백지 징세(白地徵稅)로, 조세가 면제된 땅이나 납세 의무가 없는 사람에게 세금을 물리는 것을 뜻한다.

고 하고, 그날로 벼슬을 버리고 떠나니, 여주 사람들이 비석을 세워서 공이 남긴 은혜를 찬송하였다. 오래 지나 사간원 대사간(司諫院大司諫)에 제수되었으나, 나아가지 않았다.

경자년(1780, 정조4)에 천거되어 동래 부사(東萊府使)에 제수되었다가, 오래 지나지 않아 또 백성에 대한 일로 수군절도사(水軍節度使)와 다투어 마침내 벼슬을 버리고 돌아갔다. 이해 겨울에 경상도 관찰사(慶尙道觀察使)에 제수되었는데, 영남이 해를 이어 큰 흉년이 든 상태였다. 공은 부임하여서 자신을 검약하여 백성들을 넉넉하게 해주는 데에 힘써서, 봉름(俸廩)을 덜어낸 것이 부족하면 먹는 반찬의 수를 덜어내었고, 홑 말로 부내(部內)를 순행하면서 두루 그 질고를 살펴서 여러 방면에서 조처하고 계획하였다. 한 지역의 병들고 의지할 데 없는 이들이 장차 편안한 생활을 할 수 있게 되었는데, 갑자기 내직으로 옮겨지니, 백성들이 크게 실망하여 곳곳마다 길을 막고서 울부짖어서, 말이 거의 나아갈 수 없는 지경이었다.

미처 조정에 돌아오기도 전에, 대신(臺臣) 이현영(李顯英)이 상소를 올려 무함하여 탄핵하니,[164] 그 말이 몹시 참혹하였다. 공이 옥리(獄吏)에게 심문을 받고서, 그 일이 끝내 실상이 없었던 것으로 판명되었다. 용서를 받고나서 온 가족이 가협(嘉峽)[165]의 선영 아래로 들어가

164 대신(臺臣)……탄핵하니 : 이때 응교(應敎) 이현영(李顯英)이 상소를 올려, 천얼(賤孼) 이홍상(李鴻祥), 이예보(李禮輔), 이신보(李藎輔)가 안동 부사(安東府使)였던 이문원(李文源)의 신임을 얻어 권세를 부리고 있다고 탄핵하자, 정조가 전 영백(嶺伯) 이문원을 삭직(削職)하고 나문(拿問)하라고 명한 일이 있었다.《日省錄 正祖 5年 9月 29日》

165 가협(嘉峽) :《금릉집(金陵集)》에 실린 이문원(李文源)의 묘표에는 가릉(嘉陵)

오직 농사를 짓는 데만 힘쓰면서 도롱이를 입고 소를 타고서 못가와 밭에서 배회하니, 사람들이 비옥(緋玉)[166]의 귀한 신분인 줄을 알지 못하였다.

이로부터 은대(銀臺 승정원(承政院))의 직함에 제수하는 명이 8,9번 이르렀는데, 재촉하면 혹 잠시 나아갔다가 곧 물러나서, 열흘이나 한 달 동안 머무른 적이 없었다. 그 사이에 재차 성균관에 들어가 대사성(大司成)이 되었으나, 또한 사직하여 명에 응하지 않았다. 마침 승선(承宣)으로서 등연(登筵)하였는데, 성상께서 대면하여 매우 정성스럽게 하유하여서 도성(都城)으로 돌아와 머무르게 하고자 하였다. 당초에 문간공(文簡公)이 상부(相府)에 있으면서 장헌세자(莊獻世子)를 위하여 갖가지로 보호하여서 누차 위태롭고 의심하는 즈음에 목숨을 버리고서 힘을 다하였다.[167] 당저(當宁)에 이르러, 그 충성에 뒤미처 감격하여 선상신(先相臣 이천보(李天輔))에 대한 그리움으로 공을 돌아보심이 몹시 남달랐으니, 공 또한 이로부터 감히 다시 돌아가기를 청하지 못하였다.

갑진년(1784, 정조8)에 문효세자(文孝世子)가 저위(儲位)에 오르

으로 되어 있다. 《金陵集 卷18 行吏曹判書兼判義禁府事諡翼憲李公墓表》

166 비옥(緋玉) : 비단옷과 옥관자(玉貫子)라는 뜻으로, 당상관의 관복을 말한다.

167 당초에……다하였다 : 문간공(文簡公)은 이문원의 부친 이천보(李天輔)로, 이천보는 영의정으로 있으면서 장헌세자(莊獻世子)의 평양원유사건(平壤遠遊事件)으로 인책을 당하였고, 이로 인해 음독 자결하였다고 알려져 있다. 1762년(영조38) 5월에 소론 인사인 형조판서 윤급(尹汲)의 청지기 나경언(羅景彦)이 장헌세자(莊獻世子)의 비행을 고변하였는데, 이 일로 영의정 이천보와 당시 좌의정, 우의정이 모두 인책을 당하였고 한 달 간격으로 세 정승이 모두 자결하였다는 것이다.

자, 특별히 당상 보덕(堂上輔德)을 마련하여 공을 이에 제수하였고, 책례(冊禮)가 끝나자 가선대부(嘉善大夫)로 승진하고 행 좌승지(行左承旨)에 제수되었으며, 곧 또 예조참판에 제수되고 동지의금부사(同知義禁府事), 오위도총부 부총관(五衛都摠府副摠管), 상의원 제조(尙衣院提調)를 겸임하였고, 사헌부 대사헌(司憲府大司憲)으로 옮겼다. 을사년(1785, 정조9)에 병조참판으로 있다가 비변사(備邊司)를 겸하여 다스렸으며,[168] 그 사이에 유사(有司)의 직임을 살폈다. 영우원(永祐園)[169]의 포석(鋪石)이 완성을 고하자, 그 수고로 가의대부(嘉義大夫)에 가자(加資)되었다. 공은 전후로 역(役)을 감독함에 짐작하고 헤아린 것이 적합하였으므로, 모두 능하다고 칭찬하였다. 가을에 동지춘추관사(同知春秋館事)로 있으면서 명을 받들어 《영조실록(英祖實錄)》을 오대산(五臺山)에 소장하고 돌아와서 호조참판(戶曹參判), 동지경연사(同知經筵事)에 제수되었고, 승문원(承文院)과 선공감(繕工監)과 전생서(典牲署)의 제조(提調)가 되었다.

병오년(1786, 정조10)에 도승지(都承旨)로 옮기고, 또 영릉(英陵)[170]을 보토(補土)할 때에 감동(監董)한 노고로 자헌대부(資憲大夫)

168 비변사(備邊司)를 겸하여 다스렸으며 : 1785(정조9) 4월 이문원(李文源)은 비변사 당상(備邊司堂上)에 차임되었다. 《日省錄 正祖 9年 4月 24日》

169 영우원(永祐園) : 양주(楊州) 배봉산(拜峯山)에 있던 사도세자(思悼世子)의 묘이다. 정조가 즉위하면서 본래 수은묘(垂恩墓)였던 묘호를 영우원으로 바꾸었으며, 이후 1789년(정조13)에 수원(水原)의 화산(花山)으로 옮기면서 현륭원(顯隆園)으로 다시 바꾸었다.

170 영릉(英陵) : 세종(世宗)과 그의 비(妃) 소헌왕후(昭憲王后) 심씨(沈氏)의 능이다.

로 승진하였다. 공조판서(工曹判書)가 되었고, 오위도총부 도총관(五衛都摠府都摠管)과 내의원 제조(內醫院提調)를 겸임하였다. 문효세자가 홍진(紅疹)을 치르자, 상을 내려 정헌대부(正憲大夫)에 가자되고 전지와 민호를 하사하였는데, 수일이 지나 문효세자가 훙서하니, 공은 몹시 애통해하면서 상소를 올려 입은 경전(慶典)을 환수해줄 것을 청하였으나, 허락하지 않았다. 이어서 영릉(寧陵)[171]을 수축(修築)하는 일에 가서 감독하도록 명하였는데, 공은 아직 새로 받은 자품이 거두어지지 않아 의리상 감히 나아갈 수 없다고 하여 죄를 적용하여 고사하였다.

특명으로 여주 목사(驪州牧使)에 보임되었고, 이어서 능역(陵役)을 관리하여 한 해가 넘어서 지의금부사(知義禁府事)로 소환되었는데, 이전에 간절하게 아뢰었던 정성을 거듭 펼쳐서, 모든 제수하는 교지가 있을 때마다 일체를 자획(自劃)하였다. 이윽고 한성부 판윤(漢城府判尹)에 제수되어 재촉하여 부르는 명이 이어졌으나, 공은 더욱 명에 응하지 않았으니, 성상께서 뜻을 빼앗을 수 없음을 아시고는 비로소 정헌대부의 품계를 거둘 것을 허락하였다. 그 사이에 지경연사(知經筵事)와 선혜청 제조(宣惠廳提調)가 되었다.

겨울에 이조판서에 제수되었는데, 대정(大政 도목정(都目政))을 거치고서 일에 연루되어 숙천(肅川)으로 유배되었다가, 수개월을 지내고서 특별히 사면되었다. 관상감 제조(觀象監提調)와 종부시 제조(宗簿寺提調)가 되었고, 또 준천사 제조(濬川司提調)가 되었다. 그 사이에

171 영릉(寧陵) : 효종(孝宗)과 그의 비(妃) 인선왕후(仁宣王后) 장씨(張氏)의 능이다. 경기도 여주에 있다.

예조판서로 있다가 병조판서로 옮겨 제수되었는데, 적체되었던 관원을 뽑아 올리고, 군졸들을 아끼고 길러주어서 덕을 칭송하는 말이 자자하였다. 해를 넘겨 면직되었다.

기유년(1789, 정조13)에 한성부 판윤을 거쳐 다시 병조판서가 되었고, 갑자기 이조판서로 옮겼는데, 병을 이유로 체직되었다. 지돈녕부사(知敦寧府事)에 제수되었고, 평시서 제조(平市署提調)가 되었다. 겨울에 현륭원(顯隆園)을 수원부(水原府)로 천봉(遷奉)할 적에[172] 특별히 도감 당상(都監堂上)으로 차임되었고, 공역을 감독한 공로로 차서를 뛰어넘어 숭정대부(崇政大夫)에 올라 판의금부사(判義禁府事)에 제수되었고, 또 지춘추관사(知春秋館事)와 동지성균관사(同知成均館事)를 겸임하였다.

경술년(1790, 정조14)에 외직으로 나가 함경도 관찰사(咸鏡道觀察使)가 되어서, 백성들의 고통을 구휼하고 군역(軍役)과 요역(徭役)을 견감하였으며, 상가(商賈)의 세금을 너그럽게 하여 주고 조례(皁隷)의 곡식을 늘려 주었다. 그리하여 부지런히 힘써 해로움을 제거하고 병폐를 없애서 장구할 수 있는 도모를 세웠으니, 북인들이 지금까지도 이에 힘입고 있어, 공을 '아버지〔爺〕'라고 부르고 있다.

임자년(1792, 정조16)에 면직을 청하여 조정으로 들어가 예조판서가 되었고, 이윽고 이조판서로 개차되었으며, 종묘서 제조(宗廟署提調), 장악원 제조(掌樂院提調)가 되었다. 연사(燕使)에 충원되었으나,

172 겨울에……적에 : 1789년(정조13) 10월에 사도세자(思悼世子), 즉 장헌세자(莊獻世子, 1735~1762)의 묘를 양주(楊州) 배봉산(拜峰山)의 영우원(永祐園)에서 경기도 수원(水原) 화산(花山)의 현륭원(顯隆園)으로 이장한 것을 말한다.

사적인 의리를 이끌어 나아가지 않았다.[173] 당시에 상신(相臣) 채제공(蔡濟恭)이 범한 잘못이 있어, 온 조정이 크게 놀라니, 재상과 삼사(三司)가 번갈아가며 그 죄를 성토하였다. 공은 평소에 그 무례함을 미워하였는데, 이에 이르러 상소를 올려 항론함에 말이 몹시 날카로웠으니, 성상께서 비로소 향리(鄉里)에 방축할 것을 명하였다가, 얼마 지나지 않아 소명을 내려 형조판서에 배수하였다.[174] 부중(府中)에 앉아 다스림에 큰 옥사라 할지라도 담소하면서 처결하면서도 절로 법의(法意)를 잃지 않았다.

계축년(1793, 영조17)에 병조판서로 있다가 수어사(守禦使)에 옮겨 제수되었다. 이해에 공의 아들 존수(存秀)가 과거에 급제하였는데, 성상께서 공을 불러 전석(前席)에 이르게 하여 은혜로운 하유를 선포하시고, 친히 글을 지어서 문간공(文簡公 이천보(李天輔))에게 제사를 하사

173 연사(燕使)에……않았다 : 이문원(李文源)은 1792년 7월에 동지사(冬至使)의 정사(正使)로 선발되었으나, 자신의 고조 이가상(李嘉相, 1615~1637)이 병자호란이 일어났을 때 강도(江都)가 함락되었을 때에 절행(節行)을 지키다가 오랑캐에 죽었으므로 그 사적인 의리상 연경에 갈 수 없다고 하였다. 《承政院日記 正祖 16年 7月 19, 22, 27日》

174 당시에……배수하였다 : 당시에 신기현(申驥顯)의 아들 신집(申𤟽)을 조흘강(照訖講)에서 합격시킨 시관(試官) 윤영희(尹永僖)를 채제공(蔡濟恭)이 비호했다는 이유로, 삼사(三司)가 합계(合啓)하고 대신들이 글을 올려 당시 좌의정으로 있던 채제공을 벌할 것을 청하고 있었는데, 1792년(정조16) 10월 7일에 이문원(李文源)이 이조판서로 있으면서 이에 대해 강력하게 상소를 올려 논하자, 정조가 '거리낌이 없다.'라는 등의 상소의 말이 과격하여 매우 놀랍다고 하면서 이문원을 삭직할 것을 명하였고, 이어서 향리에 방축하게 하고 상소를 불태우도록 하였다. 그 후 11월 9일에 탕척하여 주었으며, 12일에 형조판서에 제수되었다. 《承政院日記 正祖 16年 9月 14日, 10月 7日, 11月 9·12日》

하시니, 사람들이 모두 공에게 영화로운 일이라고 하였으나, 공은 다만 근심스럽게 여겼다.

이윽고 다시 이조판서에 제수되었고, 경모궁 제조(景慕宮提調)를 겸임하였다. 이에 앞서 이가환(李家煥)이 흉인(凶人) 이잠(李潛)[175]의 종손(從孫)으로서 명분과 의리에 있어 죄를 얻어 조정의 신하에게 탄핵을 받았다. 성상께서 간쟁한 이에게 격노하여서 이가환을 특별히 대사성(大司成)에 제수하였는데, 이에 감히 상소를 올려 이잠의 억울함을 변론하니,[176] 공이 이를 미워하여 다시는 주의(注擬)하지 않았다. 어느 날 성상께서 정사(政事)에 임하여 다시 그를 성균관의 구망(舊望)에 의망할 것을 명하여 재촉하고 꾸짖음이 몹시 엄하였는데, 공은 끝내 처음의 뜻을 견지하였으니, 사람들이 그 의연함에 탄복하였고 성상 또한 그에게 죄를 묻지 않으셨다. 이에 당인(黨人)이 몹시 미워하였다. 마침 공이 오랫동안 벼슬에 나아가지 못하던 한두 사람을 선발하였는데, 지평(持平) 최현중(崔顯重)이 갑자기 더욱 비방하고 배척하니, 공은 힘써 사직하여 비로소 해직되었다.[177]

175 이잠(李潛) : 1660~1706. 이가환(李家煥)의 종조부로 남인계의 사람이다. 1706년(숙종32)에, 김춘택(金春澤) 등이 희빈(禧嬪) 장씨(張氏) 소생의 원자를 해치려 한다는 상소를 올렸다가 노론계의 반발과 숙종의 진노로 국문을 당하고 죽었다.

176 성상께서……변론하니 : 1792년(정조16) 9월 17일에 정조가 이가환(李家煥)을 중비(中批)로 성균관 대사성(成均館大司成)에 제수하였는데, 신료들이 그 명을 거두어들이기를 청하고 이가환은 패초를 어겨, 개성 유수(開城留守)에 보임되었다. 그 후 이듬해에 이가환이 상소를 올려서 자신의 종조부인 이잠(李潛)이 당시에 상소를 올린 것은 충심에서 나온 것이었다고 변론한 일이 있었다. 《日省錄 正祖 16年 9月 17日》《正祖實錄 17年 1月 24日》

177 마침……해직되었다 : 1793년(정조17) 6월 15일의 정사에서 윤문동(尹文東)을

공은 북쪽에서 돌아오고 나서[178] 이미 피로함을 보였는데, 사람들이 혹 약을 복용하고 조양(調養)할 것을 권하면 그때마다 사양하면서, "재주가 없이 지위를 분수에 넘치게 차지하였고, 요절하였다 일컬어질 나이도 아니니, 온전히 하여 돌아가는 것[179]이 바로 내가 바라는 바이다."라고 하였다. 마침 성상께서 경모궁(景慕宮)에 전알(展謁)하였는데, 현임 제거(見任提擧)로서 병을 무릅쓰고 들어가서 반열에 참여하였으니, 한 번 천안(天顔)을 우러러 뵙고자 한 것이었다. 성상께서는 존수(存秀)를 불러서 겨드랑이를 부축하여 입시(入侍)하게 하고 근심

진안 현감(鎭安縣監)으로 삼고, 7월 16일에 홍병용(洪秉容)을 중부 도사(中部都事)로 삼았는데, 수찬(修撰) 최헌중(崔獻重)이 7월 21일에 상소를 올려 윤문동은 역적 김하재(金夏材)의 조카사위이며 홍병용은 역적 홍계능(洪啓能)의 친족이라 하면서 이들을 임명한 이조판서 이문원(李文源)을 논척하였고, 이에 이문원이 이틀 뒤인 23일에 상소를 올려 체차되었다.《日省錄 正祖 17年 6月 15日, 7月 16・21・23日》 원문의 '지평(持平) 최현중(崔顯重)'은 '수찬(修撰) 최헌중(崔獻重)'의 오기로 보인다.

178 공은……나서 : 1794년(정조18) 4월에 이문원(李文源)이 고양(高陽)으로 귀양을 갔다가 풀려나서 돌아온 일을 말한다. 이때 정조는 왕대비와 신하들의 반대에도 불구하고 강화도에 유배되어 있는 은언군(恩彦君) 이인(李裀)을 데려오기 위해 강화도로 가마와 노비를 갖추어 보냈다. 왕대비가 이 일을 말리라고 신하들에게 언문 전교를 내리자, 시원임 대신과 각신(閣臣), 승지, 삼사(三司)의 신하들이 면대를 요청하였으나 허락하지 않으니, 영의정 홍낙성(洪樂性) 등이 합문을 밀치고 궐내로 들어가다가 액례들에게 저지당해 물러나고, 경재(卿宰)와 승지들이 합문 밖에 엎드려 호소하였다. 이 일로 정조는 영의정 홍낙성을 부처(付處)하고 합문을 밀치고 들어간 제학 정민시(鄭民始), 수어사 이문원 등 11명을 고양에 귀양 보냈다.《正祖實錄 18年 4月 10日, 11日, 14日》

179 온전히……것 :《예기(禮記)》〈제의(祭義)〉의 "부모가 자식을 온전히 낳아주셨으니 자식이 몸을 온전히 하여 돌아가야 효도라고 이를 수 있으니, 몸을 훼손하지 않으며 몸을 욕되게 하지 않으면 온전히 한다고 이를 수 있다."라는 구절에서 온 말이다.

하면서 위로하고 안부를 묻고는, 즉시 물러나 조양하며 쉬도록 하였다.

공은 집안사람에게 말하기를, "내 병이 갈수록 위독해지니, 장례 지낼 때의 물건들을 내가 직접 갖추어 두지 않으면 아마도 후하게 장례 지낼 것이다."라고 하고, 서둘러 명주와 무명을 취하여 곧장 눈앞에서 의금(衣衾)을 지어 만들게 하였으며, 무늬가 놓인 비단은 사용하지 않았다. 끝내 죽음을 슬퍼하는 뜻이 없이 졸하였으니, 실로 갑인년(1794, 정조18) 7월 20일이었다. 향년 55세이다. 부고가 알려지자, 성상께서 조회를 이틀간 중지하고, 연석에 임하여 슬퍼하고 애도하면서 말씀하기를, "이 문간(李文簡 이천보(李天輔))의 나라를 향한 충정을 내 어찌 마음에서 잊겠는가. 그 아버지의 아들로서 발탁되어 높은 관질에 이른 것은 공연히 그러한 것이 아니었는데, 그 등용을 끝까지 다하지 못하였으니, 애석하도다."라고 하였다. 석 달이 지나 계묘(癸卯)에 안산군(安山郡) 노촌(老村) 경좌(庚坐)의 언덕에 장례하였다.

배위 정경부인(貞敬夫人) 청송 심씨(青松沈氏)는 이조판서 수(鏽)의 따님이니, 5남 4녀를 낳았다. 아들은 장남은 유수(有秀)이고, 그다음은 재수(在秀)이고, 그다음은 존수(存秀)로 규장각 대교(奎章閣待教)이며, 그다음은 우수(友秀)이고, 그다음은 규수(奎秀)이다. 딸은 장녀는 정언(正言) 조득영(趙得永)에게 시집갔고, 그다음은 진사(進士) 김재원(金在元)에게 시집갔고, 그다음은 진사(進士) 심능식(沈能植)에게 시집갔고, 그다음은 김후순(金厚淳)에게 시집갔다. 서출(庶出)로 일녀(一女)는 김태근(金泰根)의 처이다. 유수는 4남 1녀를 두었고, 재수는 2남 2녀를 두었고, 존수는 1남 1녀를 두었으며, 조득영은 2남 3녀를 두었고, 김재원은 2남 2녀를 두었고, 심능식은 1남 1녀를 두었으니, 모두 어리다.

공은 사람됨이 보통의 체구에 얼굴빛이 윤택하여 고개를 들어 돌아보면 거룩하였다. 성품이 침후(沈厚)하고 매우 지혜로워 사물을 대하여 계책을 냄에 늘 여러 사람의 기량을 겸비하였다. 술을 마시기를 좋아하여 반쯤 거나하게 취한 뒤에는 해학이 온 좌중을 압도하였으나, 심원한 뜻에 정해진 바가 있으면 확고하여 남이 흔들 수가 없었다. 공은 집안이 대대로 현달하였고 일찍 과거에 급제하여, 벼슬길이 한창 열려 있는 것이 다른 사람 중에 더불어 견줄 수 있는 이가 없었으나, 초연하게 산과 들에서 스스로 자유롭게 지내서 지팡이와 미투리 차림으로 늙은 농부와 어부 사이에 섞여 지내면서, 날마다 더불어 즐겁게 술 마시고 노래하며 퇴연히 세속을 잊어서 마치 영영 이대로 떠나서 은거할 듯하였다.

그런데 만년에 성주(聖主)의 지우를 받고서 출사하여 공명(功名)의 기회에 응하여서는, 명망과 실질이 모두 드러나서 늠름하게 지위가 공고(公孤)[180]와 나란하였다. 그러나 세속과 더불어 따르고 영합하면서 구차히 자신을 굽혀 남을 따르려 하지 않았다. 다만 세도(世道)의 성쇠와 시정(時政)의 득실에 있어서 깊이 염려하여, 성상의 앞에 있을 때 결코 머뭇거리며 아첨하고 영합하려는 태도가 없어서, 품은 뜻이 있으면 반드시 발하였다. 일을 말미암아 간언을 올리기를 잘 하여서 남이 말하지 못하는 바를 능히 말하였고 말하는 것은 또한 질박하여 진심에서 우러나온 것이었다. 때로 무릅쓰고 범하는 것이 있으면, 성상

180 공고(公孤) : 삼공(三公)과 삼고(三孤)를 가리킨다. 삼공은 주(周)나라의 태사(太師)・태부(太傅)・태보(太保)이고, 삼고는 소사(少師)・소부(少傅)・소보(少保)로, 전하여 중신(重臣)이나 대신(大臣)을 말한다.

께서 그 정성을 살펴 늘 넉넉하게 수용하셨다.

내외(內外)의 관직을 역임하면서 일을 행할 때에 기력을 넉넉히 발휘하여, 일이 제대로 거행되게 하면서도 요동치지 않았고 공효가 빠르게 이루어지면서도 비용이 줄어들어서, 끝내 미약하거나 막히는 등의 병통이 없었으니, 성상께서 그 능함을 알아 자주 일을 맡기셨다. 유독 지혜를 믿고서 일일이 까다롭게 살피는 것을 좋아하지 않아서, 아랫사람을 대할 때 자주 용서하였다. 그러므로 사람들이 원망함이 없이 쓰이게 됨을 즐겁게 여겨서, 이르는 곳마다 떠난 뒤에 그리워함이 있었다. 공은 남을 접할 때 궁달(窮達)에 따라서 다르게 대우한 적이 없었다. 곤액에 처하였는데 뭇사람들에게 배척받아 버림을 받은 사람이 있으면 공은 천천히 살펴보고서 더욱 후하게 대하였다.

평소에 입에 감괴(甘壞)[181]를 올리지 않았으나, 왕왕 격발하여 감개하는 바가 있으면 설령 대관(大官)으로 권세 있는 사람이라 할지라도 반드시 끝까지 다 말하여 곡진히 굽히는 바가 없었다. 이 때문에 사람들이 더욱 좋아하지 않았고, 공 역시 세상과 투합하기 어려울 것을 스스로 알아서, 늘 연로하기 전에 고하고서 벼슬에서 물러나려는 뜻을 지녔다. 비록 경사에 있으면서 벼슬살이를 하는 때일지라도 단번에 식구들을 거느리고 오지 않았고, 늘 "사대부로서 관청을 제집으로 삼는[182] 사람은 그 명절(名節)을 이에 알 만하다."라고 하였다. 병이 심해

181 감괴(甘壞) : 달콤하게 말하며 서로 사귀다가 사귐이 끊어지는 것으로, 소인(小人)의 사귐을 가리킨다. 《예기(禮記)》 〈표기(表記)〉에 "군자의 사귐은 물과 같고 소인의 사귐은 단술과 같다. 군자는 담담하여 이루고 소인은 달아서 파괴된다.〔君子之接如水, 小人之接如醴. 君子淡以成, 小人甘以壞.〕"라고 한 데서 온 말이다.

182 관청을 제집으로 삼는 : 한유(韓愈)의 〈송양소윤서(送楊少尹序)〉에 "중세에는

지자, 자식들을 돌아보며 말하기를, "내 비록 몸은 조정에 매여 있었지만, 뜻은 하루도 구름과 산의 맑고 태평한 사이에 있지 않았던 적이 없다. 내가 죽거든 즉시 널을 가지고 돌아가거라."라고 하였으니, 여기에서 공이 지녔던 뜻을 볼 수 있다.

아아, 문간공(文簡公)께서 정성스러운 충심과 탁월한 견식으로 성대하게 영묘(英廟 영조)의 명신(名臣)이 되었다. 공이 이를 이어 벼슬에 올라 현달한 지위에 이르러서 일신과 명예가 온전하여 총애와 복록에서 일생을 마쳤고, 자손이 번성함에 후대에까지 여경(餘慶)을 남겨준 것이 또 무궁하니, 하늘이 선인(善人)에게 보시(報施)한다는 것을 거의 공에게서 확인할 수 있도다. 그러나 세상에서 공을 논하는 이들이 반드시 그 복록의 성대함을 먼저 일컫고, 이에 이르게 된 것이 그 마음에 절로 남보다 크게 뛰어난 점이 있었기 때문인 줄은 결코 알지 못하니, 아아, 슬프도다.

공이 별세한 지 이미 4년이 되었는데, 공의 자식들이 공의 평소의 사업과 행적을 열거하여 희상(熙常)에게 공의 덕(德)을 형상하는 글을 지어주기를 부탁하였다. 희상은 공의 누님의 아들이니, 비록 우둔하지만 의리상 끝내 사양할 수 없기에, 마침내 삼가 위와 같이 찬차(撰次)하여 입언(立言)하는 이가 택하는 것에 대비한다. 삼가 적노라.

사대부들이 관청을 제집으로 삼았기 때문에 벼슬을 그만두게 되면 돌아갈 곳이 없었다." 라고 하였다.

노주집

제20권

행장行狀

시장諡狀

유사遺事

행장行狀

능호 이공 행장
凌壺李公行狀

공은 휘는 인상(麟祥), 자는 원령(元靈), 성은 이씨(李氏)이니, 계통이 세종의 별자(別子)인 밀성군(密城君) 휘 침(琛)[1]에게서 나왔다. 6대가 전하여서 휘 경여(敬輿)[2]라는 분이 의정부 영의정(議政府領議

1 밀성군(密城君) 휘 침(琛) : 이침(李琛, 1430~1479)으로, 자는 문지(文之)이다. 세종의 다섯째 서자이며 어머니는 신빈 김씨(愼嬪金氏)이다. 7세에 밀성군에 봉하여졌고, 세조가 잠저에 있을 때 우애가 돈독하여, 세조가 왕위에 오르자 오위도총부 도총관, 의금부 도위관 등을 역임하였다. 1468년(예종 즉위년) 익대공신(翊戴功臣) 2등, 1471년(성종2) 좌리 공신(佐理功臣) 2등에 각각 책록되었다. 시호는 장효(章孝)였다가 뒤에 효희(孝僖)로 고쳐졌다.

2 휘 경여(敬輿) : 이경여(李敬輿, 1585~1657)로, 자는 직부(直夫), 호는 백강(白江) 또는 봉암(鳳巖), 본관은 전주, 시호는 문정(文貞)이다. 1601년(선조34)에 사마시에 합격하고 1609년 증광 문과에 급제했으나 광해군의 횡포가 심해지자 낙향했다. 1623년 인조반정으로 부교리(副校理)에 오르고 1636년 병자호란이 일어나자 왕을 남한산성에 호종하였다. 이듬해 경상도 관찰사가 되고 이어 이조 참판으로 대사성을 겸하여 선비 양성의 방책을 상주(上奏)하였다. 1642년 청나라 연호를 쓰지 않았다고 하여 심양(瀋陽)에 끌려가 억류되었다가, 이듬해 우의정이 되었다. 1646년 민회빈(愍懷嬪) 강씨(姜氏)의 사사(賜死)를 반대한 일로 진도(珍島)로 유배되었다가 효종의 즉위로 1650년

政) 문정공(文貞公)으로서 명망과 덕행이 당대의 으뜸이었으니, 세상에서 백강선생(白江先生)이라고 일컬었는데, 이 분이 공에게 고조가 된다. 증조는 전생서 주부(典牲署主簿) 휘 민계(敏啓)이며, 조부는 서부 주부(西部主簿) 휘 수명(需命)이며, 선고(先考)는 통덕랑(通德郞) 휘 정지(挺之)이며, 선비(先妣)는 죽산 이씨(竹山安氏)로 학생(學生) 홍필(興弼)의 따님이니, 공은 숙종 경인년(숙종36, 1710) 4월 26일에 태어났다.

어려서부터 장난하기를 좋아하지 않아서 곧 능히 독서에 힘써 잘 기억하였다. 26세에 진사(進士)가 되어서 북부 참봉(北部參奉)에 보임되었다가 전옥서 봉사(典獄署奉事)로 옮겼고, 사재감 직장(司宰監直長)을 거쳐 통례원 인의(通禮院引儀)에 승진하였다가 내자시 주부(內資寺主簿)에 고쳐 임명되었으며, 외직으로 나가 사근도 찰방(沙斤道察訪)이 되었다. 이윽고 또 음죽 현감(陰竹縣監)에 제수됨에 자신을 단속고서 다스려서 강직하게 법을 지키다가 끝내 이 때문에 감사(監司)의 뜻을 거슬러서 관직을 버리고 돌아갔다.

당초에 문정공(文貞公)이 관과 신발이 도치되는 날을 만나[3] 몸소 천하의 대의(大義)를 자임하였는데, 시대가 멀어짐에 이 의리가 그쳐서 어두워지니, 공이 늘 개연히 동해에 뛰어들겠다는 뜻[4]을 지니고

중추부영사(中樞府領事)에 이어 영의정이 되었다. 문집에 《백강집》이 있다.

3 관과……만나 : 관과 신발은 흔히 상하(上下)나 존비(尊卑)를 비유하는 말로 쓰인다. 1644년(인조22) 유적(流賊) 이자성(李自成)이 북경을 함락하자, 명나라 황제 의종(毅宗)이 스스로 목숨을 끊음으로써 명(明)나라가 멸망하게 된 뒤에 당시 오랑캐인 청나라를 섬기게 되었으므로 이와 같이 말한 것이다.

4 동해에 뛰어들겠다는 뜻 : 청나라를 섬기지 않겠다는 굳은 절개를 비유한 말이다.

있었다. 어느 날 단양(丹陽)의 산수를 유람할 적에 배를 이끌고 옥순봉(玉筍峯)[5]에서부터 부용성(芙蓉城)으로 들어가서 구담(龜潭)[6]의 물가에 정사(精舍)를 두고서 그 누각을 다백운(多白雲)이라 이름 짓고는 장차 세상을 버리고 홀로 떠나려는 것 같았는데, 어버이가 연로하여 실행하지 못하였다. 얼마 지나지 않아서 병으로 별세하였으니, 경진년(영조36, 1760) 8월 15일이었다.

처음에는 안산(安山)의 능길(菱吉)에 장사지냈다가, 18년 뒤에 포천(抱川) 소학동(巢鶴洞)의 진좌술향(辰坐戌向)의 언덕에 개장하였다. 배위 숙인(淑人) 덕수 장씨(德水張氏)는 학생(學生) 진욱(震煜)의 따님이자 문충공(文忠公) 휘 유(維)의 현손이니, 정순(貞順)하여 부녀자의 규범이 있었다. 공보다 4년 먼저 별세하여 공의 묘에 부장(附葬)하였다. 4남1녀를 낳았으니, 장자는 영연(英淵)이고 차자 영장(英章)[7]

전국 시대에 진(秦)나라가 조(趙)나라를 포위하자 위(魏)나라의 변사(辯士) 신원연(新垣衍)이 조나라에 사신으로 와서 진왕(秦王)을 황제로 섬기도록 설득하였다. 그러자 제(齊)나라의 고사(高士) 노중련(魯仲連)이 이를 듣고서 말하기를, "저 진나라가 방자하게 황제를 칭하고 죄악으로써 천하에 정사를 편다면, 나는 차라리 동해에 뛰어들어 죽을지언정 차마 그 백성은 될 수가 없다."라고 하여 신원연을 감복시키고 진나라 군사를 물러가게 하였다는 고사에서 온 말이다.《史記 卷83 魯仲連傳》

5 옥순봉(玉筍峰) : 단양8경의 하나로, 단양으로 들어가는 입구에 있으며 퇴계(退溪) 이황(李滉)이 단양 군수로 있을 때 붙인 이름이다. 네댓 개의 석봉(石峯)으로 이루어져 있는데, 봉우리들이 마치 옥순(玉筍)처럼 치솟아 있다 하여 옥순봉이라 불린다.《林下筆記 卷13 文獻指掌編 湖西四郡》

6 구담(龜潭) : 충청북도 단양군의 서쪽 단성면 장회리와 제천시 수산면 괴곡리에 걸쳐 있는 산으로, 단양8경 중 제5경이다. 장엄한 기암절벽 위의 바위가 마치 거북이 모양과 닮았다는 것에서 구담이라는 지명이 유래되었으며, 후세 사람들이 옥순봉과 가까이 있어 구담봉이라고도 부른다.

은 현령이고 그 다음은 영하(英夏)이고 그 다음은 영집(英集)이며, 딸은 백동우(白東佑)에게 시집갔다. 영장(英章)의 삼남(三男) 중 도(燾)는 장방(長房)의 후사가 되었고 훈(勳)은 삼방(三房)의 후사가 되었고 셋째는 희(熙)이며, 1녀는 김광하(金光夏)에게 시집갔다. 훈(勳)의 아들은 정균(正均)이다. 나머지는 다 기록하지 못한다.

공은 사람됨이 맑고 빼어나며 툭 트여서 고결하여 속세를 벗어나, 여윈 학과 긴 대나무의 운치를 지니고 있었다. 지취가 맑고 행실이 방정하여 세속과 추이(推移)하고자 하지 않았는데, 다만 이륜(彝倫)에 있어 독실하고 더욱이 우도(友道)에 마음을 다하여 의기가 서로 감응하여 표리가 밝게 통하였다. 이 때문에 함께 교유한 이들이 모두 당대의 어질고 빼어난 이들이었으니, 예컨대 우리 계조(季祖)이신 청수공(淸修公)[8]과 한정당(閑靜堂) 송공 문흠(宋公文欽)[9]과 단릉(丹陵) 이공

7 영장(英章) : 원문은 '장영(章英)'이지만, 《능호집(凌壺集)》에 실린 김종수(金鍾秀)의 발문(跋文) 및 《강한집(江漢集)》 권17 〈이원령 묘지명(李元靈墓誌銘)〉 등에 근거하여 바로잡았다. 이하 본 글에서 일괄 주석 없이 바로잡았음을 밝혀 둔다.

8 청수공(淸修公) : 오찬(吳瓚, 1717~1751)으로, 호가 청수재(淸修齋)이기 때문에 이렇게 칭한 것이다. 자는 경보(敬父)로 1751년(영조27) 문과 정시에 급제하여 정언(正言)이 제수되었는데 당시의 영의정 이광좌(李光佐) 등의 관작을 추탈할 것을 주장하는 계(啓)에 이름을 올렸다가 함경도로 유배되어 귀양지에서 별세하였다. 인품이 맑고 서화에 능하여 이인상(李麟祥)과 문회(文會)를 같이하며 어울렸다.

9 한정당(閑靜堂) 송공 문흠(宋公文欽) : 송문흠(宋文欽, 1710~1752)으로, 자는 사행(士行), 호는 한정당, 본관은 은진(恩津)이다. 1733년(영조9) 사마시에 합격하고 음보(蔭補)로 출사하여 벼슬이 문의 현령(文義縣令)에 이르렀다. 문장과 시(詩)에도 뛰어났으며, 글씨는 특히 예서(隸書)를 잘 써서 전서(篆書)의 이인상(李麟祥)과 함께 조선 시대의 대표적인 서예가로 불린다.

윤영(李公胤永)[10]과 함일재(涵一齋) 신공 소(申公韶)[11]와 설계(雪溪) 김공 순택(金公純澤)[12]은 모두 절시(切偲)[13]하여 막역하였고, 전배(前輩)로서 퇴어(退漁) 김공 진상(金公鎭商)[14]과 한빈(漢濱) 윤공 심형(尹

10 단릉(丹陵) 이공 윤영(李公胤永) : 이윤영(李胤永, 1714~1759)으로, 자는 윤지(胤之), 호는 단릉·담화재(澹華齋), 본관은 한산(韓山)이다. 단양의 구담(龜潭)에 정자를 짓고 그곳에서 지냈기 때문에 단릉산인(丹陵散人)이라 하였다. 과거에 뜻을 두지 않고 산수와 더불어 평생을 보냈으며, 평소에 단양의 산수를 좋아하여 즐겨 찾았다. 노론의 문사들인 송문흠(宋文欽)·김무택(金茂澤)·신소(申昭)·황경원(黃景源) 등과 교유하며 지은 많은 시문이 《단릉유고(丹陵遺稿)》·《단릉산인유집(丹陵散人遺集)》에 실려 있다.

11 함일재(涵一齋) 신공 소(申公韶) : 신소(申韶, 1715~1755)로, 자는 성중(成仲), 호는 함일재, 본관은 평산(平山)이다. 어려서부터 학문에 매진하여 경학(經學)과 예학(禮學)에 조예가 깊었으나 요절하였다.

12 설계(雪溪) 김공 순택(金公純澤) : 김순택(金純澤, 1714~1787)으로, 자는 유문(孺文), 호는 설창(雪窓)·옥계(玉溪), 본관은 광산(光山)이다. 1744년(영조20)에 진사시에 합격하고 영릉 참봉(英陵參奉)이 되었고, 그 후 호조 좌랑, 청도 군수(淸道郡守), 무주 부사(茂朱府使) 등에 제수되었다.

13 절시(切偲) : 절절시시(切切偲偲)의 준말로, 붕우 간에 간절하고 자상하게 권면하는 것이다. 자로(子路)가 어떠해야 선비라고 할 수 있는지를 묻자, 공자(孔子)가 답하기를, "간절하고 자상하게 권면하며 화락하면 선비라고 할 수 있다. 붕우 간에는 간절하고 자상하게 권면하고, 형제간에는 화락해야 한다.〔切切偲偲, 怡怡如也, 可謂士矣. 朋友切切偲偲, 兄弟怡怡.〕"라고 하였다. 《論語 子路》

14 퇴어(退漁) 김공 진상(金公鎭商) : 김진상(金鎭商, 1684~1755)으로, 자는 여익(汝翼), 호는 퇴어, 본관은 광산(光山)이다. 1699년(숙종25) 진사가 되고 1712년 정시 문과에 병과로 급제하였다. 1729년(영조5) 기유처분(己酉處分)으로 실시된 탕평책에 반발하여 퇴거하기도 하였으나 다시 환로에 진출하여 1735년 부제학(副提學), 1738년 대사성, 1740년 대사헌을 거쳐 1753년 좌참찬에 이르렀다. 1716년 병신처분(丙申處分) 뒤 윤선거(尹宣擧)의 서원과 문집목판을 훼철할 것을 청하였으며 1719년에는 희빈(禧嬪) 장씨(張氏)의 묘를 이장할 때 동궁이 망곡(望哭)하려는 것을 막는 등 과격한 노론

公心衡)[15]과 같은 분은 또 모두 나이와 지위를 꺾고서 자신을 낮추었다. 옛말에 그 사람을 보지 못하면 그 사람의 벗을 본다고 하였으니, 바로 공을 두고 이른 말이다.

성품이 몹시 효성스러워서, 9세에 아버지를 여의자 거적자리에서 거처하고 흙덩이를 베개로 삼아 지내면서 상복을 벗지 않아서 슬퍼하며 사모하기를 마치 성인(成人)처럼 하였다. 모부인(母夫人)을 섬김에 화락하게 순히 뜻을 따라서 조금도 그 뜻을 거스른 적이 없었다. 백형(伯兄 이기상(李麒祥))과 나이가 서로 비슷하였으나 섬기기를 몹시 지성스럽게 하였다. 한번은 백형이 병으로 자리에 눕자 밤낮으로 곁을 떠나지 않고서 약물과 밥상을 반드시 자신의 손으로 마련하고 다른 사람에게 대신하게 하지 않았다. 공은 어렸을 적에 계부(季父) 정산공(定山公)[16]에게 수업하였는데, 경전(經傳)의 은미한 말과 큰 강령에 있어서

의 입장을 고수하였다. 문집으로 《퇴어당유고》가 전한다.

15 한빈(漢濱) 윤공 심형(尹公心衡) : 윤심형(尹心衡, 1698~1754)으로, 자는 경평(景平), 호는 임재(臨齋) 또는 구호(鷗湖), 본관은 파평(坡平)이다. 1721년(경종1) 진사가 되고, 같은 해 정시 문과에 장원해 전적이 되었고, 신임사화로 노론이 추방당할 때 삭직되어 병계(屛溪)에 은퇴하였다. 1728년 정미환국으로 작은아버지 윤봉조(尹鳳朝)가 귀양 가고 노론의 영수인 영부사(領府事) 민진원(閔鎭遠) 등 수십 인이 파직당할 때 같이 파직되었다. 이듬해 영조가 기유처분(己酉處分)을 내리자, 신설(伸雪)이 고르지 못하고 국시(國是)가 펴지지 못했음을 주장하고 시골로 가서 종신토록 절조를 지키고 벼슬하지 않았다. 말년에 영조는 지조를 지킨 그의 일생을 기리기 위한 예우로 1752년(영조28) 동지중추부사를 제수하고 이듬해 예조 참판에 봉하였다. 저서로는 《임재집》이 있다. 시호는 청헌(淸獻)이다.

16 계부(季父) 정산공(定山公) : 이인상(李麟祥)의 숙부인 이최지(李最之, 1696~1774)로, 자는 계량(季良), 호는 연심재(淵心齋)이다. 예(禮)에 뛰어났다고 한다.

보자마자 그 대의(大意)를 알았다. 이에 구류백가(九流百家)[17]의 책을 두루 읽어 꿰뚫지 않음이 없었다.

문장을 지을 적에 고인(古人)의 법도에 얽매이지 않았으되, 정신(情神)이 홀로 높은 경지에 도달하여 스스로 진부한 것을 새롭게 변화시킬 수 있었고, 문세가 구부러지고 꺾이며 왕복하는 때에 의리(義理)에 따라서 간절하면서도 호탕한 것이 더욱 읽는 사람으로 하여금 싫증이 나지 않게 하였다. 시(詩) 또한 빼어나서 속세의 기운이 없었으며, 전주(篆籒)나 회화의 유(類)에 이르러서도 모두 그 묘함을 지극히 다하였으니, 사람들이 다투어 진기하게 여겨 완상하였으나 자신은 달갑게 여기지 않았다.

만년에 이르러 그간의 좋아했던 것을 물리쳐 버리고 차츰차츰 화미함을 거두고서 실질에 나아가 일실(一室)을 깨끗이 청소하고 그 가운데서 책을 읽되, 하루를 아침과 낮과 저물녘과 밤의 사시(四時)로 나누어 각각 과정을 두고서 심한 병이 아니면 폐하거나 게을리 한 적이 없어서, 이로써 장구하고 원대한 사업을 궁구하였는데, 하늘이 연수를 빌려주지 않아서 애석하게도 뜻을 품은 채 몰세하였다.

공은 평소 집안이 가난하였는데, 스스로 생계를 꾸리지 않아서 집을 세 들어 살았다. 그러나 송공(宋公)과 신공(申公) 등이 강절(康節)의 천진(天津)의 고사[18]를 본떠서 돈을 모아서 한사(漢師) 남산(南山)의

17 구류백가(九流百家) : 다양한 학술 유파를 일컫는 말로, 구류는 선진(先秦) 시대에 존재하였던 아홉 가지의 학술 유파를 가리키는바, 아홉 가지는 유가(儒家)·도가(道家)·음양가(陰陽家)·법가(法家)·명가(名家)·묵가(墨家)·종횡가(縱橫家)·잡가(雜家)·농가(農家)이다.

18 강절(康節)의 천진(天津)의 고사 : 강절은 송(宋)나라 학자 소옹(邵雍, 1011~

언덕에 집을 사서 편액을 달기를 능호관(凌壺觀)이라고 하였고, 그 후 유집(遺集)을 간행할 때에 편액을 건 것을 인하여 호(號)로 삼았다.

아아, 공의 높은 재주와 깊은 학문은 족히 세상에 쓰여서 세속을 바로잡을 만하였으나 이미 때를 만나지 못하고 말았다. 그리하여 산꼭대기와 물가에 마음을 깃들이고 풍아(風雅)와 한묵(翰墨)에 정(情)을 의탁하였지만, 오직 자나 깨나 왕실을 잊지 않아서 늘 "우리나라의 사대부는 비록 곤궁하여 낮은 자리에 있을지라도 세신(世臣)이 아닌 경우가 없으니, 요컨대 응당 나라가 존재하면 더불어 존재하고 나라가 망하면 더불어 망할 것을 마음에 두어야 한다."라고 하였다. 늘 세도(世道)의 성쇠와 어진 이와 간사한 이의 진퇴와 정교(政敎)의 득실에 있어서 깊고 원대히 우려하여서 감분하여 비탄하기를 그치지 못하였다. 서너 동지와 함께 옛 의리를 강명하여서 이로써 세도를 부식(扶植)하여 만회하는 바가 있기를 생각하였으니, 동경(東京) 고준(顧俊)의 제인(諸人)[19]의 풍모가 있었던 것이지만 이를 아는 사람이 드물었다.

1077)의 시호이다. 소옹은 만년에 낙양(洛陽)의 천진교(天津橋) 남쪽에 거처하면서 비바람조차 가리지 못할 정도로 다 쓰러져가는 초가집에서 자신이 직접 땔나무하고 밥을 지어 부모를 봉양하면서 살았음에도 자신이 사는 집을 안락와(安樂窩)라고 하였는데, 소옹의 벗 왕공신(王拱辰, 1012~1085)은 1062년 낙양 윤(洛陽尹)으로 있으면서 천진교 남쪽에 30칸짜리 집을 지어 소옹에게 주었고, 사마광(司馬光, 1019~1086)은 희녕(熙寧, 1068~1077) 초년 관전(官田)을 매도(賣渡)하는 신법이 시행될 때, 천진교 남쪽에 있는 소옹의 거처가 넘어갈 위기에 처하자 성금을 모아서 이를 매입하여 소옹이 계속 살 수 있게 해 주었다. 《古今事文類聚 續集 卷6 買宅遺康節》

19 동경(東京) 고준(顧俊)의 제인(諸人) : 동경은 후한(後漢)을 이르는바, 전한(前漢)은 서쪽의 장안(長安)에 도읍하였으므로 서한(西漢)이라 칭하고 후한은 낙양(洛陽)에 도읍하였으므로 동한(東漢)이라 칭하였는데, 서한을 서경(西京), 동한을 동경으

나의 선대부(先大夫) 형제께서 또한 일찍이 공과 종유하였기에, 이로 인하여 불녕(不佞)도 이미 동자였을 때부터 익히 공의 덕의(德義)에 깊이 감복하였다. 올해 맹하(孟夏)에 잠시 사군(四郡)을 노닐 적에[20] 현령군(縣令君 이영장(李英章))과 창가정(蒼葭亭)[21]에서 해후하고서, 마침내 배를 타고서 단구 동문(丹丘洞門)으로 내려와서 운루(雲樓)의 남겨진 터 아래로 따라 내려왔으니, 공의 시대로부터 갑자(甲子)가 마침 한 번 돌아온 때였다.[22] 강산은 변치 않거늘 고인의 풍류는

로 칭하기도 하였다. 고준은 '팔고(八顧)와 팔준(八俊)'의 줄임말로 동한 말기에 사람들이 명사(名士)들을 분류한 명칭인데, 덕행(德行)으로써 사람을 이끌 수 있는 명사〔以德行引人者〕 8명을 팔고라 하였고, 사람 중의 뛰어난 인물〔人之英也〕 8명을 팔준이라 하였는바, 팔고는 곽임종(郭林宗)·종자(宗慈)·파숙(巴肅)·하복(夏馥)·범방(范滂)·윤훈(尹勳)·채연(蔡衍)·양척(羊陟)을 이르고, 팔준은 이응(李膺)·순욱(荀彧)·두밀(杜密)·왕창(王暢)·유우(劉祐)·위랑(魏朗)·조전(趙典)·주우(朱寓)를 이른다. 8명을 든 것은 옛날 순(舜) 임금 때의 팔원(八元)과 팔개(八凱)에 견준 것이다. 《後漢書 黨錮傳序》

20 올해……적에 : 본집의 〈연보〉에 따르면 1820년(순조20)에 오희상은 충주(忠州)에 가서 임로(任魯)를 만나 함께 사군(四郡)을 유람하였는데, 이때 이인상(李麟祥)의 둘째 아들인 이영장(李英章)도 와서 함께 하였다. '사군'은 호서 지방에서 네 개의 뛰어난 경치를 지닌 고을로, 단양(丹陽)·청풍(清風)·제천(堤川)·영춘(永春)을 아울러 '사군계산(四郡溪山)', '사군산수(四郡山水)' 등으로 불렀다. 《息山集 別集 卷2 四郡山水記》

21 창가정(蒼葭亭) : '창하정(蒼霞亭)'의 오기로 보인다. 이윤영(李胤永)의 부친인 이기중(李箕重, 1697~1761)이 단양 군수(丹陽郡守) 군수로 있을 때에 가은봉(可隱峰) 아래에 터를 잡고 구담(龜潭)이 바라보이는 곳에 정자를 지었는데, 이윤영이 주자(朱子)의 "푸른 이내는 붉은 성에 비치네.〔蒼霞映赤城.〕"라는 시구를 따라 정자의 이름을 '창하(蒼霞)'라 지었다고 한다. 《貞菴集 卷9 李胤之丹邱二亭記》

22 공의……때였다 : 이인상(李麟祥)은 1760년(영조36)에 별세하였으므로, 1820년

아득하니, 사람으로 하여금 굽어보고 우러러보며 감회를 일으켜 차마 떠날 수 없게 하였다.

현령군(縣令君)이 공의 유사(遺事) 십 수 칙(則)을 엮어서 불녕에게 덕을 형상하는 글을 지어줄 것을 부탁하였다. 스스로 생각건대 우둔하고 졸렬하여 진실로 그윽하게 잠긴 빛을 발휘하기에 부족하지만, 정의(情誼)가 돈독하여 의리상 감히 사양할 수 없기에 마침내 위와 같이 찬술한다. 그러나 지금 온 세상이 혼탁하여 선비들의 추향이 날로 비루해지니, 청의(淸議)가 재야에 있지 않은 지가 오래되었다. 그러니 공의 지난날 일대(一隊)의 교제와 같은 경우를, 그 방불한 것을 보고자 한들 어디에서 얻을 수 있겠는가. 슬프도다. 숭정(崇禎) 기원후(紀元後) 네 번째 경진년[23] 동지에 해주(海州) 오희상(吳熙常)은 삼가 적노라.

(순조20)이 그로부터 60년이 지난 때였으므로 이와 같이 말한 것이다.

23 숭정(崇禎)……경진년 : 1820년(순조20)을 가리킨다. 숭정은 명나라 마지막 황제 의종(毅宗)의 연호로 본래 1627년부터 1644년까지 사용된 것인데, 청나라 연호를 위호(僞號)라 하여 쓰지 않고 명나라의 마지막 연호인 숭정을 써서 '숭정 기원후 모년'으로 표현한 것이다.

증 호조 참판 백공 행장

贈戶曹參判白公行狀

금상(今上) 11년 신미(辛未)에 관서(關西)의 유적(流賊) 홍경래(洪景來)가 일어나니,[24] 백공 경한(白公慶翰)이 포의(布衣)로서 의병을 창도하여 적을 토벌하려고 하다가 적에게 사로잡혀, 굽히지 않고서 죽임을 당하였다. 적이 평정되자, 도신(道臣)이 그 일을 아뢰니, 명을 내려 가선대부(嘉善大夫) 호조 참판(戶曹參判) 겸 동지의금부사 도총부 부총관(同知義禁府事五衛都摠府副摠管)에 추증하고 '충신지문(忠臣之門)'이라 정려하였다. 이에 멀고 가까운 곳에서 들은 이들 가운데 감탄하며 눈물을 흘리지 않는 이가 없었다.

아, 홍경래는 황지(潢池)에서 병기를 훔쳐서 가지고 논[25] 일개 보잘것없는 추악한 자일 따름이다. 그러나 국가가 누대에 걸쳐 태평하였는

24 금상(今上)……일어나니 : 순조11년(1811)에 관서지방에 큰 흉년이 들어 민심이 흉흉해지자, 홍경래(洪景來, 1780~1812) 등이 조선 시대에 계속되어 온 서북인의 차별에 대한 울분을 격동시켜 반란을 일으켰다. 이 난은 1811년 음력 12월 18일에 가산(嘉山) 군청을 습격하여 점령한 것을 시작으로 이듬해 음력 4월 19일 반란군이 토벌될 때까지 4개월간 지속되었다.

25 황지(潢池)에서……논 : 민란(民亂)을 가리키는 말로, 황지는 물이 고인 작은 못을 이른다. 전한(前漢) 선제(宣帝) 때에 발해(渤海) 지방에 민란이 일어나자, 공수(龔遂)를 발해 태수로 임명하여 도둑을 토벌하게 하였는데, 공수가 "이번의 반란은 굶주림과 추위에 시달리는 백성들을 관리들이 제대로 돌보지 않으므로 폐하의 어린아이〔백성〕들이 폐하의 무기를 훔쳐서 황지 가운데에서 한번 장난을 쳐 본 것일 따름입니다."라고 말했던 데서 유래하였다.《漢書 卷89 循吏傳 龔遂傳》

지라 백성들이 병란(兵亂)을 알지 못하여, 하루아침에 암암리에 발동함에 그 위엄이 나라와 대적하였다.[26] 열흘 만에 팔도가 방비하지 못하여, 정 충렬(鄭忠烈) 시(蓍)[27] 외에는 항복하기도 하고 도망가기도 하여 경사(京師)가 놀라서 두려워하였으니, 당시에 국사(國事)가 참으로 오싹하고도 한심하였다. 공은 조정에서 명을 받은 적이 있었던 것도 아닌데 궁벽한 여항(閭巷)에서 일어나서 충의(忠義)를 잡고서 흉포한 칼날 아래에 목숨을 바치면서도 후회하지 않았다. 이로써 구차히 살아남으려 했던 왕신(王臣)들의 마음을 부끄럽게 하고 막 일어나려는 적도들의 기운을 꺾을 수가 있었으니, 끝내 1년이 되지 못하여서 적을 평정하게 되었던 것은 필시 공이 한 번 죽은 데에 힘입은 것이 아니라고 할 수만은 없을 것이다. 고인(古人)이 이른바 "적을 꾸짖는 혀가 백만의 정예병보다 강하다."라는 말이 거의 공에게 해당할 것이다. 공의 아우인 장헌(掌憲) 경해(慶楷)가 공의 〈유사(遺事)〉를 가지고서 나에게 찬차(撰次)해 줄 것을 부탁하니, 내가 공과 동시대에 살면서도 일면식도 없었으나 공의 의리를 경모하여 마침내 행장을 짓는다.

공은 자는 자점(子漸), 호는 부호(鳧湖)이니, 그 선조는 수원(水原)

26 그……대적하였다 : 반란군의 위엄이 나라의 위엄과 대적함을 말한다. 이 말은 후한(後漢) 광무제(光武帝)가 장수 오한(吳漢)을 두고 평하며 "오공은 사람의 의지를 분발하게 하니, 그 위엄이 마치 한 사람으로서 나라와 대적하는 듯하다."라고 한 데서 원용한 것이다.

27 정 충렬(鄭忠烈) 시(蓍) : 정시(鄭蓍, 1768~1811)로, 자는 백우(伯友), 호는 덕원(德園), 본관은 청주, 시호는 충렬(忠烈)이다. 1799년 무과에 급제하고, 1811년에 가산 군수(嘉山郡守)가 되었는데 이 해 홍경래의 난이 일어나 관아에 폭도들이 들이닥쳐 재물과 관인(官印)을 내놓으라고 협박하자, 그들의 대역무함을 꾸짖다가 부친과 함께 살해당하였다. 《梅山集 卷38 贈吏曹參判蒼坡鄭公墓誌銘》

사람이다. 신라의 대상(大相) 우경(宇經)이 비조이니, 그 후세에 인주부사(仁州府使) 휘 역(繹)이 비로소 정주(定州)에서 살면서 자손들이 번창하여 관서 지방의 저명한 성씨가 되었다. 증조는 휘 채후(采後)이고, 조부는 휘 일영(日永)이고, 선고는 휘 선양(善養)이니, 몇 대가 나란히 은거하며 자신을 수양하여 유술(儒術)을 전하였다. 선비(先妣) 해주 노씨(海州盧氏)는 학생(學生) 현진(玄軫)의 따님이다.

공은 영조 신사년(영조37, 1761)에 태어났다. 어려서부터 장난하기를 좋아하지 않았고 타고난 자품이 도(道)에 가까웠다. 점차 자라서는 처사(處事) 최공 경림(崔公敬林)을 종유하여 도덕(道德)에 대한 설을 들어서, 뜻을 가다듬고 배우기에 힘써서 벼슬길에 나아가는 데에 연연하지 않았다. 고인(古人)의 큰 절개를 돌아보고 사모하여 책을 읽다가 충렬(忠烈)의 자취에 이르면 번번이 격앙하여 눈물을 흘렸다. 평소에 공순하고 신실하여 자신의 어짊과 지혜를 내세워 남을 능가하고자 하지 않았는데, 의리를 보고서 용감히 행하는 일에 있어서는 마치 물이 골짝으로 세차게 흘러가는 것과 같아서 남이 그 뜻을 빼앗지 못하였다.

이때에 역적이 일어나니, 공은 그 말을 듣고 통곡하면서 말하기를, "생각지 못하게 난적(亂賊)이 우리 주(州)에서 나왔으니, 우리 정주(定州)의 사람들이 무슨 면목으로 하늘과 땅 사이에 서겠는가."라고 하고는, 그날 밤에 동지들을 규합하여 이끌고서, 용맹하고 건장한 사람들을 모집하여 거짓 군수를 주벌하려고 하였는데, 결행하기 전에 적의 세력이 더욱 불어났다. 공은 "지금 인심(人心)이 함닉되어 역(逆)과 순(順)을 구별하지 못하니, 이를 창도하지 않으면 어찌 한 지방의 충의(忠義)를 진작할 수 있겠는가."라고 하고는 이에 그 깃발에 '신안 충의군(新安忠義軍)'이라고 적었으니, 신안(新安)은 바로 공이 살던 마을의 이름이었다.

모의가 정해짐에, 동지 몇 사람에게 재물을 주어서 절도영(節度營)으로 보내어 몰래 역적의 실정을 보고하였다. 또 청하기를, '한 무리의 기병(奇兵)을 급히 출동시켜 샛길을 따라 곧바로 정주성(定州城)을 공격하여 적이 남북으로 단절되어 머리와 꼬리가 서로 구원하지 못하게 하면 일고(一鼓)에 적의 괴수를 사로잡을 수 있으니, 원컨대 여러 의사(義士)들과 약속하여 앞에서 길을 인도하게 하십시오.'라고 하였다. 마침내 부서를 나누어 방략을 주어서 안에서 기습하고 밖에서 맞이할 계책으로 삼았다. 또 격문을 써서 원근에 전달하여 보여서 기개와 의리로써 서로 감격하게 하였다. 공이 평소에 중한 명망이 있었으므로 향응(響應)하는 이가 많았으나, 절도사가 이를 의심하여 병력을 일부러 출동시키지 않았다.

당초에 정주 목사(定州牧使)가 성을 버리고 도망가니 적들이 자신의 무리를 거짓 군수로 삼고 또 경내(境內)의 이름이 알려진 선비들을 선발하여 군관으로 삼았는데, 공의 이름 또한 그 중에 있었다. 공이 그 직첩을 가져다 찢어버리니 적들이 노하였으나 따지지는 않았는데, 홍경래가 성을 점거한 때에 이르러 공의 의거(義擧)가 조석 간에 일어날 것임을 염탐해 알아내고서 새벽에 매우 급히 병사들을 보내어 공의 집을 포위하였다. 공은 화를 면치 못할 것을 알고는 의관을 정제하고서 가묘(家廟)에 들어가 하직하고 나와서 아우들과 이별하면서, "나는 비록 끝났지만 너희들이 있으니, 힘을 다하여 나의 뜻을 이어가는 것이 옳을 것이다."라고 하고는 끝내 다른 말이 없었다.

적에게 잡히고 나자, 적이 사병과 호위를 성대하게 진열하고서 위엄으로 두렵게 하고 이익을 들어 회유하기를 갖가지로 하였다. 공은 분노하여 꾸짖기를, "너를 죽여서 너의 고기를 먹고 가죽을 깔고 자지 못하는 것이 한스럽다. 어찌 속히 나를 죽이지 않느냐? 내 죽을지언정 너에게 굽히지 않겠다."라고 하였다. 적들이 평소에 공의 사람됨을 중시하였으므로 반드시 산 채로 항복받고자 하여서 그대로 옥에 가두고서 날마다 잡아가서 참혹한 형벌을 갖가지로 겪었으니, 이와 같이 한 것이 15일이었으나 끝내 굽히지 않았다. 은밀하게 옥졸(獄卒)을 꾀어서 성안 사람을 깨우쳐서 관군의 내응을 계획하였는데, 옥졸이 차츰 그 도모를 누설하니 적이 이를 듣고는 대번에 공을 끌고 와서 참수하려 하였다. 그러자 또 크게 외치기를, "내가 죽으면 죽을 뿐이지만, 죽으면 응당 충혼(忠魂)이 되어서 반드시 너희 개와 쥐 같은 무리를 하나도 남기지 않고 진멸하겠다."라고 하였는데, 목소리가 더욱 열렬하여 적도(賊徒)들 중에 이를 본 자들이 모두 서로 돌아보며 얼굴빛을 잃었다. 마침내 살해를 당하니, 바로 임신년(1812, 순조12) 정월 16일이었다.

다음날에 첩자 최원형(崔元亨)이 성을 넘어와서 이 사실을 매우 자세하게 말하였다. 3개월이 지나서 관군이 정주성을 함락하여 적들이 비로소 모두 평정되니, 공의 아들들이 성안에 들어가서 공의 시신을 찾았으나 찾지 못하였다. 이에 공의 옷과 신을 가지고서 가산군(嘉山郡) 모 언덕에 있는 부인의 묘 오른쪽에 장례하였다. 부인 배천 조씨(白川趙氏)는 통덕랑 몽전(夢鸇)의 따님이니, 부녀자의 규범을 모두 잘 갖추어서 덕 있는 군자의 배필이 됨에 어긋남이 없었다. 세 아들을 낳았으니, 종륜(宗倫)과 종검(宗儉)과 종전(宗佺)이다. 종륜의 일자(一子)와 종검의 일자는 모두 어리다. 공이 별세한 다음 해에 상께서 명을 내려 정주(定州)의 동쪽 달천(㺚川) 가에 단을 마련하여 해마다 적을 격파한 날이면 공, 그리고 공과 동시에 순절한 사람들에게 제사를 올리게 하였고 또 비석을 세워서 이를 기록하였다.

공은 집에 있을 적에 윤리가 독실하여서 부모를 섬김에 몹시 효성스러웠다. 아버지의 일[28]에 부지런히 종사하여 자신의 몸을 마음대로 하지 않았으며, 집안이 몹시 가난하였으나 뜻을 봉양함[29]에 빠뜨림이 없었다. 가묘의 일에 더욱 삼가서, 사당을 세워 《문공가례(文公家禮)》[30]의 예제(禮制)를 따라서 날마다 반드시 신알(晨謁)을 하였고, 매해 추수철이 되면 먼저 제수로 쓸 곡식을 쌓아놓은 뒤에 식구들이 먹을 음식을 계산하였다. 제사에 임하여서는 제삿날에 앞서 개끗하고 정갈하게 하였으며, 철상(撤床)함에 미쳐서는 제기를 정갈히 씻는 것을 몸소 살펴보았다. 아우들과 함께 지내며 함께 밥을 지어 먹으면서, 비록 작은 음식이라 하더라도 아우들이 모이지 않으면 먹지 않았으며, 절시(切偲)와 정매(征邁)의 뜻[31]이 늘 변두(籩豆)와 담락(湛樂)[32]의 즈

28 아버지의 일 : 원문의 '간고(幹蠱)'는 간부지고(幹父之蠱)를 줄인 것으로, 《주역(周易)》〈고괘(蠱卦) 초육(初六) 효사(爻辭)〉에 "초육은 아버지의 일을 주관함이다. 훌륭한 아들이 있으면 아버지가 허물이 없으리니, 위태롭게 여겨야 끝내 길하리라.〔初六, 幹父之蠱. 有子, 考无咎, 厲, 終吉.〕"라고 한 데서 온 말이다.

29 뜻을 봉양함 : 어버이의 뜻을 헤아려 잘 모시는 효(孝)로, 증자(曾子)가 아버지 증석(曾晳)을 봉양할 적에 반드시 술과 고기를 밥상에 올렸으며, 상을 치울 때 증석이 "남은 것이 있느냐?"고 물으면 반드시 "있습니다." 하고, 계속해서 "누구에게 주시겠습니까?"라고 여쭈었는데, 맹자가 이러한 증자의 효에 대해 '뜻을 봉양한 것〔養志〕'이라고 하였다. 《孟子 離婁上》

30 문공가례(文公家禮) : 주희(朱熹, 1130~1200)가 일반 사가의 관혼상제(冠婚喪祭)에 대한 절차와 예법을 정리한 책인 《주자가례(朱子家禮)》를 가리킨다. 문공은 주희의 시호이다.

31 절시(切偲)와 정매(征邁)의 뜻 : '절시'는 간절하고 자상하게 권면하는 것으로, 백경한의 형제들이 화락하게 잘 지냈을 뿐만 아니라 붕우 간에 해주듯이 서로 간절하게

음에 가득하였니, 이 때문에 자제 중에 수행이 깨끗하다고 향당(鄕黨)에 소문난 이가 많았다. 만년에 부호(梟湖) 가에 거주하면서는 《주례(周禮)》의 육행(六行)[33]을 연역하여 훈교하는 말로 삼아 인근 마을 사람들을 가르쳤고, 또 글방을 세워서 배우는 이들을 오게 하되 가난하여 양식이 없는 이의 경우에는 재물을 주어 도와서 머물게 하였다. 문(文)·행(行)·충(忠)·신(信)[34]으로써 인도함에 정성스러운 뜻이 간절하여서 어진 사람과 어리석은 사람을 막론하고 모두에게 환심을 얻었다. 이는 모두 공이 실제 행실로서 민멸될 수 없는 것들이다.

권면하였으므로 이렇게 말한 것이다. 이 말은 《논어》 〈자로(子路)〉에 자로가 어떠해야 선비라고 할 수 있는지를 묻자, 공자(孔子)가 답하기를, "간절하고 자상하게 권면하며 화락하면 선비라고 할 수 있다. 붕우 간에는 간절하고 자상하게 권면하고, 형제간에는 화락해야 한다.〔切切偲偲, 怡怡如也, 可謂士矣. 朋友切切偲偲, 兄弟怡怡.〕"라고 한 데서 온 말이다. '정매'는 형제가 각각 노력하여 부모를 욕되게 함이 없기를 경계한 말이다. 《시경》 〈소아(小雅) 소완(小宛)〉에 "내 날로 매진하거든, 너도 달로 나아가라. 일찍 일어나고 밤늦게 잠자서, 너를 낳아 주신 분을 욕되게 하지 마라.〔我日斯邁, 而月斯征. 夙興夜寐, 無忝爾所生.〕"라고 한 데서 온 말이다.

32 변두(籩豆)와 담락(湛樂) : 형제가 우애를 나누며 단란하게 지냄을 말한다. 변두는 성찬(盛饌)의 뜻으로, 《시경》 〈소아(小雅) 상체(常棣)〉에 "네 변두를 늘어놓아, 술 마시기를 실컷 하더라도, 형제간이 모두 있어야, 화락하고 또 사모할 수 있다네.〔儐爾籩豆, 飮酒之飫, 兄弟旣具, 和樂且孺.〕"라고 한 데서 온 말이며, 담락은 같은 시에 "처자가 좋고 화합함이 금슬을 타는 듯하더라도 형제간이 화합하여야 화락하고 또 길이 즐길 수 있다네.〔妻子好合, 如鼓瑟琴, 兄弟旣翕, 和樂且湛.〕"라고 한 데서 온 말이다.

33 주례(周禮)의 육행(六行) : 효(孝), 우(友), 목(睦), 인(婣), 임(任), 휼(卹) 등 여섯 가지 선행을 가리킨다. 《周禮 地官司徒 大司徒》《小學 立敎》

34 문(文)·행(行)·충(忠)·신(信) : 《논어》 〈술이(述而)〉에 "공자는 네 가지로 가르쳤으니, 그것은 바로 문(文)·행(行)·충(忠)·신(信)이다.〔子以四敎, 文行忠信.〕"라고 하였다.

내가 일찍이 서도(西道)에 출정했던 장사(壯士)들을 종유하였을 적에 일곱 의사(義士)[35]들이 순절한 일을 들었다. 사람으로 하여금 늠름히 생기가 있게 하니, 이는 모두 당일에 사람의 기강을 부지할 수 있었던 것이자, 백세토록 풍성(風聲)을 수립할 수 있는 바이다. 내 일곱 의사에게 있어서 흠잡을 데가 없으나, 뜻이 미리 정해져서 잘못이 없어서 종용히 의리를 취한 것으로 논하자면 또 공이 행한 일만한 것이 없으니, 이 어찌 근본을 둔 바가 없이 그러하였던 것이었겠는가. 공자(孔子)께서 "독실하게 믿으면서도 학문을 좋아하고 죽음으로 지키면서도 도(道)를 잘한다."[36]라고 하였으니, 이 말을 가지고 공이 어떤 사람인지 탐구한다면 공이 공이 되는 이유를 알 것이다.

35 일곱 의사(義士) : 홍경래의 난에 순절한 일곱 명의 의사로, 백경한(白慶翰)을 비롯하여 가산 군수(嘉山郡守) 정시(鄭蓍) 및 한호운(韓浩運) · 허항(許沆) · 임지환(林之煥) · 제경욱(諸景彧) · 김대택(金大宅)을 가리킨다. 모두 1813년(순조13)에 정주성 남쪽에 제단과 비석을 세워 기려졌다. 《梅山集 卷32 贈戶曹參判崑湖白公神道碑銘, 卷42 贈禮曹參判韓公墓誌銘, 卷51 贈統制使諸公傳》

36 독실하게……잘한다 : 이 말은 《논어》 〈태백(泰伯)〉에 보인다.

유인 경주 김씨 행장

孺人慶州金氏行狀

유인(孺人) 김씨(金氏)는 본관은 경주(慶州)이니, 신라 경순왕(敬順王)의 후예이다. 휘 자수(自粹)는 고려 말에 벼슬하여 도관찰사(都觀察使)가 되었는데, 우리 조선왕조가 혁명하였을 때에 사구(司寇)로 불렀으나, 도(道)에서 스스로 목숨을 끊었다. 여러 대(代)가 전해 내려와 충민공(忠愍公) 휘 홍익(弘翼)에 이르러서 연산 현감(連山縣監)으로서 병자호란에 나라의 일에 부지런히 힘쓰다가 순절하여 이조 판서에 추증되었으니, 유인에게 있어 5세조가 된다. 증조는 휘 두찬(斗燦)이니 관직은 참봉이었고, 조부는 휘 익경(益慶)이며, 선고는 통선랑(通善郎) 휘 한량(漢良)이니 덕을 숨겨 드러내지 않았다. 선비 파평윤씨(坡平尹氏)는 사인(士人) 정주(楨周)의 따님으로, 영종(英宗) 무오년(1738, 영조14) 정월 11일에 서산(瑞山)의 시골집에서 유인을 낳으셨다.

총명하고 정숙하여 겨우 5세가 되었을 때 이미 언서(諺書)에 통달하였다. 글솜씨가 화미(華美)하여 일가의 부녀자들이 이를 얻어 빼어난 감상 거리로 삼았다. 성품이 또 배우기를 좋아하였는데, 통선공(通善公)이 글을 가르쳐주는 것을 허락하지 않으면서 말하기를, "부녀자가 문장을 좋아하는 것은 상서로운 일이 아니다."라고 하였다. 그러나 8, 9세였을 때부터 형제들과 지내면서 경사(經史)와 시가(詩歌)를 들으면 그때마다 외웠으며, 한 번 입에 올리면 끝까지 잊지 않았다. 여공(女工)에 있어서 영민하여서, 허리띠와 옷깃의 정묘(精妙)한 부분은 노련

한 이조차도 그 솜씨를 인정해 양보하였다. 통선공의 곁에서 모시고 있을 적에 아침저녁으로 유순한 태도로 뜻을 받들고 순히 따라서 어김이 없었으니, 통선공이 몹시 아꼈다.

18세에 박공(朴公) 휘 무원(婺源)에게 시집갔다. 공은 반남(潘南) 사람으로, 승지(承旨) 휘 세성(世城)과 동지중추부사(同知中樞府事) 휘 태적(泰迪)과 통덕랑(通德郎) 휘 필제(弼濟)와 학생(學生) 휘 사영(師泳)이 바로 공의 4세조이며, 선비(先妣) 연안 이씨(延安李氏)는 신보(莘輔)의 따님이다. 학생공(學生公)은 도암(陶菴) 이 선생(李先生 이재(李縡))에게서 배웠는데, 일찍 별세하여 후사가 없자, 계부(季父) 휘 사준(師濬)의 아들인 공을 이 부인(李夫人)이 데려다 후사로 삼았다. 유인(孺人)이 집안에 들어왔을 때 구고(舅姑)는 이미 별세하고, 오직 왕고(王姑 시할머니) 및 본생구고(本生舅姑)만이 당(堂)에 계셨는데, 진퇴하고 주선함에 부녀자의 도리가 모두 갖추어졌다. 친척과 족당이 찬탄하며 여사(女士)라고 일컬어서, 누구나 아끼고 사모하면서 공경하는 마음을 일으켰다.

무자년(1768, 영조44)에 성(城)이 무너지는 애통함[37]을 만나서 처음에는 하종(下從)할 결심을 하였다가, 이윽고 스스로 해명하기를, "나에게는 세 명의 고아가 된 어린아이들이 있으니, 이 아이들을 양육하여 성립(成立)하게 하여서 문호(門戶)를 힘써 지키게 하는 것이 나의 책

37 성(城)이 무너지는 애통함 : 남편을 잃은 애통함을 말한다. 춘추 시대 제(齊)나라 대부 기량(杞梁)이 임금을 따라 거(莒)나라의 성을 공격하다가 전사하였는데, 기량의 처가 남편의 시체 옆에서 10일 동안을 엎드려 통곡하니, 그 성이 무너졌다는 고사에서 온 말이다. 《古列女傳 卷4 貞順傳》

임이다."라고 하였다. 빈렴(殯殮 염습(斂襲)하고 입관(入棺)하여 빈소에 안치함)과 장제(葬祭)를 몸소 마련하여 다스려서 정문(情文 예(禮)의 내용과 형식)에 부족함이 없었다. 자식들을 가르침에 엄하면서도 법도가 있어서, 늘 "자식이 있어도 가르치지 않으면 자식이 없는 것만 못하다."라는 말을 가지고서 울면서 타일렀다. 스승으로 삼을만한 사람이 있다는 말을 들으면 멀고 가깝고를 따지지 않고 반드시 재물을 주어서 전송하면서, "너희들의 학업을 진취하게 한다면, 살을 베어낼지라도 어찌 아까워하겠느냐."라고 하였다. 눈과 비, 더위와 추위로 인하여 조금이라도 나태해지지 않게 하였으며, 태만하게 놀거나 오만하게 굴면서 배움에 뜻을 두지 않는 것을 보게 되면 회초리를 치면서 조금도 가차를 두지 않았다. 이 때문에 자식들이 잘못이 있으면 두려워 떨면서 감히 뵙지 못하여서, 문밖에 서서 밤을 새운 경우가 여러 번이었다. 자식들이 장성하고 나서 친우들이 때때로 이르면 유인은 그때마다 술과 음식을 갖추어서 즐거움을 도왔다. 그 담론을 들어봄에 말이 충고(忠告)에서 나오면 기뻐하면서 "이는 너의 익우(益友)이다."라고 하였으며, 해학하고 방탕히 굴면서 삼가지 않으면 기뻐하지 않으면서 "이는 남의 자식을 해치는 자이다."라고 하고는 급히 명하여 소원하게 지내도록 하였다.

종규(宗圭)가 예전에 객(客)과 함께 돼지를 먹이는 종들이나 하는 유희[38]를 하였는데, 유인(孺人)이 이를 듣고는 이불을 덮어쓰고 누워서

38 돼지를…유희 : 도박을 가리킨다. 《진서(晉書)》 권66 〈도간열전(陶侃列傳)〉에, 여러 참좌(參佐)들 중에 간혹 술을 마시고 도박을 하면서 노는 자가 있자, 도간이 명을 내려 술그릇과 주사위 도구들을 빼앗아 모두 강물에 던져 버리게 하고, 이장(吏將)에게

종규를 대하여 말을 하지 않았다. 집안사람이 저녁을 갖추어 올리고자 하니, 유인이 만류하며 말하기를, "고인(古人)은 교유를 삼갔으니, 저 같은 잡류(雜流)로 하여금 어떻게 우리 아이를 물들이게 할 수 있겠는가."라고 하였다. 다음 날 아침에 비로소 닭을 잡고 기장밥을 지어[39] 대접하면서 말하기를, "내 어찌 객에게 박하게 한 것이겠습니까. 아이들에게 하등(下等)의 일을 말해서는 안 되며, 잡희(雜戲)를 가까이해서는 안 된다는 것을 알게 하고자 하였을 뿐입니다."라고 하였다.

종각(宗珏)이 화성(華城 수원)에 집을 짓고서 누차 응제시(應製詩)에서 장원하였기에[40] 모두가 조석 간에 대과에 급제할 것이라고 하였는데, 이윽고 또 차질이 생겨 급제하지 못하였다. 그러자 유인이 말하기를, "이는 한미한 가문에서 바꾸지 못할 일이니, 얻고 얻지 못하는 것은 모두 명(命)에 달린 것이다."라고 하고, 태연하게 슬퍼하는 모습이 없었다. 늘 아들들을 가르쳐서 말하기를, "나는 너희들이 영달하기를 바라지 않는다. 만일 옛 책을 읽어서 이름이 알려진 선비가 될 수 있다면 다행일 것이니, 내가 만약 남자로 태어났다면 어찌 천하의 좋은 책들을 독파하지 않았겠느냐."라고 하였다.

매를 때리면서 말하기를 "주사위 놀이는 돼지 기르는 종놈이나 하는 유희이다.〔樗蒲者, 牧猪奴戲耳.〕"라고 하였다.

39 닭을……지어 : 초대한 손님을 대접함을 말한다. 《논어》〈미자(微子)〉에 하조장인(荷蓧丈人)이 공자의 제자 자로(子路)를 만류하여 묵게 하면서 "닭을 잡고 기장밥을 지어 대접하였다.〔殺鷄爲黍而食之.〕"라고 하였다.

40 종각(宗珏)이……장원하였기에 : 박종각(朴宗珏)은 당시 수원(水原)의 유생들에게 시행한 응제시(應製詩)에 여러 번 합격하였다.《日省錄 正祖 17年 10月 20日, 18年 12月 8日, 19年 3月 10日·4月 20日》

유인은 내면은 강직하면서도 외면은 부드러우며, 뜻이 개결하고 행실이 고매하였다. 다른 사람을 접할 때 흔연히 간격을 두지 않았으나, 정(情)을 꾸며서 구차히 영합한 적이 없었다. 불의를 보면 마치 자신을 더럽힐 것처럼 여겼으며, 또한 말을 박절히 하거나 격렬하게 하지 않았다. 종사(從姒)인 정씨(鄭氏)와 한솥밥을 먹으며 지낸 지 몇 년 동안에 있든 없든 함께 하여 경대 상자와 같이 작고 사소한 것일지라도 피아간에 구분을 두지 않았으니, 사람들이 이간질하는 말을 하지 못하였다. 집안이 몹시 가난하여서 남에게 꾸어오는 상황을 면치 못하였는데, 비록 평소에 인색하다고 불리던 사람일지라도 유인에게는 응해주면서도 오직 뒤처질까 염려하였으니, 평소에 훌륭한 풍범(風範)이 미더워 감동하게 하여 그러했던 것이었다.

만년에 막내아들을 따라서 경사(京師)에서 지냈는데, 유인의 여동생인 박씨(朴氏)의 부인 역시 여사(女士)였다. 때로 유인을 맞이하여 와서 흰 머리로 서로 마주하여 담소하며 화목하였고, 인하여 《소학(小學)》과 여사서(女四書)[41] 여러 편을 번갈아 읽으면서 고금의 잘잘못이나 득실을 품평하는 것을 즐거움으로 삼았는지라, 마을에서 매우 칭송하였다.

신미년(1811, 순조11) 5월 12일에 흥인문(興仁門) 바깥의 우거하던 집에서 별세하여서, 양성(陽城)의 집 뒤 간좌(艮坐)의 언덕에 돌아와

41 여사서(女四書) : 여인들이 읽어야 할 네 가지 책으로, 명나라 성조(成祖)의 후비인 문황후(文皇后) 서씨(徐氏)가 지은 《내훈(內訓)》, 한나라 반표(班彪)의 딸이자 반고(班固)의 누이동생인 반소(班昭)가 지은 《여계(女誡)》, 당나라 덕종(德宗) 때 송분(宋棻)의 딸로 여학사(女學士)를 지낸 송약소(宋若昭)가 지은 《여논어(女論語)》, 명나라 때의 왕절부(王節婦)인 유씨(劉氏)가 지은 《여범(女範)》을 말한다.

장례하였으니, 부자(夫子)의 묘로부터 몇 리(里)가 떨어져 있다. 삼남(三男)을 두었으니, 종옥(宗玉)과 종규(宗圭)와 종각(宗珏)이다. 손자들 가운데 상수(庠壽)와 서수(序壽)는 장방(長房)의 소생이며, 정수(靜壽)와 희수(喜壽)와 호수(皓壽)와 훈수(勳壽)는 중방(仲房)의 소생이며, 강수(康壽)와 광수(廣壽)와 응수(膺壽) 및 전 군수(前郡守) 오치규(吳致奎)의 처와 이병설(李秉說)의 처는 계방(季房)의 소생이다. 상수의 아들은 제현(齊玄)과 제황(齊黃)이고, 희수의 두 아들과 강수의 두 아들, 그리고 광수의 두 아들과 두 딸은 모두 어리다.

아아, 내 일찍이 중루(中壘)의 기록[42]과 동관(彤管)의 역사[43]를 보니, 여인의 덕을 칭술한 것이 상세하였다. 대부분이 서사(書史)를 통달하고 도리를 아는 것이어서 족히 규방에서 가르침을 일으킬 만하였으나, 우리 동국의 부인은 책 읽기를 기휘하여 여스승의 가르침을 베풀 곳이 없었다. 비록 서책[44]을 대략 섭렵한 사람이 있더라도, 왕왕 문(文)

42 중루(中壘)의 기록 : 《열녀전(列女傳)》을 가리킨다. 중루는 전한(前漢) 때의 경학자로 중루 교위(中壘校尉)의 벼슬을 지낸 유향(劉向, 기원전 77~기원전 6)으로, 본명은 경생(更生), 자는 자정(子政)이다. 원제(元帝) 때 외척과 환관의 전횡을 탄핵하다가 두 차례의 옥고를 치렀으며, 성제(成帝)가 즉위한 후 다시 등용되어 이름을 향(向)이라 바꾸었다.

43 동관(彤管)의 역사 : 훌륭한 여인에 대한 기록을 가리킨다. 동관은 옛날 여사(女史)가 궁중에서 정령(政令)과 후비(后妃)의 일을 기록할 때 쓰던 붉은 대통의 붓을 이른다. 《후한서(後漢書)》 〈광무 곽황후기(光武郭皇后紀)〉에 "여사가 동관으로 공을 기록하고 허물을 쓴다.〔女史彤管記功書過.〕"라고 보이는데, 그 주(注)에 "동관은 붓대가 붉은 붓이다.〔彤管, 赤管筆也.〕"라고 하였다.

44 서책 : 원문의 '죽소(竹素)'는 죽백(竹帛)과 같은 말로, 글을 대쪽이나 헝겊에 쓴 데에서 연유하여 사서(史書)나 서책을 가리키는 말로 쓰이는데, 전하여 시문(詩文)을

으로써 질(質)을 가려서[45] 업하(鄴下)[46]의 기롱을 면치 못하였다. 그러니 그 누가 유인처럼 유순하고 아름다워 법도가 있어서 덕을 안에 간직하고서 드러내지 않아서, 이로써 능히 자신의 행실을 닦고 자식에게 가르침을 이루었겠는가.

양성(陽城)은 나의 고향이니, 때로 향중(鄉中)의 사우(士友)들을 종유하면서 일찍부터 유인의 명철한 식견과 고매한 윤리를 들었는데, 인척의 우호를 맺고서부터[47] 유인의 중자(仲子)인 종규(宗圭)와 교유하여 그가 가난함을 편안히 여기고 학문을 좋아함을 보고서, 전수 받은 바가 있음을 더욱 확인하게 되었다. 지금 종규(宗圭) 보(甫)가 인친

이르기도 한다.

45 문(文)으로써 질(質)을 가려서 : 문채와 형식이 본바탕과 내용보다 지나치게 된 것을 말한다. 《논어》 〈옹야(雍也)〉에 "바탕이 문채보다 지나치면 촌스럽고, 문채가 바탕보다 지나치면 겉치레에 흐르게 되나니, 문채와 바탕이 조화를 이룬 뒤에야 군자라고 할 수 있다.〔質勝文則野, 文勝質則史, 文質彬彬然後君子.〕"라고 한 공자의 말에서 나온 것이다.

46 업하(鄴下) : 업하는 업현(鄴縣)의 아래란 뜻으로, 업현은 지금의 하남성(河南省) 임장현(臨漳縣)에 있던 옛 지명이다. 이 지방은 부녀자로 문호(門戶)를 유지하여, 재판이나 청탁, 또는 손님맞이에 언제나 부인이 나선다고 한다. 《소학》 〈가언(嘉言)〉에 《안씨가훈(顔氏家訓)》 〈치가(治家)〉를 인용하여 "업하 지방의 풍속은 오직 부인이 가문을 유지한다. 송사를 하여 시비를 가리기도 하고, 손님을 초청하거나 맞이하기도 하며, 아들을 대신해 관직을 구하러 다니기도 하고, 남편을 위해 관청에 억울함을 호소하기도 한다. 이것은 바로 항(恒)과 대(代) 지방의 유풍이다."라고 하였다.

47 인척의 우호를 맺고서부터 : 노주(老洲)의 장남 오치성(吳致成, 1785~1844)의 계배(繼配)가 박종각(朴宗珏)의 딸이므로 이렇게 말한 것이다. 오치성은 자는 서오(瑞五), 호는 아관(我觀), 다른 이름은 오치규(吳致奎)이며, 백부 오윤상(吳允常)에게 출계하였다.

(姻親)의 정의(情誼)로 인하여, 유사(遺事)를 기록하여 나에게 덕을 형상하는 글을 지어주기를 부탁하였다. 돌아보건대 나는 비루하고 졸렬하여 진실로 잠겨있는 아름다움을 드러내 펼쳐줄 수가 없지만, 삼가 위와 같이 차례대로 열거하여 입언(立言)할 이가 택할 것에 대비하는 바이다.

군수 정공 행장
郡守鄭公行狀

공은 휘 치(治)이고, 자는 형숙(馨叔)이니, 영일 정씨(迎日鄭氏)는 신라와 고려 때부터 드러나서 대대로 훌륭한 인물이 있었다. 송강(松江) 문청공(文淸公) 휘 철(澈)[48]에 이르러 목릉 성세를 당하여 청고한 명망과 곧은 도리로 사류(士流)의 으뜸이 되었다. 관직은 좌의정에 올랐고 공훈으로 인성부원군(寅城府院君)에 봉해졌으니, 공에게는 고조가 되신다. 증조는 휘 기명(起溟)으로 진사(進士)이며, 조부는 휘 운(沄)으로 공조좌랑(工曹佐郎)이며, 선고는 휘 세연(世演)으로 일찍 세상을 떠서 현달하지 못하였다. 선비는 안동 김씨(安東金氏)로 통제사(統制使) 적(逷)의 따님이다. 공의 종훈(從勳)으로 선공(先公)은 좌승지(左承旨)에 추증되었고, 부인은 따라서 전례대로 봉해졌다.

공은 계사년(1653, 효종4) 6월 28일에 태어났으니, 지극한 성품이 출중하였다. 9세에 부친상을 만남에 슬픔으로 건강을 해치기를 법제보다 지나치게 하였다. 모부인을 섬기면서 온화한 얼굴빛으로 봉양하기

48 송강(松江) 문청공(文淸公) 휘 철(澈) : 정철(鄭澈, 1536~1593)로 자는 계함(季涵), 호는 송강, 시호는 문청이다. 정여립(鄭汝立)의 모반 사건이 일어나자 우의정에 발탁되어 서인의 영수로서 최영경(崔永慶) 등을 다스리고 동인들을 추방하였으며, 좌의정에 올랐다. 1591년(선조24) 영의정 이산해(李山海)와 함께 광해군(光海君)의 세자 책봉을 건의하기로 했다가 선조의 노여움을 사고 파직되었고, 이윽고 강계(江界)로 유배되었다. 임진왜란에 사면된 이후 강화(江華)의 송정촌(松亭村)에 우거하다가 58세에 죽었다.《松江別集 卷3 附錄 年譜》

를[49] 오직 삼가서 행하였으며, 집안일을 대신 주관하여 어른처럼 의젓하였다. 병을 시중들 때에 옷에서 띠를 풀지 않았으며, 밤낮으로 근심하고 황급하게 여겨서 의원과 약물을 분주히 구하러 다니니, 문곡(文谷) 김공(金公 김수항(金壽恒))이 듣고서 그 정성에 감동하여 진귀한 약제를 자주 이어서 보내주었다. 두 명의 아우, 한 명의 누이와 우애가 매우 돈독하였는데, 일찍 아버지를 여읜 것을 애통하게 여겨 눈물을 흘리며 서로 권면하여 가르치기를 게을리하지 않았다. 모부인이 탄식하면서 말하기를, "미망인으로서 지금까지 구차히 목숨을 늘여온 것은 이 아이가 있었던 덕분이다."라고 하였다.

조상의 제사를 받드는 일에 더욱 정성과 슬픔을 다하여서, 늘 부일(夫日)[50]을 당하면 목욕재계하고 손톱을 깎고서, 제기를 씻고 제수를 마련하는 일을 반드시 몸소 살피고 점검하였고, 제사를 마치고 나서는 만일 터럭만큼이라도 정결하지 않은 점을 보았으면 종일토록 문을 닫

49 온화한 얼굴빛으로 봉양하기를 : 원문의 '색양(色養)'은 《논어(論語)》 〈위정(爲政)〉에 자하(子夏)가 효(孝)를 묻자 공자가 "얼굴빛을 온화하게 하기가 어려우니, 부형에게 일이 있으면 자제가 그 수고를 대신하고, 술과 밥이 있으면 부형이 드시도록 하는 것을 일찍이 효라고 할 수 있겠는가.〔色難, 有事, 弟子服其勞, 有酒食, 先生饌, 曾是以爲孝乎?〕"이라고 대답한 데서 온 말이다.

50 부일(夫日) : 기일(忌日)을 이른다. 《예기》 〈제의(祭義)〉에 "군자에게는 종신(終身)의 상(喪)이 있으니, 기일을 이른다. 기일에는 일상적인 업무를 보지 않으니, 이것은 불길한 날이어서 그러는 것이 아니다. 이날〔夫日〕에는 내 마음이 제사를 지내는 곳으로만 쏠리기 때문에 다른 사사로운 일에 마음을 쏟을 수가 없어서이다.〔君子有終身之喪, 忌日之謂也. 忌日不用, 非不祥也, 言夫日, 志有所至, 而不敢盡其私也.〕"라고 하였다.

고 눈을 감고서 애통해하며 엄히 자책하였다. 만년에 큰 병에 걸렸을 때에도 스스로 힘써서 게을리하지 않았다.

약관의 나이가 되기 전에 우암(尤菴) 송 선생(宋先生 송시열(宋時烈))을 삼청(三淸)의 객관에서 뵈었는데, 우옹(尤翁)이 악수하고서 좌우의 사람들을 돌아보고 말하기를, "이 사람은 바로 송강(松江)의 적손이다. 도량이 훌륭하여 아마도 집안의 명성을 실추시키지 않을 것이다."라고 하면서 매우 깊이 기대하고 면려하였다. 공은 이로부터 마침내 몸을 맡겨 복종하여 섬기게 되었다.

장성하여서는 천안(天安)에서 처가살이를 하면서 충원(忠原 충주)의 외가를 왕래하였는데, 목계(鶩溪)에 이르러 이선(李選)[51] 공을 배에서 만났다. 이공(李公)은 공이라는 사실을 물어서 알고서는 탄식하며 말하기를, "그대를 향곡(鄕曲)에서 떠돌게 하다니, 이 어찌 우리가 부끄럽게 여길 바가 아니겠는가."라고 하고서, 이어서 입으로 율시 한 수를 읊어서 뜻을 부쳤는데, 공 또한 입으로 읊어서 바로 수답(酬答)하니, 이공이 가상히 여겨 칭찬해 마지않았다. 가다가 화양(華陽)을 들러 송 선생(宋先生)을 뵙고서 한 도(道)의 인물에 대하여 함께 논하다가, 인하여 목계의 배에서의 일을 매우 자세하게 말하니, 선생이 "이 사람을 내 진실로 아끼는데, 청빈하여 떠돌며 부쳐 살면서 성취한 것이 없으니, 그대가 도백(道伯)을 만나면 천거하도록 하는 것이 옳겠네."라고 하였는데, 이공이 선생의 뜻대로 하였다.

51 이선(李選) : 1632~1692. 호는 지호(芝湖), 시호는 정간(正簡)이다. 송시열의 문인으로 기사환국 때 송시열의 당여로 지목되어 기장(機張)에 유배되었다가 그곳에서 죽었다. 《宋子大全隨箚 卷13 目錄》

연초에 재학(才學)으로 천거되어, 계축년(1673, 현종14)에 청암 찰방(靑巖察訪)에 제수되었다. 당시에 겨우 약관의 나이를 지났었는데, 낮은 관직을 비루하게 여기지 않고서 법을 삼가 지켰다. 갑인년에 시사(時事)가 크게 변하니,[52] 편지를 써서 송 선생에게 거취를 질정하였는데, 선생이 면려하여 직분을 수행하도록 하였다. 임기가 차자, 조와서 별제(調瓦署別提)로 승진하였고, 이윽고 파직되었다. 경신년(1680, 숙종6)에 금오랑(金吾郎 의금부도사)에 견서(甄敍 퇴직한 사람을 다시 서용함)되었고, 이윽고 외직으로 나가 영춘 현감(永春縣監)이 되어 백성을 자식처럼 어루만지니, 백성들도 소부(召父)[53]처럼 아끼는 마음을 지녀서, 매질하지 않더라도 간활(奸猾)함이 절로 그쳤다. 관차(官次)에서 모친상을 당하니, 백성들이 비석에 새겨서 추념하였다.

상복을 벗고서 진안 현감(鎭安縣監)에 제수되었다. 다스린 공적이 널리 알려져 도내(道內)에 지체되어 있던 송사들이 모두 공에게 맡겨

52 갑인년에……변하니 : 갑인년은 1674년(현종15)으로, 이해에 자의대비(慈懿大妃)가 며느리인 인선왕후(仁宣王后)의 상(喪)에 어떤 상복을 입을 것인가 하는 문제를 두고 벌어진 갑인예송(甲寅禮訟)에서 현종(顯宗)은 15년 전 기해예송(己亥禮訟)의 결과를 뒤엎고 서인(西人)이 아닌 남인(南人)의 편을 들어주었다. 그리고 얼마 뒤에 현종이 승하하고 숙종(肅宗)이 즉위하여 우암(尤庵) 송시열(宋時烈)에게 현종의 묘지문(墓誌文)을 짓도록 명하였는데, 이때 남인들이 기해년에 송시열이 효종(孝宗)을 서자(庶子)로 보아도 좋다고 했던 일을 트집 잡아 묘지문을 짓지 못하게 하고, 죄를 물어 덕원(德源)에 유배를 보내게 하였다. 이를 계기로 서인 측의 인사들은 조정에서 쫓겨나고, 허적(許積), 허목(許穆), 윤휴(尹鑴) 등의 남인 측 인사들이 대거 등용되어 요직을 차지하였다.

53 소부(召父) : 한나라 때 남양 태수(南陽太守)가 되어 선정을 많이 베푼 소신신(召信臣)을 가리킨다. 백성들이 사모하여 '소부'라고 불렀다고 한다. 《漢書 卷89 召信臣傳》

졌는데, 수십 일 만에 거의 다 부결(剖決)함에 비유를 들어서 시비곡직을 일러주었으므로 물러나서 원망하는 사람이 없었다. 그해에 또 큰 기근이 들었는데, 이를 구휼함에 훌륭한 방책이 있어서 온 경내가 편안하였으므로, 연이어 비단과 말을 하사받는 은전을 입었다. 3년이 지나 방백(方伯 관찰사)이 행부(行部)[54]하여 경내에 들어와서 법률을 어긴 배리(陪吏)를 적발하여 다스리자, 인하여 인끈을 버리고 돌아갔다. 이윽고 기사년의 멸정(蔑貞)의 때[55]를 만나 마침내 강호를 정처 없이 떠도니, 식구들이 춥고 굶주림을 면하지 못하였으나 공은 편안히 여겼다.

갑술년의 개기(改紀)[56]에 즉시 사평(司評)에 제수되었고, 이로부터

54 행부(行部) : 관찰사가 관할 구역을 순시(巡視)하는 일을 말한다.

55 기사년의 멸정(蔑貞)의 때 : '멸정'이란 정직한 도를 멸하고 소인이 군자를 업신여겨 득세하는 것을 말한다. 《주역》 〈박괘(剝卦) 초육(初六)〉에 "평상의 다리를 깎는 것이니, 정직함을 없애므로 흉하다.〔剝床以足, 蔑貞, 凶.〕"라고 한 데서 온 말로, 《정전(程傳)》에 "음이 양을 깎고 유(柔)가 강(剛)을 변화시킴은 사(邪)가 정(正)을 침해하고 소인이 군자를 소멸함이니, 그 흉함을 알 수 있다."라고 풀이하였다. 기사년은 1689년(숙종15)으로, 당시 집권세력인 서인(西人)들이 숙원(淑媛) 장씨(張氏)의 소생인 왕자 윤(昀)의 원자(元子) 책봉을 반대하자, 이에 분노한 숙종이 서인의 영수인 송시열(宋時烈)과 김수항(金壽恒) 등을 사사(賜死)하고 경신대출척(庚申大黜陟)으로 실각하였던 남인들을 다시 등용하는 기사환국이 일어났다.

56 갑술년의 개기(改紀) : 개기란 정치의 기강을 다시 세운다는 뜻으로, 정세가 변한 것을 뜻한다. 갑술년은 1694년(숙종20)으로, 이해에 갑술환국(甲戌換局)이 일어났다. 1694년(숙종20)에 김춘택(金春澤), 한중혁(韓重爀) 등의 서인(西人)들이 폐위되었던 인현왕후(仁顯王后)의 복위 운동을 일으켰는데, 당시 집권세력이었던 민암(閔黯), 이의징(李義徵) 등의 남인(南人)들이 이를 빌미로 서인들을 완전히 제거하려다가 오히려 자신들이 화를 당하였다. 이 당시 숙종은 희빈(禧嬪) 장씨(張氏)에 대한 감정이 점차 악화되어 폐비 사건을 후회하고 있었는데, 남인들이 무모한 옥사를 벌이려 하자 분노하여 민암과 이의징 등을 유배 보내고 송시열(宋時烈), 민정중(閔鼎重), 김익훈(金益勳)

정유년(1717, 숙종43)에 이르기까지 연이어 황간 현감(黃澗縣監), 진산 군수(珍山郡守), 서산 감목관(瑞山監牧官), 부평 현감(富平縣監), 신계 현령(新溪縣令), 마전 군수(麻田郡守)에 제수되었으며, 그 사이에 내직으로 들어와 사어(司禦), 인의(引儀), 사직 영(社稷令), 의영주부(義盈主簿)가 되었다. 외직에 있을 때 혹 상관의 뜻을 거스르기도 하고 혹 자잘한 일에 걸리기도 하여서 모두 관직에 오래 머물지 못하였는데, 오직 감목관만은 임기를 채우고서[57] 돌아왔다. 기해년(1719, 숙종45)에 연격(年格)[58]으로 인하여 다시 외직으로 나가 수원 감목관(水原監牧官)이 되었다.

임기가 차서 진천(鎭川)의 선영 아래로 돌아왔다. 이때에 소인배들이 무옥(誣獄)을 일으켜서[59] 선류(善類)가 풀을 베고 짐승을 잡듯 죽임

등 기사환국(己巳換局) 때 축출된 서인들의 관작을 회복시키고 다시 서인을 등용하여 정국 전환을 꾀하였다.

57 임기를 채우고서 : 원문의 '급과(及瓜)'는 오이가 익을 때라는 말로, 임기가 끝나는 때를 뜻한다. 춘추 시대 제 양공(齊襄公)이 연칭(連稱)과 관지보(管至父)를 규구(葵丘)로 보내 1년 동안 지키게 할 때에, 그때가 마침 오이가 익을 때였으므로 "이듬해 오이가 익을 때에 후임자를 보내어 교체시켜 주겠다.〔及瓜而代.〕"라고 약속했다는 고사에서 온 말이다. 《春秋左氏傳 莊公8年》

58 연격(年格) : 어느 기간을 근무하여 다른 벼슬로 옮길 수 있는 자격을 말한다.

59 이때에……일으켜서 : 신임사화(辛壬士禍)를 이른다. 경종 즉위 초인 1721년(경종1)과 1722년에 세제(世弟) 책봉과 대리청정을 둘러싸고 일어난 옥사로, 신축·임인 두 해에 걸쳐 일어났으므로 신임사화라고 한다. 1720년인 신축년에 숙종이 승하하고 경종이 33세의 나이로 즉위하였는데, 후사가 없고 병이 많았다. 이에 노론의 주도하에 연잉군이 세제로 책봉되자, 노론은 한 걸음 더 나아가 세제의 대리청정을 강행하고자 하였다. 이에 소론인 사직(司直) 김일경(金一鏡) 등이 노론의 주장을 경종에 대한 불충이라고 몰아 소를 올리자, 경종이 노론 사대신을 파직시켜 유배 보냈으며, 이외에도

을 당하고 붙잡히니, 끓는 물을 마시는 화(禍)를 면할 수 있는 사람이 없었다. 지평(持平) 김홍석(金弘錫)이 논계하기를, 공이 감목관으로 있었을 때 몽와(夢窩) 김공(金公)의 지시를 받아 장내(場內) 수초지를 떼어내어 태반을 김공을 위하여 경간(耕墾)하였고, 공 또한 이익을 함께 하였다고 하였다.[60] 임인년(1722, 경종2) 정월에 대리시(大理寺)[61]에 나아가니, 세상에서 모두 황당무계한 누명임을 알고 있었으나, 판금오(判金吾) 심단(沈檀)이 반드시 엄한 쪽으로 죄를 다스리고자 하여 넉 달 동안 갇혀 있다가 비로소 풀려날 수 있었다. 계묘년(1723, 경종3)에 위훈(僞勳)의 맹제(盟祭)[62]에 참석하지 않았다고 하여 이진순(李眞淳)이 공의 잘못을 들어 탄핵하여 다시 옥리(獄吏)에게 내려보내니, 적들이 공공연히 방자하게 위협하고 협박하였으나, 공은 대부(對簿)[63]함에 동요하지 않았다. 비록 나이가 만 70세여서 먼 곳에 유배

많은 노론의 인물들을 삭직시키고 소론을 등용하였다. 1722년 3월에 목호룡(睦虎龍)이 노론 측이 세자 시절의 경종을 시해하려 했다고 고변하자, 소론은 이를 기화로 옥사를 일으켜 유배된 노론의 사대신을 사사(賜死)하게 하고, 대다수의 노론을 제거하였다.

60 지평(持平)……하였다 : 몽와(夢窩)는 김창집(金昌集)의 호이다. 1722년(경종2) 5월에 사헌부(司憲府)에서 아뢰어, 전(前) 수원 감목관(水原監牧官) 정치(鄭治)가 역적 김창집의 사주를 받고서 본래 남양(南陽) 소속인 목장 안에 있는 수초지(水草地)를 떼어내어 태반을 김창집의 논으로 만들어 주었고, 그 자신도 역시 이익을 같이 얻었다고 하면서 징계하기를 청하였다. 《景宗修正實錄 2年 5月 12日》

61 대리시(大理寺) : 형옥(刑獄)을 관장하는 관서(官署)이다.

62 위훈(僞勳)의 맹제(盟祭) : 1723년(경종3) 1월에 신임옥사(辛壬獄事)를 다스린 공로로 이삼(李森), 신익하(申翊夏), 목호룡(睦虎龍)을 각각 부사공신(扶社功臣) 일등, 이등, 삼등에 녹훈(錄勳)하였는데, 1725년(영조1) 영조가 신임옥사로 화를 당한 신하들의 관작을 회복시키고 부사공신을 혁파하여 녹권(錄券)을 회수하면서 이를 '위훈(僞勳)' 교서라 칭하였다. 《景宗修正實錄 3年 1月 25日》《英祖實錄 1年 8月 11日》

되는 일은 면할 수 있었으나, 해를 이어 옥고(獄苦)를 겪느라 정력이 모두 소진되어 병이 이로 인해 심해졌다. 갑진년(1724, 경종4) 윤4월 27일에 어은동(漁隱洞)의 거처하던 집에서 별세하여, 같은 현(縣) 개찬동(皆讚洞) 오좌(午坐)의 언덕에 장례하였다.

공은 풍채가 환하며 윤택하였고, 흉금이 맑고 깨끗하였으며, 내면은 강하고 외면은 온화하여 남과 다투는 바가 없었다. 평소에 어지럽고 화려함을 싫어하여, 해진 솜옷을 부끄럽게 여기지 않는 지조가 있었고, 잘못을 들으면 반드시 빨리 고칠 것을 생각하였으며, 자신을 책하기는 무겁게 하고 남을 책하기는 가볍게 하였다. 관리가 되었을 때에는 청렴함으로써 자신을 검속하였으며, 은혜가 사물에 고루 미치게 하고자 하였다. 고기를 훔친 백정에게 도리어 더 내려주어서 그를 부끄럽게 하였으며, 백성들의 질병이나 사상(死喪)에 있어서 더욱 존휼(存恤)하였다. 관직에서 물러나 돌아갈 때에는 해진 안장에 조랑말을 타고 갔으며, 행탁(行橐)에는 씻은 듯이 아무것도 없었다. 누추한 집에서 거친 밥을 먹었으나 유유자적하였다. 평생 당로자(當路者)를 섬기지 않았으므로, 비록 친척에게 안부를 묻고 물건을 주더라도 반드시 외롭고 빈한한 이에게 먼저 하였고 현귀한 이를 뒤로 하였다. 이 때문에 벼슬살이를 한 50년 동안에 관질(官秩)이 4품에 불과하였으나 개의치 않았다.

오직 지친(至親)과 돈독하고 화목하게 지내면서 은혜와 의리가 가득하였다. 종씨(從氏)가 학문이 빼어났으나 이상한 병을 지녔는데, 맞이해 와서 돌보아 주기를 동기간과 같이하였고, 별세하고 나서는 또 그 남겨진 고아를 길러주었다. 남쪽 고을의 궁핍한 친족이 향공(鄉貢)[64]에

63 대부(對簿) : 심문을 받으면서 서면으로 사실 조사를 받는 것을 말한다.

뽑혔으나 자력으로 갈 수 없었는데 반드시 비용을 대주어서 태학에 들어가게 하였다. 장공예(張公藝)의 가풍[65]을 몹시 사모하여 그렇게 하고자 힘을 다하였으나 미처 이루지 못하였다. 늘 《자경편(自警編)》[66] 한 질을 곁에 두고서 훌륭한 말씀과 행실을 게을리하지 않고 반복해서 읊었다. 늘 말하기를, "내가 일에 있어서 다른 사람에게 숨기거나 꺼리는 것이 없으므로, 사람들이 모두 소루하고 오활하다고 지목하지만, 사대부의 처신은 마땅히 푸른 하늘 밝은 해와 같아야 하니, 차라리 소루하고 오활한 사람이 될지언정 차마 교묘하고 주도면밀한 사람이 될 수는 없다."라고 하였다.

성품이 특별히 기호하는 바가 없었으나, 술을 즐겼다. 혹자가 이를 가지고서 비방하였는데, 지재(趾齋) 민공(閔公 민진후(閔鎭厚))이 듣고서 말하기를, "다른 사람이 열흘 동안 깨어있는 것이 아무개가 하루

64 향공(鄕貢) : 향시(鄕試)에 합격하여 성균관에 들어가는 사람을 향공 또는 향공진사(鄕貢進士)라 한다. 조선 시대에는 각 도의 관찰사와 병마절도사가 각각 주관하는 초시에 합격하면 회시(會試)에 응시할 자격을 주었다.

65 장공예(張公藝)의 가풍 : 장공예(577~676)는 당(唐)나라 수장(壽張) 사람으로, 9세(世)의 친족을 한집안에 거느리며 생활하였다. 고종(高宗)이 직접 그의 집을 방문하여 그 비결을 묻자, 그는 글자를 써서 대답하겠다며 지필(紙筆)을 청해 단지 '참을 인(忍)'자만 백여 개를 써서 올리니, 이는 상하 간에 불평과 불만을 서로 참아야 한다는 뜻이었다. 이것을 본 고종은 감격하여 눈물을 흘리며 비단을 하사하였다고 한다. 《舊唐書 卷188 孝友列傳》

66 자경편(自警編) : 송(宋)나라 조극료(趙克瞭)가 찬(撰)한 책으로, 송대(宋代) 현인(賢人)의 언행(言行) 중에 본받을 만한 것을 학문(學問)·조행(操行)·제가(齊家)·접물(接物)·출처(出處)·사군(事君)·정사(政事)·습유(拾遺)의 8문(門)으로 나누어 기록한 것이다. 총 9권이다.

깨어있는 것만 못하다."라고 하니, 말한 자가 부끄럽게 여겨 굴복하였다. 어렸을 때부터 벗을 택함에 있어서 몹시 삼갔다. 김농암(金農巖 김창협(金昌協))과 김삼연(金三淵 김창흡(金昌翕)) 두 선생의 경우에는 같은 마을에서 함께 공부하여, 더욱 서로 막역한 사이였다. 농옹(農翁)은 다른 사람에게 말하기를, "늘 정(鄭) 아무개를 대하면 가슴속이 상쾌하여 한 점의 티끌도 없음을 깨닫는다."라고 하였고, 삼연(三淵) 또한 "아무개 보(甫)와 같은 이는 낮은 관리의 직역에 처하여서는 안 된다. 만약 그를 삼사(三司)에 둔다면 반드시 세상을 보익함이 많을 것이다."라고 하였다. 공은 비록 빛나는 재주를 숨기고 속세와 조화롭게 살았으나, 선배의 정평이 이미 이와 같았다.

배위는 남양 서씨(南陽徐氏)로 부사(府使) 한주(漢柱)의 따님이다. 인자하고 고요하여 기쁨과 노여움을 드러내지 않았으며, 제사를 받드는 데에 있어서 정성을 다하였고 은혜로써 아랫사람을 대하였으니 실로 능히 덕 있는 군자의 배필이 됨에 어긋남이 없었다. 경진년(1700, 숙종28) 3월 2일에 별세하여 공의 묘 왼쪽에 먼저 장례하였다. 2남2녀를 두었으니, 아들 일하(一河)는 공보다 먼저 별세하였고, 재하(再河)는 직장(直長)으로, 출계하여 계부(季父)의 후사가 되었으며, 딸들은 김주국(金柱國)과 비변랑(備邊郎) 이징기(李徵箕)에게 시집갔다. 측실의 소생인 1녀는 김정태(金鼎泰)의 처이다. 일하(一河)의 계자(繼子) 노(櫓)는 참봉이며, 후에 1남 지(楮)를 두었다. 재하(再河)의 3남은 역(櫟)과 아무개와 아무개이다. 사위 김주국의 4남은 탄(坦), 전(塡), 지(墀), 육(埬)이고, 두 딸은 승지(承旨) 이수해(李壽海), 현감(縣監) 박경진(朴敬鎭)의 처이다. 사위 이징기의 계자(繼子)는 응술(應述)이다. 이 밖의 증손과 현손은 많아서 다 기록하지 않는다. 참봉의 장자인 인환(寅煥)은 문음(門蔭)으로 인녕군(寅寧君)에 이어받아 봉해졌다.

아아, 지금 공이 세상을 뜬 지 또 백 년이 되었는데, 현손(玄孫) 재준(在俊) 보(甫)가 행록(行錄) 한 통을 가지고서 나에게 찬차(撰次)하여 행장을 지어주기를 부탁하면서, "예전에 장암공(丈巖公)[67]에게 글을 지어주시기를 청한 적이 있었는데, 글이 미처 완성되기 전에 장암공이 갑자기 별세하셨으니, 이것이 우리 후손들이 이 글에 있어서 한으로 여기는 바입니다."라고 하였다. 내가 일어나 다음과 같이 말하였다. "공은 행의(行義)가 집안에서 수양되었고 청백함이 사람들에게 드러났으니, 한(漢)나라의 효렴(孝廉)[68]이 공에 있어서 손색이 없다. 그러나 살아서는 이미 말직에서 침체하여 조금도 뜻을 펼치지 못하였으며, 죽어서는 또 장옹(丈翁)의 훌륭한 문장을 얻어서 그윽하게 잠겨있던 공의 덕을 크게 떨쳐 일으키지도 못하였으니, 공을 알아주는 이가 누가

67 장암공(丈巖公) : 정호(鄭澔, 1648~1736)로, 자는 중순(仲淳), 호는 장암, 본관은 연일(延日)이며, 시호는 문경(文敬)이다. 송시열(宋時烈)의 문인이다. 1684년(숙종10) 정시 문과에 급제하고 출사하였다가, 1689년(숙종15) 기사환국으로 파직되어 경성(鏡城)에 유배되었다. 1713년(숙종39) 대사성으로 재임 중에 송시열의 묘정(廟庭) 배향을 제의하고, 부제학으로《가례원류(家禮源流)》의 발문에서 윤증(尹拯)을 공박하였다가 파직되었다. 1717년(숙종43) 세제의 대리청정을 시행하게 하고, 다음 해 이조 판서가 되었으나 신임사화(辛壬士禍)로 강진(康津)에 유배되었다. 1725년(영조1) 풀려나와 우의정이 되자, 사화로 사사된 노론 사대신의 신원을 상소했으며, 좌의정을 거쳐 영의정이 되었다.

68 한(漢)나라의 효렴(孝廉) : 한(漢)나라 때에 처음 시작된 인재를 선발하는 과목으로, 효(孝)는 부모를 잘 섬기는 것이고, 염(廉)은 깨끗하고 염치가 있는 것을 말한다. 후한(後漢) 때에 와서는 벼슬을 구하는 자가 반드시 거쳐야 할 길이 되었으며, 이를 통해 선발된 사람을 지칭하기도 한다.

있겠는가. 그러나 군자가 사람을 볼 때에 반드시 그와 교유하던 사람을 보는 법이다. 공이 위아래로 주선하였던 사람으로 말하면 모두 당세의 큰 유자(儒者)로서 큰 덕을 지닌 사람이었고, 만년의 당적(黨籍)이 오히려 또 공에게 영광이 되니, 이는 모두 족히 불후할 만한 것이다. 그러니 공이 어찌 유감이 있겠는가." 삼가 이로써 공의 덕을 형상하니, 세상에 입언(立言)할 사람이 있으면 그래도 혹 여기에서 진실을 상고할 수 있을 것이다.

지중추부사 성공 행장
知中樞成公行狀

공은 휘는 이인(爾演), 자는 중문(仲文)이다. 성씨(成氏)는 창녕(昌寧) 사람이니, 계통이 고려 시중(侍中) 휘 송국(松國)에게서 나왔다. 누대(累代)가 전하여 휘 세평(世平)에 이르렀으니 강원도 관찰사이고, 이 분이 휘 람(灠)[69]을 낳으셨으니 호는 청죽(聽竹)으로, 율곡(栗谷)의 고제(高弟)로서 경행(經行)으로 천거되어 관직이 현감에 그쳤는데, 비로소 상주(尙州)에 터를 잡고 거주하였다. 이분이 공에게 오세조가 된다. 증조는 휘 진항(震恒)[70]이니, 진사(進士)로 좌승지(左承旨)에 추증되었으며, 황명(皇明)의 옥사(屋社)[71]에 과거를 폐하고 자

69 휘 람(灠) : 성람(成灠, 1556~1620)으로, 자는 사열(士悅), 호는 청죽(聽竹), 본관은 창녕(昌寧)이다. 이이(李珥)와 성혼(成渾)에게 사사하였다. 과거 시험에 뜻을 두지 않고 성리학 연구에 몰두하였으며, 임진왜란 이후에는 상주(尙州)에 살면서 조익(趙翊)·정경세(鄭經世) 등과 교유하였다. 효릉 참봉(孝陵參奉), 공조 좌랑, 무주 현감(茂朱縣監) 등을 역임하였다.

70 휘 진항(震恒) : 성진항(成震恒, 1609~?)으로, 자는 자구(子久), 호는 화은(華隱), 본관은 창녕이다. 조부는 성람(成灠)이며 부친은 성여백(成汝栢)이다. 1639년(인조17) 사마시(司馬試)에 합격하였다.

71 옥사(屋社) : 사(社)에 지붕을 덮는다는 말로, 나라가 망한 것을 뜻한다. 《예기(禮記)》〈교특생(郊特牲)〉에 "천자의 대사(大社)에 지붕을 덮지 않아 서리·이슬·바람·비를 직접 맞게 하는 것은 천지의 기운이 서로 통달하게 하기 위한 것이다. 이 때문에 망한 나라의 사직에는 지붕을 만들어 하늘의 양기를 받지 못하게 한다.〔天子大社, 必受霜露風雨, 以達天地之氣也. 是故喪國之社屋之, 不受天陽也.〕"라고 한 데서 온 말이다.

정(自靖)[72]하였다. 조부는 휘 호계(虎啓)이니 호조 참판에 추증되었으며, 선고는 휘 신징(信徵)이니 호조 판서에 추증되었다. 선비는 정부인(貞夫人)에 추증된 은진 송씨(恩津宋氏)이니, 통덕랑(通德郞) 규림(奎臨)의 따님으로, 숙종(肅宗) 계유년(1693, 숙종19) 정월 18일에 지산리(芝山里)의 집에서 공을 낳았다.

공의 집안은 청죽(聽竹) 이래로 유학(儒學)에 전심하여 현달하기를 추구하지 않았다. 통허(洞虛) 헌징(獻徵)[73]과 추담(秋潭) 만징(晩徵),[74] 그리고 취음(翠陰) 이홍(爾鴻)[75]과 같은 분들이 모두 공의 종부(從父)

72 자정(自靖) : 스스로 분의(分義)에 맞게 처신하여 지조를 지킴을 편안하게 한다는 뜻으로, 《서경(書經)》 〈미자(微子)〉편에 "스스로 의리에 편안하게 하여 사람마다 스스로 자신의 뜻을 선왕에게 바친다.〔自靖, 人自獻于先王.〕"라고 한 데서 온 말이다.

73 통허(洞虛) 헌징(獻徵) : 성헌징(成獻徵, 1654~1676)으로, 자는 문식(文式), 호는 통허재, 본관은 창녕이다. 제가(諸家)의 학설을 두루 섭렵하였으나, 뒤에 유학(儒學)에 정진하였다. 영조 때 제학(提學)에 추증되었고, 상주의 죽림서원(竹林書院)에 제향 되었다. 저서로는 《통허재문집》이 있다. 시호는 문간(文簡)이다.

74 추담(秋潭) 만징(晩徵) : 성만징(成晩徵, 1659~1711)으로, 자는 달경(達卿), 호는 추담, 본관은 창녕이다. 상주(尙州)에서 태어나 향시(鄕試)에 합격하고 1703년(숙종29) 내시교관(內侍敎官)과 왕자사부(王子師傅)에 제수되었으나 나아가지 않았다. 1709년(숙종35) 문경(聞慶)으로 거처를 옮겼으며 1710년 부솔(副率)에 임명되었다. 1696년 송시열(宋時烈)을 도봉서원(道峰書院)에 배향할 때 일부에서 시비가 일자 앞장서서 변박하는 상소와 통문을 지었으며, 1704년 만동묘(萬東廟)의 향사(享祀)에 대한 문제가 일어나자 송시열의 입장을 옹호하였다. 문경의 한천사(寒泉祠)에 봉향되었으며, 저서로는 《추담문집》이 있다.

75 취음(翠陰) 이홍(爾鴻) : 성이홍(成爾鴻, 1691~1749)으로, 자는 중거(仲擧), 호는 취음, 본관은 창녕이다. 부친은 성만징(成萬徵)이다. 권상하(權尙夏)의 문하에서 수학하였고, 1725년(영조1) 목릉 참봉에 제수되었으나 나아가지 않았으며 이후 학문과 덕성으로, 조현명(趙顯命)·김재로(金在魯) 등에 의해 천거되었다. 벼슬은 세자익위

와 종형(從兄)이었으니, 서로 이어서 남쪽 지방의 으뜸가는 학자가 되었다. 공은 어린 나이일 때부터 위와 아래에서 이끌어주어서 감화된 바가 많았고, 겸하여 공령(功令)을 공부하여 학업이 일찍 성취되었다.

계사년(1713, 숙종39)에 사마 초시(司馬初試)에 합격하였는데, 바로 숙묘(肅廟 숙종) 재유(在宥) 40년을 기념하기 위한 경과(慶科)였다. 그 후 여러 번 과거에 응시하였으나 합격하지 못하여서, 시내와 산에서 시(詩)와 술을 가지고서 스스로 낙으로 삼고, 다시 공거(公車)[76]에 나아가지 않았다. 영묘 계사년(1773, 영조49)에 이르러, 어극(御極) 50년을 경하하여 과거를 설행하니, 공이 탄식하며 말하기를, "두 조정에서 경과(慶科)를 치름에 마침 갑자가 한 번 돌아오니, 내 선왕의 유민(遺民)으로서 거듭 이러한 때를 만남에 마음이 절로 감격스럽다."라고 하였다. 마침내 사마시에 나아가 또 발해(發解)[77]하니, 상께서 방목(謗木)을 보고 기특하게 여겨 서둘러 도신(道臣 관찰사)에게 명하여 양식과 말을 갖추어 예우하여 전송하도록 하였다.

조정에 이르자 편전에서 사대(賜對)하고서 더욱 칭찬하고 타이르시고는, 특별히 정릉 참봉(貞陵參奉)을 제수하였고, 곧이어 초천(超遷)

사(世子翊衛司)의 사어(司禦)에 이르렀다. 1741년(영조17)에 지례 현감(知禮縣監)에 임명될 때, 영조가 어제시(御製詩) 1수를 하사하였다.

76 공거(公車) : 중앙에서 치르는 과거 시험에 응시하는 것을 뜻하는 말로, 한(漢)나라 때 지방 선비들이 과거 시험에 응시할 적에 공가(公家), 즉 국가의 수레를 타고 서울로 왔으므로 이렇게 이른 것이다.

77 발해(發解) : 과거의 초시(初試)에 합격하는 것을 말한다. 당(唐)·송(宋) 시대에 주현(州縣)의 고시(考試)에 합격한 사람을 그 지방 관청에서 경사(京師)로 올려보내 회시(會試)에 참여하는 것을 '발해'라고 칭한 데에서 유래한다.

하여 첨지중추부사(僉知中樞府事)를 제수하고, 조사오위장(曹司五衛將)을 겸하게 하였다. 이윽고 가선대부(嘉善大夫) 동지중추부사(同知中樞府事)를 가자하고, 거듭 금옥권자(金玉圈子)와 학정금대(鶴頂金帶)[78]를 하사하였으며, 아들 직주(稷柱)에게 조경묘 참봉(肇慶廟參奉)의 관직을 내렸다. 사은숙배할 때에 이르러 다시 불러서 만나보시고는 친히 등을 어루만지면서 먹고 자는 정황을 물으시고 유사(有司)를 시켜서 경저(京邸)에 쌀과 고기를 하사하게 하였다. 머물면서 기로연(耆老宴)에 참석하고 돌아왔다. 공은 누추한 곳에 사는 미천한 몸으로서 다행히 오랫동안 도를 행하여 교화를 이룬[79] 치적을 만나 융성한 은혜에 감격하였으나 보답할 길이 없다고 하여, 이에 집 뒤에 단을 쌓고서 궐을 바라보며 사배(四拜)를 올려 날마다 이를 법도로 삼았다. 만년에 시를 읊음에 걸핏하면 시축이 책 상자에 가득하였는데, 성군(聖君)을 그리워하고 축수하는 말이 아닌 것이 없었다.

갑오년(1774, 영조50)에 가의대부(嘉義大夫)에 오르고, 을미년(1775, 영조51)에 자헌대부(資憲大夫)에 오르고, 병신년(1776, 영조52)에 정헌대부(正獻大夫)에 올랐으니, 모두 기로(耆老)로 인하여 은혜를 미루어준 것이었다. 영묘(英廟)께서 승하하자[80] 공은 날마다 단에

78 금옥권자(金玉圈子)와 학정금대(鶴頂金帶) : 금옥권자는 금관자(金貫子)와 옥관자(玉貫子)를 가리키며, 학정금대는 종2품 벼슬아치가 띠는 띠로, 가장자리는 황금으로 만들고, 가운데에 붉은 장식물이 붙어 있었다.

79 오랫동안……이룬 : 《주역》 〈항괘(恒卦) 단사(彖辭)〉에, "성인이 오랫동안 도를 행하여 천하가 교화되어 이루어진다.〔聖人久於其道而天下化成.〕"라고 한 데서 온 말이다.

80 영묘(英廟)께서 승하하자 : 영조는 1776년(영조52) 3월 5일 승하하여, 7월 27일

나아가 곡하였고, 인산(因山 국장(國葬)) 전 여러 달 동안 소식(素食)[81] 하면서 슬픔으로 몸이 이미 지나치게 상하였으나, 더위와 비를 무릅쓰고 흠위(歆衛 국상의 장례 행렬)에서 상여 끈을 부여잡고 영결하고서 돌아와서도 단에서 곡하기를 처음처럼 하여 방상(方喪)[82]을 마치면서, "예(禮)에 없는 것임을 알지 못해서가 아니라, 이렇게 하지 않으면 나의 마음을 바칠 길이 없기 때문일 따름이다."라고 하였다.

정종(正宗) 을사년(1785, 정조9)에 숭정대부(崇政大夫)에 오르고, 정미년(1787, 정조11)에 지중추부사(知中樞府事)에 제수되어 상경하여 사은숙배하니, 입시(入侍)하기를 명하고, 자손들로 하여금 부축하여 전(殿)에 오르게 하였다. 상께서는 기거와 수양에 관한 일을 하문하고서 공이 건강한 것을 기특하게 여겼으며, 또 어전에 나온 월일(月日)이 선조(先朝) 계사년 때와 서로 부합함을 더욱 희한한 일이라 여겨, 나이 많은 이에게 '작삼급(爵三級)'하는 예(禮)를 적용하여 하루 사이에 숭록대부(崇祿大夫)에 특별히 승급시키고 지의금부사(知義禁府事) 오위도총부(五衛都摠府) 도총관(都摠管)에 제수하였다.[83] 이튿날 또

원릉(元陵)에 안장되었다.

81 소식(素食) : 죽음을 애통해하여 밥을 먹을 적에 고기반찬을 먹지 않고 채소만 먹는 것을 이른다.

82 방상(方喪) : 부모의 상을 입는 예(禮)로 임금의 상을 입는 것으로, 《예기》 〈단궁상(檀弓上)〉에 "군주를 섬기되 면전에서 직간(直諫)함은 있고 은미하게 간함은 없으며, 좌우로 나아가 봉양하되 일정한 방소가 있으며, 부지런히 일하여 죽음에 이르며, 상은 부모의 삼년상에 견주어 한다.〔方喪三年〕"라고 보인다.

83 상께서는……제수하였다 : 1787년(정조11)에 정조는 성이연(成爾演)을 만나, 성이연이 1773년(영조49)에 영조의 등극 50년을 기념하기 위해 경과(慶科)로 감시(監視)를 볼 때, 그가 1713년(숙종39) 등극 40년 기념으로 보인 경과에 합격했던 사람으로서

인견하여 위문하였다.

처음에 진사공(進士公)이 정축년(1637, 인조15)에 성을 내려온 지 2년 뒤에 승상시(升庠試)에 합격하였는데,[84] 건로(建虜)[85]의 연호를 백패(白牌)[86]에 쓰는 것을 부끄럽게 여겨 그렇게 하지 않고자 하였다.

참여하여 영조를 접견하였던 것을 회상하였다. 또 그가 95세의 나이에도 건강히 지낼 뿐 아니라, 예전에 숙종 때의 경과(慶科)와 영조 때의 경과가 똑같이 계사년인데다가 영조를 뵈었던 날이 정조를 뵙게 된 날인 3월 12일과 같다는 사실을 기억하여 말하는 것을 보고 희한한 일이라 여겼다. 이에 그에게 노인을 대우하는 예를 총망라하여 작삼급(爵三級)하였고 그 아들에게 조세를 면하여 주었으며, 본도(本道)에서 음식을 제공하고 안부를 살피게 하는 등 예우를 지극히 하였다.《弘齋全書 권9 肅廟癸巳登極四十年慶增廣司馬初試 先朝癸巳登極五十年 慶增廣司馬初試 九十五歲人崇祿大夫行知中樞府事兼知義禁府事五衛都摠府都摠管成爾演還鄕序》

84 처음에……합격하였는데 : 병자년(1636, 인조14)에 청나라 태종이 대군을 이끌고 침략하자 인조가 남한산성(南漢山城)으로 피난하였는데, 이듬해인 정축년 정월에 농성하던 남한산성에서 나와 산성 아래의 삼전도(三田渡)에서 청나라 태종(太宗)에게 항복하고 청나라와 군신(君臣)의 관계를 맺는 맹약을 하였다. 성을 내려왔다는 것은 이를 가리키며, 그 2년 뒤는 1639년(인조17)으로, 이때에 성이연(成爾演)의 증조부인 성진항(成震恒)이 사마시에 합격하였다는 내용이《정조실록(正祖實錄)》11년 3월 13일 기사에 보인다. '승상시'는 승보시(陞補試)와 학제(學製) 즉 사학 시제(四學試製)를 합쳐서 부르는 말이다. 승보시는 매년 대사성(大司成)이 사학(四學) 유생들을 시험보여 식년의 생원·진사과에 응시할 자격을 인정하던 것이고, 학제는 매년 사학(四學)의 교수(敎授)가 사학 유생에게 시험을 보여 우수한 자를 뽑던 것을 가리키는바, 연말에 대사성이 이들을 모아 시취(試取)하여 이에 합격한 자를 식년의 회시(會試)에 직부(直赴)할 자격을 주었다.

85 건로(建虜) : 건주(建州)의 오랑캐라는 뜻으로, 만주(滿洲)의 건주여진(建州女眞)을 말한다. 청(淸)나라를 낮추어서 일컬은 말이다.

86 백패(白牌) : 소과(小科) 합격자에게 내리는 흰 종이의 증서(證書)이다. 한편 대과(大科) 합격자에게는 붉은 종이에 써서 홍패(紅牌)를 내린다.

고관(考官) 백강(白江) 이 문정공(李文貞公 이경여(李敬輿))이 이를 의롭게 여겨 연호를 적지 않고서 반급할 것을 건의하여 청하였다. 그런데 이에 이르러 증고(贈誥)[87]함에 으레 건로(建虜)의 연호가 적혀 있었으니, 공이 불안해하면서 말하기를, "이는 우리 선조의 뜻이 아니다. 불초의 영광스러운 증직(贈職)이 선조께 욕되고 누가 됨이 실로 많다."라고 하고, 사적(事蹟)을 전석(前席)에서 갖추어 진달하니, 상께서 더욱 몹시 찬탄하고 특명으로 숭정(崇禎)[88]으로 고쳐 적어서 증고(贈誥)하게 하자, 공이 표전(表箋)을 올려 사은하였다. 상께서 이 일을 들어 반유(泮儒)들에게 출제(出題)하여 시험을 보도록 하였으며, 공이 하직하고 돌아갈 때에 친히 서문(序文)을 지어 내려주었다.[89] 보배로운 필묵이 빛나 조정의 대신들이 안색을 바꾸었으니, 실로 세상에 드문 특별한 예우였다. 또 연로(沿路)에 명하여 쌍참(雙驂)이 멍에를 한 가마를 갖추어 호송하게 하였으며, 도신(道臣)에게 하유하여 음식과 물건을 보내주고, 지방관을 보내어 안부를 묻게 하였으니, 노인을 우대하는

87 증고(贈誥) : 관원이나 그 가족이 죽은 뒤에 조정에서 작위(爵位)나 칭호를 추증하는 것, 혹은 그 사령장을 말한다.

88 숭정(崇禎) : 명나라 마지막 황제 의종(毅宗)의 연호이다. 당시의 유자(儒者)들은 명나라에 대한 의리를 지켜서 청나라의 연호를 쓰지 않고 이 연호를 사용하는 일이 많았다.

89 공이……내려주었다 : 이 서문은《홍재전서(弘齋全書)》권9〈숙묘 계사년 등극 40년을 기념한 증광 사마 초시와 선조 계사년에 등극 50년을 기념한 증광 사마 초시에 합격한 95세 숭록대부 행 지중추부사 겸 지의금부사 오위도총부 도총관 성이연이 고향으로 돌아감에 대한 서〔肅廟癸巳登極四十年慶增廣司馬初試 先朝癸巳登極五十年慶增廣司馬初試 九十五歲人 崇祿大夫行知中樞府事兼知義禁府事五衛都摠府都摠管成爾演還鄕序〕〉에 보인다.

은전이 모두 갖추어졌다.

무신년(1788, 정조12)에 행상(倖相 총애 받는 정승) 채제공(蔡濟恭)이 적신(賊臣) 조덕린(趙德鄰)이 일찍이 정희량(鄭希亮)의 변란에 창의(倡義)한 공적이 있다고 하여서, 책자를 꾸며내어 상께 그의 관작을 회복해주기를 아뢰었다.[90] 공은 당시 이미 피로한 기색을 보이고 있었으나, 분연히 몸을 일으키며 말하기를, "선조(先朝)께서 처음 등극하셨을 때에 조덕린이 흉악한 상소를 올려서 영외(嶺外)의 인심을 선동하여 거병(擧兵)하는 변고를 불러일으켰으니, 당시의 악한 역적 중에 이 자가 우두머리이거늘, 지금 당인(黨人)들이 하늘을 속일 수 있다고 하여 갑자기 창의(倡義)하였다는 설을 창도하여 심지어 신원하여 복관

90 무신년에……아뢰었다 : 정희량(鄭希亮)의 변란이란 1728년(영조4) 3월에 일어난 무신란(戊申亂)을 이른다. 영조의 즉위로 소론(少論)이 실각하자 소론 과격파인 이인좌(李麟佐)가 정희량 등과 함께 반란을 일으켜 밀풍군(密豊君) 이탄(李坦)을 추대하고 무력에 의한 정권찬탈을 꾀하였으나, 관군에 의해 진압되어 처벌되었던 사건이다. 조덕린(趙德鄰, 1658~1737)의 본관은 한양, 자는 택인(宅仁), 호는 옥천(玉川)이다. 그는 1725년(영조1) 당쟁의 폐해를 논하는 10조소(十條疏)라는 상소를 올렸다가 공격을 받아 종성(鍾城)에 유배되었다. 1727년 정미환국(丁未換局)으로 소론이 집권하자 유배에서 풀려 홍문관 응교에 제수되었으나 숙사(肅謝)한 다음 곧 고향으로 돌아갔는데, 1728년 3월 이인좌의 난이 일어났을 때 영남 호소사(嶺南號召使)에 제수되어 격문(檄文)을 작성하며 난적을 토벌하는 데 기여하였다. 그 뒤 1725년의 상소와 연관되어 노론의 탄핵을 받고 제주로 유배 가던 중 강진(康珍)에서 죽었고, 그리하여 사후에도 죄명이 세초(歲抄)에 올라 있었는데, 1788년(정조12) 채제공(蔡濟恭)이 조덕린의 이인좌의 난에서의 공로를 이유로 삼아 그의 복관을 헌의하였고, 영남의 유생(儒生)들이 《무신창의록(戊申倡義錄)》에 공적을 기재하여 바치면서 신원·복관을 요청하여, 그해 11월에 정조가 그 죄명을 탕척해 주었다. 《樊巖集 卷30 嶺儒倡義錄事啓》《海左集 卷24 領議政諡文肅蔡公神道碑銘》《正祖實錄 12年 11月 8日》

함에 이르렀다. 이는 단지 우리 성상의 일월(日月)과 같은 밝음이 아직 미처 다 비추어보지 못하여 그러한 것이다. 병이 조금 나으면 내 반드시 몸소 조정에 나아가 반한(反汗)[91]을 청할 것이다."라고 하였다. 몇 달을 지내면서 병이 더욱 위독해져서, 입으로 유소(遺疏)를 불러 손자 병렬(丙烈)과 증손 재원(在元)에게 맡기면서 말하기를, "이 상소를 임금께 올리지 못한다면 내 해골을 묻지 말아라."라고 하였다.

상소는 대략 다음과 같다.

"조덕린의 10조의 패악한 상소가 화(禍)를 일으키려는 마음을 품고서 흉악한 모의를 빚어내어 무신년 변란의 효시가 되었습니다. 신이 그때에 나이가 비록 어렸으나 그 일을 익숙히 알았기에, 그 고기를 먹고 그 가죽을 깔고 자려는[92] 마음이 항상 가슴에 간절하였습니다. 그런데 이에 복관하라는 명이 있게 되었으니, 아아, 이것이 무슨 일입니까. 돌이켜 생각해보니 노신(老臣)이 백세에 가깝도록 죽지 않고 있는 것은 마치 오늘날을 기다림이 있었던 듯합니다. 그러니 어찌 궐문에서 부르짖으며 성토하고자 하지 않겠습니까마는, 견마지치(犬馬之齒)로서 길에 오를 가망이 없고, 현도 봉장(縣道封章)[93]

91 반한(反汗) : 한 번 내리면 되돌리기 힘든 왕명을 되돌리는 것을 말한다. 땀[汗]은 한 번 몸에서 나오면 다시 돌아가지 않기 때문에 한 번 내린 임금의 명령을 취소하기 어려움을 비유한 말이다.

92 그 고기를……자려는 : 《춘추좌씨전(春秋左氏傳)》 양공(襄公) 21년 조에 보이는 말로, 원래 용맹을 자랑하는 뜻인데 후대에는 인신하여 원수에게 원한이 깊음을 비유하는 말로 쓰였다.

93 현도 봉장(縣道封章) : 향리(鄕里)에 물러가 있는 재신(宰臣)이 현(縣)이나 도(道)를 통하여 상소하는 것을 말한다.

도 할 수가 없습니다. 그러니 지하에 돌아가 장차 무슨 면목으로 다시 선대왕을 뵙겠습니까. 아, 조덕린의 역절(逆節)은 길가는 사람도 아는 바입니다. 신은 죽을 때가 되어 정신이 온전치 못해 널리 인용할 수가 없지만, 다만 기억하건대 고(故) 승지(承旨) 신(臣) 나학천(羅學川)[94]이 상소의 말이 몹시 패악한 것을 보고는, 편지를 보내 절교를 고하기를, '자고로 신하로서 임금께 진언한 사람 중에 형제간의 일을 가지고 말한 경우는 일찍이 있지 않았다.[95] 그런데 너는 어찌하여 감히 별건의 말을 지어내어 차츰차츰 차마 말할 수 없는 지경에 들어가는 것이냐. 마지막에는 은연중에 공자(孔子)의 정명(正名)[96]을 가지고서 맺기를, 「백세(百世)가 앞에 있고, 천세

94 나학천(羅學川) : 1658~1731. 자는 사도(師道), 호는 창주(滄洲), 본관은 수성(壽城)이며, 영주(榮州) 출신이다. 영조가 즉위한 뒤 노론(老論)의 일파로 시론(時論)을 진언하여 민생의 어려움과 군비의 소홀함 등을 지적하였고, 사색을 논하는 당론이 아닐 경우 역적을 토벌하는 일은 권장하여야 하며 역적 김일경(金一鏡) 일파와 같은 모역자들은 엄벌에 처하여야 함을 주장하였다.

95 자고로……않았다 : 조덕린(趙德鄰)이 올린 상소에 "형이 우애하고 아우가 공손한 것은 모두 실질입니다.〔兄之友, 弟之敬, 皆實也.〕"라고 하거나 "형은 형답지 못하고 아우는 아우답지 못하다.〔兄不兄, 弟不弟.〕"라는 등으로 형제간의 도리를 언급한 부분이 있었기에 이와 같이 말한 것이다. 이러한 부분이 결국은 경종(景宗)과 영조(英祖) 간의 형제 사이를 우회적으로 비판한 것이 아니냐는 의미를 담고 있다.《承政院日記 英祖 1年 10月 20日》

96 공자(孔子)의 정명(正名) : 정명은 명분을 바로잡는다는 뜻으로,《논어》〈자로(子路)〉에, 자로가 공자에게 "위나라 임금이 선생님을 기다려 정사를 하려고 합니다. 선생님께서는 장차 무슨 일을 먼저 하시겠습니까?〔衛君待子而爲政. 子將奚先?〕"라고 묻자, 공자가 "반드시 명분을 바로잡을 것이다.〔必也正名乎.〕"라고 한 말이 보인다. 이에 대해 집주(集註)에서 "이 때 출공(出公)이 자기의 아버지를 아버지로 여기지 않고,

(千歲)가 뒤에 있으니, 반드시 정명(正名)하여 실질을 따질 이가 있을 것입니다.」[97]라고 하였으니, 이것이 무슨 말이란 말인가. 위(衛)의 첩(輒)이 자식으로서 아버지를 막았으니, 공자의 정명(正名)의 가르침은 이 때문에 있었던 것이었다. 지금 네가 바로잡고자 하는 것은 무슨 명분이며, 따지려는 것은 무슨 실질이란 말인가. 선유(先儒)가 이르기를, 「천하에 옳지 않은 부모는 없다.」라고 하였으니,[98] 아버지와 임금을 시해하는 일은 일찍이 그 옳지 않은 곳을 본 것에서 비롯되지 않았던 적이 없다. 그런데 하물며 임금께는 옳지 않은 일이 없었거늘, 그 신하가 된 자가 이에 도리어 망측한 조목에 모함하여

자기의 할아버지를 아비로 삼아, 명분(名分)과 실상(實狀)이 문란하였다. 그러므로 공자께서 명분을 바로잡는 것을 우선으로 삼으신 것이다.〔是時出公不父其父而禰其祖, 名實紊矣. 故孔子以正名爲先.〕"라고 하였다. 출공은 당시 위(衛)나라의 군주가 된 첩(輒)으로, 위나라 태자였던 첩의 아버지 괴외(蒯聵)가 죄를 얻고 진(晉)나라로 망명하였다가 아버지 영공(靈公)이 죽고 자신의 아들인 출공 첩이 즉위하자 위나라에 들어왔는데, 아들 첩에게 저지되었기에 이처럼 말한 것이다.

97 백세(百世)가……것입니다 : 인용된 상소문의 이 말은 조덕린(趙德鄰)의 문집 《옥천집(玉川集)》 권18에 실린 이상정(李象靖)이 지은 조덕린의 〈행장(行狀)〉에 보인다.

98 선유(先儒)가……하였으니 : 《소학(小學)》 〈가언(嘉言)〉에 "나중소(羅仲素)가 '고수(瞽瞍)가 기뻐함에 이르자 천하의 부자 관계에 있는 사람들이 안정되었다.'라는 말을 논하여 말하기를, '다만 천하에 옳지 않은 부모가 없다고 여겼기 때문이다.'라고 하였다.〔羅仲素論瞽瞍底豫而天下之爲父子者定云: 只爲天下無不是底父母.〕"라는 내용이 보인다. 나중소는 북송(北宋)의 이학가(理學家) 나종언(羅從彦, 1072~1135)으로, 중소는 그의 자이다. 고수는 순(舜)임금의 아버지이니, "고수가 기뻐함에 이르자 천하의 부자 관계에 있는 사람들이 안정되었다."라는 구절은 《맹자》 〈이루 상(離婁上)〉에 보인다.

빠뜨리고자 하니, 천하에 어찌 이런 일이 있단 말인가. 내 지금부터 너와 교유하지 않겠다.'라고 하였습니다. 나학천이 평생의 절친한 벗인 사이로서도 이에 이러한 행동을 하였으니, 이 어찌 조덕린의 단안(斷案)이자 공증(公證)이 아니겠습니까."

라고 하였다. 또 말하기를,

"신의 삼종형인 고(故) 현감(縣監) 신(臣) 이홍(爾鴻)은 일찍이 무신년 4월에 창의(倡義)하여 적을 토벌하고자 하였으나, 거창(居昌) 등 세 읍의 의병(義兵)이 이미 적을 섬멸하였다는 소식을 듣게 됨에, 창의하려던 의논이 이를 말미암아 중지되었습니다. 그런데 지금 뜬금없이 영우(嶺右 경상우도) 유생(儒生) 창의록(倡義錄) 안에 들어 있는 것은 실로 허망한 일입니다. 그러므로 신이 이미 순영(巡營)에 소장을 올려 이 내용을 뽑아서 제거하도록 하였으니, 이 하나를 보면 전체의 기록이 어떠한지를 알 수 있습니다. 더군다나 영좌(嶺左 경상좌도)의 열읍(列邑)은 거창과의 거리가 몹시 머니, 이른바 창의(倡義)라고 하는 것은 당시에 알려졌던 것이 아니라 60년 한 갑자(甲子)가 돌아온 해에 비로소 나온 것입니다. 이는 단지 조덕린을 신설(伸雪)하기 위한 계책이 될 뿐이니, 통분을 가눌 수가 있겠습니까."

라고 하였다.

상소를 완성한 지 이틀 뒤에 졸하니, 기유년(1789, 정조13) 3월 10일로, 향년 97세였다. 부고가 알려지자, 상께서 탄식하기를, "국로(國老)가 서거하였다."라고 하고 부의(賻儀)와 치제(致祭)를 내리기를 의례대로 하였으며, 본도(本道)에 명하여 장례에 드는 비용을 넉넉히 도와주도록 하였다. 염을 마친 뒤에 재원(在元)이 경사로 달려가 유소(遺疏)를 올렸으나, 승정원에서 막아서 들이지 않았다. 같은 해 5월에 본리(本里)의 사좌(巳座)의 언덕에 임시로 장례하니, 도내(道內)의 유림들 중에 술잔을 올려 제(祭)를 지낸 이들이 많았다. 12년이 지난 신유년(1801, 순조1)에 병렬(丙烈)이 상소하면서 공의 유소(遺疏)를 올리니, 성상께서 비답을 내리시기를, "본 사건은 알았노라."라고 하였다.[99] 이에 돌아와 묘에 고하고, 산소를 개수하여 비로소 장례를 갖추었으니, 유명(遺命)을 따른 것이었다.

공은 모두 세 번 아내를 맞이하였다. 밀양 박씨(密陽朴氏)는 직장(直長) 맹징(孟徵)의 따님으로, 부녀자로서의 규범이 정숙하고 현철하여 종족과 향당이 그 덕에 감복하였다. 1남1녀를 낳았으니, 아들은 덕주(德柱)이고 딸은 구정윤(具廷尹)의 처이다. 벽진 이씨(碧珍李氏)는 사인(士人) 정진(挺珍)의 따님으로, 1남 갑주(甲柱)를 낳았다. 함양 여씨(咸陽呂氏)는 사인(士人) 홍주(興周)의 따님으로 2남을 낳았으니, 직주(稷柱)는 도사(都事)이고 옥주(玉柱)는 통덕랑(通德郎)이다. 측실의 아들은 능주(能柱), 정주(正柱), 웅주(雄柱)이고, 딸은 민승주(閔承周)의 처이다. 덕주의 계자(繼子)는 종렬(宗烈)이다. 갑주의 계자는 병렬(丙烈)이며, 1녀는 곽흠호(郭欽昊)에게 시집갔다. 직주의 1남은 홍렬(弘烈)이며, 2녀는 이대옥(李大玉)과 정낙선(鄭樂善)의 처이다. 옥주의 2남은 아무개, 아무개이다. 구정윤의 3남은 진사(進士) 겸행(謙行), 정언(正言) 문행(文行), 장행(章行)이며, 1녀는 이관주(李觀周)의 처이다. 종렬의 1남은 재원(在元)이다. 그 밖의 내외의 증손과 현손들은 많아서 다 기록하지 않는다.

99 12년이……하였다 : 성이연(成爾演)의 손자 성병렬(成丙烈)이 올린 상소의 내용과 비답은 《승정원일기(承政院日記)》 순조 1년 3월 7일 기사에 자세하다.

공은 품부 받은 자질이 돈후하고 관대하였으며, 강경함과 확고함으로 이를 보완하였다. 그리하여 남을 접할 때에 관대하여서 경계를 두지 않았으나, 일이 의리에 관련되면 늠름하여 범할 수 없는 것이 있었다. 어버이의 상(喪)에 거할 때에 아침저녁으로 묘에 절하고, 상제(喪制)를 몹시 엄격하게 지켰다. 선조의 제사를 받드는 일에 독실하여서 제수를 구비하고 묘도를 수리함에 정성과 힘을 다하였고, 고령의 나이에도 감히 혹시라도 게을리 함이 없었다. 과부가 된 누이와 우애롭게 지내고 고아가 된 생질을 보살펴서 은혜와 의리가 두루 미쳤으며, 친척 중에 가난하여 시집가고 장가갈 수 없는 이들을 모두 데려와 길러서 성장하여 자립하게 해주었다. 서숙(書塾)을 지어 날마다 소년들을 이끌어 와서 경서(經書)를 토론하였고, 청죽(聽竹)의 유훈을 써서 자리 모퉁이에 게시하여 자손들에게 경계하면서 말하기를, "만약 충효(忠孝)가 없다면 사람이면서 금수와 같은 것이다."라고 하였다.

아, 이는 모두 공이 순후한 덕과 돈독한 행실로서 호고(胡考)[100]의 복을 누린 것이며, 누차 시험을 보는 수고로움을 빌리지 않고 하루아침에 제생(諸生)에서 뽑혀서 높은 관질을 얻어 고관(高官)의 반열에 발걸음을 나란히 하여 영화로운 은총이 찬란히 빛나 노인을 존경하는 성대한 일을 문식하였으니, 이 어찌 성세(聖世)의 인서(人瑞)[101]가 아니겠는가. 그러나 사대(四大)가 장차 화하려는 때[102]에 의리를 다하고

100 호고(胡考) : 장수를 뜻한다. 《시경》 〈주송(周頌) 재삼(載芟)〉에 "음식이 향기로우니 국가의 영광이요, 후추가 향기로우니 호고가 편안하도다.〔有飶其香, 邦家之光. 有椒其馨, 胡考之寧.〕"라고 하였는데, 호고는 기로(耆老)를 가리킨다.

101 인서(人瑞) : 인사(人事)의 상서로, 덕행이 있으면서 나이가 많은 사람을 일컫는 말이다.

충성을 다함에, 한 통의 유소(遺疏)가 한 글자 한 글자 혈성(血誠)이어서 옛 시간(尸諫)[103]에 비추어도 손색이 없다. 그리하여 줏대 없이 우물쭈물하는 습속을 진작시키고 그릇된 인심을 안정시킬 수 있었으니, 이 어찌 하루아침에 갖출 수 있는 것이었겠는가.

심유현(沈維賢)[104]이 처음에 안에서 흉악한 무고를 제멋대로 만들어 내고 조덕린이 이에 밖에서 감히 비호하면서부터 나라의 반이 역적을 따랐는지라 종사(宗社)가 거의 위태로웠다. 천토(天討)가 크게 행해짐에 이르러서 심유현은 복법(伏法)되었으되 조덕린은 홀로 양관(兩觀)의 주벌[105]에서 빠졌으니, 나라 사람들이 한을 품은 지가 오래였다.

102 사대(四大)가……때 : 죽음에 가까워졌을 때를 말한다. 사대란 불교에서 말하는 몸을 구성하는 지(地)·수(水)·화(火)·풍(風)의 4대요소(四大要素)를 가리킨다.

103 시간(尸諫) : 죽어서도 간언을 올리는 것을 가리킨다. 《한시외전(韓詩外傳)》에 "위(衛)나라의 대부 사어(史魚)가 병이 들어 죽게 되자 그 아들에게 말하기를 '나는 남의 신하가 되어 살아서는 능히 어진 이를 등용하지 못하였고 불초한 자를 물리치지 못했으니, 죽으면 정당(正堂)에서 치상(治喪)하지 말고 실(室)에서 빈(殯)해 주면 족하다.'라고 하였다. 위군(衛君)이 이 말을 듣고서 거백옥(蘧伯玉)을 부르고, 미자하(彌子瑕)를 물리쳤다. 그는 살아서는 몸으로써 간하고 죽어서는 시(尸)로써 간하였으니, 곧다 할 만하다."라고 하였다.

104 심유현(沈維賢) : ?~1728. 본관은 청송(青松)이다. 부친은 청은부원군(青恩府院君) 심호(沈浩)이고, 누이는 단의왕후(端懿王后)이다. 1725년(영조1)에 이천해(李天海)가 임금의 어가 앞에서 흉언을 퍼트린 사건이 발생하여 관련자들에 대한 대대적인 국문(鞫問)이 시행되었는데, 이유익(李有翼)은 공초에서 심유현(沈維賢)이 흉언을 만들어 마을에 퍼트렸다는 내용을 진술하여 이 일로 인하여 곤욕을 치렀다. 1728년(영조4)에 담양 부사(潭陽府使)로 재직 중, 태인 현감(泰仁縣監) 박필현(朴弼顯)과 결탁하여 모반을 일으켰는데, 모반이 실패로 돌아가면서 관련자들과 함께 체포되어 국문을 받았고 이후 처형되었다. 그러나 그의 누나가 왕후였기 때문에 가족들에게 죄가 연좌되지는 않았다.

공이 당시의 기구(耆舊)로서 순(順)과 역(逆)의 본말에 통찰하였으므로, 일에 임하여 발출하기를 이처럼 통절하게 하였던 것이다. 비록 당일에는 쓰이지 못하였으나, 명의(名義)를 부식(扶植)하여 사론(士論)이 이를 의지하여 중해졌다. 후에 대신(臺臣) 신직(申㮨)의 말을 인하여 조덕린을 다시 옛 죄안(罪案)에 두게 하였으니,[106] 건도(乾道)가 몹시 분명함을 알 수 있는바, 공의 상소가 실로 이를 창도해준 것이다. 공은 아마도 지하에서 편안히 눈을 감게 될 것이며, 옛날에 임금에게 보답하고자 하던 지극한 바람을 다소나마 이룰 수 있게 되었을 것이다. 병렬(丙烈) 보(甫)가 공의 유사(遺事)를 가지고 와서 나에게 행장을 부탁하기를 몹시 지성스럽게 하니, 이미 사양하지 못하였기에, 공의 만절(晩節)에 감동하여 특별히 상세하게 적어서 훌륭한 사관(史官)이 채록해주기를 기다리는 바이다.

105 양관(兩觀)의 주벌 : 나라의 안녕을 위하여 난신적자(亂臣賊子)에게 시행하는 죽임을 이른다. 공자가 사구(司寇)가 된 지 7일 만에 간인(奸人)의 으뜸이라는 대부 소정묘(少正卯)를 양관 아래에서 처벌한 뒤 3일 동안 그 시신을 진열하였다. 양관은 궁궐 양옆의 망루를 말한다. 공자는 노나라의 명사(名士)인 그를 죽인 이유에 대해, "마음속으로 거역하며 험악한 생각을 품고 있고, 편벽하게 행동하며 끝까지 고집을 부리고, 허위로 날조하여 말을 잘 둘러대고, 기이한 말들을 잘 기억하여 학식을 자랑하고, 잘못을 합리화하여 번지르르하게 꾸며대는 자"가 천하의 대악(大惡)인데, 소정묘가 이 다섯 가지를 모두 지니고 있었으므로 제거하였다고 설명하였다. 《孔子家語 始誅》

106 후에……하였으니 : 1802년(순조2) 사간(司諫) 신직(申㮨)이 상소에서 조덕린(趙德鄰)에 대한 역률(逆律)을 시행할 것을 청하면서, 1788년(정조12)에 조덕린을 복관한 것이 진위를 살피지 못한 처분이었음을 주장하고 우선 관직을 삭탈해 달라고 하였는데, 그후 해를 넘겨서 대왕대비가 조덕린의 관작을 추탈할 것을 명하였다. 《純祖實錄 3年 2月 20日》

시장諡狀

병조 판서 박공 시장

兵曹判書朴公諡諡狀

옛날에 단묘(端廟 단종)께서 선양(禪讓)하시던 때에 몸을 깨끗하게 하고 의리를 지킨 선비들이 있었으니, 병조 판서 포신(逋臣) 박공(朴公)이 그중 하나다. 공의 9세손 전(前) 감찰(監察) 명벽(命壁)이 집에 찾아와서 나에게 말하기를, "선조의 관작이 정2품이니 법에 따르면 응당 시호를 얻을 터인데, 후손들이 곤궁하여 선조의 공업을 드러낼 수가 없습니다. 별세하신 지가 또 수백 년이 되었는데, 한 번도 시호가 내려지지 못하였으니, 소자 몹시 애통합니다. 원컨대 글 하나를 얻어서 이름을 바꾸기를[1] 도모하고자 합니다."라고 하였다. 또 일어나서 말하기를, "선조께서 당일에 세상을 피하여 자취를 없애셨는지라 문헌도 함께 소실되었습니다. 지금에 이르러서는 연대가 멀어져서 더욱

1 이름을 바꾸기를 : 시호를 받는 것을 뜻한다. 《예기(禮記)》〈단궁 하(檀弓下)〉에 춘추 시대 위(衛)나라 대부인 공숙문자(公叔文子)가 졸하자 그의 아들이 임금에게 시호를 청하기를, "세월이 흘러 장사를 지낼 때가 되었으니 이름을 바꿀 것을 청합니다.〔日月有時, 將葬矣, 請所以易名者.〕"라고 한 데서 온 말이다.

충분히 확인할 수 있는 것이 없습니다. 다행히도 선조께서 직접 지으신 묘표(墓表)와 청한자(淸寒子) 김시습(金時習) 공이 찬한 행장이 있으니, 감히 이로써 글을 써주시는 은혜를 베풀어주기를 부탁드립니다."라고 하였다.

내가 말하였다. "좋다. 공과 같은 이가 시호가 없다면 이는 사람에게 충(忠)을 행하기를 권하는 바가 아니다. 내 비록 글재주가 없으나, 감히 힘쓰지 않을 수 있겠는가. 더구나 청한자(淸寒子)의 행장이 있어 족히 손을 빌릴 수 있음에랴."

삼가 그 행장을 살펴보니, 다음과 같았다.

공은 조정에 있을 때의 휘는 계손(季孫)이며, 입산하였을 때의 휘는 숙손(叔孫)이니, 자는 자현(子賢)이다. 노산(魯山 단종)의 조정에서 관직이 병조 판서였다. 경태(景泰) 6년(1455)에 금화(金化) 초막동(草幕洞)에 은둔하면서 조정재(曺靜齋) 상치(尙治)와 자규사(子規詞)를 창수함에 몹시 슬퍼하고 원망하는 뜻이 담겨 있었다. 당시에 정초(旌招)[2]가 빈번하자, 이에 깊은 산에 들어가 자취를 감추기를 도모하여, 부형(父兄)을 모시고서 문천(文川) 운림산(雲林山)의 수한동(水寒洞)에 올라가서 포신(逋臣)이라 자호(自號)하고 스스로 묘문(墓文)을 지어서 나에게 보여주었다. 나는 반도 채 읽지 못하여 눈물이 줄줄 흘렀다. 아! 거센 바람 속 굳센 풀[3]과 같고 아래로 흐르

2 정초(旌招) : 학덕이 높은 선비를 과거를 거치지 않고 유림(儒林)의 천거로 벼슬을 제수하고 부르는 일을 이른다. 정(旌)은 꿩의 깃털을 깃대 끝에 단 기를 말하는데, 고대에 대부(大夫)를 부를 적에 정을 사용한 데서 유래하였다. 《맹자》〈만장 하(萬章下)〉에, "서인은 전(旃)으로 부르고, 사는 기(旂)로 부르고, 대부는 정(旌)으로 부른다.〔庶人以旃, 士以旂, 大夫以旌.〕"라고 보인다.

는 물결 속 우뚝한 지주(砥柱)[4]와 같도다. 훌륭하다, 공이여. 공은 이 말에 있어 손색이 없도다.

선고는 휘 도(渡)이니 사복 정(司僕正)이며, 선비는 파평 윤씨(坡平尹氏)이다. 조부는 휘 창령(昌齡)이니 기성 윤(箕城尹)이며, 증조는 휘(琛)이니 전객 영(典客令)이다. 시조는 휘 제상(堤上)이니, 신라 때에 충절로 영해 백(寧海伯)에 봉해졌다. 공은 영락(永樂) 13년(1415, 태종15) 을미에 태어나서 성화(成化) 11년(1475, 성종6)에 졸하였으니, 향년 61세이다. 그 연월일(年月日)에 문천(文川) 초한사(草閑社) 산리동(酸梨洞) 술좌(戌坐)의 언덕에 장례하였고, 배위 한양 조씨(漢陽趙氏)를 왼편에 합부(合祔)하였다. 5남을 두었으니, 훈(薰), 우(藕), 난(蘭), 영(苓), 줄(茁)이고, 내외손(內外孫)은 많아서 다 기록하지 못한다. 내 산수 간에 방랑하여서 세상에서 나를 알아주는 이가 없는데, 오직 공만이 나를 알아주었으니, 끝났구나, 끝났구나. 내 장차 누구와 사귀리오.

비록 말이 간략하고 뜻이 완곡하지만, 공의 높은 충성과 절조를 오히려 이 글에서 볼 수 있다. 당초에 공이 금화(金化)에서 은둔할 때에, 공의 선공(先公)과 계부(季父) 제(濟), 백씨(伯氏) 인손(璘孫), 종형

3 거센……풀 : 이는 본래 당(唐)나라 태종(太宗)이 소우(蕭瑀)를 칭찬하면서 하사한 시에 보이는 말로, "질풍 속에서 굳게 버티는 초목을 알 수 있고, 난리 속에서 충성스러운 신하를 알 수 있다.〔疾風知勁草, 板蕩識誠臣.〕"라고 하였다. 《舊唐書 卷63 蕭瑀列傳》

4 아래로……지주(砥柱) : 지절(志節)이 뛰어남을 비유하는 말이다. 하남(河南) 삼문협(三門峽) 동북쪽 황하 중간에 있는 지주라는 돌산이 있는데, 황하의 물결이 거세게 흘러 하류에 있던 모든 산이 침식되었으나 이 돌산은 우뚝이 남아있어 황하가 이 지점에 와서 갈라져 두 갈래로 산을 감싸고 흐른다.

(從兄) 규손(奎孫)·효손(孝孫)·천손(千孫), 조정재(曺靜齋 조상치(曺尙治)), 청한자(淸寒子 김시습(金時習))와 함께 은둔하였으니, 함께 수창한 자규사(子規詞)[5]가 아직도 후대에 전해진다. 자규사에 이르기를, "자규가 접동접동 울어대니, 원망하는 듯 우는 듯 다시 무엇을 호소하는가. 돌아가리, 돌아가리. 꿈속 금성(錦城)[6]에 봄이 몇 번이나 지났는가. 울면서 과부의 창 앞을 지나지 말지어다. 망부산 머리 스러진 달빛 토해내네. 그 모습 외롭고 초췌하여 울고 또 우니, 무지한 온갖 새 중 그 누가 가련히 여겨주랴. 만고에 남겨진 한이 없을 때가 없으니, 외로운 신하 뜻 있는 선비에게 말함에 흐느끼며 강개함을 마음으로 묵묵히 헤아려보노라.〔子規啼子規啼 如怨如泣復何訴 不如歸不如歸 夢裏錦城春幾度 啼莫近孀女牕前 望夫山頭殘月吐 影孤形悴啼復啼 無知百

5 함께 수창한 자규사(子規詞) : 참고로 이때에 조상치(曺尙治)가 지었다고 전해지는 자규사는 다음과 같다. "자규가 접동접동 울어대니, 달밤 공산에서 무엇을 호소하는가. 돌아가리, 돌아가리. 파촉 땅 바라보며 날아서 건너고저. 뭇 새는 둥지 찾아 고요히 잠드는데, 너만 홀로 피 토하여 꽃잎을 물들이네. 그 얼굴 외롭고 그 모습 초췌하니, 존숭도 안 하는데 뉘라서 널 돌보랴. 아아, 세상의 원한이 어찌 너뿐이랴. 의사 충신의 강개 불평을 더하는 일, 손꼽아 다 헤아리기 어렵네.〔子規啼子規啼, 夜月空山何所訴. 不如歸不如歸, 望裏巴岑飛欲度. 看他衆鳥摠安巢, 獨向花枝血謾吐. 形單影孤貌憔悴, 不肯尊崇誰爾顧? 嗚呼人間冤恨豈獨爾? 義士忠臣增慷慨激不平, 屈指難盡數.〕"《燃藜室記述 卷4 端宗朝故事本末》

6 금성(錦城) : 파촉(巴蜀) 성도(成都)에 있는 금관성(錦官城)을 말한다. 전설에 촉나라의 망제(望帝) 두우(杜宇)가 재상 별령(鱉令)에게 왕위를 빼앗기고는 원통함과 한을 품고 죽었는데, 그 후 자규 한 마리가 날아와 궁궐 앞에서 슬피 울자, 촉나라 사람들이 이 새를 망제의 혼으로 여겨 망제혼이라 하였고, 그 울음소리가 네 박자로 '불여귀거(不如歸去)'라고 하는 것 같다고 하여 불여귀라고 불렀다고 한다. 이 고사에서 금성이란 지명을 가져온 것이다.《太平御覽 卷166》

鳥誰憐顧 萬古遺恨無時無 說向孤臣志士 獻欷慷慨心暗數〕"라고 하였으니, 이 일이 읍지(邑誌)에 실려 있다. 거주민들이 지금까지도 구은동(九隱洞)이라 일컬으면서 사당을 세워 제사를 지낸다.

공은 만년에 돌 하나를 갖추어서 그 앞면에 적기를, "노산조 병조판서 박 포신의 묘〔魯山朝兵曹判書朴逋臣之墓〕"라고 하고, 음기(陰記)에 "노산(魯山)을 적은 것은 선조(先朝)를 잊지 않은 것이고, 행직(行職)을 적은 것은 실질을 없어지게 하지 않은 것이며, 자급(資級)을 산삭한 것은 임금을 구제하지 못한 죄를 보인 것이고, 포신(逋臣)이라 칭한 것은 세상에서 도망쳐 망명한 사람을 폄하한 것이다."라고 하였으니, 이것이 바로 행장 중에 말한 '스스로 지은 묘문(墓文)'이다.

아아, 정난(靖難)[7] 이후에 단묘(端廟)를 위하여 절개를 바쳐 정헌(靖獻)[8]한 이들 중 어떤 이는 죽고 어떤 이는 살았으나, 이 어찌 삼인(三仁)[9]이 행실은 같지 않았으나 똑같이 인(仁)에 귀결되는 것과 같지

7 정난(靖難) : 1453년(단종1)에 훗날 세조(世祖)가 된 수양대군(首陽大君)이 원로(元老) 신하들을 없애고 스스로 정권을 잡은 사건인 계유정난(癸酉靖難)을 말한다.

8 정헌(靖獻) : 임금에게 충성을 다한다는 뜻으로, 《서경(書經)》〈상서(商書) 미자(微子)〉에 "스스로 마음을 편안히 가져 사람마다 스스로 선왕에게 충정을 바쳐야 한다.〔自靖, 人自獻于先王.〕"라고 한 데서 온 말이다.

9 삼인(三仁) : 은(殷)나라의 세 인자(仁者)로, 주왕(紂王)의 서형(庶兄)인 미자(微子)와 숙부인 기자(箕子)와 비간(比干)을 이른다. 주왕이 무도하여 백성들이 폭정(暴政)에 시달리자, 미자는 나라를 떠나서 종사(宗祀)를 보존하였고 비간은 간하다가 죽임을 당했고 기자는 감옥에 갇혀 노예가 되었는데, 공자는 이를 두고 "은나라에 세 인자가 있었다.[殷有三仁焉.]"라고 하였다. 주희(朱熹)는 이에 대해 집주(集註)에서 "세 사람의 행동이 똑같지 않으나 똑같이 지성스럽고 간절한 뜻에서 나왔다. 그러므로 사랑의 이치에 어긋나지 않아 마음의 덕을 온전히 할 수 있는 것이다."라고 하였다. 《論語集註

않겠는가. 그러나 죽은 사람은 그 자취가 드러나 보기 쉽고, 산 사람은 그 마음이 은미하여 알기가 어렵다. 그러므로 백세 후에 상론(尙論)하는 이들이 대부분 마침내 그 사이에서 의심하여 다시는 가려서 분별하지 않고, 한결같이 가려져 매몰되게 내버려 두면서도 이를 애석하게 여기지 않는다. 이 어찌 군자가 은미한 것을 드러내고 그윽한 것을 밝히는[10] 뜻이겠는가. 내 이를 슬프게 여기노라.

그러나 공의 경우에는 이미 청한(淸寒 김시습)의 행장과 구은(九隱)의 사적과 자술(自述)한 묘표(墓表)가 있고, 또 조씨(曺氏)의 가전(家傳)과 유금(劉金)의 야승(野乘)을 가지고 참고하여 보면 비록 자세함과 소략함이 다르지만 실로 서로 증명하는 바가 있으니, 어찌 문헌이 잔결되었다 하여 소홀히 여길 수 있겠는가. 이 때문에 근세의 선배 중에 칭찬하여 말한 이들이 많았다. 내 예전에 민 문목공(閔文穆公) 종현(鍾顯)이 공의 족보에 쓴 서문(序文)을 보았는데, "경태(景泰) 연간에 포신공(逋臣公) 부자와 형제들이 함께 이끌고서 산에 들어갔다. 그 빼어난 풍골과 절조가 매월당(梅月堂) 김 선생(金先生)과 그 마음과 자취가 동일하니, 이 문성(李文成)의 전(傳)[11]에서 미처 함께 드러내지

微子》

10 은미한……밝히는 : 《주역(周易)》 〈계사전 하(繫辭傳下)〉에 "역은 지난 것을 드러내고 올 것을 보여 주며, 은미한 것을 드러내고 그윽한 것을 밝혀 준다.〔夫易, 彰往而察來, 而微顯闡幽.〕"라고 한 데서 유래한 말로, 두예(杜預)의 〈춘추좌씨전서(春秋左氏傳序)〉에도 인용되어 있다. '미현(微顯)'에 대해서는 "드러난 것을 은미하게 한다."라는 해석과 "은미한 것을 드러나게 한다." 내지는 "드러난 것을 세미하게 기록한다."라는 해석이 있다. 여기에서는 후자의 해석을 취하여 번역하였다.

11 이 문성(李文成)의 전(傳) : 이 문성은 율곡(栗谷) 이이(李珥)로, 문성은 그의

못한 것이 애석하도다."라고 하였으니, 후세의 공의(公議)가 민멸되지 않았음을 또한 충분히 확인할 수 있다. 이에 시장(諡狀)을 적어 태상(太常)[12]에 고하노라.

시호이다. 그는 〈김시습전(金時習傳)〉을 지었는데, 《율곡전서》 권14에 실려 있다.

12 태상(太常) : 태상시(太常寺)로, 국가의 제례(祭禮)를 주관하고 왕의 시호와 묘호 등의 관리와 제정을 담당하던 부서이다.

유사遺事

문정공 부군[13] 유사

文靖公府君遺事

부군의 신장은 7척 여로, 이마가 둥글고 턱이 풍만하였으며, 눈썹이 시원하고 수염이 수려하였다. 눈빛은 깊고도 빛났고 좌우를 둘러봄에 법도가 있었으며, 코는 높고도 단정하며 온후하였으며, 귀는 크면서도 살이 붙어 있었다. 얼굴빛은 붉으면서도 약간 누런빛을 띠셨으며, 성음은 깊고 고요하여 드날리지 않았다. 앉고 일어날 때 신칙하지 않더라도 절로 위의가 편안하고 중후하며 관후하고 화평하였다.

13 문정공 부군(文靖公府君) : 오희상(吳熙常)의 생부(生父)인 오재순(吳載純, 1727~1792)으로, 자는 문경(文卿), 호는 순암(醇庵), 시호는 문정이다. 음보로 관직에 나아가 세자익위사 세마를 지냈으며, 1755년(영조31) 할머니인 명안공주(明安公主)의 손자로서 특명을 받아 6품에 올랐다. 벼슬을 사직하고 학문에 전념하다가 1772년(영조48)에 탕평정시(蕩平庭試)에 급제하였고, 이후 승지·부제학·대사헌·이조판서·홍문관 대제학·예문관 제학·판중추부사 등을 거쳤다. 정조의 총애를 받으면서 오랫동안 문형(文衡)을 지내고 전조(銓曹)를 맡았다. 저술에 《주역회지(周易會旨)》, 《완역수언(玩易隨言)》, 《성학도(聖學圖)》, 《순암집》 등이 있다.

어린아이였을 때부터 온화하게 사람을 사랑하고 물건을 인애하는 마음을 지니셨다. 계부(季父) 정언공(正言公)[14]께서 "아무개는 내면에서부터 외면에 이르기까지가 혼연히 인(仁)이니, 인괴(仁塊)라고 할 만하다.

경신년(1740, 영조16)에 참판공(參判公)[15]께서 별세하시니, 부군께서는 당시 14세였는데, 곡하며 울 때에 슬픔이 곁에 있는 사람들을 감동시켰다. 들어와서 최 부인(崔夫人)[16]을 섬길 때에 화락하여 뜻을 어기는 일이 없었고, 또 슬픔을 끼칠까 하여 나아가 뵐 때마다 번번이 눈물을 거두고서 슬픈 모습을 드러내지 않았다. 아우들과 누이들 및 종제(從弟)들을 다스림에 은혜로 어루만지고 의리로 인도함이 둘 다 그 도리를 다하여서 근엄하기가 마치 노성한 사람과 같았는지라, 친척과

14 계부(季父) 정언공(正言公) : 오재순(吳載純)의 계부(季父)인 오찬(吳瓚, 1717~1751)으로, 오원(吳瑗)의 이복아우로서 오이주(吳履周)에게 출계하였다. 자는 경부(敬夫), 호는 청수재(淸修齋)이다. 1751년(영조27)에 문과에 장원급제하여 관직은 사간원 정언(司諫院正言)에 그쳤다. 그해 11월에 별세하였다.

15 참판공(參判公) : 오원(吳瑗, 1700~1740)으로, 자는 백옥(伯玉), 호는 월곡(月谷), 본관은 해주(海州), 시호는 문목(文穆)이다. 오두인(吳斗寅)의 손자이고, 오진주(吳晋周)의 아들이며, 오태주(吳泰周)에게 출계하였다. 오재순(吳載純)의 아버지이며, 오희상(吳熙常)에게는 조부가 된다. 이재(李縡)의 문하에서 수학하였으며, 벼슬하여 공조참판에 이르렀다. 영조에게 진언(進言)을 잘 한 것으로 알려졌다. 좌찬성에 추증되었으며, 저서로는 《월곡집》이 있다. 1740년(영조20)에 41세의 나이로 별세하였다.

16 최 부인(崔夫人) : 오원(吳瑗)의 계배(繼配) 전주 최씨(全州崔氏)로, 오희상(吳熙常)의 조모이다. 1721년(경종1)에 오원에게 시집왔다.

향당에서 흠복하지 않는 이가 없었다.

일찍이 불초한 우리에게 말씀하시기를, "내가 너희들에게 쇄소(灑掃) 하는 일을 맡게 한 적이 없는 것은 너희들을 안일하게 만들기 위함이 아니다. 내 어려서 일찍 어버이를 여의었기에 정성을 다하여 섬기지 못하였다. 그러므로 지극한 애통함이 마음에 있어, 실로 차마 너희들의 봉양을 받을 수가 없는 것이다."라고 하시고, 이어서 줄줄 흐르는 눈물을 스스로 금하지 못하셨다.

일찍 어버이를 여윈 것으로 인해 종신토록 애통함을 지니셔서 평소에 질탕하게 웃고 말씀하신 적이 없었고, 말이 선고(先考)와 선비(先妣) 때의 일에 이르면 그때마다 목이 메어 스스로 가누지 못하셨으니, 집안사람들이 차마 거론하지 못하였다. 그러므로 예전에 상여(喪餘)[17]를 만날 때마다 울부짖으며 사모하기를 마치 단괄(袒括)[18]하던 때와 같이 하셨으니, 보는 이들이 이 때문에 눈물을 흘렸다. 연로하셨을 때에 이르러서도 그러하였다.

늘 작질(爵秩)이 오를 때마다 사당에 배알하고서 눈물을 흘리셨다.

17 상여(喪餘) : 삼년상을 넘기고 지내는 기제(忌祭)를 말한다. 이재(李縡)의 《사례편람(四禮便覽)》 권8 〈기일(忌日)〉에 "한 분의 신위만 설치하는 것이 올바른 예이다. 대개 기일은 상(喪)의 나머지이다.〔只設一位, 禮之正也. 蓋忌日乃喪之餘.〕"라고 하였다.

18 단괄(袒括) : 두루마기 등 웃옷의 한쪽 소매를 드러내고 관(冠)을 벗고서 삼으로 머리를 묶는 것으로, 어버이의 상(喪)을 당했을 때에 하는 예법을 말한다.

최 부인(崔夫人)의 곁에 있으실 때에 기거와 응대를 반드시 공경히 하고 삼가 마치 엄부(嚴父)를 섬기는 것처럼 하여서 게으른 모습을 보이거나 높은 소리를 내신 적이 없었으며, 여러 방도로 몸을 편안하게 해 드리고[19] 뜻에 맞게 해 드리되, 50년 동안을 하루처럼 한결같이 하였다.

어버이께 병이 있으면 의원을 맞이하여 약물을 물으시되, 의원이 비록 미천한 사람일지라도 반드시 공경과 예를 다하여 마치 지위가 높은 사람을 대하듯이 하셨다.

기해년(1779, 정조3)에 최 부인(崔夫人)께서 병에 걸려 위독해지시니, 음식과 약물을 부군께서 반드시 모두 몸소 살피셨으며, 물러가 쉬기를 명하시면 침실 문 밖에 자리를 펴고서 밤낮으로 띠를 풀지 않고 꿇어 앉아 몰래 병세의 증감을 살폈으니, 이와 같이 한 여러 달 동안 조금도 게을리 하지 않으셨다.

어버이의 상(喪)에 거하실 때에 내외간에 만나보지 않으셨다.

국상(國喪)에 외당(外堂)에 지내시면서 3년을 마치셨고, 집에서 지내실 때에 베로 만든 건(巾)과 삼으로 만든 신을 착용하셨다.

선친의 기일을 만나 앉아서 재계하실 때에 의관을 정돈하고 종일토록

19 몸을……드리고 : 원문의 '사신(使身)'은 '편신(便身)'의 오자로 보아 해석하였다.

깊이 들어앉으셔서 다른 사람과 말하거나 웃지 않으셨고, 혹한이라 할지라도 반드시 목욕하시고서 제사 일을 받드셨다. 향관(享官)에 차임되어서도 이처럼 하셨으니, 비록 병이 나는 지경에 이르더라도 혹시라도 폐하신 적이 없으셨다.

늘 삭망참례(朔望參禮 초하루와 보름에 올리는 간단한 제사)를 만나면 사당의 상탁(床卓)을 반드시 몸소 씻으셔서, 다른 사람이 대신하게 하지 않으셨다.

집안을 다스리심에 법도가 있어서 윤리를 도탑게 하고 혐의를 변별하시되, 다만 소리와 얼굴빛으로만 하지 않으시고 몸소 인도하셨다. 비록 자제나 집안사람들의 잘못이라 할지라도 반드시 자신에게 돌이켜 자책하셨다.

내실에 들어가셔서 편안한 의복 차림을 하지 않으셨고, 누우신 적이 없으셨으며, 또한 연초(煙草)를 피우신 적이 없었다.

창졸간에 닥쳐 급박한 일이 있으면, 사기(辭氣)를 더욱 느긋하고 고요하게 하여 응하셔서, 허둥대신 적이 없으셨다.

마음을 가다듬고 몸을 검속하는 것에서부터 물건을 접하고 일에 응하는 것에 이르기까지 한 점도 거짓된 뜻이 없으셨다. 일찍이 말씀하기를, "하나라도 진실하지 않음이 있으면, 전체가 모두 어긋나게 된다." 라고 하셨다.

성색(聲色)과 화리(貨利 재화와 이익)와 술수(術數)에 대한 말은 한 번도 입에 올리신 적이 없었다.

시선을 아래로 하여 깊이 생각하셔서, 눈을 들어서 남을 보신 적이 없었다.

권 판서(權判書) 적(禘)이 국자장(國子長 대사성(大司成))으로 있을 때에, 사람을 통해 뜻을 전하기를, "월곡(月谷 오원(吳瑗)의 호)의 집안이 근래 몹시 고단하니, 내가 승보시(陞補試)[20]에 그 장남을 발탁하려고 한다."라고 하였다. 그 사람이 와서 권공(權公)의 말을 전하고 시험에 나아가기를 권하였는데, 부군께서는 웃으시며 답하지 않으시더니 마침내 반시(泮試)에 나가지 않으셨고, 소과(小科)에 한두 번 나아가셨다가 곧 그만두셨다.

문임(文任)[21]으로서 선대(先代)의 우의(友誼)가 있었던 사람이 반드시 부군을 급제시키고자 하여 정문(程文 과문(科文))의 묵은 원고를 보고자 하였는데, 부군께서는 사양하여서 보내어 보이지 않으셨다.

경서(經書)에 있어서 순환하여서 치력하셨다. 《주역》은 더욱 독실하

20 승보시(陞補試) : 소과 초시(初試)에 해당하는 시험으로, 성균관의 대사성이 사학(四學)의 유생들에게 매년 10회에 걸쳐 시행하여 합격한 자에게는 생원(生員)·진사과(進士科)에 응시할 자격을 인정해줄 수 있었다.

21 문임(文任) : 나라의 문서를 담당하는 홍문관·예문관의 제학(提學)을 이른다.

게 공력을 들이셔서 수십 년 동안 그만두지 않으셨으되, 선뜻 다른 사람에게 《주역》을 말씀하신 적이 없었다. 또 《논어》를 가장 좋아하셨다.

소싯적부터 장수(藏修)[22]할 뜻을 지니고 계셨고, 또 표방(標榜)[23]이 오는 것을 싫어하셔서, 처음에 음직(蔭職)으로 관직에 조용(調用)되었을 때에 혹은 나아가지 않기도 하고 혹은 나아가기도 하였는데, 두 번 지방관이 되셨을 때에도[24] 모두 해를 넘겨서 스스로 면직하고 돌아오셨다. 만년에 비로소 과거에 응시하였는데 급제함에 이르러 척리(戚里)[25]들이 위세를 부리고 권신(權臣)들이 권세를 부리는 것을 보고서 더욱 자취를 거두어 스스로 지조를 지키셨으니, 재상에 오르시기 전에는 대부분 한관(閑官)에 머무셨다. 평생 다른 사람의 집에 찾아가서

22 장수(藏修) : '장수유식(藏修游息)'의 줄인 말로, 장수는 항상 학문을 닦아 게을리 하지 않는 것을 말하며 유식은 정해진 과정에 의해 쉬는 시간에도 학문에 마음을 두는 것을 말한다. 《예기》 〈학기(學記)〉에 "군자는 학문할 적에 장하고 수하고 유하고 식한다.〔君子之於學也, 藏焉, 修焉, 息焉, 遊焉.〕"라고 하였는데, 그 주석에 "장(藏)이란 언제나 마음에 학업을 생각하고 있음을 말한 것이요, 수(修)란 학습을 폐하지 않음을 말한 것이요, 식(息)이란 일을 하다 피곤하여 쉴 때에도 마음이 학습에 있음을 말한 것이요, 유(遊)란 일이 없이 한가하게 노닐 때에도 마음이 학문에 있음을 말한 것이다."라고 하였다.

23 표방(標榜) : 명예와 같이 내세워 자랑할 만한 것을 이른다.

24 두……때에도 : 오재순(吳載純)은 1757년(영조33)에 평강 현감(平康縣監)에 제수되어 이듬해 해임되어 돌아왔으며, 1768년(영조44)에 용궁 현감(龍宮縣監)에 제수되어 1770년에 사직하고 돌아왔다. 《老洲集 卷19 文靖公府君行狀》

25 척리(戚里) : 왕실의 외척을 말한다. 본래 중국 장안의 마을 이름인데, 한(漢)나라 때에 내척과 외척이 많이 살았으므로 전하여 외척을 가리키는 말이 되었다.

만나신 적이 없었고, 공무 중 여가에는 번번이 문을 닫고 지내셔서 거리에 수레바퀴 자국이 없이 고요하였다.

중제(仲弟) 진산공(珍山公)[26]께서 뜻을 품고 일찍 별세하신 것을 애통하게 여기셔서 말이 이에 이를 때면 그때마다 슬피 탄식하셨고, 남겨진 고아를 어루만져 기르심에 자기 자식보다 더욱 아껴 간절히 가르쳐 인도하여서 선친의 뜻을 계술하게 하고자 하셨다.

계씨(季氏)이신 우리 가군(家君)[27]과 우애가 매우 돈독하셨는데, 만년에 한 집에서 같이 살면서 아침저녁으로 서로 만나서 화락하게 친애하는 뜻이 말소리와 얼굴빛 밖으로 흘러넘쳤으니, 정성스럽게 고하시던 것은 오직 덕을 높이고 몸을 다스리는 일이었다.

봉급으로 들어온 온갖 급여를 쪼개어 주셔서, 맛 좋은 음식 하나일지라도 반드시 나누어주셨으며, 관대(冠帶)와 안마(鞍馬)와 기물(器物) 등에 이르러서는 모두 공유하여 일정한 주인이 없었다.

26 중제(仲弟) 진산공(珍山公) : 오희상(吳熙常)의 중부(仲父)이자 오재순(吳載純)의 아우인 오재유(吳載維, 1729~1764)로, 자는 지경(持卿), 호는 운초(雲樵), 본관은 해주다. 오두인(吳斗寅)의 증손으로 기사사화(己巳士禍)의 사손(嗣孫)으로서 녹용(錄用)되어 의릉 참봉(懿陵參奉)에 제수되었고, 양지 현감(陽智縣監), 진산 군수(珍山郡守)를 역임하였다. 36세의 나이에 요절하였다.

27 계씨(季氏)이신 우리 가군(家君) : 오재소(吳載紹)를 이른다. 오희상은 오재순(吳載純)의 아들로 계부(季父)인 오재소에게 출계하였다.

중매(仲妹)가 일찍 과부가 되어 의지할 곳이 없자, 부군께서는 이끌고 와서 일실(一室)에 두시고 아끼고 돌보기를 지극하게 하였다. 질녀들이 연이어 홍역을 앓아 위태로웠는데, 부군께서는 몸소 약물을 살펴서 치료해주셨다.

종제(從弟)들을 사랑하기를 동기(同氣) 간과 다름이 없이 하셨다. 계종제(季從弟)께서 특히 빈곤하고 고독하여 의지할 곳이 없었는데, 부군께서는 걱정하고 가엾게 여겨 마음을 다하여 두루 구휼하셔서, 공무로 정신없이 분주하신 때에도 조금도 해이해지시지 않았다.

늘 좋은 때 잔치를 열어 즐기실 적에 벗들을 초대하신 적이 없었고, 오직 동당형제(同堂兄弟)와 함께 하셔서 훈지(塤篪)를 번갈아 연주하여[28] 풍류가 깊고도 성대하였고, 도타운 윤리로 서로 친한 뜻이 또 그 사이에 성대하였다. 일찍이 문회(文會)의 규약을 만들어 글을 지어 서문(序文)을 써서 서로 면려하였는데, 운초공(雲樵公)[29]과 진사공(進士公)[30]께서 연이어 별세하시자 마침내 다시는 하지 않으셨다.

28 훈지(塤篪)를 번갈아 연주하여 : 형제간의 화목함을 비유하는 표현이다. 《시경(詩經)》 〈소아(小雅) 하인사(何人斯)〉에 "만형은 훈을 불고 둘째는 지를 분다.〔伯氏吹壎, 仲氏吹篪.〕"라는 구절에서 나왔는데, 훈(塤)은 질나발이고, 지(篪)는 피리의 일종이다.

29 운초공(雲樵公) : 오희상의 중부(仲父)인 오재유(吳載維, 1729~1764)로, 자는 지경(持卿), 호는 운초(雲樵), 본관은 해주(海州)다. 오재순(吳載純)의 아우이며 오재소(吳載紹)의 형이다. 오두인(吳斗寅)의 증손으로 기사사화(己巳士禍)의 사손(嗣孫)으로서 녹용(錄用)되어 의릉 참봉(懿陵參奉)에 제수되었고, 양지 현감(陽智縣監), 진산 군수(珍山郡守)를 역임하였다. 36세의 나이에 요절하였다.

수숙(嫂叔) 간에 서로 만나면 안부를 묻는 외에 번다한 말씀을 하신 적이 없었다.

자녀를 몹시 엄하게 다스리셨는데, 또한 가르치고 감독하는 데에 급급해하진 적이 없어서, 작은 잘못은 얼굴빛을 장엄하게 하여 뜻을 보이셨고, 큰 잘못이 있고난 뒤에야 비로소 반복하여 가르치고 꾸짖어서 다시 전철을 밟지 못하게 하셨다. 만약 마음가짐에 있어서의 병통을 보시면 비록 어린 아이라 할지라도 반드시 엄히 꾸짖어 조금도 가차를 두지 않으셨다.

남을 접할 때에 겸허하고 공손하며 화락하고 돈후하셨다. 멀리 있고 천한 사람에 있어서 더욱 뜻을 다하시면서, "이는 사람이 소홀히 하기 쉬운 바이다."라고 하셨다.

사람은 귀천을 따지지 않고 친소 관계를 헤아려서 한결같이 도리에 맞게 접하셨고, 사사로운 뜻으로 후하거나 박하게 대하지 않으셨다. 비록 한거(閑居)하시며 집안사람을 대하는 때일지라도 사사로운 이야기를 하신 적이 없으셨다.

여러 사람이 함께 지낼 때 남을 따라 유유낙낙하신 적이 없었으며,

30 진사공(進士公) : 오재순(吳載純)과 종형제간인 오재륜(吳載綸, 1731~1771)으로, 오원(吳瑗)의 아우인 오관(吳瓘)의 아들이다. 1768년(영조44)에 진사시에 합격하였고, 이조 참판에 추증되었다.

차분히 단정하게 앉아 계셨다.

제헌(霽軒) 심공(沈公) 정진(定鎭)[31]과 어려서부터 교분을 맺었으되, 오랠수록 더욱 서로 공경하였다. 만년에 심공이 혹 와서 만나시면, 경전과 역사를 담론하는 외에는 곧 묵묵히 서로 마주하고 있어서 문 밖에 있는 사람이 손님이 왔는지도 알지 못하였다.

갑진년(1784, 정조8)에 문효세자(文孝世子)의 책례(冊禮)[32]가 이루어졌는데, 상께서 재상들에게 각각 계방(桂坊 세자익위사(世子翊衛司))에 적합한 사람을 천거할 것을 명하시니, 부군께서는 제헌(霽軒)과 근재(近齋) 박공(朴公) 윤원(胤源)[33]으로 명에 응하셨다.

일에 임하여 널리 자문을 구하여 지극히 온당하게 하고자 하시어, 비록 비천한 사람에게 있어서라도 만일 그 말이 좋으면 반드시 자신의

31 제헌(霽軒) 심공(沈公) 정진(定鎭) : 심정진(沈定鎭, 1725~1786)으로, 자는 일지(一志), 호는 제헌, 본관은 청송(青松)이다. 1753년(영조29) 사마시에 합격하고 1774년에 부솔(副率)에 제수되어 세손(世孫)인 정조를 가르쳤는데, 강설(講說)에 뛰어나 칭송을 받았다. 벼슬은 지중추부사(知中樞府事)에 이르렀다. 저서에 《제헌집(霽軒集)》, 《미호언행록(渼湖言行錄)》 등이 있다.

32 문효세자(文孝世子)의 책례(冊禮) : 1784년(정조8)에 정조의 장남인 문효세자(文孝世子, 1782~1786)를 책봉한 것을 말한다. 3살에 왕세자로 책봉되었으나 5살에 요절하였다.

33 근재(近齋) 박공(朴公) 윤원(胤源) : 박윤원(朴胤源, 1734~1799)으로 자는 영숙(永叔), 호는 근재, 본관은 반남(潘南)이다. 1792년 학행으로 천거되어 선공감역(繕工監役)에 임명되었으나 사퇴하고, 평생 성리학 연구에 전념하였다.

의견을 버리고서 따르셨다. 그러나 만약 선(善)과 악(惡)을 파악하신 것이 분명하면 반드시 확고하게 이를 지키셨으므로, 남이 동요시킬 수 없었다.

관직을 맡아 일을 만나시면, 큰일이든 작은 일이든 한결같이 모두 어렵게 여기고 신중하게 하셨다. 만일 직임을 감당할 수 없으시면 오직 법도를 삼가 지키셔서 상하(上下)가 모두 편하게 하도록 힘쓰셨으며, 자질구레하게 계교하신 적이 없으셨다.

일찍이 나를 가르쳐주시기를 "온화하면 그 유(類)를 잃지 않고, 강직하면 사당(私黨)을 만들지 않으니, 이는 내가 입조하여서 몸가짐의 법도로 삼았던 것이다."라고 하셨다. 또 가르쳐주시기를 "'위로 사귀되 아첨하지 않고, 아래로 사귀되 모독하지 않는다.'[34]라는 이 두 구절은 윗사람을 섬기고 아랫사람을 접하는 도(道)가 지극하다."라고 하셨다.

외구(外舅) 진암(晉庵) 이공(李公)[35]께서 지위가 재상에 올랐으나, 연고가 있지 않으면 선뜻 가거나 서신을 통하신 적이 없으셨으니, 이공

34 위로……않는다 : 이 말은 《주역》 〈계사전 하(繫辭傳下)〉에 보인다.

35 외구(外舅) 진암(晉庵) 이공(李公) : 오재순(吳載純)의 장인인 이천보(李天輔, 1698~1761)로 자는 의숙(宜叔), 호는 진암, 본관은 연안(延安), 시호는 문간(文簡)이다. 생원시에 합격했고, 1739년 알성 문과에 을과로 급제했다. 이조와 병조 판서를 거쳐 1752년 우의정이 되고 같은 해 좌의정을 거쳐 1754년 영의정에 승진된 후 돈녕부영사(敦寧府領事)로 전임했다. 1761년 장헌세자(莊獻世子)의 평양 원유사건(遠遊事件)에 책임을 지고 자결했다. 문집에 《진암집》이 있다.

(李公)께서 더욱 공경하고 중시하셨다.

사양하거나 받는 데에 있어서 엄격하셔서, 주부(州府)에서 가져다주는 것이 있으면 그때마다 기뻐하지 않으셨고, 몹시 친한 사람이더라도 재상이 되었으면 먼저 편지를 보내 안부를 물으신 적이 없으셨다.

서윤(庶尹)에서 체직된 다음날에 서곤(西閫 평안 병사(平安兵使))의 세궤(歲饋)가 이르자, 즉시 돌려보내시며 말씀하기를, "병사(兵使)가 나를 잘 알았던 적이 없는데 세궤를 보낸 것은 나를 제사(諸司)의 장관으로 여겨서일 것이다. 지금 이미 체직되었으니, 받을 만한 의리가 없다."라고 하셨다.

을사년(1785, 정조9)에, 장자(長子)의 상기(喪期)[36]가 이미 끝났는데 위문하는 편지와 부의(賻儀)를 가지고 온 사람이 있었다. 그 편지에 답하시고 부의를 돌려보내시면서, "부의는 상(喪)에 쓰기 위한 것이다. 지금 상이 이미 끝나 상사(喪事)에 쓸 곳이 없으니, 받을 의리가 없다."라고 하셨다.

어떤 무쉬(武倅 무관 출신의 수령)가 섶 열 바리와 물고기 두 미를 보내주었는데, 물고기만 받으시고 섶은 돌려보내셨다. 또 인삼과 녹용, 베와

36 장자(長子)의 상기(喪期) : 장자는 오재순(吳載純)의 장자이자 오희상의 형인 오윤상(吳允常, 1746~1783)으로, 자는 사집(士執), 호는 영재(寧齋), 본관은 해주다. 1783년(정조7)에 37세의 나이로 요절하였다.

비단, 담비 가죽을 보내준 사람이 있었는데, 또한 모두 사양하셨다.

친척이나 지구(知舊)가 토산물을 가져와 바치면 반드시 경미한 것을 받으시고 다른 물건으로 후하게 보답하시면서 말씀하기를, "후왕박래(厚往薄來)[37]를 또한 이러한 일에 적용할 수 있다."라고 하셨다. 언고 줌에 있어서 작은 잘못이라도 있으면 반드시 사양하셨다. 상서(象胥)와 의역(醫譯)의 무리 중에 물건을 바치는 사람이 있으면 또한 받지 않으셨으며, 문하에 부유한 사람이 출입하는 것을 허락하지 않으셨다.

아주 작은 것도 혹 다른 사람에게 요구하신 적이 없어서, 종이나 붓과 같은 것일지라도 만약 떨어졌으면 반드시 교역하여 취하여서 사용하셨다. 또 남을 위하여 편지를 써서 청탁하는 말을 하신 적이 없었다.

베풀어 주는 것을 좋아하셨는데, 항상 말씀하시기를, "절용(節用)은 마땅히 자신으로부터 시작해야 한다. 만약 자신을 봉양함은 사치스럽게 하고 남에게 베풂은 박하게 한다면, 이는 절용이 아니다."라고 하셨다.

벼슬살이로 인한 수입을 모두 친척 중 궁핍한 이들에게 흩어주고자 하셨다. 만약 혹시라도 넉넉하지 않으면 집안에서 취하여 채우셨으며,

37 후왕박래(厚往薄來) : 《중용장구(中庸章句)》에 "가는 이에게 후하게 하고 오는 이에게 박하게 하는 것이 제후를 품는 방법이다.〔厚往而薄來, 所以懷諸侯也.〕"라고 하였다.

작은 물건일지라도 또한 균등하게 나누셔서, 남겨두어 저축하고서 훗날의 쓰임에 대비하신 적이 없으셨다.

가난한 와중에 상(喪)을 당한 사람에게는 비록 소원하고 천한 사람일지라도 반드시 포복(匍匐)의 의리[38]를 다하시면서 "이는 사람이 마땅히 힘써야 할 바이다."라고 하셨다.

계묘년(1783, 정조7)에 부사(副使)로 심양(瀋陽)에 가실 때에 연로(沿路)의 수재(守宰)들이 모두 규례에 따라 노자를 주었는데, 규례에 따른 노자 외에 만약 따로 주는 것이 있으면 모두 사양하고 받지 않으셨다. 심양의 관사에 들어가셨을 때에 저들이 으레 은폐(銀幣)를 주었는데, 모두 일행에게 나누어 하사하여 천한 역졸(驛卒)에게까지 이르러서, 한 터럭만큼도 집안에 들이지 않으셨다.

심양(瀋陽)에 가실 적에 수 천 리를 왕복하시는 동안 채찍질을 행하시지 않으셨으며 꾸짖음을 드러내지 않으셨다.

연로(沿路)의 수재(守宰)들 중에 기악(妓樂)을 베풀어 삼사(三使)에게 연회를 마련한 이들이 많았는데, 부군께서는 그때마다 사양하며

38 포복(匍匐)의 의리 : 남의 상사(喪事)에 모든 일을 제쳐 두고 황급히 달려가 도와주는 의리를 말한다. 《시경》 〈패풍(邶風) 곡풍(谷風)〉에 "모든 사람이 상사가 있을 적에는 포복하여 달려가 구원하였노라.〔凡民有喪, 匍匐救之.〕"라고 하였고, 《예기》 〈공자한거(孔子閒居)〉에 "모든 사람이 초상이 있을 때, 포복하여 달려가 구원하는 것은 복이 없는 초상인 것이다.〔凡民有喪, 匍匐救之, 無服之喪也.〕"라고 하였다.

나아가지 않으셨고, 혹 한 두 번 나아가셨을 때에도 엄숙하게 옷깃을 바르게 하시고서 마치 보고 듣는 바가 없는 것처럼 하셨다.

열읍(列邑)에서 방기(房妓)를 정해서 데려오면, 낮에는 내버려 두고 돌아보지 않으시다가, 밤에 이르면 시중드는 노복으로 하여금 물리쳐 내보내게 하였다.

심양(瀋陽)의 관사에 머무르신 50여일 동안 측간에 가시는 경우가 아니면 문밖을 나가신 적이 없으셨고, 단지 고요히 앉아 책을 보셨기에 기운이 펼쳐지지 못하여 수족에 부종이 생기시는 지경에 이르셨다.

계묘년(1783, 정조7)에 심양(瀋陽)에서 돌아와 금천(金川)에 이르셨을 때에 장자(長子)의 상(喪)[39]을 들으셨다. 집안사람들과 친지들이 혹 지나치게 건강을 해치실까 우려하였는데, 집에 이르셨을 때에 관을 어루만지며 한 번 통곡하시고는 이윽고 곧 말씀하기를, "내 어버이를 여의고서 죽어서 따르지 못하였으니, 몹시 우매하고 완고하였다. 지금 만약 아들을 곡하며 목숨을 해친다면 장차 군자에게 기롱을 받을 것이고, 또 하늘이 명한 바에 있어서 편안하지 못하다. 몹시 슬퍼하며 울부짖는다면 어찌 더욱 이치에 어긋나지 않겠는가. 평안히 받아들이리라."라고 하시고, 마침내 슬픈 모습을 남에게 보이지 않으셨다.

39 장자(長子)의 상(喪) : 오재순(吳載純)의 장자이자 오희상의 형인 오윤상(吳允常, 1746~1783)이 1783년(정조7) 10월 3일에 37세의 나이로 요절하였다.

장자(長子)가 어질고 배우기를 좋아하여 성대하게 사림의 명망이 있었으니, 부군께서 몹시 공경하며 중히 여기셨는데, 별세함에 몹시 애통해하시면서 불초를 돌아보며 말씀하기를, "집안의 복록이 쇠하였구나. 네 형이 죽다니."라고 하셨다. 위로를 전하는 사우(士友) 가운데 탄식하고 애석해하면서 시운(時運)에 관계된 것이라고 하지 않는 이가 없었는데, 부군께서는 오직 '허물이 쌓이고 복록이 과분하였던 것을 깊이 스스로 반성한다'고 대답하실 뿐, 절절하게 장자의 어짊을 칭찬하신 적이 없으셨다. "어질고 불초함은 절로 타인의 공언(公言)이 있으니, 어찌 아버지가 사사롭게 할 수 있겠는가."라고 하셨다.

임인년(1782, 정조6)에 문효세자(文孝世子)가 탄생하시자, 상께서 부군을 보양관(輔養官)으로 삼으시고자 하여 연신(筵臣)에게 말씀하기까지 하셨는데, 계묘년(1783, 정조7)에 장자(長子)를 곡하게 됨에 인정과 도리가 몹시 참담하여 마침내 실행하지 못하셨다.

갑진년(1784, 정조8)에 장자(長子)의 부인[40]이 건강을 해쳐 별세하자, 사우(士友)들이 그 열행(烈行)에 감복하여 공문(公文)을 내어 선양하고자 하니, 서둘러 중지시키고자 하시면서, "우리 집안은 선대에 이미 충(忠)과 효(孝)로 정려를 받았는데, 지금 만약 또 열(烈)로 정려를 받는다면 이는 충・효・열이 모두 우리 집안에 있게 되는 것이다. 비

40 장자(長子)의 부인 : 오윤상(吳允常, 1746~1783)의 아내 광산 김씨(光山金氏, 1747~1784)로, 현령(縣令) 상성(相聖)의 딸이다. 정려받았으며, 숙부인에 추증되었다.

유하면 마치 꽃이 모두 핀 것과 같아 후손들에게 남겨줄 것이 없을까 두려우니, 내 생각에는 우선 중지시키고자 한다."라고 하였다. 그러다가 만류하여 중지할 수 없는 때에 이르러서는 희상(熙常)을 불러 말씀하기를, "대저 이러한 일은 단지 공의(公議)에 맡겨둘 뿐 본가에서는 간섭해서는 안 되니, 너희들은 참여해 알아서는 안 된다."라고 하셨다.

소싯적에 과장(科場)에 들어가셨을 적에 행동거지가 옹용(雍容)하여 서두르는 기색이 없으셨다. 시험에 응하여 전정(殿庭)에 나아가실 때에 비록 부딪히고 어지러운 때일지라도 어로(御路)를 회피하여 한 번도 범하신 적이 없으셨다. 곁에 있는 사람이 살펴봄에 늘 이와 같이 하셨다.

궐문에 들어가실 적에 좌우를 돌아보신 적이 없었고, 단지 신 앞을 굽어보고 계셨다.

궐에 들어가 성상 앞에서 뵐 적에, 부득이하여 진달하는 경우가 아니면 선뜻 아뢰는 바가 있었던 적이 없었고, 상의 말씀이 이른 뒤에야 비로소 우러러 대답하시되, 되도록 삼가서 간략하게 하셨다.

성상의 체후가 편치 않으신 때를 만나면 반드시 새벽에 일어나 관대(冠帶)를 갖추시고 때를 기다려 후반(候班)에 나아가셨다. 혹 여러 날을 지나게 되면 피곤한 기색을 보이셨으나 조금도 게을리하지 않으셨고, 물러나시더라도 근심하여 마음을 졸이는 뜻이 안색에 드러나셨다.

집에 계실 때에 성상께서 궐실(闕失)이 있었다는 소식을 들으면 얼굴빛에 근심이 드러나 혹 밤을 지새워 새벽에 이르렀으나, 또한 말에 드러내시지 않았다.

모든 상주(上奏)하는 글에 있어서 되도록 간략하고 질박하게 하기를 위주로 하셔서, 꾸며서 좋게 하고자 하신 적이 없었다.

일찍이 말씀하기를, "인군(人君)은 하늘과 같으니, 마땅히 지성(至誠)으로 감격하시게 하여야 한다. 진언할 때에 만약 한 터럭만큼이라도 사사로운 뜻을 그 사이에 섞는다면 곧 지성이 아니니, 하물며 정직하다는 명성을 구하고 당여(黨與)를 수립하는 것에서 나온 경우야 말할 나위 있겠는가. 마땅히 깊이 성찰해야 한다."라고 하였다.

은혜로운 하교를 입으실 때마다 공경하고 삼가시면서, "이 마음이 황송하기가 거의 꾸짖는 하교를 입을 때보다도 더 심하다."라고 하셨고, 또 "고인(古人)이 '총애를 받으면 놀랍고 두려운 것처럼 한다.'라고 하였으니,[41] 내 이 마음을 보전하지 못할까 두렵다."라고 하셨다. 현귀한 자리를 번갈아 오르시자, 더욱 근심하면서 스스로 즐거워하시지 못하였다.

41 고인(古人)이……하였으니 : 《도덕경(道德經)》 권상 13장에 "총애와 치욕에 놀라듯 해야 하고 큰 환란을 자신의 몸처럼 귀중하게 여겨야 한다. 총애와 모욕에 놀라듯이 해야 한다는 것은 무엇을 말한 것인가? 총애는 낮은 것이니, 그것을 얻어도 놀라듯 하고 잃어도 놀라듯 해야 한다.〔寵辱若驚, 貴大患若身. 何謂寵辱若驚? 寵爲下, 得之若驚, 失之若驚.〕"라고 하였다.

늘 말이 군친(君親)에 미칠 때면, 목소리를 낮추고 공경을 지극히 하여 마치 말할 수 없는 것처럼 하였다.

소싯적에 주량이 퍽 크셨는데, 예전에 꽃을 구경하고 취하여 돌아오셨을 때 최 부인(崔夫人)께서 지극히 가르치고 경계하시자, 이로부터 연로하실 때까지 한 잔을 넘게 술을 올리게 하신 적이 없었다.

소싯적에 바둑 두기를 좋아하셨는데, 만년에는 물리쳐서 가까이하지 않으셨다.

일찍이 말씀하기를, "내 병술년(1766, 영조42) 이전에는 사장(詞章)에 뜻을 두었었는데, 병술년 이후에는 옛날에 좋아하던 것을 모두 버리고 경전에 전심하였다. 그런데 급제한 이후에는[42] 사무에 정신을 빼앗겨서, 비록 분수에 따라 공력을 들였으나 각고의 노력을 기울이지는 못하였다. 이 때문에 둘 다 성취한 바가 없게 되었다."라고 하셨다.

만년에 더욱 기호(嗜好)를 줄이셔서 한 물건도 마음에 거리낀 것이 없었고, 오직 마음과 생각을 모두 바로잡아 잘 다스리는 공부에 쏟아부으셨다. 늘 탄식하시기를, "소싯적에 혈기에 부림을 받은 것이 열에 여덟, 아홉이었다. 만년에 비로소 학문을 하는 올바른 길을 깨달았으나, 나이가 노년에 이르렀으니 어찌하겠는가."라고 하시고, 마침내 오

42 급제한 이후에는 : 오재순(吳載純)은 1772년(영조48)에 46세의 나이로 탕평정시(蕩平庭試)에 병과(丙科)로 급제하였다.

래도록 탄식하셨다.

모든 일상생활에서의 하나의 말이나 행동에 있어서, 성현의 가르침을 마음속으로 헤아려 이를 따라서 묵묵히 나아가면서도 마치 남이 알까 두려운 것처럼 하셔서 깨끗하게 남겨진 자취가 없었다. 그러므로 그 암암리에 쌓인 실질을 비록 집안사람이라 하더라도 알지 못하였다.

늘 사물을 응접하고 나신 뒤에 반드시 묵묵히 스스로 성찰하셔서, 만약 잘못이 있었으면 그 잘못한 까닭을 궁구하여 완전하게 없앨 것을 생각하셨다.

풀벌레가 방에 들어오면 종을 시켜 숲에 놓아주게 하시고, 죽이지 말도록 경계하셨다.

일찍이 말씀하기를, "군자는 마땅히 남을 사랑하고 만물을 이롭게 하는 것에 마음을 두어야 한다."라고 하셨다.

일찍이 말씀하기를, "비록 심상한 말이라고 하더라도 항상 행여 사람을 상하게 할까 두려워하는[43] 뜻을 지녀야 한다."라고 하셨다.

43 행여……두려워하는 : 《맹자》 〈공손추 상(公孫丑上)〉에 "화살 만드는 사람이 어찌 갑옷 만드는 사람보다 인(仁)하지 못하겠는가마는, 화살 만드는 사람은 행여 사람을 상하지 못할까 두려워하고, 갑옷 만드는 사람은 행여 사람을 상할까 두려워한다."라고 한 데에서 온 말이다.

다른 사람의 잘못이나 사특함을 지적하신 적이 없었는데, 자질(子姪)들에게 혹 이러한 습관이 있으면 반드시 경계하여 다시는 그렇게 하지 않도록 하셨다.

다른 사람을 논할 때 반드시 먼저 그 장점을 거론하셔서, 다른 사람의 한 치나 한 자의 작은 장점과 재능도 반드시 칭양하셨다. 비록 추향(趨向)이 달라 친하지 않은 사람에 대해서일지라도 반드시 "아무개의 아무 일은 훌륭하다."라고 하셨다.

집에서 지내실 적에 밥상의 찬수가 두 가지를 넘지 않았고, 혹 이를 넘으면 반드시 금하셨다.

매해 생신에 집안사람들에게 술상을 마련하지 말도록 경계하셨고, 찬이라 하더라도 더 많이 차리지 않도록 하셨다.

집안사람이 수구(壽具)[44]를 만들고서 또 장차 관재(棺材)를 마련하고자 하였는데, 말씀하시기를 "원구(遠具 장사에 필요한 물품)는 되도록 검약하게 하는 것이 나의 뜻이고, 관재(棺材)의 경우에는 내 일찍이 마음에 몹시 애통하게 여기는 것이 있다. 지난 신미년(1751, 영조27)에 계부(季父)이신 정언공(正言公)께서 북관(北關)의 복사(鵩舍 유배소)에서 고복(皐復)하셨을 때[45] 백목(柏木)의 판을 사용하여 관을 만들었

44 수구(壽具) : 장사 지낼 때에 필요한 옷, 이불, 베개, 버선 등을 말한다.

45 계부(季父)이신……때 : 정언공(正言公)은 오재순(吳載純)의 계부(季父)인 오찬

는데, 반구(返柩)한 후에 관을 바꾸면서도 엄격하게 하여서, 가품(佳品)을 사용하지 못하였다. 내 지금까지도 이를 한스럽게 여긴다. 그러니 나의 원구(遠具)에 어찌 좋은 목판을 사용할 수 있겠는가."라고 하셨다. 또 비단으로 의금(衣衾)을 만들지 말도록 경계하셨다.

신축년에 상제(喪制)를 마치신 뒤에[46] 비로소 집안에서 지팡이를 짚으셨는데,[47] 늘 사당 앞을 지나실 때면 지팡이를 거두어 짚지 않으시고 반드시 종종걸음으로 가셨다.

늘 선영(先塋)에 성묘를 가는 일을 반드시 관직을 그만두어 산관(散官)으로 계신 때에 하셨고, 정고(呈告)[48]함이 없이 갔다가 돌아오셨다. 일찍이 말씀하기를, "나는 재주 없는 사람으로서 몹시 현귀한 지위에

(吳瓚, 1717~1751)으로, 오원(吳瑗)의 이복아우이다. 그는 1751년에 정언(正言)에 제수된 후 징토를 엄히 할 것과 시비를 분명히 할 것 등을 상서(上書)하여 영조의 심기를 불편하게 만들었고, 이어서 사직(司直) 이종성(李宗城)이 흉역(凶逆)들과 어울린다는 상소를 계속 올리고 내수사(內需司)를 파할 것을 청함으로써 급기야 사판(仕版)에서 삭제되고 성문 밖으로 쫓겨났다. 후에 함경도 삼수(三水)로 귀양 보내져, 그곳에서 죽었다.

46 신축년에……뒤에 : 신축년은 1781년(정조5)으로, 오재순(吳載純)이 55세가 되는 해이다. 이보다 두 해 전인 1779년에 오재순의 모친이자 오원(吳瑗)의 계배(繼配)인 전주 최씨(全州崔氏)가 별세하였다.

47 집안에서 지팡이를 짚으셨는데 : 《예기(禮記)》 〈왕제(王制)〉에 "50세가 되면 집안에서 지팡이를 짚고, 60세가 되면 마을에서 지팡이를 짚고, 70세가 되면 나라에서 지팡이를 짚고, 80세가 되면 조정에서 지팡이를 짚는다."라고 하였다.

48 정고(呈告) : 신하가 임금에게 휴가를 청하는 것을 이른다.

올라 이미 털끝만큼도 나라에 보탬이 된 것이 없는데, 이에 도리어 사사로운 일로 주전(廚傳)[49]의 폐해를 열읍(列邑)에 끼치겠는가."라고 하셨다.

광주(廣州) 선영(先塋)의 곡장(曲墻 묘 뒤에 둘러쌓은 담) 뒤에 6, 7개의 무덤 있었는데, 바로 둔촌(遁村)[50]의 후손의 무덤이었다. 여러 해가 지나도록 이장하지 않고서 그대로 금양(禁養)[51] 중에 있었는데, 자손들이 곤궁하고 쇠하여 지키고 돌보지 못하였다. 부군께서는 어느 날 몸소 살피시고는 측은하게 여기셔서, 그 무덤에 나아가 무덤을 가리고 덮은 무성한 잎은 가지와 줄기를 베어내었고, 무덤을 침범한 나무뿌리는 그 원 그루를 베어내었으며, 분묘의 형상이 거의 평이해진 지경에 이른 것은 사토(莎土)를 더하여 변별할 수 있게 하였다. 이어서 글을 지어 자손에게 보이셔서, 이씨(李氏) 무덤의 자손들이 있든 없든 간에 5, 7년을 기준으로 하여 위의 세 가지 일을 따라서 행하고, 대대로 변치 말게 하셨다.

49 주전(廚傳) : '주(廚)'는 음식, '전(傳)'은 역마(驛馬)의 가리킨다. 지방에 나가는 관원에게 경유하는 역참(驛站)에서 음식과 역마를 제공하는 것을 말한다.

50 둔촌(遁村) : 이집(李集, 1327~1387)으로 초명은 원령(元齡), 자는 둔촌, 호연(浩然), 본관은 광주이다. 충목왕(忠穆王) 때 문과에 급제하고 명성을 날렸으나 1368년(공민왕17)에 신돈(辛旽)을 비판하다가 위협을 받자 영천(永川)으로 피신하였고, 1371년에 신돈이 주살되자 개경(開京)으로 돌아와 판전교시사(判典校寺事)에 등용되었으나 곧 사직하고 여주(驪州)에서 학문을 닦았다. 저서로 《둔촌집》이 있다.

51 금양(禁養) : 특정 지역의 산림에 수목의 벌채, 분묘의 설치, 농지의 개간, 토석(土石)의 재취 등을 금지하고, 수목 특히 소나무의 재식(栽植)과 육성(育成)에 힘쓰는 일을 말한다.

선영(先塋)이 소재한 읍재(邑宰)를 극진히 존경하여서, 만약 와서 알현하면 반드시 의관을 갖추시고서 뜰에 내려가 맞이하고 전송하셨다. 매부(妹夫) 심이진(沈以鎭) 공이 양성(陽城)의 수령이 되었을 때에도[52] 이처럼 하셨다.

일찍이 말씀하기를, "성인(聖人)의 도(道)가 주자(朱子)에 이르러 크게 밝아졌으니, 이를 비방하고 업신여기는 사람은 실로 사문(斯文)의 죄인이다. 사문의 죄인일 뿐만이 아니라, 바로 그 아버지와 할아버지가 일찍이 부모와 신명처럼 존경하고 믿으며 아끼고 사모하였던 대상이고 보면, 또한 그 집안의 죄인이라고 할 만하다.

일찍이 말씀하기를, "근래 조반(朝班)의 행렬에 있다가 농담하는 말이 정주(程朱)까지 범하는 것을 들었다. 이는 수십 년 전에는 없던 일이다. 세도(世道)가 이에 이르렀으니, 참으로 한심할 만하다."라고 하셨다.

일찍이 희상(熙常)에게 《주역(周易)》 건곤(乾坤)의 괘효(卦爻)의 뜻을 대략 전수해주시고, 이어서 경계하시기를 "이처럼 반복하여 추구하면 《주역》의 대의(大義)를 알 수 있을 것이다. 그러나 경전(經傳)에 이미 정주(程朱)가 이루어놓은 설(說)이 있으니, 너희들이 독실하게 믿고 삼가 지켜서 침잠하여 체득하기를 바랄 따름이다. 절대 자신의

52 매부(妹夫)……때에도 : 심이진(沈以鎭, 1723~1768)은 오재순(吳載純)의 매부이자 오원(吳瑗)의 사위로, 1766년(영조42)에 양성 현감(陽城縣監)에 제수되었다. 《承政院日記 英祖 42年 12月 17日》

설을 창립하기를 좋아해서는 안 된다."라고 하셨다.

일찍이 말씀하기를, "오자서(伍子胥)가 시신에 매질한 일[53]은 난역(亂逆) 중에서도 큰 것이라 할 만하니, 어찌 효(孝)가 될 수 있겠는가. 세상에 혹 오자서의 이 일을 논하여 효라고 하는 사람이 있으니, 이 의론이 만약 성행한다면 크게 세도의 해악이 될 것이다."라고 하셨다.

젊은 사람을 보시면 반드시 경서(經書)를 읽기를 권하여서 간곡히 타일러 마지않으셨다.

세간에 있는 권모술수를 모르셨는데, 혹 하나라도 이런 경우를 보시면 몹시 미워하셔서, 뱀이나 지렁이가 몸에 가까이 온 것처럼 여기실 뿐만이 아니었다.

자제를 가르쳐서 말씀하시길, "역(易)의 도(道)를 한마디 말로 총괄하자면, '위태롭게 여기는 자를 평안하게 하고, 쉽게 여기는 자를 기울어지게 한다.'[54]라는 것이다. 그러므로 사람이 늘 경계하고 두려워하는 뜻을 보존할 수 있으면 절로 이치를 거스르고 도(道)를 어기는 일이 없게 될 것이고, 또한 자기 몸을 보전하고 집안을 부지할 수 있을 것이

53 오자서(伍子胥)가……일 : 오자서는 전국 시대 초(楚)나라 사람으로, 평왕(平王)이 무고하게 아버지와 형을 죽이자, 아버지의 원수를 갚기 위해 오(吳)나라로 망명하여 재상이 되어 오왕 합려(闔廬)를 도와 초나라를 정벌하고 아버지의 원수인 평왕의 묘를 파헤쳐 시체에 300대의 곤장을 가하였다. 《史記 卷66 伍子胥列傳》

54 위태롭게……한다 : 이 말은 《주역(周易)》 〈계사전 하(繫辭傳下)〉에 보인다.

다."라고 하셨다.

역대의 제왕(帝王)을 논하실 적에, 걸(桀)·주(紂)·진시황(秦始皇)·수 양제(隋煬帝)와 같은 부류가 아니라면 그 이름을 가벼이 부르신 적이 없으셨다.

말이 전배(前輩)에 미치면, 비록 평소에 존경하고 우러르던 이가 아니라 하더라도 성명(姓名)을 함부로 부르신 적이 없으셨다. 동시대의 사람은 10년 이상 연장자일 경우에는 자(字)를 부르신 적이 없었으며, 비록 자신보다 연소한 사람일지라도 존귀한 지위에 올랐으면 평소 말씀하실 때에 반드시 존칭하셨다. 평소에 또 조롱하며 너나들이하는 교유가 없으셨다.

문하의 천하고 어린 사람일지라도 누워서 절을 받으신 적이 없었다.

이서(吏胥)나 예속(隷屬), 천한 품급(品級)의 사람이라 하더라도 말이 그의 어버이에 이르면 반드시 공경하는 뜻을 지극히 하셨다.

용궁(龍宮)을 다스리실 때에[55] 마침 기근이 들었는데, 부군께서는 진실한 마음과 은혜로써 구휼하여 품어 보호하셔서 백성들 중에 굶어

55 용궁(龍宮)을 다스리실 때에 : 오재순(吳載純)은 1768년(영조44)에 용궁 현감(龍宮縣監)이 되었고, 1770년(영조46)에 사직하고 돌아왔다. 《老洲集 卷19 文靖公府君行狀》

죽거나 유리한 이가 없었는지라, 지금까지도 남겨진 은혜를 칭송하는 소리가 줄어들지 않고 있다.

광주(廣州)를 다스리실 때에[56] 연세와 지위가 이미 높았지만 관무(官務)를 하찮게 여기지 않으시어, 즉시 글을 지어 교궁(校宮)에 게시하여 제생(諸生)에게 학문을 권하셨고, 환곡의 상환을 반드시 몸소 임하여 살피고 아전이 간교를 부리지 못하게 하여, 백성들이 모두 돌아감에 남은 곡식이 있었다. 부임하신 지 겨우 수십 일 만에 칭송하는 소리가 길에 가득하였다.

내각(內閣 규장각)에 계신 것이 가장 오래셨는데, 성상께서 곧잘 집안사람의 예(禮)로 각신(閣臣)들을 불러 접견하시니, 부군께서는 시종 머뭇거리며 물러나셔서, 때에 맞지 않게 뵌 적이 없으셨다.

을사년(1785, 정조9)에 순암(醇庵)이라는 호(號)를 지수(祗受)하였고, 병오년(1786, 정조10)에 또 우불급재(愚不及齋)라는 호를 지수하였다. 모두 편액하고 나서 글을 지어 그 일을 기록하시면서[57] 말씀하기를, "이는 감히 자랑하는 것이 아니다. 남겨서 자손들에게 보여서 그 보답을 힘쓰게 하고자 함이다."라고 하셨다.

56 광주(廣州)를 다스리실 때에 : 오재순(吳載純)은 58세 때인 1784년(정조8)에 광주부윤(廣州府尹)이 되었다. 《老洲集 卷19 文靖公府君行狀》

57 글을……기록하시면서 : 오재순(吳載純)의 문집 《순암집(醇庵集)》 권5에 〈사호기(賜號記)〉가 실려 있다.

정미년(1787, 정조11) 회갑일에 성상께서 회갑연에 쓸 물건을 하사하시어 마침내 뒤미처 회갑연을 마련하였다. 연회일에 또 일등악(一等樂)[58]을 하사하시고 각신(閣臣)들에게 잔치에 가기를 명하시니, 사람들의 의론이 모두 전(箋)을 올려 사례하지 않아서는 안 된다고 하였는데, 부군께서는 말씀하기를, "천신(賤臣)이 금일 받은 총명(寵命)은 세상에 지극히 드문 것이어서 분수에 넘치니, 또 글에 장황하게 드러내어서는 안 된다. 움츠리고서 감축하는 것만 못하다."라고 하셨다. 연회가 끝나자, 내정(內庭)과 외정(外庭)에 자리를 펼치고 여러 자질(子姪)과 부녀(婦女)를 이끌고서 북향하여 하늘을 우러러 네 번 절하셨다.

일찍이 자식들에게 가르치시기를, "내가 성군(聖君)의 특별한 대우를 입어 지위가 이에 이르렀으니, 요행으로 분수에 넘치게 됨이 극에 달하였다. 마땅히 인책(引責)하여 관직을 그만두어야 하겠으나 이미 그렇게 하지 못하였으니, 실로 종신토록 심력을 다하고자 하지만 재주가 없음에 어찌하겠는가. 부디 우리 자손들은 대대로 충정(忠貞)을 독실하게 지켜서 조정에서든 재야(在野)에서든 일심으로 나라를 향하여 조금이나마 나의 운결(隕結)[59]의 뜻을 갚아주기를 바란다.

58 일등악(一等樂) : 기로연(耆老宴) 등에 임금이 정재(呈才)·여기(女妓)·악공(樂工) 등을 보내는 것을 사악(賜樂)이라고 하는데, 총 네 등급이 있으며, 그중에서 악사(樂師) 1인, 여기 230인, 악공 10인을 내리는 것을 일등악이라 한다.

59 운결(隕結) : '운수결초(隕首結草)'의 준말로, 살아서나 죽어서나 은혜를 갚겠다는 말이다. 진(晉)나라 이밀(李密)이 조모(祖母)의 봉양을 위해 벼슬을 사직하면서 올린 〈진정표(陳情表)〉에 "조모의 여생을 끝까지 보전할 수 있게만 된다면, 신은 살아

일찍이 말씀하기를, "세상 사람들 가운데 자제들이 과거에 합격하여 벼슬하기를 바라는 이들이 많지만, 세가(世家)를 하나하나 꼽아보건대 대대로 높은 벼슬에 오르면서 능히 그 집안의 명성을 지켰던 경우가 거의 없다. 우리 집안은 대대로 청렴하고 삼가며 겸손하고 검약하는 것을 전수할 가법으로 삼아, 항상 하나라도 혹 실추할까 두려워하기를 마치 깊은 못에 임하고 얇은 얼음을 밟는 것처럼 할 뿐이 아니었다. 그러므로 감히 분수에 넘치는 바람을 지니지 못하는 것이다."라고 하셨다.

연상(淵常)이 을사년(1785, 정조9)에 연이어 반시(泮試)[60]에 나아가 받은 점수가 가장 많았는데, 불러서 경계하시기를, "네 나이가 아직 어리고 정문(程文)을 아직 익히지 못하였는데 시험관이 누차 우등에 두었으니 이것이 어찌 네가 글을 잘 지었기 때문이겠느냐. 그 부형(父兄)의 마음을 기쁘게 하고자 해서이다. 세상에 노유(老儒)로서 낙방하여 굽혀진 이가 얼마나 많겠느냐. 그런데 네가 그 앞을 차지하였으니, 내 어찌 마음에 편안하겠느냐. 우선 과장(科場)에 나아가지 말지어다."라고 하셨다. 그 후에 또 상생(庠生)으로 응강(應講)하여 성상의 지우를 입으니, 사람들이 오래지 않아 과거에 급제할 것이라 기대하였는데, 부군께서는 근심하면서 말씀하기를, "이른 나이에 급제하는 것

서는 목숨을 바쳐 충성을 다하고 죽어서는 결초보은할 것입니다.〔卒保餘年, 臣生當隕首, 死當結草.〕"라고 한 데서 온 말이다. 《古文眞寶後集 卷1》

60 반시(泮試) : 성균관에서 숙식하며 수학하는 유생들에게 보이는 제술(製述) 시험을 이른다.

은 자신과 가문에 있어서 복이 아니다."라고 하셨다. 늘 강연(講筵)에서 물러 나와 뵈면, 그때마다 말씀하시기를, "내가 너의 낙방을 기뻐하는 마음이 다른 사람이 그 자식의 급제를 기뻐하는 마음보다도 훨씬 크다."라고 하셨다.

연세가 높아지실수록 공부를 더욱 독실히 하셨으면서도, 날을 부족하게 여기시는 뜻이 있으셨다. 경전(經傳)에 잠심하여 힘써 생각하여 실천하시면서 부지런히 힘쓰셔서, 그만두고자 하여도 그렇게 하지 못하여 혹 새벽까지 잠들지 않으시면서도 피곤한 줄을 알지 못하셨다. 숙직을 하시거나 혹 명을 받들고 외직으로 나가시더라도 반드시 경서(經書)를 지니고 가셨으며, 패관잡기(稗官雜記)[61]를 궤안(几案)에 가까이하지 않으셨다.

종일 공무를 보시느라 책을 대하지 못하시면 속으로 성훈(聖訓)을 외면서 의리(義理)를 생각하여, 만약 의심스럽고 명백하지 못한 부분이 있으면 집에 도착하여 촛불을 잡고서 끝까지 보시고서야 그만두셨다.

전조(銓曹)에 계셨을 때에 매위(韎韋)[62]가 문에 가득하여 시끄럽게 떠들면서 소란스러웠는데, 조금이라도 그치면 그때마다 초연히 단정하게 앉아서 경전을 펼쳐 완미하심에 의기(意氣)가 한가롭고 고요하여,

61 패관잡기(稗官雜記) : 원문의 '수(雖)'는 '잡(雜)'의 오자로 보았다.

62 매위(韎韋) : 붉은 숙피(熟皮)로 만든 군복으로, 무인(武人)이나 군인을 지칭한다.

거의 자신이 중임(重任)을 맡고 있다는 것도 깨닫지 못하셨다.

전조(銓曹)를 맡으셨을 때, 매번 정주(政注)[63]하실 적에 반드시 관료들에게 물으셨다. 어떤 사람이 권력이 아랫자리로 옮겨 간다고 말하자, 부군께서는 "이는 바로 권력을 좋아하는 말이니, 나는 진정 권력이 나에게 있는 것을 싫어한다. 또 국가에서 삼당(三堂)[64]을 설치한 것이 어찌 공연한 것이겠는가. 미치지 못하는 것을 서로 보좌하게 하고자 해서이다. 내 이미 성심으로 조언을 구하였으니, 저들이 어찌 나를 그르치겠는가."라고 하셨다.

전후로 열 번 전조(銓曹)를 맡으시면서 한 터럭만큼도 스스로 이롭게 하는 사사로운 뜻을 두지 않으셔서, 혹 남에게 속임을 당할지언정 자신의 사심을 따르려 하시지 않으셨다. 청탁하는 사람이 있으면 그때마다 사양하시면서, "관작(官爵)은 공기(公器)이니, 내가 사사롭게 할 수 있는 것이 아니다."라고 하셨다. 모든 벼슬을 임명하는 일들을 임명에 앞서 말씀하신 적이 없으셨고, 임명 후에는 덕을 과시하는 기색을 보이신 적이 없었다. 어떤 사람이 혹 관직을 제수받고서 와서 사례하면 그때마다 안색을 장엄하게 하여 관심이 없음을 보이셨다.

관직에 계실 때에 잘된 일이 있으면 겸양하여 남에게 미뤄주셨고, 잘

63 정주(政注) : 인물을 심사하여 벼슬아치에 대한 임면(任免)과 출척(黜陟)을 결정하는 일을 말한다.

64 삼당(三堂) : 각조(各曹)의 판서·참판·참의를 말한다.

못된 일이 있으면 이끌어 와서 스스로 탓하셨다. 혹 하리(下吏)가 일을 잘 거행하지 못한 일로 인하여 견책을 받아 파직되는 지경에 이르시더라도 추문(推問)하여 죄를 다스리지 않으셨다.

범사에 그 실질은 있되 그 이름은 없애고자 하셨고, 또 잘못을 가리고 졸렬함을 감추려는 뜻을 두신 적이 없었다.

모든 일에 있어서 평탄하고 곧은 도리만을 쓰셔서, 숨기고 에두르는 일을 몹시 싫어하셨다. 일찍이 말씀하기를, "세상에 사사로운 지혜를 쓰기 좋아하여 날로 남몰래 교묘히 속이는 데로 나아가는 자들은 걸핏하면 반드시 《주역(周易)》 〈계사전(繫辭傳)〉의 '기사불밀(幾事不密)' 한 구(句)[65]를 가지고서 핑계를 댄다. '밀(密)'이 '자세하고 신밀하여 성글지 않다.'라는 뜻임을 전혀 알지 못하고서 오로지 '비밀'이라는 뜻으로 보아 말하니, 어쩌면 그리고 잘못되었단 말인가."라고 하셨다. 혹 조반(朝班)의 행렬에서 남들이 무릎을 맞대고 귀를 가까이 대는 자태를 보면, 깊이 세도를 위해 근심하셨다.

모든 관장하신 제사(諸司)에 있어서 월봉(月俸) 외에는 한 터럭도 범하지 않으셨고, 혹 뜻밖의 사용이 있으면 사소한 물건일지라도 반드시 봉급으로 갚으셨다.

65 주역(周易)……구(句) : 《주역》 〈계사전(繫辭傳)〉 제8장에 "기미(幾微)의 일이 신밀(愼密)하지 않으면 해로움이 이루어진다. 이 때문에 군자는 신밀하여 말을 함부로 내지 않는 것이다.〔幾事不密則害成. 是以君子愼密而不出也.〕"라고 한 것을 가리킨다.

수어사(守禦使)가 되셨을 때에,[66] 군영의 저축이 바닥이 나 한 해의 봉납(捧納)이 한 해의 비용을 지탱할 수가 없어서, 늘 각 창고에서 빌려 썼다가 새로 봉납을 받기를 기다려서 도로 갚아, 이것이 곧 연례(年例)를 이루었다. 부군께서는 마침 흉년이 든 데다가 윤삭(閏朔)이 있는 해를 당하였으므로, 급료의 지급이 평년에 비하여 크게 줄어들었을 뿐만이 아니었다. 또 군병(軍兵)의 복색 및 남한산성의 창고와 관아가 헐고 무너진 것을 전임자들이 늘 급하지 않은 일이라고 하여 그대로 내버려 두었는데, 부군께서 이를 새롭게 바꾸신 것이 많았다. 이 때문에 각 창고의 빌려 쓴 것이 몹시 많았으므로 사람들이 갚기 어려울 것이라고 걱정하였다. 부군께서는 이미 용도를 절약하셨으며, 야소고(冶所庫)의 저축과 남한산성의 소모비용의 경우에는 세상에서 일컫기를 대장이 사사로이 사용하는 것이라 하였으되, 한 자의 포백이나 한 말의 곡식도 집에 들이지 않으셨다. 별세하신 뒤에 이르러[67] 저축해 두었던 것이 2700여 냥이 있었으므로, 신봉(新捧)을 범하지 않고서도 빌려 쓴 것을 모두 갚았고, 그리고서도 천여 냥이 남아있었다. 군관들이 서로 울면서 이르기를, "이 수어사의 집안의 세상에 드문 맑은 덕행을 어찌 사라지고 말게 할 수 있겠는가."라고 하고, 마침내 저축하여 별도의 기록을 만들어 훗날의 국용(國用)에 대비하였다.

66 수어사(守禦使)가 되셨을 때에 : 오재순(吳載純)은 1791년(정조15)에 수어사(守禦使)에 제수되었다.

67 별세하신 뒤에 이르러 : 오재순(吳載純)은 수어사(守禦使)에 처음 제수된 지 이듬해인 1792년(정조16)에 별세하였다.

아랫사람을 다스릴 때 인자함으로 품으시고 신의로 이끄셔서, 가르치시려는 뜻이 늘 위엄으로 꾸짖는 것보다 먼저 있었다. 그러므로 이서(吏胥)와 하례(下隷) 중에 감격하여 기뻐하면서 아끼고 추대하지 않는 이가 없었다. 만약 법을 어기는 자가 있으면, 그 죄의 경중에 따라서 조사하여 다스리시되, 갑자기 제태(除汰)[68]하신 적이 없으셨다. 노복들은 형벌이나 위엄에 맡기지 않더라도 스스로 두려워 그칠 줄을 알았으되, 만에 하나라도 세력을 믿고 기세를 부리는 일이 있으면 벌하고 물리쳐서 조금도 가차를 두지 않으셨다.

평생 집안사람에게 산업(產業)에 대해 묻지 않으셨다.

어떤 사람이 후한 값으로 가장(家莊)을 구매하려고 하였는데, 부군께서는 이를 들으시고는 집안사람을 신칙하여 단지 본래의 값만 받고서 팔도록 허락하셨다.

재상이 되셨을 때 집안사람을 경계하여 말씀하기를, "내 하사받은 집에서 거처하고 하사받은 땅에서 난 것을 먹어서 피부와 뼈에 스며든 것이 모두 국은(國恩)이니, 어찌 이 읍봉(邑俸)을 이롭게 사용하여 척촌(尺寸)의 이익을 늘릴 수 있겠는가."라고 하셨다. 또 집안사람에게 누에를 기르고 남새밭을 다스리는 것을 금하시면서 말씀하기를, "녹을 먹는 집안이 어찌 백성과 이익을 다툴 수 있겠는가. 고인(古人)

68 제태(除汰) : 어떤 잘못이 있는 하속(下屬) 등을 규정에 따라 그 자리에서 내쫓는 것을 말한다.

이 채소를 뽑은 일[69]이 참으로 본받을 만하다."라고 하셨다.

일찍이 말씀하기를, "물아(物我)의 구분이 분명한 것은 식견이 작은 데서 말미암는 것이다."라고 하셨다.

자신의 생활에 있어서는 몹시 검약하셔서, 거처와 기물을 석갈(釋褐)[70]하신 뒤에도 전과 다르지 않게 하셨다. 높고 현귀한 지위에 이르시자 두렵게 여기는 마음을 더욱 보존하셔서 검약함이 거의 더욱 지나치실 정도였다. 옷은 겹겹이 입지 않으셨고 그릇에는 진수성찬을 진열하지 않으셨으며, 낡은 벽과 허물어진 문을 수리하지 않으셨다.

횡역이 이르면 그때마다 자신에게 돌이켜서 말씀하시길, "돌아보건대 내 마음이 정성을 다하지 못하였기 때문이니, 만일 능히 정성을 다한다면 하늘도 감격하게 할 수 있거든, 하물며 사람에 있어서겠는가."라고 하셨다. 또 말씀하기를, "저촉되는 곳이 공부하기에 가장 좋다."라고 하면서 하나하나 마음을 평안하게 하고 기운을 평이하게 하여, 끝

69 고인(古人)이……일 : 노(魯)나라 정승이었던 공의휴(公儀休)가 자기 집의 채소가 맛이 좋은 것을 보고는 남새밭의 채소를 모두 뽑아 내버리고, 자기 집에서 짠 옷감이 좋은 것을 보고는 베틀을 불태워 버리면서, "벼슬아치의 집에서 이렇게 한다면 어떻게 농민이나 길쌈하는 아낙들이 재물을 저축할 수 있겠는가."라고 말했다는 고사가 있다. 《史記 卷119 公儀休列傳》

70 석갈(釋褐) : 신분이 낮은 사람이 입는 옷인 갈옷을 벗고 관복을 입는다는 뜻으로 벼슬에 처음 입사(入仕)함을 이르는 말이었는데, 후대에는 문과에 급제한 자들에게 모두 새 옷을 입혀 유가(遊街)를 시켰으므로 문과에 급제함을 이르는 말로도 사용하였다.

내 자신을 옳게 여기고 남을 탓하는 뜻이 없으셨다.

일찍이 비궁(閟宮 종묘)에서 헌관(獻官)이 되셨을 적에, 평소 알던 한 척신(戚臣)이 천조관(薦俎官)으로 와서 함께 주선하였는데, 사적인 말을 건네지 않고 물러나셨다.

심진현(沈晉賢), 임도호(林道浩) 등의 사람들이 상소를 올려 부군을 배척한 적이 있었는데,[71] 그 후 부군께서 그들을 대하실 때에 기색을 드러내지 않으시고 말씀하기를, "은혜와 원망을 분명하게 하는 것은 단지 협소한 것이다."라고 하셨다.

무릇 고금의 인물을 논하실 때 반드시 기량(器量)을 먼저 논하셨다. 전대(前代)에 있어서는 곽 분양(郭汾陽)[72]과 서 중산(徐中山)[73]의 사

71 심진현(沈晉賢)……있었는데 : 1786년(정조10) 2월에 오재순(吳載純)이 대사헌(大司憲)으로 있으면서 양사(兩司)가 합계하여 우덕하(禹德夏)의 옥사(獄事)를 논하고, 홍낙성(洪樂性)을 처벌할 것을 주장하였는데, 부교리(副校理) 심진현(沈晉賢)이 상소를 올려, 양사의 장관이 연명 차자의 초본을 대료에게 내보이면서 논의하였다고 논핵하였고, 오재순이 이로 인해 삭직된 적이 있었다.《日省錄 正祖 10年 2月 11, 12, 17日》 또 1789년(정조13)에 오재순이 이조 판서로 있으면서 윤시동(尹蓍東)을 관직에 주의(注擬)하였는데, 사간원 헌납(司諫院獻納) 임도호(林道浩)가 윤시동을 의망한 전관이라 하여 그 잘못을 논한 일이 있었다.《正祖實錄 13年 6月 28, 30日》 이에 관한 내용은 본집 권19 〈문정공 부군 행장(文靖公府君行狀)〉에도 자세하다.

72 곽 분양(郭汾陽) : 당(唐)나라 곽자의(郭子儀, 697~781)를 말하는데, 안녹산(安祿山)과 사사명(史思明)이 일으킨 난을 평정한 뒤에 분양왕(汾陽王)에 봉해졌기 때문에 이렇게 부르는 것이다.《新唐書 卷137 郭子儀列傳》

람됨을 가장 칭찬하셔서 따로 입전(立傳)하여 살펴볼 수 있도록 하고자 하였으나 시행하지 못하셨다.

소싯적에 문장을 전공하셨으나, 당세에 명성을 얻는 것을 좋아하지 않으셨다. 문(文)은 사마천(司馬遷)과 한유(韓愈)를 기준으로 삼으셨고, 시(詩)은 당인(唐人)을 전범으로 삼으셨다. 남 문청공(南文淸公) 유용(有容)이 몹시 찬탄하고 칭찬하시면서, "문로(門路)의 순정(純正)함과 전형(典刑)의 고아함이 소년인 문사(文士) 중에서 거의 짝할 이를 찾기 어렵다."라고 하였다. 만년에는 문장을 그만두어 다시 다스리지 않으셔서, 비판(碑版)이나 지장(誌狀)을 와서 부탁하는 사람이 있으면 그때마다 사양하셨다.

일찍이 희상(熙常)을 가르치시면서 말씀하기를, "성인(聖人)을 배우는 공부는 그 방도가 쉽고 분명한데, 사람들이 지성(至誠)으로 구하지 않는 것이 문제이다. 만약 능히 지성으로 구한다면, 절로 분명하게 성인(聖人)이 되는 도리가 있을 것이다."라고 하셨다.

또 말씀하기를, "배우는 이의 최초의 입문(入門)은 오직 마음을 진실하게 하는 데에 있다."라고 하셨다.

73 서 중산(徐中山) : 중산왕(中山王)에 봉해진 명(明)나라의 개국 공신 서달(徐達, 1332~1385)을 말한다. 농민 출신으로 주원장(朱元璋)을 도와 많은 전공(戰功)을 세웠다. 명 태조(明太祖) 홍무(洪武) 3년(1370)에 신국공(信國公)에서 위국공(魏國公)으로 진봉(進封)되고, 죽은 뒤 중산왕에 추봉되었다. 《明史 卷125 徐達列傳》

또 말씀하기를, "무릇 성현의 말씀을 볼 때 마땅히 힘써야 할 곳에 착안하여 침잠하여 반복해서 어떻게 공력을 들여야 하는지를 구하여야 한다. 만약 위태하고 불안하면 필시 본지(本旨)를 얻지 못하게 될 것이니, 마땅히 더욱 마음을 씻어내고 생각을 쌓아서 체득하여 궁구해야 한다. 단지 문의(文義)의 득실에만 관계된 경우에는 굳이 지나치게 정신을 쓸 것이 없다."라고 하셨다.

또 말씀하기를, "세상의 유자(儒者)들이 경전(經傳)에 있어서 대부분 다시는 성인(聖人)이 입언(立言)한 뜻을 성심(誠心)으로 구하여 체득하여 실천하지 않고, 단지 세세한 지엽(枝葉)을 변별하고 다투어서 문의(文義)에 천착하고 자기 견해를 추구하여 어지럽게 뒤섞이는데도 스스로 알지 못하니, 성인(聖人)의 말씀이 어느 때에나 밝아질 수 있겠는가. 책을 대함에 나도 모르게 장탄식을 하노라."라고 하셨다.

또 말씀하기를, "내가 소싯적에 망령되이 생각하길, '《역(易)》은 천(天)과 인(人), 도(道)와 법(法)의 근원이므로 배우는 이가 몰라서는 안 된다'고 하여 때로 취하여 읽었는데, 만약 들어갈 수 있는 틈이 없으면 그때마다 그만둔 것이 여러 번이었다. 최후에는 마침내 허다한 주(註)의 내용을 제쳐두고, 〈설괘(說卦)〉를 익숙하게 본 뒤에 다시 각 괘(卦)를 읽으니, 비로소 칼을 들이대는 대로 곧장 쪼개지는 것과 같은[74] 기쁨이 있게 되었다."라고 하셨다.

74 칼을……같은 : 파죽지세로, 어떤 일이 쉽게 해결되는 것을 말한다. 《진서(晉書)》 권34 〈두예열전(杜預列傳)〉에 "대나무를 자를 때 몇 개의 마디만 지나가면 모두 칼을

또 말씀하기를, "일신(一身)으로부터 만사(萬事)에 이르기까지 모두 정해진 이치가 있으니, 정해진 이치를 알아서 이를 유구하게 지켜야 한다."라고 하셨다.

또 말씀하기를, "배우는 이는 마땅히 해야 할 바를 할 뿐이니, 외면의 훼방이나 칭찬은 단지 아득한 하늘에 맡겨버리는 것이 옳다."라고 하셨다.

또 말씀하기를, "배우는 이는 비록 아주 짧은 시간일지라도 계구(戒懼)[75]의 뜻을 잊어서는 안 된다. 내가 평소 전전긍긍하는 것은 한 번이라도 혹 이 뜻을 지키지 못할까 해서이다."라고 하셨다.

또 말씀하기를, "선유(先儒)들이 학문을 논하면서 비록 '내면과 외면을 모두 잘 닦아야 한다.'라고 하였으나, 내면을 닦는 공부를 마땅히 더욱 힘써야 한다."라고 하셨다.

또 말씀하기를, "선비는 마땅히 견식을 중히 여겨야 하니, 견식이 없으면 실천하고자 하더라도 그럴 수가 없다. 그러나 내가 말하는 '견식'이란, 심(心)과 성(性), 이(理)와 기(氣)의 구분을 알고 명물(名物)과

들이대는 대로 곧장 쪼개진다.〔〔破竹, 數節之後, 皆迎刃而解.〕"라고 하였다.

75 계구(戒懼) : 계신공구(戒愼恐懼)를 줄인 말로, 《중용장구》 제1장에 "군자는 보지 않을 때에도 경계하고 삼가하며, 듣지 않을 때에도 두려워하는 것이다.〔君子戒愼乎其所不睹, 恐懼乎其所不聞.〕"라고 하였다.

도수(度數)의 글을 아는 것을 이르는 것이 아니다. 어버이를 섬기고 임금을 섬기는 것에서부터 남을 접하고 사물에 대처하는 것에 이르기까지와, 평소의 말과 행동에서부터 환난(患難)과 비상(非常)한 일에 이르기까지에 모두 각각 십분 당연한 도리가 있다. 만약 일마다 궁구하여 헤아릴 수 있다면, 훗날 마주치는 상황마다 알고 생각함이 분명하여 응당 어긋남이 없을 것이니, 이것이 이른바 '참된 견식'인 것이다. 만약 문자상의 자질구레한 지견(知見)을 가지고서 곧 자신을 자랑하고 남을 상대한다면, 도리어 견식이 없는 것이 질박함에 가까워 허물이 적은 것만 못하다."라고 하셨다.

또 말씀하기를, "배우는 것은 다름 아니라 이것을 알아서 이것을 행하는 것일 뿐이다. 그런데 이것을 알아서 이것을 행하는 것은 마음과 언행에서 벗어나지 않으니, '마음을 보존함〔存心〕'과 '말을 삼감〔愼言〕'과 '행실을 삼감〔謹行〕' 이 세 가지는 바로 천고의 성현(聖賢)이 전해온 학문의 비결이다. 경전(經傳) 상의 수많은 말이 그 귀취(歸趣)를 따져보면 이 세 가지를 벗어나지 않는다. 그러니 진실로 이를 가지고서 공력을 들이기를 한순간도 끊어짐이 없게 하여서, 마음이 보존되지 않음이 없어 말에 허물이 없고 행실에 잘못이 없을 수 있다면, 어찌 성인(聖人)의 경지에 끝내 발돋움하여 미칠 수 없을까 걱정할 것이 있겠는가. 그러나 기품(氣稟)에는 지혜로움과 어리석음이 있고, 연수(年數)에는 장수함과 요절함이 있다. 그러므로 '법도대로 행하고 천명을 기다린다.'[76]라고 한 것이다."라고 하셨다.

76 법도대로……기다린다 : 《맹자》 〈진심 하(盡心下)〉에 "군자는 법도(法度)대로 행

또 말씀하기를, “늘 스스로 말과 행동상의 과실을 점검해보면, 대부분 마음이 보존되지 못한 때에 있었으니, 이는 다름이 아니라 이(理)가 마음을 주재(主宰)하지 못하였기 때문이다. 그러므로 학문의 공부는 방심(放心)을 구하는 것이 가장 중대하다.”라고 하셨다.

또 말씀하기를, “후세의 학문하는 이들이 덕(德)을 이루기 어려운 것은, 절실하고 가까운 곳에서 절박하게 공부하지 못하는 데서 말미암는다.”라고 하셨다.

일찍이 쓸쓸히 말씀하기를, “내 사학(斯學)에 있어서 만약 연마하고 강론하는 보익(補益)을 얻었다면 거의 진보하는 바가 있을 수 있었을 터인데, 이러한 보익이 없었다. 근래 노쇠함에 때로 울울한 마음을 견딜 수 없다.”라고 하셨다.

늘 《맹자》의 요순성자야장(堯舜性者也章)[77]을 작게 읊으시면서 말씀하기를, “슬퍼함은 산 사람이 보기에 훌륭하기를 위해서가 아니며,

하고서 천명을 기다릴 따름이다.〔君子行法以俟命而已矣.〕”라고 하였다.

77 맹자의 요순성자야장(堯舜性者也章) : 《맹자》 〈진심 하(盡心下)〉에 “요순은 성품대로 한 분이고, 탕무는 돌이킨 사람이다. 동용(動容)하고 주선(周旋)함이 예(禮)에 맞는 것은 성덕(盛德)이 지극한 것이니, 죽은 자를 곡(哭)하여 슬퍼함이 산 자를 위해서가 아니요, 떳떳한 덕(德)을 지키고 간사하지 않음이 녹(祿)을 요구해서가 아니며, 언어(言語)를 반드시 미덥게 하는 것이 행실을 바르게 하려고 해서가 아니다. 군자(君子)는 법(法)을 행하여 명(命)을 기다릴 뿐이다.〔堯舜性者也, 湯武反之也. 動容周旋中禮者, 盛德之至也, 哭死而哀, 非爲生者也, 經德不回, 非以干祿也, 言語必信, 非以正行也. 君子行法以俟命而已矣.〕”라고 한 글을 가리킨다.

떳떳한 덕은 이록(利祿)을 구해서가 아니며, 말을 반드시 미덥게 하는 것은 자신의 행실을 바르게 하려고 해서가 아니니, 단지 천리(天理)의 당연함을 따르는 것일 뿐이다. 이를 읊조리고 탄식하며 깊이 음미함에 무한한 감발(感發)이 있다."라고 하셨다.

제헌(霽軒) 심공(沈公 심정진(沈定鎭))이 일찍이 부군께서는 기린의 마음과 거북의 덕을 지녔다고 하셨는데, '기린의 마음'은 어질어 남을 해치지 않는다는 뜻이고, '거북의 덕'은 그 성정(性情)이 고요하여 남이 알아줌을 구하지 않는다는 뜻이었다.

또 일찍이 불초에게 말씀하기를, "존대인(尊大人)께서는 우리와 같은 분이 아니셨다. 천분(天分)이 높으셔서 거의 상세(上世)의 인물이셨으니, 우리 조정의 저명한 석학 중에도 나란히 짝할 사람이 드물다."라고 하셨다.

또 말씀하기를, "존대인(尊大人)께서는 거의 적자(赤子)의 마음을 잃지 않으셨다고[78] 할 만하다."라고 하셨다.

부군께서 젊으셨을 적에, 배와(坯窩) 김공(金公) 상숙(相肅)이 탄식하며 말하기를, "넓고 큰 기개와 도량을 보면, 마치 낭묘(廊廟)에 앉아

78 적자(赤子)의……않으셨다고 : '적자의 마음'이란 어린아이처럼 천진하고 거짓이 없는 마음을 말한다. 《맹자》 〈이루 하(離婁下)〉에 "대인은 그 적자의 마음을 잃지 않는 자이다.〔大人者不失其赤子之心者也.〕"라고 하였다.

백성을 안정시킬 수 있을 듯하지만 그러한 지위가 없으며, 홀로 고요하고 묵묵히 있으면서 외물의 누에 간섭받음이 없는 것을 보면, 도가(道家)나 선가(禪家)와 비슷하지만 그 도(道)가 아니며, 지조가 돈독하고 신중하여 법도를 넘지 않는 것을 보면, 또 곧 학문하는 사람이지만 그 이름이 없으니, 기이하구나."라고 하였다.

만년에 또 친한 이에게 말씀하기를, "벗 아무개는 비록 재상의 지위에 오르고 문형(文衡)을 잡았으나, 그 마음은 필시 다만 옛날의 벗 아무개일 것이다."라고 하였다.

아아, 우리 본생 부군(本生府君)께서는 관질(官秩)의 삼정승의 반열에 오르셨고, 연수(年數)가 육순을 넘으셨으나, 덕을 감추고 빛을 숨겨서 세상에 이를 아는 사람이 없었다. 평소의 언행으로서 가정에서 드러난 것으로 말하면, 불초가 혼정신성하는 사이에 얻어서 사사로이 기록하고서 〈과정록(過庭錄)〉이라 명명하였다. 불초의 죄가 몸에 쌓여서 하늘에 죄를 얻었기에, 부군께서 기이(期頤)의 연수를 누리지 못하시고서 별안간 고아들을 버리고 별세하시고 말았다. 아아, 살아계실 적에는 자식의 도리를 다하지 못하였고, 별세하시고서는 지하에 하종(下從)하지 못하였으니, 하늘에 닿는 애통함과 땅에 서린 한을 죽어서도 풀지 못할 것이다. 또 세월이 차츰 멀어져감에 부군의 의용(儀容)과 언행(言行)이 점점 희미해져 가는 것이 두려워, 삼가 〈유사(遺事)〉 약간 칙(則)을 서술하여 〈과정록〉과 함께 정리해서 한 통(通)으로 만들고, 선배들이 찬미한 말 몇 조목을 부쳐서 갱장(羹墻)의 사모하는 마음[79]을 부친다. 그러나 불초가 늦게 태어나 아는 것이 없고, 소싯적의 일에 있어서는 진실로 자세히 알지 못하는 점이 있다. 만년 이후에 대해서는, 기록한 바가 있더라도 스스로 돌아보건대 어리석고 보잘것없으니 또한 어찌 만에 하나라도 천양(闡揚)할 수 있겠는가. 그러나 진심의 간절함, 깊은 식견이 이른 경지는 더욱 문자로 묘사해서 서술할 수 있는 바가 아니니, 단지 마음에 새겨 생을 마치기를 기약할 따름이다. 계축년(1793, 정조17) 3월 순일(旬日)에 불초 종자(從子) 희상(熙常)은 피눈물을 흘리며 삼가 적노라.

79 갱장(羹墻)의 사모하는 마음 : 이미 별세한 스승이나 성현에 대한 흠모를 이르는 말이다. 요(堯)임금이 별세하자 순(舜)임금이 요임금을 몹시 그리워한 나머지 요임금의 모습이 앉아 있을 때는 담장에 어른거리고 음식을 먹을 때는 국그릇에 어른거렸다는 고사에서 유래하였다. 《後漢書 卷63 李固列傳》

유 동자 구환[80] 유사

俞童子久煥遺事

동자(童子)는 이름은 구환(久煥)이니, 나의 벗 유백취(俞伯翠)[81]의 아들이자, 창애공(蒼厓公)[82]의 손자이며, 나의 종숙부(從叔父) 진사공(進士公)[83]의 외손이다. 이 때문에 어린아이였을 때부터 내 집에 왕래하였는데, 문예를 매우 일찍 성취하였는지라 늘 정수리를 어루만지며 기특하게 여겼다. 하루는 나를 찾아와 문장을 말하되 싫증 내지 않고 끊임없이 말하기에, 내가 웃으며 말하기를, "너는 사마천(司馬遷)과 반고(班固)를 배우려는 것이냐?"라고 하자, 대답하기를, "재주가 미치

80 유 동자(俞童子) 구환(久煥) : 유구환(俞久煥, 1773~1787)으로, 자는 원시(元視), 본관은 기계(杞溪)이다. 조부는 유한준(俞漢雋)이며, 부친은 유만주(俞晩柱)이며, 외조부는 오희상의 종숙부인 오재륜(吳載綸)이다. 총명한 자질을 타고나 8세에 오희상에게서 수학하였으나, 15세가 되던 해 여름에 병에 걸려 요절하였다.

81 유백취(俞伯翠) : 유만주(俞晩柱, 1755~1788)로, 자는 백취(伯翠), 호는 통원(通園), 흠고당(欽古堂), 본관은 기계(杞溪)이며 유한준(俞漢雋)의 아들이다. 저서로 《흠영(欽英)》, 《통원시고(通園詩稿)》가 있다.

82 창애공(蒼厓公) : 유한준(俞漢雋, 1732~1811)으로, 자는 만청(曼倩), 호는 저암(著菴), 본관은 기계(杞溪)이다. 1768년(영조44) 진사시에 합격하고 벼슬이 형조 참의에 이르렀다. 뇌연(雷淵) 남유용(南有容)의 제자로 우암(尤菴) 송시열(宋時烈)을 추숭하였다. 당대에 뛰어난 문장가로 손꼽혔으며 그림에 대한 관심도 높아 많은 제발문(題跋文)을 남겼다. 저서로 《자저(自著)》가 있다.

83 나의 종숙부(從叔父) 진사공(進士公) : 오재륜(吳載綸, 1731~1771)으로, 오원(吳瑗)의 아우인 오관(吳瓘)의 아들이다. 1768년(영조44)에 진사시에 합격하였고, 이조 참판에 추증되었다. 오재륜의 큰딸이 유만주(俞晩柱)에게 시집갔다.

지 못할까 두려우나, 바로 바라는 바는 여기에 있습니다."라고 하였다. 내가 "사마천과 반고를 배우는 것이 어찌 공맹(孔孟)을 배우는 것만 하겠느냐."라고 하니, 동자가 오래도록 깊이 생각하고는 문득 마음에 깊이 깨달음을 얻은 듯하였다. 내가 대략 내외(內外)와 경중(輕重)의 구분을 가지고서 고해주고, 마침내 율옹(栗翁)의 "사람이 이 세상에 태어나 학문이 아니면 사람으로 살아갈 수가 없다."라고 한 말과 "초학자가 뜻을 세움은 반드시 성인(聖人)이 되기를 스스로 기약하여야 한다."라고 한 말 등[84]을 작은 종이에 써서 남겨주었다. 당시에 동자의 나이가 겨우 8, 9세였는데, 이를 늘 지니고 다니면서 심지어 수년이 지났는데도 몸에서 떼지 않아서 종이가 해지고 먹이 번져도 버리지 않았으니, 동자가 나를 기쁘게 한 것은 실로 이로부터 시작되었다.

병오년(1786, 정조10) 겨울에 동자가 왕부(王父)의 명을 받고서 나에게 와서 수업하였는데, 나의 서실이 본디 매우 번잡하여 고요하지 못해서, 여기에 익숙한 나로서도 정말 견디기 어려운 때가 있었다. 동자는 모퉁이에 앉아 종일 독서를 그치지 않아서 소리가 더욱 고요해지고 생각이 더욱 정미해졌다. 책에 있어서 글자마다 그 본의를 구하고, 글귀마다 그 본지를 찾아서 한 터럭만큼이라도 그냥 지나친 적이 없어서, 반드시 끝까지 궁구하였다. 그러므로 답문할 때에 내가 늘 곤욕을 치렀다.

84 율옹(栗翁)의……말 : 율옹은 율곡(栗谷) 이이(李珥)로, 인용된 글들은 이이의 《격몽요결(擊蒙要訣)》에 보인다.

정화(精華)를 내면에 온축하였고, 상서롭고 온순함이 외면에 드러났으며, 용모와 사기(辭氣)가 가르치니 않아도 엄숙하였으니, 거의 회옹(晦翁)이 말한 "정신(精神)을 보존하면서도 순후한 사람"[85]이었다.

박근재(朴近齋 박윤원(朴胤源)) 장(丈)이 나와 같은 마을에 살았는데, 어느 날 내가 가서 뵙고자 하여 동자(童子)를 돌아보고서 말하기를, "이 어른께서는 덕행(德行)이 공경할 만하고, 또 너의 집안과 누대에 걸친 교분이 있으니, 네 나를 따라가서 한 번 뵙고자 하느냐." 하니, 동자가 선뜻 기뻐하며 따랐는데, 문을 나서려 할 적에 다시 나에게 청하기를, "올 때에 가존(家尊)께 아뢰지 못하였으니, 지금 가는 것이 도리에 어긋남이 없을 수 있을는지요?"라고 하였다. 내가 "너의 말이 옳다."라고 하고서, 마침내 강권하지 않았다.

내가 일찍이 마음속으로 동자가 뜻은 일찍 성취하였으나 기(氣)가 혹 충분하지 못한가 여겨서, 늘 《맹자(孟子)》의 양기(養氣)에 대한 설[86]을 읊어주면서 면려하였다. 그러자 어느 날 동자가 "양기(養氣)와 정

85 회옹(晦翁)이……사람 : 회옹은 송(宋)나라 학자 주희(朱熹)로, 그가 여조겸(呂祖謙)에게 보내는 편지에 "노성하고 돈독하여 뜻과 행실을 보존할 수 있는 사람이 왕왕 도리어 느리고 둔하여 도리를 보는 것이 투철하지 못하니, 정신을 보존하면서도 순후한 사람을 얻는 것이 참으로 어려울 뿐입니다."라고 한 구절이 보인다. 《朱子大全 卷35 答呂伯恭》

86 맹자(孟子)의……설 : '양기(養氣)'란 호연지기(浩然之氣)를 기름을 말한다. 예컨대 맹자가 자신의 부동심(不動心)을 말하면서, "나는 말을 알며 나는 나의 호연지기를 잘 기른다.〔我知言, 我善養吾浩然之氣.〕"라고 한 것이 《孟子》 〈공손추 상(公孫丑上)〉에 보인다.

심(正心)이 그 공부가 다릅니까?"라고 하기에, 내가 "기(氣)는 바로 심(心)의 졸오(卒伍)이니, 심(心)이 바름을 얻은 뒤에야 기(氣)를 기를 수 있다."라고 하였다. 어린데도 능히 심(心)에서 구할 줄 아는 것이 이와 같았으니, 이 어찌 타고난 자질이 도(道)에 가까운 이가 아니겠는가.

어느 날 내가 객과 《중용(中庸)》의 성명(性命)에 대한 뜻을 논하였는데, 동자가 곁에서 열중하여 듣고는 객이 떠난 뒤에 그 설을 묻기에, 내가 말해주기를, "이는 초학자의 급선무가 아니다. 또 내가 아는 것이 정미하지 못하니, 어찌 깊고 오묘한 이치를 말해줄 수 있겠느냐. 우선 지극히 절실하고 가까운 평탄하고 실질적인 도리를 연구하여 묻고서 변별하는 것만 못하다."라고 하였다. 그런데도 굳이 묻는 것이 마치 분비(憤悱)[87]함이 있는 듯하였다. 내가 마침내 그 대지(大旨)를 대략 들어서 고하여 주었는데, 곧 능히 말을 마치자마자 이해하는 것이 마치 귀로 익숙히 들은 사람과도 같았다. 이 때문에 밝은 식견이 있음을 알았다.

87 분비(憤悱) : 분(憤)은 마음으로 통달하려고 해도 되지 않는다는 뜻이고, 비(悱)는 입으로 표현하려 해도 되지 않는다는 뜻으로, 학문을 함에 있어 애를 쓰며 열심히 노력하는 성의를 보이는 것이다. 《논어(論語)》 〈술이(述而)〉에 이르기를, "마음으로 통달하려고 노력하지 않으면 열어주지 않으며, 입으로 표현하려고 애태워하지 않으면 말해주지 않되, 한 귀퉁이를 들어주었는데 이것을 가지고 남은 세 귀퉁이를 반증하지 못하면 다시 더 일러주지 않아야 한다.〔不憤, 不啓; 不悱, 不發, 擧一隅, 不以三隅反, 則不復也.〕"라고 하였다.

내가 한번은 달밤에 동자의 손을 이끌고 우물가를 배회하였다. 내가 우연히 "인심(人心)의 영명(靈明)함을 형상할 수 있는 물건이 없는데, 오직 저 밝고 밝은 것만은 거의 그와 비슷할 것이다."라고 하였다. 그러자 동자가 말하기를, "달의 밝고 밝음은 단지 허명(虛明)함을 형상한 것이니, 그 이치가 찬연한 것은 무엇을 말미암아 볼 수 있겠습니까? 저 별들이 반짝거리며 하늘을 규획해 다스리는 것이 심성(心性)의 온전한 덕(德)을 비유할 수 있겠는지요?"라고 하였으니, 내 이를 듣고 기특하게 여겼다.

동자가 병이 들었을 때, 종숙모(從叔母)가 임하여 볼 적에 말이 나에게 미칠 때마다 슬퍼하며 보고 싶어 하였다. 이튿날 내가 가서 만나보니 병이 이미 고치기 어려운 상태였다. 그런데도 능히 일어나 앉아서 흔연히 잠시 이야기하다가, 해 질 무렵이 되자 오래 앉아 있지 못하여 곧장 이별하고 일어나 문을 나서면서 고개를 돌려 돌아보니, 나를 오래도록 주목해서 보고 있는 것이 마치 이별을 애석해하는 것 같았으니, 나에 있어서 정이 두터워 헤어지지 못하는 것이 이와 같았다. 내가 마침 누이의 병이 거의 위태로웠던 탓에 죽기 전에 다시 만나보지 못하고 영결하고 말았으니, 내가 동자를 크게 저버린 것이다.

동자가 죽어서 장례하려 할 때, 창애공(蒼厓公 유한준(兪漢雋))이 비지(碑誌)를 지어서 그 지행(志行)을 갖추어서 서술하고서, 나를 동자의 스승이라 하여 또 나의 글을 요구하였다. 내 본디 글을 잘 짓지 못하는데다가 비지에서 이미 다 서술하였으니, 또 어찌 많이 쓸 것이 있겠는가. 마침내 평소에 마음속으로 허여하던 바 몇 조목을 대략 써서 공의 명에 따른다. "싹이 트고도 꽃이 피지 못한 것"[88]은 성인(聖人)께서 슬퍼하신 바이다. 지금 공과 내가 동자를 곡하면서 몹시 애통해하는 것이 어찌 한갓 종정(鍾情)[89]의 사랑이 있는 바이자 지취가 맞는 사람이기 때문이겠는가. 마땅히 천고의 지사(志士)와 함께 이 애석함을 함께 할 것이다. 아, 슬프도다.

88 싹이……것 : 《논어》 〈자한(子罕)〉에 훌륭한 자질로 높은 수준에 올랐으나 단명하고 만 안연(顏淵)에 대해 "싹이 트고도 꽃이 피지 않는 경우도 있구나. 꽃이 피고도 열매를 맺지 못하는 경우도 있구나."라고 탄식한 공자의 말이 보인다.

89 종정(鍾情) : 정을 쏟는 것을 말한다. 진(晉)나라 왕연(王衍, 256~311)이 "성인은 감정을 잊고, 가장 하등의 사람은 감정에 미치지도 못한다. 그렇다면 감정이 모이는 곳은 바로 중등인 우리들에게 있습니다.〔聖人忘情, 最下不及於情. 然則情之所鍾, 正在我輩.〕"라고 한 말을 원용한 것이다. 왕연이 어린 아들을 잃고서 슬픔을 가누지 못하니, 조문하러 간 산간(山簡)이 왕연이 지나치게 슬퍼하는 것을 탓하자 왕연이 위와 같이 대답하였다. 《晉書 卷43 列傳 第13》

지은이 **오희상(吳熙常)**

1763년(영조39) 5월 10일 유시에 서울 경행방(慶幸坊) 사저에서 태어나 1833년(순조33) 10월 7일 유시에 향년 71세로 별세하였다. 자는 사경(士敬), 호는 노주(老洲), 본관은 해주(海州)이며, 시호는 문원(文元)이다. 증조부 오태주(吳泰周)가 명안공주(明安公主)와 혼인함으로써 왕의 인척이 된 집안이자 재상과 문형 등을 배출한 명문가의 자제로 태어났다. 1800년(정조24) 천거로 세자익위사 세마(世子翊衛司洗馬)에 제수된 이래 평생 끊임없이 벼슬에 제수되었으나 몇 번 출사한 것을 제외하고는 번번이 사직을 청하고 학문 강학에 종사하였다. 가형인 오윤상(吳允常)에게 학문을 배워, 김창협(金昌協)에서 김원행(金元行)으로 이어지는 학맥의 전통을 잇고 이를 후대에 전한 노론 낙론의 핵심 사상가이자 문인 교육자이다. 매산(梅山) 홍직필(洪直弼), 숙재(肅齋) 조병덕(趙秉悳) 등이 그의 학문에 영향을 받았다.

옮긴이

이정은(李貞恩)

1983년 경기도 포천에서 태어났다. 성신여자대학교 한문교육과를 졸업하고 동 대학원 한문학과 석사학위를 취득하였다. 한국고전번역원 부설 고전번역교육원의 연수과정과 전문과정을 마쳤다. 현재 성신여자대학교 고전연구소 선임연구원으로 재직하고 있다. 번역서로는 《도곡집》, 《매산집》(공역)이 있다.

김성은(金成恩)

1986년 서울에서 태어났다. 연세대학교 국어국문학과를 졸업하고 동 대학원 국어국문학과에서 석사학위를 취득하고 박사과정을 수료하였다. 한국고전번역원 부설 고전번역교육원의 연수과정과 전문과정을 마쳤다. 현재 성신여자대학교 고전연구소 연구원으로 재직하고 있다. 번역서로는 《매산집》(공역)이 있다.

※ 각 권별 옮긴이는 권17·18 이정은, 권19·20 김성은이다.

권역별거점연구소협동번역사업 연구진

연구책임자 류준경(성신여자대학교 한문교육과 교수)

공동연구원 김용재(성신여자대학교 한문교육과 교수)

신영주(성신여자대학교 한문교육과 교수)

책임연구원 성백효

연 구 원 김창효 연석환

신상후 이영준

이정은 김성은

윤 문 윤은숙

노주집 5

오희상 지음 | 이정은 · 김성은 옮김

2022년 12월 31일 초판 1쇄 발행

편집 · 발행 학자원

등록 2011.4.6 제2011-14호

주소 (05355) 서울시 강동구 천호대로 1121

전화 02-6403-1000 | 팩스 02-6338-1001 | 이메일 hakjaone@daum.net

값 35,000원

ISBN 979-11-6247-284-2 94810

979-11-6247-248-4 (세트)